朱子學文獻大系　歷代朱子學著述叢刊

近思録專輯

嚴佐之　戴揚本　劉永翔　主編

第八册　五子近思録發明

華東師範大學出版社

圖書在版編目（CIP）數據

五子近思録發明/［清］施璜著；李慧玲校點. —上海：華東師範大學出版社，2015

朱子學文獻大系·歷代朱子學著述叢刊·近思録專輯/嚴佐之　戴揚本　劉永翔主編

ISBN 978-7-5675-3200-7

Ⅰ.①五…　Ⅱ.①施…　②李…　Ⅲ.理學-語録-中國-宋代
Ⅳ.B244

中國版本圖書館CIP數據核字(2015)第054010號

五子近思録發明
（朱子學文獻大系·歷代朱子學著述叢刊·近思録專輯　第八册）

著　　者　施　璜
校　點　者　李慧玲
項目編輯　吕振宇
特約審讀　陳　才
裝幀設計　高　山

出版發行　華東師範大學出版社
社　　址　上海市中山北路3663號　郵編　200062
電　　話　021-60821666　行政傳真　021-62572105　客服電話　021-62865537
網　　址　www.ecnupress.com.cn
門市地址　上海市中山北路3663號華東師範大學校内先鋒路口　郵編　200062
門市(郵購)電話　021-62869887
網　　店　http://hdsdcbs.tmall.com/

印　刷　者　上海中華商務聯合印刷有限公司
開　　本　890×1240　32開
印　　張　24
字　　數　456千字
版　　次　2015年5月第1版
印　　次　2015年5月第1次
書　　號　ISBN 978-7-5675-3200-7/B·919
定　　價　80.00元

出　版　人　王　焰

本書爲
二〇一一年度國家社科基金重大項目
二〇一三年度國家古籍整理出版資助項目

朱子學文獻大系編輯委員會

學術顧問

安平秋　陳　來　束景南　田　浩（美國）

林慶彰（中國臺灣）　吾妻重二（日本）

總策劃

朱傑人　嚴佐之　劉永翔

總編纂

嚴佐之　劉永翔　戴揚本　顧宏義

朱子學文獻大系總序

從一九九三年起，至二〇〇七年止，我們先後策畫，相繼完成了朱子全書、朱子全書外編的編纂和出版，把朱子本人的撰述、編著與注釋之作，及其指導或授意門人弟子的撰著、纂述，作了一次元元本本的文獻清理和集成。而除此之外，這整整十五年來的收穫，還有我們對朱子學說及其歷史意義認識的不斷更新和逐步深刻。

朱子是繼孔子之後，儒家思想文化史上成就最卓越的學者和思想家。近半個世紀前，錢穆先生在朱子學提綱中提出：「在中國歷史上，前古有孔子，近古有朱子，此兩人，皆在中國學術思想史及中國文化史上發出莫大聲光，留下莫大影響。曠觀全史，恐無第三人堪與倫比。」朱子建構的理學思想體系，博大精深，不僅在儒學發展史上具有劃時代意義，而且對其身後長達七百餘年的中國，乃至日本、朝鮮等東亞諸國的思想、學術、社會、政治，都產生了深刻、巨大、恒久的影響。而此影響在思想學術史上留下的顯著印跡，就是後世學者鮮能繞開朱子說事，要麽尊朱、宗朱，要麽反朱、批朱，「與時俱進」的朱子思想研究，成爲貫穿數百年學術史無時不在的主題和主軸。於是，有學者甚至認爲，「在朱熹以後，理學就成了『朱子學』」，朱子就是「理學傳統中的孔子」。這樣的評價，雖然未必「真是」，卻亦庶幾「真事」。推而論之，則所謂「朱子學」，固然是指朱子本人的思想學術，卻又不止是其本人的思想學術。按照陳來先生的説法，朱子留下的豐厚著述與精緻學説，以及七百餘年來，他的同道學友、門人弟子與後世尊朱、宗朱學者，對朱子著述、學説的闡發與研究，即「整體地構成了現如今我們所研究的『朱子學』」。作爲整體、通貫的朱子學，其學術範疇不僅涵蓋易、詩、禮、四書等傳統經學領域，更涉及哲學、史學、文學、政治學、教育學、社會學、文獻學等諸多學科，既是一座内容廣闊、内涵精深的傳統思想寶庫，一份極富開掘意義和傳承價值的文化遺産，也是一門具有多學科交叉特色的名副其實的綜合性專學。

自上世紀八十年代以來，海内外學術界對朱子學研究表現出前所未有的興趣和關切，發展迄今三十餘載，已獲長足進步。但綜觀現狀，反思自省，我們的研究及取得的學術成果，與朱子學本身所應該享有的研究規模和研究程度，還很不相稱，若衡之以「整體、通貫」的要求，則該研究領域中的很大一部分，甚至還未曾涉及過。近年來，關於推進整體、通貫的朱子學研究的想法，逐漸成爲學界的一個共識。如以朱子學爲主題的國際學術研討會在大陸、臺灣、韓國等地數度舉辦，如朱子學通論等朱子學研究專著相繼問世。而「中華朱子學會」、「朱子學學會」等全國性學術團體的成立，則意味著一個「學術共同圈」的初步形成，以及作爲一門獨立學科的朱子學研究已進入一個新的歷史階段。學者們指出，新時期朱子學研究的任務，就是要規劃對宋、元、明、清各個朝代的朱子學，以及每位朱子學家的重要的見解進行分析，把他們流傳下來的書籍、文獻進行整理、研究。而後者，即對歷代朱子學文獻的整理與研究，無疑是前者的先行和基奠。

認識漸趨深刻，遂生自覺擔當。在完成朱子本人撰述的文獻集成之後，我們有意再接再厲，把歷代朱子學文獻整理研究工作繼續下去。先是在朱子全書外編書稿殺青之際，我們就曾醞釀用傳統的「學案體」來編纂歷代朱子學者的相關學術文獻。後來朱傑人教授主編影印朱子著述宋刻集成，又提出編纂出版「朱子學文獻大系」的構想。不過那幾年忙於編纂整理顧炎武全集，既分身無術，也分心不得，只能把研究計劃暫擱心頭。故而，當顧炎武全集一旦脱稿，此事也就順理成章地提上了議事日程。二〇一〇年末，我們開始循著「朱子學文獻大系」的思路策劃課題；翌年初春，確定以華東師大古籍研究所爲主體，組建科研團隊，以「朱子學文獻整理與研究」爲課題，擬訂科研規劃。是年初夏，課題被納入當年國家社科基金重大項目第二批招標目録；秋十月，經過競標面試，以嚴佐之教授爲首席專家的「朱子學文獻整理與研究」課題正式獲批立項；冬十二月，課題論證會在華東師大召開，經專家組評議審定，規劃通過論證，項目正式啓動。按照課題規劃，「朱子學文獻整理與研究」課題，凸顯文獻整理與研究並重的特色，旨在從理論和實踐二個方面，構建一個符合整體、通貫的「朱子學」學科内涵和特點的「朱子學文獻」分類體系，並從浩若煙海的歷代典籍文獻中，梳理出屬於「朱子學」學科範疇的基本文獻資料，打造一個集「朱子學文獻」大成的信息大平臺。爲此，課題設計了「歷代朱子學研究著述集萃校點」、「歷代朱子學研究文類輯録校點」、「歷代朱子著述珍本集成影印」、「朱子學研究文獻專題研究撰著」等項子課題。各項研究的最終成果，則將結集爲一部開放性的大型叢書朱子學文獻大系。

朱子學文獻大系下轄歷代朱子學著述叢刊、歷代朱子學研究文類叢編、歷代朱子著述珍本叢刊、朱子學文獻研究學術文庫四部不同類型的叢書，故稱之「大系」。其中歷代朱子學著述叢刊，擬按學科、著述或學術議題分編專輯，如「朱子經學專輯」、「朱子四書學專輯」、「朱子近思録專輯」、「朱陸異同專輯」等，以集中提供經過精選精校的歷代朱子學重要研究著述的閱讀文本。歷代朱子學研究文類叢編，擬按專題分類輯集散見於各種典籍的朱子學研究篇章，如序跋、劄記、語録、書信等，以集中提供經過遴選類編的歷代朱子學研究文獻散篇的閱讀文本。歷代朱子著述珍本叢刊，擬按時代分編朱子著述宋刻集成、元明刻本朱子著述集成等，以集中提供高仿真影印的朱子著述歷代各色珍稀版本。朱子學文獻研究學術文庫，擬收入具有文獻學研究屬性的各種撰述、編著，如朱子學古籍總目、朱子學史籍考、朱子與弟子友朋往來書信編年等。朱子學文獻大系下轄各叢書都已制訂基本收書書目，但不預設收書總數上限，倘日後發現宜收之書，則可隨時補編增入，故謂之「開放性」大型叢書。各叢書均自有編例，我們但在其下屬專輯或所收撰著前撰寫序言，以交代編纂宗旨與體例，如歷代朱子學著述叢刊之近思録專輯序，歷代朱子著述珍本叢刊之朱子著述宋刻集成序言，朱子學文獻研究學術文庫之朱子與弟子友朋往來書信編年序等，各叢書前則不再撰寫總序。至於歷代朱子學著述叢刊各書的校點體例，如底本、校本的遴選標準，專名號、書名號的使用規範，異體字、版别字的處理方法，舛誤衍闕的改字原則，以及校勘記的書寫格式等，皆一併延循朱子全書編纂陳例，在此不再贅述，若遇特殊需作變通，則在各書校點説明中予以交代。

朱子學文獻大系是我們按自己對整體、通貫的朱子學的認識，而爲之「量身定制」的一個朱子學文獻庫，囿於識見，必欠周詳而不能盡如人意。好在大系是「開放」的，可以隨時吸納同道高明之見，不斷補充，漸臻完善。朱子學文獻大系的規模、體量和難度，都超出朱子全書與外編許多，這樣的設計或許有些「自不量力」。編纂朱子全書、外編用了整整十五年，況且那時我們纔年過「不惑」，而今則已年屆「耳順」、「從心」之間，十年再磨一劍，能否一如既往，勝任始終，尚難卜知。好在整理與研究朱子學文獻並非心血來潮之念，更非趨時應景之計，而是建設與發展整體、通貫的朱子學的真切需要，是必須要做的學術事業，也好在我們有一個同心同德的學術團隊相依託，還有華東師大出版社的精誠合作。所以，朱子學文獻大系成果的不斷推出和最終成功，是必然可以期待的。

二〇一四年五月　嚴佐之

歷代朱子學著述叢刊・近思録專輯序

一　近思録的「被經典」與近思録後續著述

編纂於公元一一七四年的近思録，在經過七八百年傳播的層層累積之後，最終成爲最能代表中國古代主流學術思想的經典之一。這樣一個結果，應該是主編朱子及其合作者吕祖謙始料未及的。因爲朱子當時邀約吕祖謙在武夷山寒泉精舍「留止旬日」編纂此書的初衷，不過是想替那些僻居窮鄉而不能遍觀周、張、二程諸先生之書的讀書人，提供一部能比較準確、全面、系統概括四子思想，且又切近日用、便宜遵行的理學入門讀本。雖説書稿初成之後，他倆仍不斷書信往返，商榷編例，其取去不可謂之不審，互議不可謂之不勤，但近思録畢竟是「十日談」出來的「速成品」。雖説朱子也自以爲近思録詳於「義理精微」，堪稱「四子之階梯」，但畢竟還算不上他用力最勤最深的撰著，至少不能與其臨終仍念念不忘的四書章句集注相提並論。然而，就是這麽一部原初設定的學術思想普及讀本，卻在朱、吕身後，被後世學者一步步發掘出潛藏的巨大學術價值，一步步提升到顯要的理學經典地位。這樣的結果確實很有意思，而更有意思的還有那個漫漫長長的累積過程。

回溯歷史，早在朱子生前，就已有他的講友劉清之，取程門諸公之説，爲之續録。及其身後，近思録注解、續補之作更是紛至競出，弟子輩中有陳埴雜問、李季札續録、蔡模續録、别録和楊伯嵒衍註，再傳弟子有葉采集解、熊剛大集解、何基發揮、饒魯注、黄績義類，以及三傳弟子程若庸注等。而由建安書塾刊行的無名氏文場資用分門近思録，則表明近思録已進入當時科舉讀物的榜單，讀者受衆勢必益多。是以近思録在南宋後期，就已被學者視爲「我宋之一經，將與四子並列，詔後學而垂無窮者」。繼之元世，又有趙順孫爲之精義，戴亨爲之補注，柳貫爲之廣輯，黄溍爲之廣輯，學者們注解、續補的熱情有增無減，皆並尊「近思録乃近世一經」。明初，永樂詔修性理大全，「其録諸儒之語，皆因近思録而廣之」，是知此書已對國家意識形態産生不小影響。只是明人注近思録者鮮少，明世盛行的讀本，大多是周公恕據葉采集解擅改的分類經進近思録集解。不過這樣的情勢，也多少能反映出王學時代朱子近思録的「社會生態環境」。明季清初，學風蜕變。於是，先有高攀龍朱子節要、江起鵬近思録補、錢士升五子近思録等陸續問世，其性質多屬續補仿編一類。易代之後，則有王夫之著近思録釋、張習孔作近思録傳、丘鍾仁撰近思録微旨等，内容更多反思和發揮。洎此以降，終清一代，近思録愈發大行於世，研讀成果更是層出不窮。據學者調查統計，清代近思録研究著述多達四十餘種。其中屬注解詮釋一類的，有張伯行集解、李文炤集解、茅星來集註、江永集註、陳沆補注、劉之珩增注、車鼎賁注析微、郭嵩燾注、張紹價解義等；屬續補仿編一類的，有朱顯祖朱子近思録、張伯行續録、廣録、汪佑五子近思録、施璜五子近思録發明、劉源淥續録、鄭光羲續録、嚴鴻逵朱子文語纂編、黄叔璥集朱、黄奭集説、管贊程集説、姚璉輯義、吕永輝國朝近思録等；屬隨筆札記一類的，則有汪紱讀近思録、李元綱隨筆、秦士顯案注、徐學熙小箋、陳階劄記、厲時中按語等。與此相應，是清人對近思録評價的一路抬升，稱此書「直亞於論、孟、學、庸」，以爲「救正之道必從朱子求，朱子之學必於近思録始」。如上所述，林林總總，蔚然大觀，爲便宜叙述起見，且以「近思録後續著述」概稱之。

據學者調查，歷代近思録後續著述總數多達百種以上。然竊以爲仍有佚著尚未計入，總量還有提升的可能。不僅如此，近思録還流布域外，在古代東亞的朝鮮、日本也得到廣泛傳播，非但屢屢重刻傳抄，爲之注釋者亦絡繹不絶。一部古代學術典籍，竟然獲得後世如此恒久的關注和衆多密集的研究！這樣的故事，自然只有儒、釋、道學的「核心」經典才會發生。無怪乎梁啓超、錢穆先生，皆奉近思録爲宋代理學經典之首選，以爲「後人治宋代理學，無不首讀近思録」。既爲古代學術思想之經典，近思録固然有其可以古今轉换、歷久彌新的思想意義和學術價值。然而，有意義、有價值的還遠不止於近思録本身，七八百年來廣泛流布於中土、東亞的衆多近思録後續著述，同樣是一大筆值得後世珍視的思想學術史寶貴資源。

二　近思「續録」彌補了近思録無朱子思想資料的缺憾

近思録是朱子的編著而非撰著，它與朱子學術思想的關係，主要在其爲近思録篇章分卷的結構設計，及其對四子語録的遴選審訂，體現了朱子對理學早期思想體系的宏大思考和縝密建構。至於近思録的内容，並不能真正、完全反映朱子本人的思想，因爲書中並無朱子思想資料的記録。陳來先生説「錢穆先生推薦的國學書目，近思録下面就接著王陽明的傳習録，跳過了朱子，這是我不以爲然的」，因爲「近思録所載的是理學奠基和建立時期的四先生思想資料，其中並没有理學集大成人物朱子的思想資料」。其實，錢穆先生並非不知此情，在復興中華文化人人必讀的幾部書一文中，他是這樣説的：「這書把北宋理學家周濂溪、程明道、程伊川、張横渠四位的話分類編集，到清朝江永，把朱子講的話逐條注在近思録之下，於是近思録就等於是五個人講話的一個選本。這樣一來，宋朝理學大體也就在這裏了」。雖然，但陳先生指出近思録無朱子思想資料的意思没錯，而僅靠江永集註，也未能完全解決近思録無朱子思想資料的問題。

近思録無朱子思想資料的缺憾，其實是朱子後學早就深切關注的問題。清初朱顯祖就曾爲此大發感慨：「因思自孔、孟以後，歷漢、唐來千有餘載，始得有宋周、張、二程諸大儒，直追堯、舜相傳之意，其間精微廣大，賴先生近思一録爲之階梯，俾後學得以入門，而先生在宋儒中更稱集大成者，乃其生平格言實行，反未載於録内，豈非讀近思録者之大憾也乎！」可以説，在朱子近思録構建的理學框架中添置朱子語録，接續朱子思想資源，一直是近思録後續著述的「重頭戲」。我們看清張伯行續近思録序説：「自朱子與吕成公采摭周、程、張四子書十四卷，名近思録，嗣是而考亭門人蔡氏有近思續録，勿軒熊氏有文公要語，瓊山丘氏有朱子學的，梁溪高氏有朱子節要，江都朱氏有朱子近思録，星溪汪氏又有五子近思録，雖分輯合編，條語微各不同，要皆仿朱子纂集四子之意，用以匯訂朱子之書者。」幾乎就是對近思録「集朱續録」的「學術史回顧」了。只是嚴格來説，其中元熊禾文公要語、明丘濬朱子學的，並非「仍近思録篇目，分次其言」者，而名實相符的「集朱續録」，還另有元趙順孫近思録精義、明劉維深續近思録、錢士升五子近思録、清劉源渌近思續録、張伯行續近思録、孫嘉淦五子近思録輯要、黄叔璥近思録集朱等多種。不僅如此，近思録的注解也多以「集朱」爲旨。如宋楊伯喦衍註、葉采集解，清李文炤集解、陳沆補注等，都大量采集朱子文獻爲四子注解，而江永集註更是「取朱子之語以注朱子之書」的典型。

對於後世朱子學者在「集朱續録」這個學術議題上的執著追求，四庫館臣似乎有些不以爲然。他們認爲張伯行續近思録「因近思録門目，采朱子之語分隸之，而各爲之注」，實不足爲重，説「自宋以來，如近思續録、文公要語、朱子學的、朱子節要、朱子近思録之書，指不勝屈，幾於人著一編，核其所載，實無大同異也」。職是之故，像劉源渌近思續録、張伯行續近思録等，只能被打入存目。按説後世纂輯朱子思想資料，無非是從傳世的文集、語類、或問等著述中遴選摘取，各家續録内容有所重複，似亦在所難免，若就此而言，四庫館臣的訾議也不無道理。但若謂之「指不勝屈，幾於人著一編」，則似屬誇大之詞；而謂之「核其所載，實無大同異」，更有以偏概全之嫌。

其實，「集朱續録」在輯録條目總數、選録文獻内容、徵引文獻書目和輯録編纂體例等方面，是很有些差異的。例如最早編纂於南宋寶慶三年的蔡模近思續録，共選輯朱子語録四百三十八條。到清初汪佑編五子近思録，據明高攀龍朱子節要采録朱子語録五百四十八條，較蔡録多一百十條。至清康熙二十三年朱顯祖纂朱子近思録，又增至七百八十五條，多出蔡録三百四十七條、汪録二百三十七條。繼而康熙四十年劉源渌纂輯續近思録，更多至八百五十三條，庶幾最初蔡録之翻倍。可見「集朱續録」的規模體量，直是一路「水漲船高」。再如專論「性理」、「道氣」等形上議題的卷一道體篇，蔡録凡二十三條、汪録五十一條、朱録一百十四條、劉録三十五條、張録七十四條。專談「治具」、「治功」等形下議題的卷九治法篇，蔡録凡五十五條、汪録十六條、朱録一百十條、劉録一百條、張録二十四條。可見「集朱續録」的選項各有側重。張伯行尤喜高談性理學説，對治政實務反倒興趣不大。劉源渌恰好相反，論性理不及汪録之多，談實務卻是汪録六倍。朱顯祖則性理、治政二者並重，均采輯百條之多。究其原因，自當與續録者的治學趨向和學術水平相關。再説徵引文獻範圍之異。蔡録所用朱子文獻，有文集、語録、易本義、書傳、大學或問、論語或問、太極圖、四書章句集注、西銘解、易學啓蒙、經説、手帖、詩傳等。而朱録所取，既有「專刻」之朱子文集、朱子奏議與經濟文衡、年譜、語録諸書，還有「滙刻」之性理大全、儒宗理要、聖學宗傳與世憲編、證心録等書。再如編纂體例之異。如蔡録、汪録、朱録都是單純的「集朱」，而張録則「采朱子之語分隸之而各爲之注」。蔡録、朱録、張録等都是單一的「集朱」，汪録卻是朱子與四子的合一。一隅之證，雖不足窺其全，但已可知四庫館臣「核其所載，實無大同異」的訾議，有失武斷，不足爲訓。

近思録「集朱續録」之所以會不斷「再生産」，或有以下幾個原因可以考慮。首先，固然是朱子思想在理學傳承中不可或缺的重要性，使人不約而同地想到且做到一塊去。其次，是否還應考慮到當時圖書流通、信息傳播的局限問題。如高攀龍、錢士升、朱顯祖、汪佑、劉源淥等，他們在編纂續録時都没有提到蔡模近思續録，説明此書在明末清初並未通行。又如籍貫山東青州府安丘縣的劉源淥，「瀝盡心血二十餘年」編纂續録，卻不知十多年前江都朱顯祖就已編成朱子近思録行世。這都説明那個時代的學術信息不够靈通，以致造成研究課題的撞車。再者就是對既有「集朱續録」不稱意，自以爲需要重起爐灶。如清乾隆間孫嘉淦重纂五子近思録輯要，就是因其不滿汪佑五子近思録有「抑揚近似」之嫌。他説：「汪録雖使『濂洛關閩之微言燦然備矣，然而張子之言間有出入，二程之語多出於門人所記，朱子之學與年俱進，其早年所著，有晚而更之者矣。後之學者，目不睹五子大全，又恐泥其抑揚近似之辭，或有毫釐千里之謬。蓋非前人之書尚有未善，而吾所以憂後學之心至無已也。書有以多爲富，亦有以簡爲明，有語之而欲詳，有擇焉而欲精。因不揣固陋，即舊編而更審擇之。」可見孫氏之所以重整輯要，就是要表達自己對朱子思想的不同理解。

總而言之，「集朱續録」之所以長盛不衰、層出不窮，主要還在於傳世的朱子文獻承載著廣大精微的朱子學説，其數量和範圍，都遠遠超出朱、吕編纂近思録時所面對的北宋四子文獻，而後世「續録」者更無一能如朱子這般「一錘定音」者，於是就給後人騰出了盡己之見而去取編纂的發揮空間。這也恰好證明，歷代朱子學者接連不斷編纂出面目各異的近思録「集朱續録」，正是他們對朱子理學思想的認知差異和詮釋演化的一個絶佳縮影。而這樣的「縮影」效應，還存在於其他非純粹「集朱」的近思録後續著述中。

三　近思「補録」構築起宋元明清程朱理學史基本框架

近思録後續著述的另一類型，是在朱子近思録構建的理學框架中添置歷代程朱學者的思想資料。因其書名多用「别録」、「後録」、「補録」、「廣録」等，爲了與純粹「集朱」的「續録」相區别，且用「補録」概稱之。

最早編纂「補録」的是朱子講友劉清之。據朱子語類記載：「劉子澄編續近思録，取程門諸公之説。某看來其間好處固多，但終不及程子，難於附入。」「程門諸先生親從二程子，何故看他不透。子澄編近思續録，某勸他不必作，蓋接續二程意思不得。」是知劉清之續近思録是一部專「取程門諸公之説」的「補録」。不過劉清之的編纂熱情被朱子澆了一頭冷水，因爲朱子一向認爲程門弟子未能盡得乃師真傳，用「程門諸公之説」解釋近思録，很有可能與程子原意發生偏差，故「勸他不必作」。至於劉清之是否聽從朱子之勸而中輟編纂，確實是個問題，因爲宋史本傳所載劉清之著述，並無名「續近思録」或「近思續録」者，歷代公私藏目、史志補志也一無著録。不過巧合的是，在傳世的近思「補録」中，倒是有一部南宋末佚名編近思後録，專取「吕侍講」、「范内翰」、「吕正字」、「謝上蔡」、「游察院」、「楊龜山」、「尹和靖」、「侯仲良」、「朱給事」、「胡文定」等「程門諸公之説」。這部宋建安刻本近思後録未題編撰者姓名，但從其引録文獻的範圍和内容來看，似乎還是存在著與劉清之續近思録相關聯的想像空間。此外，編纂過近思續録的蔡模還編纂了一部近思别録。與佚名近思後録專「取程門諸公之説」不同，别録只取朱子道友張栻、吕祖謙二先生之語。這或許是因爲蔡模身受朱子親炙，比較領會乃師對程門後學的態度，也或許是因爲他知曉已有專「取程門諸公之説」的劉氏「補録」，故不事重複。但不管怎樣，别録的編纂，切實爲近思録補上了南宋理學思想資料的重要環節。

明萬曆間，江起鵬纂近思録補，首次汲取明四大朱子學者薛瑄、胡居仁、蔡清、羅欽順的言論，使近思「補録」的歷史延伸到了明代。江起鵬字羽健，萬曆二十三年進士，生於朱子闕里婺源，也是一位理學思想的信奉者。他自述「年十齡，先大夫授以近思録、薛文清公讀書録」，「年十三，授以程明道先生語略、王陽明先生則言」，「既而得胡敬齋先生居業録，益用嚮往」，復「亟求羅整庵先生困知記、蔡虚齋先生密箴二書讀之，實有啓發」。而這樣的知識背景，確實也在他的補録裏有所反映。江氏近思録補共涉及二程、朱子、張栻、吕祖謙、黄榦、李方子、真德秀、薛瑄、蔡清、胡居仁、羅欽順十二家之言，較之蔡氏別録、佚名後録，更構築起了自宋及明的近思録閱讀、詮釋史框架。

清人近思「補録」，有施璜五子近思録發明、張伯行近思廣録、吕永輝國朝近思録等數家。施璜是汪佑五子近思録的「合編參較」者，所謂「發明」，就是在汪氏五子録的基础上再添補薛敬軒、胡敬齋、羅整庵、高景軒四位明代最重要朱子學者的思想資源。施璜認爲明四子乃宋五子之「羽翼」，「匯萃其精要者，以附於各卷之末」，就是「以四先生之言，發明五先生之旨」。張伯行廣録精萃張栻、吕祖謙、黄榦、許衡、薛瑄、胡居仁、羅欽順等宋元明七位大儒的語録，他説：「余於近思録所爲，既詮釋之，而又續之，而又廣之，冀有以章明義藴，引進後人，而且儒書於不墮也。」可知寓朱子「詮釋」於近思「補録」，乃其有意識的「預謀」。此後，又有無錫鄭光羲編集續近思録，據四庫提要介紹：「是編前集十四卷，采薛瑄、胡居仁、陳獻章、高攀龍四人之説。後集十四卷，采王守仁、顧憲成、錢一本、吴桂森、華貞元及其父儀曾六人之説。」顯然，那是一部專收明儒語録，並輯録最多的近思「補録」，而其將陳白沙、王陽明這二位心學先進，以及東林諸儒也補録於中，更是「别具一格」，而大可深究。可惜鄭録今已難覓蹤跡。清光緒二十六年，吕祖謙裔孫吕永輝，精選清初陸桴亭、張楊園、陸稼書、張敬庵四位朱子學者的語録，編成國朝近思録一書，彌補了近思「補録」不及清人的缺檔，雖然收録有限，但畢竟在時間跨度上完成了近思録詮釋史清代部分的接續。在自序中，吕永輝説了這麽一番話：「竊思一代則必有一代之聖賢，以綿道統於不墜。上古之世，堯、舜、禹、湯，爲開天明道之聖人。中古之世，孔、顔、曾、孟，爲繼世立極之聖人。宋之世，有周、程、張、朱五子，爲繼往開來之聖人。其後接其傳者，元有趙江漢、劉静修、許魯齋，明有薛敬軒、胡敬齋、羅整庵、先司寇。當末世絶續之交、天地閉塞之時，則有陸桴亭、張楊園，養晦深山，獨延道統于一綫。逮我國朝，則陸清獻公、張清恪公出焉，恪守程朱，以開文明之運。嗚呼，尚矣！是近世之儒近思而有得之者，推二陸、二張四先生爲最純，悉具内聖外王之學，誠正齊治之略，得周、程、張、朱之的派，爲千古道統之正傳。因取四先生之書，讀而校之，擇其尤切近者若干條輯之，庶天下國家身心誠正之隆軌在是焉。學者近思而力行之，則入聖階梯不遠矣。」可見，對於近思録「續録」「補録」的思想學術史意義，清代學者已具有相當深切的認識。

四　近思録注解、札記及其思想學術史文獻價值

近思録後續著述的再一大宗，就是歷代學人對近思録的注解詮釋和閲讀札記。鑒於「續録」「補録」的思想資源多非直接應對近思録而言的文獻，相比之下，歷代注解、札記應該是與近思録關係更爲密切的學術文獻，理應更能體現近思録傳播、閲讀、接受史的意義。

近思録歷代注釋，今存宋楊伯嵒、葉采，清張習孔、李文炤、張伯行、茅星來、江永、陳沆、郭嵩燾、張紹價等十餘家。亡佚未見者，則有元何基發揮，明程時登贅述、程若庸注、清王夫之釋、劉之珩增注、車鼎賁注析微、秦士顯案注、陳大鈞集解等。近思録歷代札記，現有宋陳埴雜問，清汪紱讀近思録、李元湘隨筆、令狐亦岱摘讀、黑葛次佩氏復隅、陳階札記、厲時中按語、張楚鍾理話等。亡佚未見者，則有清丘鍾仁微旨、徐學熙小箋等。不難看出，近思録注釋者和札記撰者的學術地位和影響力，與「續録」「補録」收録的人物，總體上存在較大「級差」。就是説，被「續録」「補録」收入的人物，幾乎全是歷代程朱學派的領袖、主將，或宗朱一派學者的代表人物。從二程先生及其高弟吕希哲、范祖禹、吕大臨、謝良佐、游酢、楊時、尹焞、侯仲良、朱光庭、胡安國，到朱子及其道友張栻、吕祖謙，門人黄榦、

李方子，從元、明朱子學「大佬」許衡、薛瑄、蔡清、胡居仁、羅欽順、高攀龍，到清初名臣陸世儀、張履祥、陸隴其、張伯行等，無一不是在中國儒學史、理學史上數得著的重要人物。就此而言，由歷代「續録」「補録」貫串起來的，或可看做一部展現朱子學者「精英」學術思想的近思録詮釋史。這固然很有意義，但近思録本質上是一部普及性的理學初級讀本，它在一般讀者中如何傳播，又曾激起怎樣的思想反響，諸如此類的問題，其實也很有探究的意義，而這卻不是「續録」「補録」所能提供的。反觀歷代近思録注解、札記的作者，似乎僅有朱子高弟陳埴、清初名儒張伯行、乾嘉學者汪紱，堪稱朱子學名家。當然王夫之、江永、魏源、郭嵩燾等也聲名卓著，但王船山繼承的主要是張橫渠一脈，江慎齋擅名經史考據而非義理發揮，魏默深、郭伯琛二人的思想影響力也不在其宗朱一面。至於宋葉采、楊伯嵒，清張習孔、茅星來、李文炤、陳沆、李元湘、陳階、徐學熙等，似乎都算不上伊、洛、閩學源流脈絡中的頂尖學者、代表人物。然而，恰是這些非一流學者的詮釋意見和閱讀心得，使我們能瞭解近思録在一般宗朱學者中的閱讀狀況和思想反饋，從而與「續録」「補録」互爲補充，體現出面向更爲寬闊的近思録思想學術史意義。

爲近思録作注釋、寫札記最多的，無疑是清代朱子學者。鑒於「續録」「補録」中清代思想資源的相對欠缺，存世的諸多清人近思録注釋、札記，無疑是研究清代近思録詮釋史的寶貴文獻。這裏且舉三個比較有意思的例證：汪紱讀近思録、陳沆近思録補注和郭嵩燾近思録注。

汪紱字燦人，號雙池，徽州婺源人，著有理學逢源等。傳稱汪紱治學，「研經則參考衆説，而一衷于朱子」，「述作博及兩漢、六代諸儒疏義，元元本本，而一以宋五子之學爲歸」。在新編中國儒學史中，汪紱與謝濟世、尹會一、陳宏謀、雷鋐、朱珪等，一道被列爲乾嘉時期宗程朱之學的理學代表人物。有意思的是，六人中的四位，尹會一、陳宏謀、朱珪、汪紱，都曾注釋或刊刻過近思録。汪紱讀近思録約撰於乾隆十九年，在此之前，他的同鄉江永已推出新注本近思録集註。汪紱與江永同爲宗朱一派，但兩人「只有書牘往來，而未嘗相見」，關係並不密切。從書信來看，汪紱對江永治學頗多異議，江永則覺得汪紱的意見「與鄙衷殊不相入」。江、汪都對近思録抱有濃厚興趣，只是江永集註多「采朱子之言爲注釋」，而汪紱讀近思録則盡是自己的解讀。倆人在問學路徑上的不同，及其學術觀點的碰撞，在汪紱讀近思録中多有展現。如近思録卷九收入程子論「井田制」二則，江永集註引用朱子之語，明確表示井田今不可行，汪紱讀近思録則針鋒相對，以爲「井田亦可因而行」。衆所周知，「井田」、「封建」、「郡縣」等問題，是清初顧炎武、黄宗羲、陸隴其等十分關心、經常討論的一個涉及當下土地制度乃至政治制度的議題。今從汪紱讀近思録可知，這個議題直至乾嘉時期還在繼續爭議之中。

陳沆字太初，號秋舫，湖北蘄水人，嘉慶朝狀元，「以詩文雄海内」，世稱「一代文宗」。陳沆補注的一個重要看點，就是其中收入了好友魏源的注釋，並在全書編例、材料取捨上，都很大程度地聽取、采納了魏源的意見。如修訂稿卷首原抄録孫承澤一段話：「孫北海曰：學有原委，原云端正則委自分明，如大學之『明德』，中庸之『天命』，論語之『務本』，孟子之『仁義』，皆自原頭説起，使學者有所從入。不然，原本不識，用力雖勤，而誤墮旁蹊者不少矣。故近思録首卷宜細爲體認，朱子『識個頭腦』四字，良非易事。」但這段孫北海語録，被魏源審稿時一筆勾刪，並在欄上眉間批字曰：「孫氏姓名有玷此書，且其語亦支離之甚。今學者第從第二、三卷『存養』、『致知之方』作工夫，有誤落旁蹊者耶？且空識名目，亦未必遂能通道不惑也。」孫承澤是明末清初由王學轉向朱學的代表人物，他仿近思録例，輯周、程、張、朱之言爲學約一書，復以明薛瑄、胡居仁、羅欽順、高攀龍四家之語編撰學約續編，還撰寫考正晚年定論，逐條批駁陽明朱子晚年定論，這些都是朱子學史上有代表性的文獻。然其一味尊朱，乃至「字字阿附」，處處回護，幾乎到了「佞朱」的地步。以致後來遭四庫館臣詬病，譏評他「末年講學，惟假借朱子以爲重」。物極必反，「佞朱」實則「誤朱」，這就引起宗朱陣營反思，「痛聖人之道不晦于畔朱之人，而即毁于從朱之人」。所以，孫北海條目的收入和删去，都反映了清代朱子學者在如何傳承朱子學説問題上所持的不同態度。魏源注近思録在陳沆補注中雖僅十一條，卻是其傳世詩文著述之外的佚文。而讀者也可由此知曉，這位近代「睜眼看世界」的先行者，在接受西方新事物、新思想的同時，依然保持對程朱理學的傳統情懷。

無獨有偶，郭嵩燾這位清廷首任駐英、法使節、近代「洋務運動」幹將，在寫下使西紀程的同時，還留下一部他多年閲讀近思録的學術札記。根據郭嵩燾題識，知道他於近思録曾「瀏覽所及四十餘年」，更在同治七年至光緒十年的十多年裏，「前後四次加注」。就是説，在郭嵩燾罷官歸隱、出使英法、海外召回、二度貶黜的那段跌宕起伏的仕宦歲月裏，其案頭書架，一直都有近思録的存在。這就不免讓人想到一個問題，一般總説理學家守舊，是政治改良、社會革命的思想阻礙。按此推論，思想「與時俱進」、政治理念「開放」的郭嵩燾，如此熱衷近思録這部理學入門讀物，似乎有悖常理，那些唾他唾沫的守舊儒臣，才該是近思録的「粉絲」。其實，讀不讀近思録與一個人的政治理念没有太多關係。清初，無論是「明遺」王夫之、張履祥、吕留良，還是「儒臣」孫承澤、張習孔、張伯行，都曾注釋、仿編或刊刻過近思録，但「明遺」與「儒臣」對滿清新政權的政治態度是截然不同的。郭嵩燾爲什麽要長年閲讀、「四次加注」近思録？據其自述：「深味近思録所以分章之義，盡看得大，所録四子之言，亦多是從大處説，而於一言一動之微，依然條理完密，無稍寬假。是以流行七八百年，奉此書爲入德之門，而體例之博大，記録之精審，尚亦非淺學者所能窺見也。」由此看來，他是把近思録作爲自我修養的經典來反復奉讀的，而郭注正是他多年來研讀近思録的心得手札。郭注重在義理思辨，尤多獨特見解，對周、程、張四子思想，既有發明，亦有持疑；對朱子及張栻、黄榦、葉采、江永等人的詮釋，則頗多異議辨正。且其闡發議論，多聯繫世事，切近日常，時而感慨時政之患，時而抨擊世風之弊，讀來耳目一新。故此，郭注的發現和整理，無論對近思録在清代的傳播研究，還是對清代思想家郭嵩燾的研究，都有相當重要的參考價值。

總之，與近思録這部理學入門讀物「被經典」的歷史進程同步，産生了一大批續補仿編、注釋集解、閲讀札記等近思録後續著述；這批理學文獻的編者撰者，無不遵循朱子爲近思録架構的理學體系，針對近思録提出的理學話語、議題和思想，「與時俱進」地闡發各自的理解和見解，從而映畫出一幅七百年理學思想史的學術長卷。

五　近思録專輯的收書與版本

對近思録後續著述及其思想學術史意義的認識，是在執行「朱子學文獻整理與研究」

課題的過程中不斷深化的。從規劃初選七種近思録後續著述整理校點，到最終擴充爲二十一種，并獨立成歷代朱子學著述叢刊的一個專輯，就是爲了充分傳達我們的這一認識，並使之成爲有益於學者展閱、研讀這幅思想學術史長卷的基本參考文獻。

近思録專輯收入近思録後續著述凡二十一種，依次爲：宋楊伯嵒泳齋近思録衍註、宋葉采近思録集解、宋陳埴近思雜問、宋蔡模近思續録、宋蔡模近思别録、宋佚名近思後録、明江起鵬近思録補、清張習孔近思録傳、清李文炤近思録集解、清張伯行近思録集解、清張伯行續近思録、清張伯行廣近思録、清黄叔璥近思録集朱、清茅星來近思録集註、清施璜五子近思録發明、清江永近思録集註、清汪紱讀近思録、清劉源淥近思續録、清陳沆近思録補注、清郭嵩燾近思録注、清吕永輝國朝近思録。其中宋人著述六種，明人著述一種，清人著述十四種；若按著述類型計，則有註釋集解九種，研讀札記二種，續編補編十種。專輯的收書理念，是兼顧文獻的發展階段性和學術典型性，儘可能把握主脈，真切反映近思録後續著述及其學術演變的歷史面貌。譬如，出自宋元著述遺逸多、流存少的考慮，專輯把僅存的宋人二種注解、三種續補和一種札記「一網打盡」，悉數收輯。明人著述也不多，傳世更少，但專輯只收江起鵬近思録補一種，那是考慮到周公恕分類經進近思録集解，不過是改編葉采集解而成，錢士升五子近思録，不過是合刻高攀龍朱子節要與近思録而已，都缺乏獨自的思想學術價值，故寧缺而毋濫。清代著述最多，遴選最費思量，大致是循清學之變，分前、中、後三個時期，擇優取精。前期跨康、雍二朝，斯時朱子學最盛，共收書八種。其中四家注釋，張習孔是今存最早的近思録注家，李文炤是湖湘學派的領軍人物，張伯行是向康熙力推程朱學説的理學名臣，茅星來集註「於名物訓詁考證尤詳」，各具典型意義。「續録」「補録」四種，收施璜五子近思録發明，而不收汪佑五子近思録，是因爲前者可以兼容後者；收劉源淥續録而不收朱顯祖朱子近思録、嚴鴻逵朱子文語纂編，是因爲朱録、嚴編不如劉録精要而有影響；收張伯行續録、廣録，是因爲能與其集解合觀，完整反映他的近思録詮釋思想。乾嘉之世，理學式微，考據風行，相傳書坊中已難見程朱之書，但今觀其時近思録著述仍不絶如縷。專輯收江永集註、黄叔璥集朱、汪紱讀近思録三種，注釋、續録、札記各占其一，數量雖少，庶幾尚能對清中期之概貌，獲一管窺。至於前述孫嘉淦五子近思録輯要，雖亦不無存留意義，但畢竟囿於汪氏五子録的格局，學術價值稍遜，故而割捨不取。晚清同、光時期的近思録著述之多，出乎意外。作爲後期典型，專輯選取陳沆補注、郭嵩燾注、吕永輝國朝近思録三種，其文獻價值、學術意義已在前文交代，兹不贅述。至於未收的黄奭近思録集説、李元綱五子近思録隨筆、黑葛次佩氏近思録復隅、張楚鍾小學近思理話、管贊程近思録集説等，則因其學術性稍差，或尚欠細究而不敢卒定。

近思録專輯收書在版本遴選上也力求精善，且有重大收穫。所收二十一種書籍，有四庫全書、四庫存目叢書、四庫禁燬書叢刊、續修四庫全書影印本的十一種。而其他十種中，屬海内孤本的就占六種，分别是北京大學圖書館藏日本寬文年間刻本宋蔡模近思别録、臺北「中央圖書館」藏南宋末建安曾氏刻本宋佚名近思後録、無錫市圖書館藏明萬曆三十二年自刻本江起鵬近思録補、上海圖書館藏清康熙十七年飲醇閣刻本清張習孔近思録傳、國家圖書館藏稿本清黄叔璥近思録集朱、遼寧圖書館藏清抄本清郭嵩燾近思録注。需要指出的是，宋刊近思後録曾收入臺灣四庫善本叢書初編影印出版，但此叢書本今已難以尋覓。國圖藏黄叔璥近思録集朱稿本，在校點告竣後獲知又被新編子海（珍本編）收入影印，但那是一部修訂待定稿本，書葉行間塗抹勾畫，粘有許多浮簽，整理本根據原稿提示，對浮簽及其覆蓋的文字，都一一加以校理，是未作技術處理的影印本無法取代的。至於宋刊近思别録、明刊近思録補、清刊近思録傳和清抄本近思録注，都是别無他見的唯一遺存。此外，像清光緒刻本吕永輝國朝近思録，也僅有國家圖書館、新鄉市圖書館二處收藏，但二館藏本各有破損，整理本合而校之，始臻完善。至於有四庫系列叢書收入影印的十一種典籍，雖然較爲通行易見，但專輯整理本通過精校，也多有勝出之處。如四庫存目叢書本清李文炤近思録集解，是根據華東師範大學圖書館藏殘本影印，僅存三卷，整理本别據湖南省圖書館藏殘本校補，遂成全帙。又如續修四庫全書影印本清陳沆近思録補注，係出湖北省圖書館藏清陳氏白石山館稿本，但那也是一部修訂稿，增補删改，塗抹勾畫，閲讀極爲不便，整理本另取清華大學圖書館藏清道光間刻本爲底本，以稿本校之，更稱精善。再如收入四庫禁燬書叢刊的清張伯行近思録集解，是據乾隆元年尹會一揚州安定書院刻本影印，然而經過版本調研，發現該本與今存極少的康熙間正誼堂原刻本，竟有多處重要文字異同，爲後人重刻時故意删改，整理本遂以原刻爲底本，以重刻本對校，既保存原始真意，又可在先後改易之間，探其隱情。再如宋葉采近思録集解、清江永近思録集註，是二種最常用的近思録注本，但無論是四庫全書影印本，還是新版校點本，所用底本都不盡如人意，比如現存最早的元刻明修本葉解、清嘉慶婺源李氏刻本江註，就不及清康熙邵仁泓刻本、清同治江蘇書局刻本後出轉精。凡此，整理時都秉持精益求精的理念，實事求是地作了底本更换。

遵循歷代朱子學著述叢刊規定，近思録專輯各書大體遵照中華書局擬訂的校點體例，從嚴從難執行，個别處如專名號的使用等，則根據近思録後續著述的特點，稍作更趨細化的改動。作爲歷代朱子學著述叢刊這部開放性學術史叢書的第一種子叢書，近思録專輯的編纂整理具有一定的試驗性。雖然明知「盡善盡美」是爲不能，但我與我的同仁，仍願持守「爲所不能爲」的精神，勉力而爲。我們期盼對近思録後續著述的思想學術史意義的認識能得到學界同道的認同，也期待近思録專輯的整理出版能對推進朱子學史研究有切實的助益，更渴求賜讀此專輯的高明之士能糾其不逮，不吝賜教。

二〇一四年三月　嚴佐之

五子近思録發明

[清]施璜 撰　李慧玲 校點

目録

校點説明

五子近思録發明十四卷，清施璜撰。施璜（？—1706），字虹玉，號誠齋，徽州休寧人。約生於明、清之際，「幼凝重，寡言笑」，「年舞勺已通孝經、小學、四子書」，壯年棄舉子業，「絶意仕進，發憤潛修，卒以理學著稱」。「其學以宋儒程、朱爲的」，「排斥陸、王不遺餘力」；「其爲人以古道自處，而一生得力尤在誠信二字」。嘗主講新安紫陽、還古兩書院，「於先儒語録尤多所發明，四方學者翕然宗之」。康熙十一年遊學東林書院，師事高世泰，往復論學，師生相得。施璜一生以治學、游學、講學爲業，撰著除五子近思録發明外，尚有思誠録、小學發明、紫陽書院志、塾講規約、誠齋文集等。事蹟詳清史稿儒林傳、清儒學案梁溪二高學案、東林書院志等。

施璜五子近思録發明是對汪佑五子近思録的增補續編。汪佑，字啓我，號星溪，徽州休寧人，生於明、清之際，約與施璜同時。嘗參合明邱濬朱子學的、高攀龍朱子節要，增朱子之書於近思録各卷之後，名曰五子近思録。施璜嘗參與五子近思録編纂之事，惟以明薛瑄、胡居仁、羅欽順、高攀龍四先生之言，足堪「發明五先生之旨」，遂取讀書録、居業録、困知記、高子遺書等，匯萃精要，附於汪氏五子近思録各卷之末，而名曰發明。書成於清康熙四十四年九月，翌年謝世。

據中國古籍總目著録，五子近思録發明今存版本有清康熙四十四年世榮堂刻本、清康熙四十四年聚錦堂刻本、清康熙間刻本、清光緒六年雲南書局刻本、清英秀堂刻本及清刻本等。今檢視上海圖書館藏清康熙四十四年聚錦堂刻本，凡四册，半頁九行二十字，注文雙行小字同，左右雙邊。扉頁上横刻「孝感熊先生鑑定」，下竪刻「新安施虹玉著」、「五子近思録發明」、「聚錦堂藏本」三行，並無明確刊刻年代，但據卷首施璜序年著録。該藏本字跡漫漶，墨色深淺不匀，宜屬後印。又該館藏清刻本，凡八册，半頁九行二十字，注文小字雙行同，左右雙邊，扉頁竪行刻「五子近思録發明」，無牌記，「丘」、「弘」、「曆」均不避諱。此本版刻清晰，墨色均匀，似屬初印之物。又館藏清英秀堂刻本，凡八册，半頁九行二十字，注文小字雙行同，左右雙邊，扉頁竪刻「新安施虹玉先生纂註」、「五子近思録」、「英秀堂藏版」三行。據比驗，英秀堂本與前述清刻本顯然同出一版，只是字體多有漫漶，當爲其後印本。又館藏光緒六年雲南書局刻本，經比照，亦源出清刻本一系。故此次校點，乃取上圖藏清刻本爲底本，以該館藏聚錦堂刻本爲對校本，英秀堂刻本、雲南書局刻本爲參校本，並適當參校其他文獻。

底本個別卷下標題有與原目次不合者（如原目次卷六標題爲「齊家」，正文卷六標題爲「家道」），今據原目次予以統一。另外，各本部分卷末有同時代學者（如汪三省、李菁等）所寫跋文，現予以保留。特此説明。

限於學識，校點不免失誤，謹望方家不吝指正。

二〇一三年十月　李慧玲

五子近思録發明序

聖人之道大矣，然學者必有所由以從入之序焉。苟不識其門庭而欲升入聖人之堂室，何可得乎？故朱子既注釋學、庸、語、孟，以弘昭聖人之道，復手集周子、二程子、張子之書，掇取其關於身心日用者，教人先識其門庭。嘗謂學者曰：「四書者，五經之階梯；近思録者，四書之階梯。」夫階梯也者，言所由以從入之序也。然則五經以四書爲階梯，讀四書無入處，則不可以言五經；四書以近思録爲階梯，讀近思録無入處，則不可以言四書也明矣。雖然，孔子之道自孟子後失傳者一千四百餘年，至周子、二程子、張子而始著，至朱子而始大著。夫既集周、程、張四先生之言爲階梯，若不得朱子精粹切要之言合觀之，則學者終有所闕憾。故星溪汪子將瓊山先生所著朱子學的，與梁溪先生所著朱子節要合編之，以續於周、程、張之後，近思於是爲完書，而階梯之説亦於是爲詳備矣。但近思録在昔有平巖葉氏集解闡發，四先生之精藴昭然如日星。今五子合編尚少註解，故璜與同志講習五子于紫陽、還古兩書院者有年，遂自忘其固陋，略有發明。於葉註之精者，而益求其精；其未及註者，則蒐輯而補之。又嘗讀薛子讀書録、胡子居業録、羅子困知記與高子遺書，喜其皆由近思以升入四書、五經之堂室者，先後一揆，若合符節。迨讀北平孫氏學約續編，亦謂薛、胡、羅、高四先生，羽翼周、程、張、朱五先生者也。於是匯萃其精要者，以附於各卷之末，蓋即以四先生之言發明五先生之旨，而意益親切，語更詳備焉。朱子謂：「窮鄉晚進、有志於學而無明師良友以先後之者，誠得此而玩心焉，亦足以得其門而入矣。」愚爲此編，雖於聖人之藴不能大有發明，然於窮鄉晚進之士得此而玩心焉，亦庶幾有少資助云。康熙乙酉秋九月戊子，紫陽後學施璜虹玉氏敬書於還古書院之歸仁堂。

五子近思録發明例

紫陽朱子纂集周子、二程子、張子四先生之書，共成十四卷，星溪汪氏訂補朱子之書，增入各卷之後，是爲五子合編。每卷首尾有總發明，逐條有細分明。至於類聚薛、胡、羅、高四先生之粹言，則分附於五先生之末。四先生前後同時，尚有理學正儒，然細心參酌，無出四先生右者，故只彙編四先生粹言，而不敢他及也。

五子近思録發明增入四先生書目

薛先生文集　先生名瑄，字德温，號敬軒，山西河津人，謚文清。讀書録

胡先生敬齋集　先生名居仁，字叔心，號敬齋，江西餘干人，謚文敬。居業録

羅先生文集　先生名欽順，字允升，號整菴，江西泰和人，謚文莊。困知記一續　二續　三續

四續　補續　附録

高先生遺書　先生名攀龍，字存之，號景逸，江南無錫人，謚忠憲。周易孔義　春秋孔義　正蒙

集註　高子節要　誠齋記

近思録原編書序

淳熙乙未之夏，東萊吕伯恭來自東陽，過予寒泉精舍，留止旬日，相與讀周子、程子、張子之書，歎其廣大宏博，若無津涯，而懼初學者不知所入也。因共掇取其關於大體而切於日用者，以爲此編。總六百二十二條，分十四卷。蓋凡學者所以求端用力處已治人之要，與夫所以辨異端，觀聖賢之大略，皆粗見其梗概，以爲窮鄉晚進有志於學而無明師良友以先後之者，誠得此而玩心焉，亦足以得其門而入矣。如此，然後求諸四君子之全書，沉潛反復，優柔厭飫，以致其博而反諸約焉。則其宗廟之美，百官之富，庶乎其有以盡得之。若憚煩勞，安簡便，以爲取足於此而可，則非今日所以纂集此書之意也。五月五日新安朱熹謹識。

近思録既成，或疑首卷陰陽變化性命之説，大抵非始學者之事。祖謙竊嘗與聞次緝之意，後出晚進，於義理之本原，雖未容驟語，苟茫然不識其梗概，則亦何所底止！列之篇端，特使之知其名義，有所嚮望而已。至於餘卷所載，講學之方，日用躬行之實，具有科級。循是而進，自卑升高，自近及遠，庶幾不失纂集之指。若乃厭卑近而騖高遠，躐等陵節，流於空虛，迄無所依據，則豈所謂「近思」者耶！覽者宜詳之。淳熙三年四月四日東萊吕祖謙謹書。

近思録群書姓氏

周子太極通書　周子名惇實，字茂叔，避厚陵藩邸名改惇頤，世爲道州營道縣人。營道縣出郭三十里有村落，曰濂溪，周氏家焉。先生晚年卜居廬阜，築室臨流，寓濂溪之名。

明道先生文集　先生姓程氏，名顥，字伯淳，太師文潞公題其墓曰「明道先生」。

伊川先生文集　先生名頤，字正叔，明道先生之弟也。家居河南伊川之上。

周易程氏傳

程氏經説

程氏遺書

程氏外書

横渠先生正蒙　先生姓張氏，名載，字子厚，世大梁人。父迪，知涪州事，卒於官，遂僑寓鳳翔郿縣横渠鎮南大振谷口，晚年居於横渠。

横渠先生文集

橫渠先生易説

橫渠先生禮樂説

橫渠先生論語説

橫渠先生孟子説

橫渠先生語録

五子近思録原序

每讀朱子誨言曰：「修身之法，小學備矣；義理精微，近思録詳之。」言求詳乎此而因類推其全書，則詳者益詳，庶美富可馴至也。又曰：「四子，六經之階梯；近思録，四子之階梯。」言厭飫其書，由四先生而循企鄒、魯、虞、夏之堂，庶入室其先資也。雖然取資四先生而不得集群儒大成之書，類聚觀之，則所纂集旨趣詎識，始終條理，皆會通於大成分量中也。彼分類多門，紕繆原旨者夥矣。在昔文莊丘子，嘗采朱子之書尊爲學的，擬效論語，而自附於曾子、有子之門人。梁溪高子，嘗準近思録例，輯爲朱子節要，不敢擬於近思，而特梓以昭學則。愚以爲當取節要合編之，犁然五子如五行之不可缺一矣；更取學的與節要合訂焉。由五子而階梯四子、六經，由群儒大成而闡群聖大成，所稱科級畢具，羹牆三古，孰逾於兹？惟學的多采集註粹言，顧集註，朱子身體四子而脗合聖賢之的也，學者概宜熟讀精思，不可揀擇出入。矧新學叛朱，其徒藐註，尤當尊爲不祧完書。四子之有集注，可稱五子，猶近思之入紫陽，是爲五子也。愚故於學的之采集註者多略焉，其餘則二先生彙編確當，若合符節。誠取五子之書玩心厭飫，而濂、雒、關、閩之道會於一，前聖後聖之道亦昭融於一，正學永麗乎中天矣。若夫合編朱子與四先生類聚較研，又可見集群儒之大成，於斯尤得其梗概也。新安後學汪佑謹序。

先生姓汪氏，名佑，字啓我。休寧縣西鄉方塘人。方塘在白嶽之麓七里許。先生遯世後，嘗講學白嶽，群號爲白嶽山人。又村落有水曰星溪，先生隱居其間，屋後臨流，有星溪閣，學者稱爲星溪先生。所著有詩傳闡要、易傳闡要、禮記答問、大樂嘉成、四書講録、明儒通考、星溪文集、星溪日記、家訓、敬義堂會語等書。

五子近思録補編增入書目

朱子 四書集註
四書或問
論孟精義
中庸輯略
周易本義
毛詩集傳
儀禮經傳通解
伊雒淵源録
朱子大全集
朱子語類
朱子通鑑綱目

延平答問

謝上蔡語録

雜學辨

詩序辨

易學啓蒙

小學家禮

楚辭集註

朱子學的　丘瓊山先生輯。先生名濬，字仲深，謚文莊。廣東瓊州人。

朱子節要　高梁溪先生輯。先生名攀龍，字景逸，謚忠憲。常州無錫人。

五子近思録目次

卷之十二　警戒改過　原三十三條，補朱子二十二條。

卷之十三　辨别異端　原十四條，補朱子二十一條。

卷之十四　總論聖賢　原二十六條，補朱子五十六條。

原共六百二十二條，訂補五百四十八條，共一千一百七十條。

五子近思録發明卷一

道體

平巖葉氏曰：「此卷論性之本原，道之體統，蓋學問之綱領也。」愚按：聖人未嘗輕以性之本原語人，朱子編輯此書，爲四書、六經之階梯，乃始學者之事。而首卷便掇取太極圖説冠於篇端，何哉？蓋朱子教人從事聖賢之學，而聖賢之所以爲聖賢者，不過窮理盡性，以至於命而已。雖後出晚進，於性命之本原，未容躐等驟語，苟懵然不知其梗概，則趨向恐不得其正，而惑於他岐之説焉。故首列太極圖説於篇端，使人粗知天理之根源，略明人物之始終，以正其趨向，而定其階梯，不至於錯走路頭也。蓋學問起頭要知性，中間要復性，臨了要盡性。人不知性，萬事皆低。後世道不明，只是性不明。四書、六經都是説一性字。性即理也，仁、義、禮、智是也。率爾由之之謂道，三綱五常是也。中庸開卷即從「天命之謂性，率性之謂道」説起，亦是此意。故曰此卷乃學問之綱領，學者必先究心於此，然後可以論盡性至命之事也。熊環川先生曰：濂溪，宋之仲尼也。其學廣大精微，純粹深密，莫妙於太極圖說。上續魯、鄒之傳，下開洛、閩之緒，功在斯文，澤流後世。自秦、漢以來，未有盛於濂溪者也。故程子兄弟語及性命之際，未嘗不因其説；而朱子又條分縷析以釋之，其學弘昭於天下。後世有志於聖賢之學者，豈可以爲此非始學者之急務，而不熟讀精思，虚心涵泳哉？

濂溪先生曰：無極而太極。朱子曰「上天之載，無聲無臭」，而實造化之樞紐，品彙之根柢也，故曰「無極而太極」，非太極之外復有無極也。又曰「無極而太極」，只是説無形而有理，「而」字輕，無次序故也。太極動而生陽，動極而靜，靜而生陰，靜極復動。一動一靜，互爲其根，分陰分陽，兩儀立焉。朱子曰：太極之有動靜，是天命之流行也，所謂「一陰一陽之謂道」。誠者，聖人之本，物之終始，而命之道也。其動也，誠之通也。「繼之者善」，萬物之所資以始也。其靜也，誠之復也，「成之者性」，萬物各正其性命也。動極而靜，靜極復動，一動一靜，互爲其根，命之所以流行而不已也。動而生陽，靜而生陰，分陰分陽，兩儀立焉，分之所以一定而不移也。蓋太極者，本然之妙也；動靜者，所乘之機也。太極，形而上之道也；陰陽，形而下之器也。是以自其著者而觀之，則動靜不同時，陰陽不同位，而太極無不在焉。自其微者而觀之，則冲漠無朕，而動靜陰陽之理已悉具於其中矣。雖然，推之於前，而不見其始之合；引之於後，而不見其終之離也。故程子曰「動靜無端，陰陽無始」，非知道者，孰能識之？又曰：動之前有靜，靜之前又有動，推而上之，其始無端，推而下之，以至未來之際，其卒無終。陰陽只是一氣，陰氣流行即爲陽，陽氣凝聚即爲陰，非真有二物相對也。此理甚明。

陽變陰合，而生水、火、木、金、土。五氣順布，四時行焉。

朱子曰：有太極則一動一靜，而兩儀分；有陰陽則一變一合，而五行具。然五行者，質具於地而氣行於天者也。以質而語其生之序，則曰水、火、木、金、土，而水、木陽也，火、金陰也。以氣而語其行之序，則曰木、火、土、金、水，而木、火陽也，金、水陰也。又統而言之，則氣陽而質陰也。又錯而言之，則動陽而靜陰也。蓋五行之變，至於不可窮，然無適而非陰陽之道。至其所以爲陰陽者，則又無適而非太極之本然也。夫豈有所虧欠間隔哉？或問：陽何以言變，陰何以言合？曰：陽動而陰隨之，故云變合。○葉平巖曰：水、火、木、金、土者，陰陽生五行之序也。木、火、土、金、水者，五行自相生之序也。曰：五行之生與五行之相生，其序不同何也？曰：五行之生也，二氣之交，變合而各成。天一生水，地二生火，天三生木，地四生金，天五生土，所謂「陽變陰合而生水、火、木、金、土」是也。五行之相生也，蓋一氣之推，循環相因，木生火，火生土，土生金，金生水，水復生木，所謂「五氣順布，四時行焉」是也。曰：其所以有是二端何也？曰：二氣變合而生者，原於對待之體也；一氣循環而生者，本於流行之用也。

五行，一陰陽也；陰陽，一太極也；太極，本無極也。

朱子曰：五行具則造化發育之具無不備矣，故又即此而推本之，以明其渾然一體，莫非無極之妙。而無極之妙，亦未嘗不各具於一物之中也。蓋五行異質，四時異氣，而皆不能外乎陰陽。陰陽異位，動靜異時，而皆不能離乎太極。至於所以爲太極者，又初無聲臭之可言，是性之本體然也，天下豈有性外之物哉？五行之生也，各一其性。朱子曰：五行之生，隨其氣質而所禀不同，所謂「各一其性」也。各一其性，則渾然太極之全體無不各具於一物之中，而性之無所不在，又可見矣。張南軒曰：「五行各一其性，則爲仁義智信之理，而五行各專其一。」吴静菴曰：「五行一陰陽，陰陽一太極」，所謂體用一源，顯微無間，於此見理之同。「五行之生，各一其性」，於此見氣質之異。性非有異，然囿於氣質而不能相通，故曰「各一其性」。無極之真，二五之精，妙合而凝。「乾道成男，坤道成女」，二氣交感，化生萬物。萬物生生而變化無窮焉。朱子曰：夫天下無性外之物，而性無不在，此無極、二五所以混融而無間者也，所謂「妙合」者也。「真」以理言，無妄之謂也。「精」以氣言，不二之名也。凝者，聚也。氣聚而成形也。蓋性爲之主，而陰陽五行爲之經緯錯綜，又各以類凝聚而成形焉。陽而健者成男，則父之道也；陰而順者成女，則母之道也。是人物之始以氣化而生者也。氣聚成形，則形交氣感，遂以形化，而人物生生變化無窮矣。自男女而觀之，則男女各一其性，而男女一太極也。自萬物而觀之，則萬物各一其性，而萬物一太極也。蓋合而言之，萬物通體一太極也；分而言之，一物各具一太極也。所謂天下無性外之物，而性無不在者，於此尤可以見其全矣。子思子曰：「君子語大，天下莫能載焉。語小，天下莫能破焉。」此之謂也。惟人也，得其秀而最靈。形既生矣，神發知矣，五性感動，而善惡分，萬事出矣。朱子曰：此言衆人具動静之理，而常失之於動也。蓋人物之生，莫不有太極之道焉。然陰陽五行氣質交運，而人之所禀獨得其秀，故其心爲最靈而有以不失其性之全，所謂天地之心而人之極也。然形生於陰，神發於陽，五常之性感物而動，而陽善陰惡又以類分，而五性之殊散爲萬事。蓋二氣五行化生萬物，其在人者又如此，自非聖人全體太極有以定之，則欲動情勝，利害相攻，人極不立，而違禽獸不遠矣。聖人定之以中正仁義，聖人之道，仁義中正而已矣。而主静，無欲故静。立人極焉。故聖人與天地合其德，日月合其明，四時合其序，鬼神合其吉凶。朱子曰：此言聖人全動静之德，而常本之於静也。蓋人禀陰陽五行之秀氣以生，而聖人之生，又得其秀之秀者。是以其行之也中，其處之也正，其發之也仁，其裁之也義。蓋一動一静，莫不有以全夫太極之道而無所虧焉。則向之所謂欲動情勝、利害相攻者，於此乎定矣。然静者，誠之復而性之真也。苟非此心寂然無欲而静，則又何以酬酢事物之變而一天下之動哉？故聖人中正仁義，動静周流，而其動也，必主乎静。此其所以成位乎中，而天地、日月、四時、鬼神有所不能違也。蓋必體立而後用有以行。若程子論乾坤動静而曰「不專一則不能直遂，不翕聚則不能發散」，亦此意爾。君子修之吉，小人悖之凶。朱子曰：聖人，太極之全體，一動一静，無適而非中正仁義之極，蓋不假修爲而自然也。未至此而修之，君子之所以吉也，不知此而悖之，小人之所以凶也。修之悖之，亦在乎敬肆之間而已矣。敬則欲寡而理明，寡之又寡，以至於無，則静虚動直而聖可學矣。故曰：「立天之道，曰陰與陽；立地之道，曰柔與剛；立人之道，曰仁與義。」又曰：「原始反終，故知死生之説。」朱子曰：陰陽成象，天道之所以立也。剛柔成質，地道之所以立也。仁義成德，人道之所以立也。道一而已，隨事著見，故有三才之别，而於其中又各有體用之分焉，其實則一太極也。陽也，剛也，仁也，物之始也。陰也，柔也，義也，物之終也。能原其始而知所以生，則反其終而知所以死矣。此天地之間綱紀，造化流行，古今不言之妙，聖人作易，其大意蓋不出此，故引之以證其説。○葉平巖曰：一陰一陽之謂道，道即太極也。在天以氣言曰陰陽，在地以形言曰柔剛，在人以德言曰仁義，此太極之體所以立也。死生者，物之終始也。知死生之説，則盡二氣流行之妙矣，此太極之用所以行也。凡此二端，發明太極之全體大用，故引以結證一圖之義。大哉易也，斯其至矣！朱子曰：易之爲書，廣大悉備，然語其至極，則此圖盡之，其指豈不深哉！抑嘗聞之，程子昆弟之學於周子也，周子手是圖以授之。程子之言性與天道多出於此，然卒未嘗明以此圖示人，是則必有微意焉，學者亦不可以不知也。

附太極圖并解

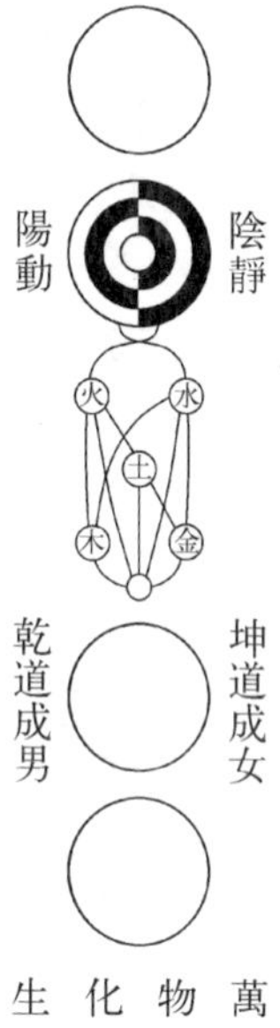

○第一圈 此所謂「無極而太極」也，所以動而陽，靜而陰之本體也。然非有以離乎陰陽也，即陰陽而指其本體，不雜乎陰陽而爲言爾。第二圈 此○太極之動而陽，靜而陰也。中○極者，其本體也。左半者，陽之動也，○太極之用所以行也。右半者，陰之靜也，○太極之體所以立也。陰中陽者，陽動之根也；陽中陰者，陰靜之根也。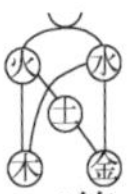第三段五行圖 此陽變陰合而生水火木金土也。自左下右者，陽之變也；自右下左者，陰之合也。㊌陰盛，故居右。㊋陽盛，故居左。㊍陽穉，故次火。㊎陰穉，故次水。㊏沖氣，故居中。而水火之所從來交系乎上，陰根陽，陽根陰也。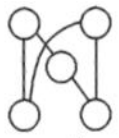，水而木，木而火，火而土，土而金，金而復水，如環無端，五氣布而四時行也。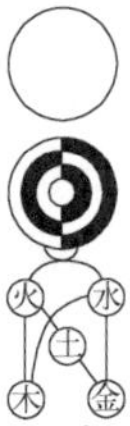，五行一陰陽，五殊二實，無餘欠也。陰陽一太極，精粗本末，無彼此也。太極本無極，上天之載，無聲臭也。五行之生，各一其性。氣殊質異，各一其○太極，無假借也。第八圈 此無極、二五所以妙合而無間也。○第九圈，乾男、坤女，以氣化者言也。各

一其性，而男女一太極也。○第十圈 萬物化生，以形化者言也。各一其性，而萬物一太極也。此以上，引説解剥圖體。此以下，據圖推盡説意。惟人也得其秀而最靈，則所謂人○極者，於是乎在矣。然形，◑陰之爲也。神，◐陽之發也。五性，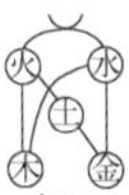五行之德也。善惡，○坤女乾男，男女之分也。萬事，○萬物化生，萬物之象也。此天下之動，所以紛綸交錯，而吉凶悔吝所由以生也。惟聖人者，又得夫秀之精一，而有以全乎○太極之體用者也。是以一動一靜，各臻其極，而天下之故，常感通乎寂然不動之中。蓋中也，仁也，感也，所謂◐陽動也，○太極之用所以行也。正也，義也，寂也，所謂◑陰靜也，○太極之體所以立也。中、正、仁、義，渾然全體，而靜者常爲主焉。則人○極於是乎立，而○◎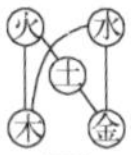天地、日月、四時、鬼神，有所不能違矣。君子之戒謹恐懼，所以修此○人極而吉也；小人之放僻邪侈，所以悖此○人極而凶也。天地人之道，各一○極也。陽也，剛也，仁也，所謂◐陽動也，物之始也。陰也，柔也，義也，所謂◑陰靜也，物之終也。此所謂易也，而三極之道立焉。實則一○太極也，故曰「易有太極」◎即陰陽而指其本體。之謂也。

此周子畫圖立説，揭出太極全體以示人，君子當修中正仁義，以求體夫在我之太極也。蓋太極乃萬理統會之總名，無極只是無形，太極只是有理。其曰「無極而太極」者，言是理言本無是形而實有是理，即「易有太極」之謂也。其曰「動而生陽，靜而生陰」者，言是理乘氣機之動而動，化育流行，爲陽之生物；是理乘氣機之靜而靜，生意斂藏，爲陰之成物。一動一靜，循環不已，則動爲靜之根，靜又爲動之根。分其動者謂之陽，分其靜者謂之陰，本一氣之流行而爲二氣之對峙也。其曰「陽變陰合而生水火木金土」者，言是理之變合而生五行之質，其氣之運行於天而爲春夏秋冬之四時，五行又自相生，循環不已也。總之，五行一陰陽之所爲，而陰陽即太極之所在，無聲無臭，無方無體也。但五行之生，隨其氣質而所禀不同，其理即爲仁、義、禮、智、信之性，而五行各專其一耳。然是理爲生物之本，氣爲生物之具，理氣妙合，凝聚而成人物之形焉。是人物之始，以氣化而生者也。既有男女，則形交氣感而生萬物，自此形化，生生不已，而變化無有窮盡矣。合而言之，萬物統體一太極；分而言之，一物各具一太極。人與物，皆得是理以生，惟人獨得陰陽五行之秀氣，故人爲萬物之靈。然既有耳目口體之形，則不能無欲，而心之神明發爲知覺者，外交於物，則五性感動而爲情，其中節者爲善，不中節者爲惡，人事之萬變，俱於此出矣。此衆人具動靜之理，而常失之於妄動也。惟聖人全體太極，所行無非中正仁義。蓋本於此心寂然無欲而静，故能立人極以爲民表，與天地、日月、四時、鬼神相合。聖人即以中正仁義寓於禮樂政刑之間，以定衆人之妄動而爲修道之教。至於君子未能盡此中正仁義而敬以脩之，「永言配命，自求多福」，所以吉也。小人則不知中正仁義而肆以悖之，「自作孽，不可逭」，所以凶也。故人能從事於居敬，則欲寡而理明。寡之又寡，以至於無欲而静，則所行無非中正仁義矣。此希聖之要道也。

誠，無爲。朱子曰：實理自然，何爲之有？即太極也。幾，善惡。「幾者，動之微」，善惡之所由分也。蓋動於人心之微，則天理固當發見，而人欲亦已萌乎其間矣。此陰陽之象也。德：愛曰仁，宜曰義，理曰禮，通曰智，守曰信。道之得於心者謂之德，其别有是五者之用，而因以名其體焉，即五行之性也。性焉安焉之謂聖，性者，獨得於天。安者，本全於己。聖者，大而化之之稱。此不待學問勉强，而誠無不立，幾無不明，德無不備者也。復焉執焉之謂賢。復者，反而至之。執者，保而持之。賢者，才德過人之稱。此思誠研幾，以成其德，而有以守之者也。發微不可見、充周不可窮之謂神。發之微妙而不可見，充之周遍而不可窮，則聖人之妙用而不可知者也。

此言誠、幾、德，便是太極、陰陽、五行也。吴敬菴曰：誠者，即吾心初具之太極，乃天理之本然，無所作爲者也。幾者，吾心初動之微，其循性而發者爲善，從欲而動者爲惡，所謂五性感動而善惡分，善陽而惡陰也。德者，人所得於五行之理，而爲仁、義、禮、智、信之性，因用以別其體，則温然慈愛者曰仁，裁制得宜者曰義，各有條理者曰禮，通達無蔽者曰智，敦篤能守者曰信，有是體則有是用，而不相混也。夫誠、幾、德，人之所同有者也。惟氣稟清純，得全於天而性焉，不待勉强，從容順適而安焉，是謂「大而化之」之聖，則至誠、知幾而德無不盛者也。其次性爲氣稟所拘，必反身體道而復焉，未能從容中道，必擇善篤行而執焉，是謂才德過人之賢，則思誠、研幾而自修其德者也。若夫淵泉時出，發之微妙而不可見；中和位育，充之周遍而不可窮，是謂聖而不可知之之神。然此特言聖之至妙而不可測耳，非聖與神截然爲二也。學者熟玩此章，知得誠、幾、德皆自太極圖中說出，即知朱子答蔡季通書云：「元來誠、幾、德便是太極、二五，此老些子活計，盡在裏許。」斯言洵不誣也。

伊川先生曰：「喜怒哀樂之未發謂之中」，中也者，言「寂然不動」者也，故曰「天下之大本」。「發而皆中節謂之和」，和也者，言「感而遂通」者也，故曰「天下之達道」。

此言未發已發，乃千聖真脉也。喜怒哀樂，情也。其未發，則天命之性也。心，統性情者也。故程子以「寂然不動」爲中，「感而遂通」爲和。蓋心以「寂然不動」爲體，「感而遂通」爲用，故程子論未發已發而指心之體用言之，不但性情之德，中和之妙，有條而不紊，所謂「大本」、「達道」者，皆可一以貫之而無疑也。

心一也，有指體而言者，本註云：「寂然不動」是也。有指用而言者，本註云：「感而遂通天下之故」是也。惟觀其所見何如一作「如何」耳。

此言心之體用也。虚靈知覺，心之妙也。其體「寂然不動」，至虚也，而知覺不昧。其用「感而遂通天下之故」，至靈也，而知覺千變萬化。天下之理皆從此出，至平常，至奇特，所見有毫釐之差，便陷於異端而不自知矣。

乾，天也。天者，乾之形體；乾者，天之性情。乾，健也，健而無息之謂乾。朱子曰：性、情二者常相參，有性便有情，有情便有性。火之性情則是熱，水之性情則是寒，天之性情則是健。健之體爲性，健之用爲情。惟其健，所以不息。夫天，專言之則道也，「天且弗違」是也。分而言之，則以形體謂之天，以主宰謂之帝，以功用謂之鬼神，以妙用謂之神，以性情謂之乾。朱子曰：功用言其氣也，妙用言其理也。功用兼精粗而言，妙用言其精者。

此章言天，而隨其所指分别出來，以見其義之精也。葉平巖曰：道者，天理當然之路。專言天者，即道也。分而言之，指其形體高大而無涯，則謂之天；指其主宰運用而有定，則謂之帝。天所以主宰萬化者，理而已。功用，造化之有迹者，如日月之往來，萬物之屈伸是也。往者爲鬼，來者爲神，屈者爲鬼，而伸者爲神也。妙用，造化之無迹者，如運用而無方，變化而莫測是也。黄勉齋曰：言鬼神，則神在其中矣。析而言之，則鬼者其粗迹，神者其妙用也。

四德之元，猶五常之仁。偏言則一事，專言則包四者。

此言天人合一之理也。葉平巖曰：「在天爲四德，元亨利貞也。在人爲五常，仁義禮智信也。分而言之，則元者四德之一，仁者五常之一。專言元則亨利貞在其中，專言仁則禮義智信在其中。蓋元者天地之生理也。亨者生理之達，利者生理之遂，貞者生理之正也。仁者人心之生理也。禮者仁之節文，義者仁之裁制，智者仁之明辨，信者仁之真實也。」愚謂五常即是四德，但有在天、在人之分耳。元亨，誠之通；利貞，誠之復。五常之信，即誠也。○朱子曰：仁之一事所以包四者，不可離其一事而別求兼四者之仁。又曰：仁是生底意思，通貫周流於四者之中，須得辭遜、斷制、是非三者，方成得仁之事。

天所賦爲命，物所受爲性。

此辨析性、命之名義，其實一理也。在天曰命，在人物曰性。以其流行不息，賦與萬物者謂之命。萬物各有稟受，而此理無不全具，謂之性。其實一理也。

鬼神者，造化之迹也。

此言天地之功用。蓋造化，指天地之作爲處言。氣一噓而萬物盈，所謂造也；氣一吸而萬物虚，所謂化也。造者自無而有，化者自有而無。謂之迹者，乃一動一静，一往一來，一聚一散，一升一降之痕迹耳。非鬼神，則造化無迹矣。非鬼神，屈伸往來，何以造化？故鬼神爲造化之迹。程子恐人求鬼神於窈冥之鄉，故以迹言之。

剥之爲卦，諸陽消剥已盡，獨有上九一爻尚存，如碩大之果不見食，將有復生之理，上九亦變則純陰矣。然陽無可盡之理，變於上則生於下，無間可容息也。聖人發明此理，以見陽與君子之道不可亡也。或曰：剥盡則爲純坤，豈復有陽乎？曰：以卦配月，則坤當十月。以氣消息言，則陽剥爲坤，陽來爲復，陽未嘗盡也。剥盡於上，則復生於下矣。故十月謂之陽月，恐疑其無陽也。陰亦然，聖人不言耳。

此言陽與君子之道不可亡也。而陰陽消息，始終循環不已，不容有間斷，亦無亡之理，故程子於剥上九一爻發明之。夫衆陽俱已剥落，惟一陽在上，有復生之機。如衆果俱落，尚有碩大一果在上，不爲人所食，可復種而生也。上九亦變，則純陰爲坤矣。然陽纔盡於上，則已萌於下。朱子曰：「凡陰陽之生，一爻當一月，須是滿三十日，方滿得那腔子，做得一畫成。今坤卦非是無陽，陽始生甚微，未滿那腔子，做一畫未成，非是坤卦純陰便無陽也。」蓋陰陽二氣，語其流行，則一氣耳。息則爲陽，消則爲陰，消之終則息之始，不容有間斷也。故十月於卦爲坤，聖人恐人疑其純陰無陽，故特謂之陽月，以明陽雖盡於上，則已生於下也。但陽始生，甚微耳。陽之類爲君子，所以聖人詳言之。若陰於四月純乾之時亦然。陰之類爲小人，聖人不言者，亦扶陽抑陰之意也。

一陽復於下，乃天地生物之心也。先儒皆以靜爲見天地之心，蓋不知動之端乃天地之心也。非知道者，孰能識之？

此言天地之心生生不息也。朱子曰：「十月積陰，陽氣收斂，天地生物之心，固未嘗息，但無端倪可見。一陽既復，則生意發動，乃始復見其端緒也。」蓋陽氣收斂，天地生物之心伏藏而不可見；及陽氣長盛，萬物暢茂，天地生物之心又散漫而不可見。惟積陰之下，一陽復生，萬物生意將絶而復續，造化之仁幾息而復接，天地生物之心無時止息，於此始可見耳。若有止息，安能相生相續之無窮乎？人能見此，則知道體之無盡矣，故程子曰：「非知道者，孰能識之？」

仁者，天下之公，善之本也。

人心公便與天地同體，才私便與天地萬物睽隔。惟仁者天理渾然，與物無間，故曰「天下之公」。又統四端，兼萬善，故曰「善之本」。人心若仁，則萬物皆在吾生育之中矣，故程門只教人求仁。

有感必有應。凡有動，皆爲感，感則必有應，所應復爲感，所感復有應，所以不已也。感通之理，知道者默而觀之可也。

此言感應自然之常理，夫子於咸九四爻以屈伸往來明之，而程子信其必然也。蓋日月寒暑之往，非有心於往也，乃氣機之消而屈也；日月寒暑之來，非有心於來也，乃氣機之息而伸也。一屈一伸，相感如此，所以天道之感應，自然不已也。人能知此常理，則知天地間感應二者循環無端。所云定數莫逃者，皆應也。君子盡道其間者，皆感也。應是受命之事，感是造命之事。自感自應，非有别物，惟盡其道而已。故君子只做感邊事，但聖人重無心之感。知道者默而觀之，毫忽不爽也。

天下之理，終而復始，所以恒而不窮。恒非一定之謂也，一定則不能恒矣。惟隨時變易，乃常道也。天地常久之道，天下常久之理，非知道者，孰能識之？恒卦彖傳。

此言恒久之道，以隨時變易爲常理也。程子謂終而復始，所以恒而不窮。蓋終者，静之極；始者，動之端。動静相生，循環之理，終而復始，變易無窮也。故日月循度往來，順乎天道，而能久照乎萬物；四時循序迭運，自然變化，而能久成乎萬物。聖人本諸身者，至誠不息；施諸政者，中正有恒。則天下默化於善，以成淳美之俗。「非知道者，孰能識之」，言知循天理之自然，方能識亘萬古而常然者也。

人性本善，有不可革者，何也？曰：語其性則皆善也，語其才則有下愚之不移。革卦上六傳。性無不善。才者，性之所能，合理與氣而成。氣質則有昏明强弱之異，其昏弱之極者爲下愚。所謂下愚有二焉：自暴也，自棄也。人苟以善自治，則無不可移者，雖昏愚之至，皆可以漸磨而進。惟自暴者拒之以不信，自棄者絶之以不爲，雖聖人與居，不能化而入也。仲尼之所謂「下愚」也。葉氏曰：「人性本善，自暴者咈戾而不信乎善，是自暴害其性也；自棄者雖知其善，然怠廢而不爲，是自棄絶其性也。此愚之又下者，不可移矣。」○朱子曰：「自暴者，剛惡之所爲；自棄者，柔惡之所爲；皆下愚也。」然天下自棄自暴者，非必皆昏愚也，往往强戾而才力有過人者，商辛是也。聖人以其自絶於善，謂之「下愚」，然考其歸，則誠愚也。史記稱「紂資辯捷敏，才力過人，手格猛獸；知足以拒諫，言足以飾非」，則其天資固非昏愚者。然其勇於爲惡而自絶於善，要其終，真下愚耳。既曰「下愚」，其能革面，何也？曰：心雖絶於善道，其畏威而寡罪，則與人同也。惟其有與人同，所以知其非性之罪也。革卦上六曰：「小人革面。」下愚小人，自絶於善，然畏威刑而欲免罪，則與人無以異，是以亦能掩其不善而著其善。惟其畏懼，有與人同者，是以知其性之本善也。

此言下愚不移，由於困而不學也。人性本善，而氣質有昏弱之甚者，若肯發憤向學，擇善固執，百倍其功，則雖愚必明，未有不可移者也。惟其不學，故愚而愈下耳。此所以不移也。困而不學，是指自暴自棄者言。此所謂下愚，又是一種人，非不可移，乃不肯移也。饒雙峰曰：「惡底性，不肯移而爲善。肯不肯雖屬心，其所以肯不肯者，才實爲之也。故下愚以質言，自暴自棄以人事言。質雖可移而自不移者，暴棄之謂也。愚者豈真不可移哉？人自不肯移耳！」

在物爲理，處物爲義。

朱子曰：「理是此物上便有此理，義是於此物上自家處置合如此，便是義。」但天下無心外之物，故高景逸曰：「當其寂也，心爲在物之理，義之藏於無朕也；當其感也，心爲處物之義，理之呈於各當也。故君子不從心以爲理，但循物而爲義。八元當舉，當舉之理在八元，當舉而舉之，義也。四凶當罪，當罪之理在四凶，當罪而罪之，義也。此之謂因物付物。」愚謂程子此二語，必如此體認，方見理明義精也。

動靜無端，陰陽無始。非知道者，孰能識之？

此言陽動陰靜，循環不窮，尋不出起頭處也。葉平巖曰：「動靜相推，陰陽密移，無有間斷。有間斷則有端始，無間斷，故曰無端始也。其所以然者，道也。道固一而無間斷也。」異時論剥、復之道，曰「無間可容息也」，又曰「其間原不斷續」，皆此意也。高景逸曰：「譬如種穀，今年之種乃舊年所存，舊年之種又前年所存，溯而上之，生穀之端，至於無窮，不可知也。非惟穀然。即以吾身言之，此身父母所生，吾父又吾祖所生，至於始祖，至於無窮，不可知也。推至於混沌，混沌者天地之夜也，開闢者天地之晝也，原尋不出起頭處。惟知道者，可與語此也。」

仁者天下之正理，失正理則無序而不和。

仁者本心之全德，故爲天下之正理。心存則理得，作事有序，而和氣生焉。若本心亡，則正理喪矣，故行事舛逆而無序，人心乖戾而不和也。

明道先生曰：天地生物，各無不足之理。常思天下君臣、父子、兄弟、夫婦，有多少不盡分處。遺書。下同。

此言天理本無虧欠，而人自虧欠之也。夫天地生物，各無不足之理，有何虧欠？而天下君臣、父子、兄弟、夫婦，有多少不盡分處，則是不知其性分之所固有，故不能盡其職分之所當爲也。分者，天理當然之則也。不盡分，則於天理有虧欠矣。是故欲盡分者，擇善而固執之爲貴。

「忠信所以進德」，「終日乾乾」，君子當終日「對越在天」也。說見乾卦九三文言。發乎真心之謂忠，盡乎實理之謂信。忠信乃進德之基。「終日乾乾」者，謂終日「對越在天」也。越，於也。君子一言一動，守其忠信，常瞻對乎上帝，不敢有一毫欺慢之意也。以下皆發明所以「對越在天」之義。蓋「上天之載，無聲無臭」，其體則謂之易，其理則謂之道，其用則謂之神，其命於人則謂之性。

率性則謂之道，脩道則謂之教。葉平巖曰：「上天之載，無聲無臭」，所謂「太極本無極」也。體猶質也，陰陽變易，乃太極之體也，故「其體謂之易」。其所以變易之理，則謂之道。其變易之用，則謂之神。此以天道言也。天理賦予人，謂之性。循性之自然，謂之道。因其自然者而修明之，謂之教。此以人道言也。惟其天人之理一，所以終日「對越在天」者也。孟子去其中，又發揮出浩然之氣，可謂盡矣。浩然，盛大流行之貌。蓋天地正大之氣，人得之以生，本浩然也。失養則餒而無以配夫道義之用，得養則充而有以復其正大之體。「盡矣」，謂無餘事也。此言天人之氣一，所以終日「對越在天」者也。故說神「如在其上，如在其左右」，大小大事，而只曰「誠之不可揜如此夫」。徹上徹下，不過如此。大小，猶多少也。中庸論鬼神如此其盛，而卒曰「誠之不可揜」。誠者實理，即所謂忠信之體。天人之間，通此實理，故君子忠信進德，所以爲「對越在天」也。「形而上爲道，形而下爲器」，須著如此說，器亦道，道亦器。說見繫辭。道者，指事物之理，故曰形而上。其實，道寓於器，本不相離也。蓋言日用之間，無非天理之流行，所謂終日「對越在天」者，亦敬循乎此理而已。但得道在，不繫今與後、已與人。不繫，猶不拘也。言人能體道而不違，則道在我矣。不拘人已古今，無往而不合，蓋道本無間然也。

此言「忠信進德」，所以爲「對越在天」也。凡學者，當學文知道者，惟進德而已。然必以忠信爲主，則德方日新而不已。故孔聖於乾之九三，直指「忠信所以進德」，要人「終日乾乾」，守此忠信，凛凛如對上帝，方能保此忠信而不失也。蓋忠信是人的真心，所以存此實理者，惟君子認得此忠信真，做得此學問徹，所以「終日乾乾」，「對越在天」。以天人同此實理，天人同此實氣。四方上下，往古來今，無絲毫之空隙，無一息之間斷，故不敢有一毫之怠惰，不敢有一毫之欺僞，「終日乾乾」，如對上帝也。蓋此實理，天人無間，即誠也，即忠信之實體也。故忠信便是立誠。誠字大，天理之實，人心之實，人事之實，皆在其中。忠信則專指乎人而言，所以存乎天理之實者。故孔門以此爲學之本，而君子進德脩業，直上達天德，不過這箇忠信。且形而上者道也，形而下者器也。人倫日用事物當然之理，無非道也，無非器也，道器不相離，二而一、一而二者也。道無古今人己之分，故曰但得道在，不拘今與後、己與人。知道者，惟進德而已。忠信，德之本也，君子「終日乾乾」，「對越在天」，即立天下之大本也。

醫書言「手足痿痹爲不仁」，此言最善名狀。仁者以天地萬物爲一體，莫非己也。認得爲己，何所不至？若不有諸己，自不與己相干。如手足之不仁，氣已不貫，皆不屬己。故博施濟衆，乃聖之功用。仁至難言，故止曰：「己欲立而立人，己欲達而達人。能近取譬，可謂仁之方也已。」欲令如是觀仁，可以得仁之體。

此言四體之不仁，以明心體之仁也。陳定宇曰：「仁者之心，視人物即己身也。體認得人物皆爲己，則此心之仁，周流貫通，何所往而不至乎？若視人物爲人物而不屬於己，自不相干，如手足之不仁，雖是己身，然其氣既不周流貫通，則手足亦自不屬己矣。」齊氏曰：「手足不屬己，氣之不貫也。天地萬物不屬己，心之不貫也。身與手足一體也，外邪間之，故與氣不相貫。己與天地萬物一體也，人欲間之，故與心不相貫。通身與手足之間者，醫必有方。通我與天地萬物之間者，聖人亦必有方。然則恕者，聖人示學者以去間之方也。」〇朱子曰：博施濟衆，是就事上説，却不就心上説。夫子所以提起，正是就心上指仁之本體而告之。又曰：博施濟衆，固仁之極功，但只乍見孺子將入井時，有怵惕惻隱之心，亦便是仁。此處最好看。

「生之謂性」，性即氣，氣即性，生之謂也。人之有生，氣聚成形，理亦具焉，是之謂性。性與氣，本不相離也，故曰「性即氣，氣即性」。人生氣稟，理有善惡，然不是性中元有此兩物相對而生也。葉氏曰：氣稟雜揉，善惡由分，此亦理之所有。然原是性之本，則善而已，非性中原有善惡二者並生也。有自幼而善，有自幼而惡。本註云：后稷之「克岐克嶷」，子越椒始生，人知其必滅若敖氏之類。是氣稟有然也。善固性也，然惡亦不可不謂之性也。程子又曰：「善惡皆天理，謂之惡者，本非惡，但或過或不及，便如此。」朱子曰：「天下無性外之物，本皆善，而流於惡爾。」葉氏曰：「原天命賦予之初，固有善而無惡。及氣禀拘滞之後，則其惡者，謂非性之本然則可，謂之非性則不可。性，一也，所指之地不同耳。」蓋「生之謂性」，「人生而静」以上不容説，才説性時便已不是性也。朱子曰：「『人生而静』以上，是人物未生時，只可謂之理，未可名爲性，所謂在天曰命也。才説性時，便是人生以後，此理已墮在形氣之中，不全是性之本體矣，所謂在人曰性也。○此重釋「生之謂性」。凡人説性，只是説「繼之者善也」，孟子言「性善」是也。夫所謂「繼之者善也」者，猶水流而就下也。皆水也，有流而至海，終無所汙，此何煩人力之爲也？有流而未遠，固已漸濁；有出而甚遠，方有所濁。有濁之多者，有濁之少者。清濁雖不同，然不可以濁者不爲水也。繫辭曰：「一陰一陽之謂道。繼之者善也。」蓋天道流行，發育萬物，賦受之間，渾然一理，純粹至善，所謂性善者也。「繼之」云者，猶水流而就下，其有清濁遠近之不同，猶氣禀昏明純駁有淺深也。水固本清，及流而濁，不可謂之非水。猶性雖本善，及局於氣而惡，不可謂之非性。○此重釋「善固性也，惡亦不可不謂之性」。如此，則人不可以不加澄治之功。故用力敏勇則疾清，用力緩怠則遲清。及其清也，則却只是元初水也，不是將清來換却濁，亦不是取出濁來置在一隅也。水之清，則性善之謂也。故不是善與惡在性中爲兩物相對，各自出來。朱子曰：「人雖爲氣所昏，而性則未嘗不在其中，故不可不加澄治之功。惟能學以勝之，則知此理渾然，初未嘗損，所謂『元初水也』。雖濁而清者存，固非將清來换濁。既清，則本無濁，固非取濁置一隅也。如此，則其本善而已矣，性中豈有兩物對立而並行也哉？」葉氏曰：「不知性之本善，則不能自勉以復其初；不知性有時而陷於惡，則不能力加澄治之功。二説蓋互相發明也。」○此重釋「不是性中元有兩物相對而生」。但前以本言，則曰「相對而生」。此以用言，則曰「相對各自出來」。此理，天命也。順而循之，則道也。循此而脩之，各得其分，

則教也。自天命以至於教，我無加損焉，此舜「有天下而不與焉」者也。朱子曰：脩道雖以人事言，然其所以脩之者，莫非天命之本然，非人私智所能爲也。然非聖人有不能盡，故以舜事明之。

此言天理有善而無惡，惡是過與不及上生出來。人性有善而無惡，惡是氣稟物欲上生出來也。胡敬齋曰：「五性感動而善惡分，萬事出矣。性如水之源，感動是水之流也。如源本清，流出來便有清濁，清者是不爲沙塵所溷，濁者爲所溷也。用力之道，當濬其源，澄其流也。」又曰：「理無不善，所以發而爲陰陽五行以生人物者，氣也。其交感錯綜，益參差不齊，而清濁偏正，於是焉分，而賢愚善惡出矣。雖有賢愚善惡之分，然本然之善，未嘗不存乎其中。但賢者因其氣之清，而能明其理，有其善。愚者因其氣之濁，以蔽其理而失其善，流於惡矣。故孟子言『性善』，是就所生所稟之理而言；孔子言『性相近』，指氣稟而言；韓退之言『性有三品』，是專就氣稟而言；程子言『善固性也，惡亦不可不謂之性』，是兼理與氣稟而言。如清者爲水，而濁者亦爲水。蓋水之源本清，流出去

便有清有濁。理之源本善，稟於人便有善有惡。故論性至周、程、張、朱始備。若荀子言性惡，楊子言性善惡混，失之遠矣。」熊澴川曰：「程子言『人生氣稟，理有善惡』一段，分明說性中只有善而無惡，其爲惡者乃氣稟爲之，而非本然之性也。後人不細味語意，曲爲之解，以附會無善無惡之邪說，亦獨何哉？」又曰：「善是本然之性，固性也。惡雖非本然之性，亦是氣質之性，亦不可不謂之性也。程子此言，當如是解。」朱子曰：「『性即理也』一語，自孔子後，惟伊川說得盡，攧撲不破。性即天理，那得有惡？」又曰：「未發之前，氣不用事，所以有善而無惡。」二程發揮孟子性善之旨，朱子發揮二程之言以發揮孟子性善之旨，可謂至矣盡矣。數百年而後，猶有持無善無惡之說以惑世，反詆前賢爲非是者，豈不大可笑哉！

觀天地生物氣象。本註云：周茂叔看。

周子觀天地生物氣象，所以作太極圖，畫出造物化工以示人，見得化育流行，上下昭著，莫非天理發現流行之妙，其氣象混是一團太和元氣，所謂仁也。人能觀之，則天地生物之心在我，自家意思，亦是一生機流行矣。

萬物之生意最可觀，此「元者，善之長也」，斯所謂仁也。

朱子曰：「物之初生，淳粹未散，最好看。及幹葉茂盛，便不好看。見孺子入井時，皆有怵惕惻隱之心，只這些子，便見得仁。到他發政施仁，其仁固廣，然却難看。」所以程子説「雞雛可以觀仁，切脉可以觀仁」，是無時無處不體驗。雞雛是生意醇粹處，切脉是生理貫通處，程子用心熟方見。學者即從静觀萬物之生意起，時時處處，用心體驗，亦可以知仁矣。

滿腔子是惻隱之心。腔子，猶軀殻也。惻，傷之切也。隱，痛之深也。

朱子曰：「『滿腔子是惻隱之心』，是就人身上指出此理充塞處，最爲親切。」高景逸曰：「朱子發明程子之言，亦最親切矣。蓋天地之心充塞於人身者，爲惻隱之心。人心充塞天地者，即天地之心。人心一小腔子，天地即大腔子也。」胡敬齋曰：「『滿腔子是惻隱之心』，則滿腔都是心也。如刺着便痛，非心而何？然知痛是人心，惻隱是道心。」又曰：「『滿腔子是惻隱之心』，腔子外是何心？腔子外雖不可言心，其理具於心。因其理具於心，故感著便應。若心馳於外，亦物耳，何能具衆理、應萬事乎？」

天地萬物之理，無獨必有對，皆自然而然，非有安排也。每中夜以思，不知手之舞之，足之蹈之也。

朱子曰：陰與陽對，動與静對，以至屈信消長、左右上下，或以類而對，或以反而對。反覆推之，未有兀然無對而孤立者。程子謂「惟道無對」，然以形而上下論之，亦未嘗不有對也。

中者，天下之大本，天地之間，亭亭當當、直上直下之正理。出則不是，惟「敬而無失」最盡。

此言未發之中，必須敬以存之也。蓋天命之性，無形象可覩，無方體可求，故子思即「喜怒哀樂之未發」以明之。夫「喜怒哀樂之未發」，人人所有而易見者，但不知其所謂中，不知其所謂「天下之大本」，故特指以示人，使知性命即此而在也。上文「戒慎恐懼」，即所以存養乎此。今程子謂「中者，天下之大本，天地之間，亭亭當當、直上直下之正理，出則不是」，蓋於未發之中，誠有體認工夫，灼見其直上直下，真如一物之在吾目而斷其爲正理也。既爲正理，自然「出則不是」。若能物各付物，便是不出來也。然使心有放逸，則無以全其中之本體，安能物各付物，事事循其正理乎？故必敬以直之，方能無失。

學者果能戒慎恐懼，無須臾之離，則卓卓巍巍，亭亭當當，直上直下，便是大本立得在此，故曰「惟『敬而無失』最盡」。

伊川先生曰：公則一，私則萬殊。人心不同如面，只是私心。

此言公私之別。人心公，便與天地萬物一體；才私，便與天地萬物睽隔。故人心不同，如面之萬殊，只是私也。公是天理，私是人欲。公則存之，私則遏之。此省察克治之功，不可須臾間斷也。

凡物有本末，不可分本末爲兩段事。洒掃應對是其然，必有所以然。

「凡物有本末，不可分本末爲兩段事」，一以貫之者也。但君子務本，必先本而後末，不可外本而内末。「洒掃應對是其然」，事也；「必有所以然」，理也。理即在事中。理無精粗本末，故「不可分本末爲兩段事」。

楊子拔一毛不爲，墨子又摩頂放踵爲之，此皆是不得中。至如「子莫執中」，欲執此二者之中，不知怎麽執得？識得則事事物物上，皆天然有箇中在那上，不待人安排也。安排著便不中矣。

此言事事物物各有天然之中，不待著意安排也。若著意安排，則或雜以意見之私，而非天然之中矣。朱子曰：「『三聖相授，『允執厥中』，與『子莫執中』，文同而意異。蓋精一之餘，無適非中。其曰『允執』，則非徒然執之也。子莫之執中，其爲我不敢爲楊朱之深，其兼愛不敢爲墨翟之過，而於二者之中，執其一節以爲中耳。故由三聖以爲中，則其中活；由子莫以爲中，則其中死。中之活者，隨時隨事而無不中。中之死者，非學聖人之學，不能有以權之而常適於中也。權者，權衡之權，言其可以稱物之輕重，而游移前却，以適其中。蓋所以節量仁義之輕重而時措之者也。」「程子謂『子莫執中』比楊、墨爲近，而中則不可執也。當知子莫之執中與舜、禹、湯之執中不同，則知此説矣。蓋聖人義精仁熟，非有意於執中，而自然無過不及，故有『執中』之名，而實未嘗有所執也。以其無時不中，故又曰『時中』。若學未至，理未明，而徒欲求夫所謂中者而執之，則所謂中者，果何形狀而可執耶？殆見愈執而愈失矣，子莫是也。既不識中，乃慕夫時中者，而欲隨時以爲中，吾恐其失之彌遠，未必不流而爲小人之無忌憚也。中庸但言『擇善』而不言『擇中』，其曰『擇乎中庸』，亦必繼之曰『得一善』，豈不以善端可求而中體難識乎？夫惟明善，則中可得而識矣。」

問：「時中」如何？曰：「中」字最難識，須是默識心通。且試言：一廳則中央爲中，一家則廳中非中而堂爲中，言一國則堂非中而國之中爲中。推此類可見矣。如三過其門不入，在禹、稷之世爲中，若居陋巷，則非中也。居陋巷，在顔子之時爲中，若三過其門不入，則非中也。

此言隨時以處中，是事事做得恰好也。蓋中無定體，隨時而在，豈可執一以求之？須是默識心通，以審義理之至當，庶幾動静云爲無過不及之差也。熊敬修先生曰：恰好是「中」，件件恰好是「時中」。又曰：中是經，時中是權。有物有則是中，因物付物是權。蓋道之所貴者中，而中之所貴者權也。如三過其門而不入，在禹、稷之時則是中，在顔子之時則非中。居陋巷，在顔子之時則是中，在禹、稷之時則非中。此理甚明。然非隨時變易以從道，得時措之宜者不能也。

无妄之謂誠。不欺其次矣。

此二語因李邦直云「不欺之謂誠」，便以不欺爲誠。徐仲車云「不息之謂誠」。中庸言「至誠無息」，非以「無息」解「誠」也。或以問伊川先生，先生答之如此。○葉平巖曰：无妄者，實理之自然，而無一毫僞妄也，故謂之誠。不欺者，知實理之當然而不自爲欺，乃思誠也。朱子曰：无妄者，自然之誠。不欺是著力去做底，故曰「其次」。

沖漠無朕，萬象森然已具，未應不是先，已應不是後。如百尺之木，自根本至枝葉皆是一貫，不可道上面一段事無形無兆，却待人旋安排引入來教入塗轍。既是塗轍，却只是一箇塗轍。

此言未有事物之時，此理已具。既有事物之後，此理即流行於其中也。泉之未發曰沖，沙地曠遠曰漠。朕者，目未開而有其罅隙也。曰沖，曰漠，曰無朕，皆以形容其渾然者也。沖漠無朕，而萬理渾然皆備，即所謂「無聲無臭」而「有物有則」也。葉氏曰：「未應者，『寂然不動』之時也。已應者，『感而遂通』之時也。已應之理，悉具於未應之時，故未應非先，已應非後。蓋即體而用在其中，不可以先後分也。轍，車跡。塗轍，猶路脉也。道有體用而非兩端，猶木有根本，是生枝葉，上下一貫，未嘗間斷，豈可謂未應之時空虛無有，已應之際旋待安排引入塗轍？言此理具於氣形事爲之先，本一貫也。」若知得一貫，則知得此理流行於氣形事爲之中，亦未嘗有二致也。故朱子曰：「如父之慈，子之孝，只是一條路從源頭下來。」胡敬齋曰：「未應之時，此理全具於寂然不動之中。當此之時，敬以操存之，而未發之中，天下之大本立焉。已應之時，此理發見於感而遂通之際。當此之時，故以省察之，而中節之和，天下之達道行焉。未應，體也，静也。已應，動也，用也。體即用所存，用即體所發，非有兩事，固無先後可言，亦『動静無端，陰陽無始』之意。」

近取諸身，百理皆具。屈伸往來之義，只於鼻息之間見之。屈伸往來只是理，不必將既屈之氣復爲方伸之氣。生生之理，自然不息。如復卦言「七日來復」，其間元不斷續。陽已復生，物極必返，其理須如此。有生便有死，有始便有終。

此言生生之理，自然不息也。近取諸身，其開闔往來，見之鼻息然，不須假吸復入以爲呼，氣則自然生至。如海水因陽盛而涸，及陰盛而生，亦不是將已涸之氣來生水，水自然能生。朱子曰：程子此段，爲横渠「形潰反原」之説而發也。李果齋曰：往而屈者，其氣已散。來而伸者，其氣方生。生生之理，自然不窮。若以既屈之氣復爲方伸之氣，則是天地間只有許多氣來來去去，造化之理不幾於窮乎？釋氏不明乎此，所以有輪迴之説。○葉氏曰：學者先看天地二氣之屈伸，若朝暮，若寒暑，若榮謝，大綱已明，却反驗之吾身。自父母生育之始，及少長壯老之變，晝夜作息夢覺，熟體而精察之，無餘藴矣。

明道先生曰：天地之間，只有一箇感與應而已，更有甚事？

薛敬軒曰：「感應之理，於太極圖陰陽互根見之。」又曰：「屈以感伸，伸爲應。伸又感屈，屈爲應。屈又感伸，伸又感屈，屈伸感應，如循環之無端。」葉氏曰：「人明乎此，則天地陰陽之消長變化，人心物理之表裏盛衰，要不外乎感應之理而已。」愚謂人只當在感上做工夫，事事順理而行，則於感無虧欠矣。其應在天，不必逆料也。

問仁。伊川先生曰：此在諸公自思之，將聖賢所言仁處類聚觀之，體認出來。孟子曰：「惻隱之心，仁也。」後人遂以愛爲仁。愛自是情，仁自是性，豈可專以愛爲仁？孟子言：「惻隱之心，仁之端也。」既曰仁之端，則不可便謂之仁。退之言「博愛之謂仁」，非也。仁者固博愛，然便以博愛爲仁則不可。

葉平巖曰：仁者，愛之性；愛者，仁之情。以愛爲仁，是指情爲性。「端」之云者，言仁在中而端緒見於外也。或謂：「樊遲問仁，子曰愛人」，是夫子亦嘗以愛言仁也。曰：孔門問答，皆是教人於已發處用功。孟子所謂「惻隱之心，仁也」，亦是於已發之端體認。但後之論仁者，無復知性情之别，故程子發此義以示人，欲使人沿流而遡其源也，學者其深體之。

問：仁與心何異？曰：心譬如穀種，生之性便是仁，陽氣發處乃情也。

此言仁與心之別。心者，人之神明。仁者，本心之全德。故伊川先生以穀種喻心，仁則其生之性。此伊川說「仁」字最親切處。潛室陳氏曰：人心是物，穀種亦是物，只是物之有生理者爾。然便指心爲仁則不可，但人心中具此生理；便以穀種爲仁亦不可，但穀種中亦含此生理耳。若陽氣發動，生出萌芽，便是惻隱之情也。穀不過是殼實結成，而穀之所以纔播種而便萌蘖者，蓋以其有生之性。心不過是血氣做成，而心之所以有運動惻怛處，亦以其有生之性。人心之與穀種，惟其有生之性，故謂之仁。而仁則非牿於二者之形也。孟子只恐人懸空去討仁，故即人心而言。程子又恐人以人心爲仁，故即穀種而言。

義訓宜，禮訓別，智訓知，仁當何訓？說者謂訓覺、訓人，皆非也。當合孔孟言仁處，大概研窮之，二三歲得之，未晚也。

葉平巖曰：訓者，以其字義難明，故又假一字以訓解之。義者，天理之當然，所以裁制乎事物之宜，故訓宜。禮者，天理之節文，所以別親疏上下之分，故訓別。智者，天理之明睿，所以知事物之是非，故訓知。仁道至大，包乎三者，故爲難訓。說者謂訓覺者，言不爲物欲所蔽，癢痾疾痛，觸之即覺。夫仁者固無所不覺，然覺不足以盡仁之藴也。訓人者，言天地生人，均氣同理，以人體之，則惻怛慈愛之意，自然無所間斷。夫仁者，固以人爲體，然不可以訓仁也。○朱子曰：仁是愛之體，覺自是知之用。仁統四德，故仁則無不覺。然便以覺爲仁則不可。或謂仁只是人心之生理，以生字訓之，何如？朱子曰：不必須用一字訓，但要識得大意通透耳。○胡敬齋曰：「韓子以博愛爲仁，雖不是，猶勝以覺言仁者。故朱子訓『心之德，愛之理』。」又曰：「仁者，本心之全德。中庸曰『仁者，人也』。朱子曰：『人指人身而言，具此生理，自然便有惻怛慈愛之意。』孟子曰：『仁，人心也。』程子曰：『心如穀種，仁則其生之性。』孟子曰『人皆有不忍人之心』。朱子曰：『天地以生物爲心，而所生之物，因各得夫天地生物之心以爲心，故人皆有不忍人之心。』合此數説而體驗之，仁可得矣。」

性即理也。天下之理，原其所自，未有不善。喜怒哀樂未發，何嘗不善？發而中節，則無往而不善；發不中節，然後爲不善。凡言善惡，皆先善而後惡；言吉凶，皆先吉而後凶；言是非，皆先是而後非。

此是決言性之所以善也。蓋性即是天理，安得有惡？天下無不善之理，安有不善之性？此是在本原上見得通透，故「性即理也」一語，朱子謂「自孔子後，惟伊川説得盡」，真實精切，便是千萬世説性之根基。喜怒哀樂未發時，仁義禮智之性，渾然在中，何嘗不善？發而中節，即是惻隱、羞惡、辭讓、是非之情，隨應而出，無往而不善。故凡言善惡，言吉凶，言是非，皆在本原上説起，所以先善而後惡，先吉而後凶，先是而後非也。

問：心有善惡否？曰：在天爲命，在義爲理，在人爲性，主於身爲心，其實一也。心本善，發於思慮，則有善有不善。若既發，則可謂之情，不可謂之心。譬如水，只可謂之水。至如流而爲派，或行於東，或行於西，却謂之流也。

此言心本善，發於思慮則有善有不善也。葉氏曰：「天道流行，賦與萬物，謂之命。事物萬殊，各有天然之則，統而名之，謂之理。人得是理以生，謂之性。是性所存虛靈知覺，爲一身之主宰，謂之心。其實非二也。推本而言，心豈有不善？自七情之發，而後有善惡之分。」愚謂未發之前，氣未用事，此心寂然不動，渾然至善。及發而中節，則無往而不善；發不中節，然後有不善。故君子於思慮方發之時，用省察工夫，以去夫外誘之私而充其本然之善也。○朱子曰：「既發不可謂之非心。但有不善，則非心之本體。」愚謂雖非心之本體，亦是心之用。但心之本體無不善，而心之用則有善有不善耳。

性出於天，才出於氣。氣清則才清，氣濁則才濁。才則有善有不善，性則無不善。

問：性之所以無不善，以其出於天也；才之所以有善有不善，以其出於氣也。要之，性出於天，才亦出於天，何故便至如此？朱子曰：「性是形而上者，氣是形而下者。形而上者，全是天理。形而下者，只是那查滓。至於形，又是查滓至濁者也。」又曰：「『若夫爲不善，非才之罪也』，孟子專以其發於性者言之，故以爲才無不善。程子兼指其稟於氣者言之，則人之材質固有昏明强弱之不同，張子所謂『氣質之性』是也。二說雖殊，各有所當，然程子爲密。」愚按：朱子以程子爲密，即見得孟子所說未免少有疎處。今但以程子爲主，而推其說以陰補孟子之不足，則於理無遺矣。

性者自然完具，信只是有此者也。故「四端」不言信。

此言信無定位，只是實有仁、義、禮、智者也。仁、義、禮、智，人性之綱，四者條理分明，天然完備，無一毫虧欠，則謂之信。非於仁、義、禮、智之外別有信也。孟子論四端而不及信，亦謂實有四端，即是信也。○李果齋曰：五常言信，配五行而言。四端不言信，配四時而言也。蓋土分旺於四時之季，信已立於四端之中也。

心，生道也。有是心，斯具是形以生。惻隱之心，人之生道也。

此言心是箇活底物也。心具是理，乃氣之靈者，故有是心，即形生而有知覺運動，生生而不窮。心是箇活物也。身行一日不過百里，所歷不過十二時。心則頃刻千萬里，頃刻千萬年。蓋身牿於形氣，心則通於神也。故胡敬齋曰：「天下神速莫如心。天雖至健，一日不過周天過一度而已；風雖急，一日不過數千里。心一思，便思得幾千萬年，須臾便思到幾箇萬里，幾箇周天。蓋心具是理，理無不在，千萬古共此理，千萬里共此理，所以思無不到。故氣速不如神速，神速由於理一也。易曰：『神無方，易無體。』心之靈如此，故曰心是箇活物也，可不知所養乎！」

横渠先生曰：氣坱然太虚，升降飛揚，未嘗止息。此虚實動靜之機、陰陽剛柔之始。浮而上者陽之清，降而下者陰之濁。其感遇聚結，一作「散」。爲風雨，爲霜雪，萬品之流形，山川之融結，糟粕煨燼，無非教也。坱然，盛大氤氲之義。

此言虚空即氣，無非示人以理也。朱子曰：坱然太虚，此張子所謂「虚空即氣」也。

蓋天在四畔，地居其中，減得一尺地，遂有一尺氣，但人不見耳。此是未成形者。及至浮而上，降而下，則已成形者。若融結糟粕煨燼，即是氣之查滓。要之，皆是示人以理。○冉永光曰：此節極言氣之用。首言块然太虛，以見氣之不離太虛，即氣即理也。中言氣之块然處，句句皆有太虛意在。末言無非教，結到理上，仍合块然太虛即氣即理意。又曰：氣块然充滿於太虛之中，其升降飛揚所以生人物者，未嘗有須臾之止息，是即易所謂「天地絪緼」，莊生所謂萬物之「以息相吹」，又云「野馬」者與？此氣也，即天道之一虛一實，一動一靜，機之所在乎？爲陰爲陽，爲剛爲柔，始之所由乎？其浮而上者即爲陽之清，其降而下者即爲陰之濁。其感遇聚散，而爲風雨，爲雪霜。萬品之流布其形，山川之融合結聚，即至小而酒之糟粕，火之煨燼，皆氣之所爲，無非上天之所以示教也。氣在而理具，理具而教彰，所謂「虛空即氣」，「通一無二」者，尤可見矣。

游氣紛擾，合而成質者，生人物之萬殊。其陰陽兩端循環不已者，立天地之大義。

此言陰陽相感，所以生人物，立天地也。游氣是氣之發散生物底氣。游亦流行之意。紛擾者，參錯不齊。絪緼交合，則成質而爲人物，其所生人物有萬殊，此陰陽之合而相感者也。其陰陽兩端循環不已，陰而陽，陽而陰，天地之氣化不外於此，是天地之大義由此立也。此陰陽之循環而相通者，即乾道之變化，所以生人物之萬殊，各正其性命也。

天體物不遺，猶仁體事而無不在也。「禮儀三百，威儀三千」，無一物而非仁也。「昊天曰明，及爾出王，昊天曰旦，及爾游衍」，無一物之不體也。

高景逸曰：體物，猶言爲物之體也。「禮儀三百，威儀三千」，莫非肫肫之仁自然流出，不仁皆虚文矣。出王，謂出而有所往。旦亦明也。衍，從容之意。人即天也。詩人以「出王」「游衍」，天必與俱者，正明其充塞無間之義也。○朱子曰：「此數句從赤心片片説出來，荀、楊豈能到！」「體物謂物物有箇天理，體事謂事事是仁做出來。」「凡言體，便是做他那骨子。」無一物不體，猶言無一物不將這箇做骨子也。

鬼神者，二氣之良能也。朱子謂：「横渠此語尤精。」

朱子曰：「良能是説往來屈伸，非有安排措置。二氣是陰陽，良能是其靈處。」陰陽非鬼神，陰陽之能屈伸，一往而一來者，乃鬼神也。蓋即氣機之動静，自然而然，莫之爲而爲也，故曰「二氣之良能」。○蔡虚齋曰：良能者，其往來屈伸，自然能如此處，即其靈也。靈則不待使之然，而亦不能過其然，乃所謂自然也，乃所以爲靈也。

物之初生，氣日至而滋息；物生既盈，氣日反而游散。至之謂神，以其伸也；反之謂鬼，以其歸也。

此言陰陽生物之氣至而伸，反而歸也。物之初生，自少以至壯，氣日至而滋息。滋息者，滋潤生息，以至於滿盈也。物生既盈，自壯以至老，氣日反而游散。游散者，流蕩離散以至於消盡也。以其日至而伸，故曰神；以其日反而歸，故曰鬼。

性者萬物之一源，非有我之得私也。惟大人爲能盡其道。是故立必俱立，知必周知，愛必兼愛，成不獨成。彼自蔽塞而不知順吾理者，則亦末如之何矣。

此言性者，人物之所同得。能盡己性，則能盡人物之性也。葉平巖曰：性原於天，而人之所同得，惟大人能盡己之性，則能盡人之性。蓋性本無二，故己有所立，必與人以俱立；己有所知，必使人亦周知；愛必兼愛，使人皆得所愛；成不獨成，使人皆有所成也。四者，大人之所存心也。立者，禮之榦也。知者，智之用也。愛者，仁之施也。成者，義之遂也。自立於禮以至成於義，學之始終也。張子之教，以禮爲先，故首曰立。如是而彼或蔽塞而不通，不知所以順乎理，則亦無如之何。然其心固欲其同盡乎一源之性也。此即大學「明明德於天下」，中庸「成己成物」之道，蓋西銘之根本也。

一故神。譬之人身，四體皆一物，故觸之而無不覺，不待心使至此而後覺也。此所謂「感而遂通」，「不行而至，不疾而速」也。

此言陰陽之氣，本是一物，而分陰陽之兩體。一含兩，故神妙不測也。朱子曰：「此語極精。『一故神』，自註云『兩在故不測』。只是這一物周行乎事物之間，如陰陽屈伸，往來上下，以至於行乎十百千萬之中，無非是這一箇物事，所以謂『兩在故不測』也。」故即人身四體爲喻，觸之即覺，不待思慮擬議。使非一物神妙而無不通，則觸之而不覺矣。葉氏曰：天地之爲物不貳，故妙用而無方。聖人之心不貳，故感通而莫測也。

心，統性情者也。横渠語録，下同。

朱子曰：「統是主宰。性者心之理，情者心之用，心者性情之主。孟子曰『仁，人心也』，又曰『惻隱之心』，性情上都下箇『心』字，可見『心統性情』之義。」又曰：「性是靜，情是動，心則兼動靜而言。」統猶兼也。性情皆出於心，故心能統之。統如統兵之統，言有以主之也。仁義禮智，是心統性；惻隱羞惡，是心統情。學者在心上做工夫，莫切於涵養性情也。

凡物莫不有是性。由通蔽開塞，所以有人物之别；由蔽有厚薄，故有知愚之别。塞者牢不可開；厚者可以開，而開之也難；薄者開之也易，開則達於天道，與聖人一。

此言氣質之不齊，惟人也，得其秀而最靈，可以達於天也。葉氏曰：「有是氣必有是理，此人與物之所共由也。由氣有通蔽開塞，故有人物之異。由蔽有厚薄，故人又有智愚之異。塞者，氣拘而填實之也，故不可開，此言物也。蔽者但昏暗而有所不通，皆可開也，顧有難易之分耳。及其既開，則通乎天道，與聖人一，此言人也。」故學者變化氣質，以復其本然之性，雖是常人，若學之不已，終可以至於聖人之域也。

晦菴先生曰：太極只是一箇理字。

自孔子而後，論太極者，皆以氣言。至宋周子，啓千載不傳之秘，始知太極之爲理，而非氣也。故朱子註解太極圖説一言以蔽之，曰「太極只是一箇理字」。千古之論太極者，蔑以加矣。朱子學問之根源在此。

陰陽只是一氣，陽消處便是陰，不是陽退了又別有箇陰生。

以對待言，則分陰分陽，兩儀立焉，似乎有二氣。以流行言，則陽消處便是陰，陰消處便是陽，只是一氣耳。不是陽退了又別有箇陰生，亦不是陰退了又別有箇陽生。陰陽兩端，循環不已，只是一氣之流行，充塞無間，生生不窮也。

陰剥陽，每日剥三十分之一，一月方剥盡而成坤。坤初六陽已萌了，每日長三十分之一，一月方成一陽，故冬至爲復，不是直至冬至一陽方生也。

此則靜極而動之理也。陰剥陽，剥到極處而成坤，似乎純陰無陽矣。殊不知坤之初六，陽已萌了。此一分微陽初萌，長到一月，方成一陽。聖人喜陽之復生，故謂冬至爲復。則是冬至一陽已成，不是冬至一陽方生也。

天之形雖包乎地之外，而其氣實透乎地之中。地雖在天之中，然其中實虛，容得天許多氣。

人但知天包地外，而不知其氣實透乎地之中，則是地之氣皆天之氣，而天在地之中矣。人但知地在天中爲至實，而不知其容得天許多氣，則是地在天中爲至虛，而地之内外，皆氣之充塞也。

天地別無勾當，只是以生物爲心。

「天地之大德曰生」，「生生之謂易」。無物不生，無時不生，一年如是，千萬年如是。天地之心，只知生物，別無勾當，所以萬物生生而變化無窮也。

「復見天地之心」，何處不是天地之心？但當品物蕃新，叢雜難著，惟是萬物未生，泠泠靜靜，而一陽既動，生物之心，闖然而見，雖在積陰之中，自掩藏不得也。

此言天地生物之心，在一陽初動之時見得更親切也。蓋天地之心，無時不可見，而必於一陽來復之時見者，以隆冬盛寒，萬籟寂然無聲，此時更見得親切也。在人則爲靜極而動，洗心之至而齊戒，齊戒之至而神明，一念惻隱之心，即所謂「乾元」也。此是人底真心於此而見，即天地之心也。

濂溪與伊川說「復」字差不同。濂溪就回來處說，伊川正就動處說。如「元亨利貞」，濂溪就「利貞」上說，伊川就「元」字頭說，道理只一般。

周子就回來處説「復」字，言實理復凝，物各藏其所得，所謂「成之者性也」。程子就動處説「復」字，言陽氣初動，實理流通，以賦於物，所謂「繼之者善也」。總是説天地之心，故曰「道理只一般」。

此身只是箇軀殼，内外無非天地陰陽之氣。

人在氣中，如魚在水中。此身内外，無非天地之氣，猶魚之肚裏肚外，無非水也。魚無水不活，人無氣不生，故養身莫妙於養氣。

鬼神只是氣。屈伸往來者，氣也。天地間無非氣，人之氣與天地之氣相接無間斷，人自不見。人心纔動，必達於氣，便與這屈伸往來者相感通。

盈天地間，無非屈伸往來之氣，名之曰鬼神，人以爲靈。鬼者陰之靈，神者陽之靈，只是自然屈伸往來，恁地活爾。人心之所以與屈伸往來相感通者，以人之氣與天地之氣相貫通，無有一息之間斷也。人一呼，己之氣出，與天地之氣接；人一吸，天地之氣入，與己之氣接。吾身内外皆氣也，相接無間斷，人自不見耳。故一念不起，鬼神不知，一念方起，鬼神便知，一氣相感通也。

因説神恠事，曰：人心平鋪著便好，若做弄，便有鬼恠出來。

人心平鋪著，順乎天理之自然也，所以無鬼恠。若做弄，用機巧，便是人欲之私心，便有鬼恠出來以應之，是自招也。故聖人語常而不語恠，語人而不語神。

元亨，誠之通動也。利貞，誠之復靜也。元者，動之端也，本乎靜。貞者，靜之質也，著乎動。一動一靜，循環無窮。而貞也者，萬物之所以成終而成始者也。故人雖不能不動，而立人極者，必主乎靜，則其著乎動也，無不中節，而不失其本然之靜矣。

此言主靜所以養其動，而動之中節必根乎靜也。真西山曰：「大凡有體而後有用。如天地造化，發生於春夏，而歛藏於秋冬。發生是用，歛藏是體。自十月純坤之時，陽氣既盡，不知者謂生氣已熄，不知歛藏者乃所以爲發生之根。自此霜雪凝固，草木彫落，蟲蛇伏藏，微陽雖生於下，隱而未露，一年造化，實基於此。惟冬間歛藏凝固，然後春來發生有力。所以冬煖無霜雪，則來歲五穀不登，正以陽氣發泄之故也。人之一心，亦是如此。須是平居湛然虛靜，如秋冬之秘藏，皆不發露，渾然一理，無所偏倚，然後應事方不差錯。如春夏之發生，物物得所。若靜時先已紛擾，則動時豈能中節？故周子以主靜爲本，程子以主敬爲本。」愚按：真氏之言，雖非朱子此條正解，而其大意則與此條互相發明，主静之旨了然矣。

天命之性，不可形容，不須贊歎，只得将他骨子實頭處説出來，乃於言性爲有功，故某只以「仁義禮智」四字言之。

此以「仁義禮智」四字爲性之骨子實頭處也。程子「性即理也」一句，説得渾全。若詳言之，只守理便是仁，只合理便是義，只循理便是禮，只明理便是知。總之，只一順理而已。羅整菴曰：「性之理，一而已矣。名其德，則有四焉：以其渾然無間也，名之曰仁；以其燦然有條也，名之曰禮；以其截然有止也，名之曰義；以其判然有别也，名之曰智。凡其燦然、截然、判然者，皆不出於渾然之中，此仁之所以包四德而爲性之全體也。截然者，即其燦然之不可移者也。判然者，即其截然之不可亂者也。名雖有四，其實一也。然其所以如是之渾然、燦然、截然、判然，莫非自然而然，不假纖毫安排布置之力，此其所以爲性命之理也。」愚謂朱子只以仁義禮智言性，必如此體認，方於言性爲有功；必如此體認，方是將他骨子實頭處説出來也。

論性要須先識得性是箇甚麼樣物事。「性即理也」，仁義禮智而已矣。然四者有何形狀，只有此理，便做得許多事出來，所以能惻隱、羞惡、辭讓、是非。譬如論藥性寒熱，亦無討形狀處，只服了後，却做得寒做得熱，便是性。今人往往指有知覺者爲性，只説得箇心。

學問起頭先要識得性。朱子曰：「天之生民，各與以性。性非有物，只是一箇道理之在我者耳。仁則是箇温和慈愛底道理，義則是箇斷制裁割底道理，禮則是箇恭敬樽節底道理，智則是箇分別是非底道理。凡是四者，具於人心，乃是性之本體。」愚思性之本體有何形狀，只有仁義禮智之理而已。既有仁義禮智之理，便做得許多事出來。裏面有仁，便發出惻隱之心來；裏面有義，便發出羞惡之心來；裏面有禮，便發出辭讓之心來；裏面有智，便發出是非之心來。故朱子以藥性寒熱爲喻。藥性寒熱有何形狀，只服了後，便做寒做熱，便是性。故學問起頭要識性，便是要識得無形狀之中有仁義禮智之性也。「性即理也」，若指知覺爲性，便不是。知覺是心，仁義禮智方是性。

性不是卓然一物可見者，窮理格物，性在其中，不須求。故聖人罕言性。

性可默識，不可言求，豈是卓然一物可見者乎？窮理格物，性在其中者，性即理也，理即性也。「有物有則」，則者，理也，性也。窮至事物之理，則事事物物皆有自然之天則，而性可知矣。知性則物格矣，何須他求？故聖人罕言性。聖人之言，無非天理，無非仁義禮智，即謂之終日言性亦可也。

性譬之水，本皆清也。以淨器盛之則清，以污器盛之則濁。本然之清，未嘗不在。但既污濁，猝難得便清。故雖愚必明，雖柔必强，也煞用氣力。

此以水喻性，以水之本清喻性之本善也。清濁之分，因盛水之器有淨污、昏明、强弱之異，因氣禀之偏，習俗之染，有善有不善也。故變化氣質，革其舊染之污，必須煞用氣力，百倍其功，然後可復其本然之善也。

問：形而上下，如何以形言？曰：此言最的當。設若以有形、無形言之，便是物與理相間斷了。所以明道謂「截得分明」者，只是上下之間，分别得一箇界止分明。器亦道，道亦器，有分别而不相離也。

此言形而上下，只就形言，便分别得道器界至分明也。蓋「形而上者謂之道，形而下者謂之器」，器亦道，道亦器，有分别而不相離。若以有形、無形言之，以在上、在下言之，便是兩截，便是物與理相間斷矣。朱子曰形而上者無形無影是理，形而下者有形有狀是器。然有此器則有此理，有此理則有此器，未嘗相離，却不是於形器之外别有所謂理。

故明道謂「截得分明」者，只在上下之間，一而二、二而一者也。

只是眼前切近起居、飲食、君臣、父子、兄弟、夫婦、朋友處，便是這道理。只就近處行到熟處，見得自高。有人說只且據眼前近處行便是了，又成苟簡卑下。有人說掉了這箇，上面自有一箇道理。亦不是下梢，只是謾人。聖人說「下學上達」，即這箇到熟處，自見精微。聖人與庸凡之分，只爭箇熟與不熟。

此言道理不離日用工夫，只在平常，但要天理爛熟耳。下學者事也，上達者理也。理即在事中。故君子下學起居、飲食、君臣、父子、兄弟、夫婦、朋友之事，便可以上達仁義禮智信之理。若不熟，必思而後得，必勉而後中。熟則滋味無窮，不思而得，不勉而中，從容中道矣。

天只有箇春夏秋冬，人只有箇仁義禮智，此四者便是那四者。

天有春夏秋冬之四時，以生成萬物。四者循環迭運，歷萬古而不易。人有仁義禮智之四德，以酬應萬事。四者具於吾心，而萬理無不備舉。「此四者便是那四者」，何也？朱子曰：「元者，生物之始，天地之德，莫先於此，故於時爲春，於人則爲仁，而衆善之長也。亨者，生物之通，物至於此，莫不嘉美，故於時爲夏，於人則爲禮，而衆美之會也。利者，生物之遂，物各得宜，不相妨害，故於時爲秋，於人則爲義，而得其分之和也。貞者，生物之成，實理具備，隨在各足，故於時爲冬，於人則爲智，而爲衆事之幹。」所以「此四者便是那四者」，天人共一理也。

或問仁。曰：理難見，氣易見，但就氣上看便見，如「元亨利貞」是也。「元亨利貞」也難看，且看春夏秋冬。春時盡是温厚之氣，仁便是這般氣象。夏秋冬雖不同，皆是春生之氣行乎其中。若曉得此理，便見得「克己復禮」，私欲盡去，便純是温和冲粹之氣，乃天地生物之心也。

此形容仁者氣象，温厚和粹，純是春生之氣。蓋仁之爲道，乃天地生物之心，謂之乾元坤元。在人則温然愛人利物之心，包四德而貫四端者也。然必私欲盡去，天理流行，方能有此氣象。故曰：「人心若仁，則萬物皆在吾生育之中。」又曰：「仁則天理渾然，萬物皆有生意。」蓋以本心之生理便是人也。

看「仁」字，當并「義禮智」字看，然後界限分明，見得端的。又曰：仁便是箇温和底意思，義是箇慘烈剛斷意思，禮是宣著發揮意思，智是收斂無痕迹意思。性中有此四者，聖門却只以求仁爲急，緣仁是四者之先。若常存得溫厚意思在這裏，到宣著發揮時便自然會宣著發揮，到剛斷時便自然會剛斷，到收斂時便自然會收斂。又曰：仁爲四端之首，而智則能成終而成始。仁智交際之間，乃萬化之機軸。此理循環不窮，脗合無間，故不貞則無以爲元也。

玩此三說，則知義禮智皆仁也，而仁爲四端之首，無所不包，無所不貫耳。故人心若仁，則義禮智隨處發見，而惻隱、羞惡、辭讓、是非，隨感而應。雖曰界限分明，各有攸屬，然其脉絡之通，曷嘗判然離絶而不相管乎？他日，朱子又曰：「義、禮、智，亦性之德也。義，惡之本。禮，遜之本。智，知之本。因性有義，故情能惡；因性有禮，故情能遜；因性有智，故情能知。亦若因其性之有仁，是以其情能愛耳。」此雖分別性情之異，亦足見人心之仁，包四德而貫四端者也。

孟子說「仁，人心」，此語最親切。心自是仁底物事，存得此心，不患他不仁。

「仁，人心也」，生理具在吾身，心爲之主也，故謂「心自是仁底物事」。敬則此心存〔一〕，不敬則不仁，自戕其心生理矣，故爲仁以敬爲主，涵養得本心熟到清明和暢之時，安有不仁之事乎？

程子「穀種」之喻甚善，有這種在這裏，何患不生？

心中别無他物，只是此一箇生理，故程子以「穀種」爲喻，仁則其生之性也。故孔門只説爲仁，便是從心地上做工夫，要人養此種在此，不患不發生也。

問：先生答湖湘學者書，以「愛」字言仁，如何？曰：緣上蔡説得「覺」字太重，相似説禪。龜山言「萬物與我爲一」，説亦太寬。問：此是仁之體否？曰：此不是仁之體，却是仁之量。仁者固覺，謂覺爲仁不可。仁者固能與物爲一，謂萬物爲一爲仁亦不可。又問：知覺亦有生意？曰：固是。但只將知覺説來，却冷了。

禪學專以靈覺爲妙，而「上蔡説得『覺』字太重」似之。龜山言「萬物與我爲一」，却又太寬。故朱子皆曰不可謂之仁。然則仁之體當如何？竊思仁是本心至親切道理，克盡己私，渾然與物無間，此仁之體也。親親、仁民、愛物，皆由此出，仁之用也。未嘗無知覺，而知覺中有理；未嘗不與萬物爲一，而泛應曲當，用各不同也。

性猶太極也，心猶陰陽也。太極只在陰陽之中，非能離陰陽也。然太極自是太極，陰陽自是陰陽，惟性與心亦然，一而二，二而一。

性者，人之生理，即所禀於天之理也，故曰「性猶太極」。心者，人之神明，然有動静。静則寂然不動，爲心之體；動則感而遂通，爲心之用。故曰「心猶陰陽」。但理之所在謂之心，心之所有謂之性，不可混而爲一也。論語曰：「從心所欲，不踰矩。」又曰：「其心三月不違仁。」孟子曰：「君子所性，仁義禮智根於心。」心性之辨最分明。二者初不相離，而實不容相混，精之又精，乃見其真也。

盡心説曰：天大無外，而性禀其全。故人之本心，其體廓然，亦無限量。惟其牿於形器之私，滯於聞見之小，是以有所蔽而不盡。人能即事即物，窮究其理，至於一日會貫通徹，而無所遺焉，則有以全其本心廓然之體，而吾之所以爲性，與天之所以爲天者，皆不外此，而一以貫之矣。

此心廣大無際，與天大無外一般。而其虚靈之體，萬理皆備。惟其牿於形器之私，則必局於形，囿於氣；滯於見聞之小，則必縛於念，蔽於欲。故心不能盡。苟能窮究事物之理，則物格而知至矣。知至則知性，知性則知天。天大無外，性大無外，心大無外，一而已矣。

心者，氣質精英。

天地間充塞無間者，惟氣而已。在天則爲氣，在人則爲心。氣之精靈爲心，心之充塞爲氣，非有二也。心正則氣清，氣清則心正，亦非有二也。故曰「心者，氣之精英」。

惟心無對。

天地間無獨必有對，惟心無對。蓋這箇心不是別物，就是大化流行，與萬物爲體的。當其靜時，寂然不動，即與天地同體。及其動也，感而遂通天下之故，即與天地同用。天下最平常最奇特，惟此一字，人人知之，人人不知。聖賢千言萬語，終只説此一字，無有對得此一字者。然非千窮萬究，不能信得及此也。

知主別識，意主營爲。知近性近體，意近情近用。

此言知與意之分。知者，心之神明，妙此理者也，故主別識。意者，心之所發，察此理者也，故主營爲。「知近性近體」者，言箇箇人心有知覺也。「意近情近用」者，言萬事皆從有意生也。

須知未動爲性，已動爲情。心則貫乎動靜而無不在焉。知言曰：「性立天下之有，情效天下之動，心妙性情之德。」此言甚精密。胡宏，字仁仲，號五峰，所著書名知言，共六卷。

當其静，唤他做性，曰仁義禮智；及其動，唤他做情，曰喜怒哀樂。心則貫乎動静而統性情者也。故就性言，寂然不動，爲心之體；就情言，感而遂通，爲心之用。總而言之，「性立天下之有，情效天下之動，心妙性情之德」。故古之聖賢，只在心上做工夫，只在性情上學也。

先生論「中和」，初與張敬夫曰：人自有生，即有知識。事至物來，應接不暇。念念遷革，以至於死，其間初無頃刻停息，舉世皆然也。然聖賢之言，則有所謂「未發之中」、「寂然不動」者，夫豈以日用流行者爲已發，而指夫暫而休息不與事接之際爲未發時耶？嘗試以此求之，則泯然無覺之中，邪暗鬱塞，似非虚明應物之體。而幾微之際，一有覺焉，則又便爲已發，而非寂然之謂。蓋愈求而愈不可見。於是退而驗之日用之間，則凡感之而通，觸之而覺，蓋有渾然全體應物而不窮者，是乃天命流行，生生不已之機，雖一日之間，萬起萬滅，而其寂然之本體，則未嘗不寂然也。所謂「未發」，如是而已。夫豈别有一物，限於一時，拘於一處，而可以謂之中哉？

後答敬夫曰：日前所見，累書所陳者，只是儱侗地見得箇大本達道底影象，便執認以爲是了。蓋只見得箇直截根源，傾湫倒海的氣象。日間但覺爲大化所驅，如在洪濤巨浪之中，不容少頃停泊。以故應事接物處，但覺粗糲勇果而無寬裕雍容之氣。雖竊病之，而不知其所自來也。今而後〔二〕，乃知浩浩大化之中，一家自有一箇安宅，正是自家安身立命主宰知覺處，所以立大本、行達道之樞要。所謂「體用一源，顯微無間」者，乃在於此。道邇求遠，亦可笑矣。

又答敬夫曰：近復體察，見得此理須以心爲主而論之，則性情之德，中和之妙，皆有條而不紊。蓋人之一身，知覺運用，莫非心之所爲。心者，所以主於身，無動靜語默之間者也。方其靜也，事物未至，思慮未萌，而一性渾然，道義全具，其所謂中，乃心之所以爲體而寂然不動者也。及其動也，事物交至，思慮萌焉，則七情迭用，各有攸主，其所謂和，乃心之所以爲用，感而遂通者也。然性之靜也，而不能不動；情之動也，而必有節焉。是則心之所以寂然感通，周流貫徹，而體用未始相離者也。然人有是心，而或不仁，則無以著此心之妙。人雖欲仁，而或不敬，則無以致求仁之功。蓋心主乎一身，而無動靜語默之間，是以君子之於敬，亦無動靜語默不用其力焉。未發之前是敬也，固已主乎存養之實；已發之際是敬也，又常行於省察之間。方其存也，思慮未萌，而知覺不昧，是則靜中之動，復之所以見天地之心也。及其察也，事物紛糾，而品節不差，是則動中之靜，艮之所以「不獲其身，不見其人」也。有以主乎靜中之動，是則寂而未嘗不感；有以察乎動中之靜，是以感而未嘗不寂。寂而嘗感，感而嘗寂。此心之所以周流貫徹而無一息之不仁也。

又與湖南諸公書曰：中庸「未發」、「已發」之義，前此認得此心流行之體。又因程子「凡言心者，皆指已發而言」，遂目心爲已發，性爲未發。然觀程子之書，多所不合。按文集、遺書諸説，似皆以思慮未萌，事物未至之時，爲喜怒哀樂之未發。當此之時，即是此心寂然不動之體，而天命之性，全體具焉。以其無過不及，不偏不倚，故謂之中。及其感而遂通天下之故，則喜怒哀樂之情發焉，而心之用可見。以其無不中節，無所乖戾，故謂之和。此則人心之正，而情性之德然也。然未發之前，不可尋覓；已覺之後，不容安排。但平日莊敬涵養之功至，而無人欲之私以亂之，則其未發也，鏡明水止，而其發也，無不中節矣。此是日用本領工夫。至於隨事省察，即物推明，亦必以是爲本。而於已發之際觀之，則其具於未發之前者，固可默識。故程子之答蘇季明，反復論辨，極其詳密，而卒之不過以「敬」爲言。又曰「敬而無失，即所以中」，又曰「入道莫如敬，未有致知而不在敬者」，又曰「涵養須用敬，進學即在致知」，蓋爲此也。向來講論思索，直以心爲已發，而日用工夫，亦止以察識端倪爲最初下手處。以故闕却平日涵養一段工夫，使人胸中擾擾，無深潛純一之味。而其發之言語事爲之間，亦常急迫浮露，無復雍容深厚之風。蓋所見一差，其害乃至於此，不可以不審也。程子所謂「凡言心者，皆指已發而言」，此却指心體流行而言，非謂事物思慮之交也。然與中庸本文不合，故以爲未當而復正之。固不可執其已改之言而盡疑論説之誤，又不可遂以爲未當而不究其所指之殊也。周子曰「無極而太極」，程子又曰：「『人生而靜』以上不容説，纔説性時便已不是性矣」。蓋聖賢論性，無不因心而發。若欲專言之，則是所謂無極而不容言者，亦無體段之可名矣。

高景逸先生曰：昔朱子初年，以人生知識，無頃刻停息，所謂「未發」者，乃寂然之本體，即萬起萬滅，未嘗不寂然。蓋以性爲未發，心爲已發。未發者即在嘗發中，更無未發時也。後乃知人心有寂有感，不可偏以已發爲心。中者，心之所以爲體，寂然不動，性也。和者，心之所以爲用，感而遂通，情也。故註云：「喜怒哀樂，情也。其未發，則性也。」二語如指諸掌。王文成復以性體萬古常發，萬古常不發。以鐘爲喻，謂未扣時，原自驚天動地；已扣時，原自寂天寞地。此與朱子初年之説相似而實不同。蓋朱子以人之情識，逐念流轉，而無未發之時。文成則以心之生機，流行不息，而無未發之時，非中庸之旨也。中庸所謂「未發」，指喜怒哀樂言。夫人豈有終日喜怒哀樂者？蓋未發之時爲多。而喜怒哀樂，可言未發，不可言不發。文成所謂「發而不發」者，以中而言。中者，天命之性。天命不已，豈有未發之時？蓋萬古流行，而太極本然之妙，萬古常寂也。可言不發，不可言未發。中庸正指喜怒哀樂未發時爲天命本體，而天命本體則常發而不發者也。情之發，性之用也。不可見性之體，故見之於未發。未發一語，實聖門指示見性之訣。靜坐觀未發氣象，又程門指示初學者攝情歸性之訣，而以爲無發時者，失其義矣。

又曰：朱子初年，認性爲未發，心爲已發，故其工夫只在察識端倪。而於程子所謂「涵養於未發之前」者有疑，蓋全向流行發用處尋求也。後來却見得渾然全體之在我，存者存此，養者養此，非別有未發者，限於一時，拘於一處。然其樞在我，非如向者，在萬起萬滅，方往方來之中立脚矣。後益見得性情之妙，管攝於心，而動靜之功，貫徹於敬。當其未發，仁義禮智之性具焉，此心寂然不動之本體也。及其已發，惻隱、羞惡、辭讓、是非之情形焉，此心感而遂通之妙用也。而戒慎恐懼之功，則周流貫徹於動靜之間，而尤必以涵養爲省察之本，此所以未發則明鏡止水，而喜怒哀樂之發則無不中節也。凡朱夫子所見，大約歷三轉而始定。

胡子知言曰「心無死生」。先生曰：心無死生，幾於釋氏輪迴之説矣。天地生物，人得其秀而最靈。所謂心者，乃虚靈知覺之性，猶耳目之有見聞耳。在天地則通古今而無成壞，在人物則隨形氣而有始終。知其理一而分殊，則亦何必爲是「心無死生」之説以駭學者之聽哉！

張子曰：「天體物而不遺，所謂心者，乃虚靈知覺之性，即天也。天在人身爲心。」高子曰：「人身内外皆天也，一呼一吸，與天相灌輸。其死也，特脱其闔闢之樞紐而已，天未嘗動也。此則隨形氣而有始終之説也。心與道一，盡其道而生，盡其道而死，是謂無生死。又何必説『心無死生』以近於佛氏無死生之説乎？」

湖南五峰多説「人要識心」。先生曰：心自是箇識底，却又把甚底去識此心！且如人眼自是見物，如何見得眼！故學者只要去其物欲之蔽，此心便明。

朱子答方賓王曰：「心固不可不識，然静而有以存之，動而有以察之，則其體用亦昭然矣。」愚謂果能去其物欲之蔽，則心之體用，更覺光明，不必言「識心」也。

答連嵩卿曰：所謂天地之性，即我之性，豈有死而遽亡之理？此説亦未爲非，但不知爲此説者，以天地爲主耶？以我爲主耶？若以天地爲主，則此性自是天地間一箇公共道理，更無人物彼此之間，死生古今之别，雖曰死而不亡，然非有我之得私矣。若以我爲主，則只是於自己身上認得一箇精神魂魄，有知有覺之物，即便目爲己性〔三〕，把持作弄，到死不肯放舍，謂之死而不亡，是乃私意之尤者，尚何足與語死生之説、性命之理哉？

前二條恐人認「心」字錯了，故即胡子「心無死生」與「要人識心」之説以辨明之。此一條恐人認「性」字差了，故就嵩卿言「我性死而不亡」之説以辨明之。蓋釋氏只認得一箇精神魂魄，有知有覺之物，便自以爲真心真性，要人識得，昭昭靈靈，光明閃爍在面前，身雖死而此不死，身雖亡而此不亡。故朱子以爲「私意之尤者」，只是作弄精魂，不可與語死生之説、性命之理也。

以理言之，則天地之理至實而無一息之妄，故自古至今，無一物之不實。而一物之中，自始至終，皆實理之所爲也。以心言之，則聖人之心亦至實而無一息之妄，故從生至死，無一事之不實。而一事之中，自始至終，皆實心之所爲也。

此言天地之理，聖人之心，皆真實而無妄。天地之生萬物，聖人之應萬事，始終一誠也，故曰「誠者，聖人之本」，又曰「聖，誠而已矣」。學者以實心窮實理，以實功成實修，自始至終，思誠而無一息之妄，及其至，可以爲聖人，與天地參，亦不過盡此實心實理而已。

薛敬軒先生曰：「無極而太極」，非有二也。以「無聲無臭」而言，謂之無極；以極至之理而言，謂之太極。無聲無臭，而至理存焉，故曰「無極而太極」。以性觀之，無兆朕之可窺，而至理咸具，即「無極而太極」也。統體一太極，即萬殊之一本；各具一太極，即一本之萬殊。統體者，即「大德之敦化」；各具者，即「小德之川流」。○孔子所謂「易有太極」者，言陰陽變易之中而有至極之理，是就氣中指理以示人。周子「無極而太極」，言雖無形之中而有至極之理，則專以理言。至「太極動而生陽，静而生陰」，則亦兼以氣言矣。○「無極而太極」，氣未用事，故純粹至善而無惡。及「動而生陽，静而生陰」，則善惡分矣。○「無極而太極」，天地之性也。「太極動而生陽，静而生陰」，氣質之性也。天地之性，以不雜者言之，故曰「無極而太極」是也。氣質之性，以不離者言之，故曰「太極動而生陽，静而生陰」是也。然「無極而太極」，即陰陽中之太極，陰陽中太極，即「無極而太極」，雖不離乎陰陽，亦不離乎陰陽。天地之性，氣質之性，一而二，二而一者也。○太極圖「動而生陽」，是從動處説起，動却自静中來，静又自動中來，直是「動静無端，陰陽無始」〔四〕。○理氣不可分先後，只可説理先而氣後。○理只在氣中，決不分先後。如太極動而生陽，動前便是静，静便是氣，豈於太極圖可見。○太極圖只是陰陽兩端，循環不已，而理爲之主。○即「無極而太極」觀之，冲漠無朕之中，萬象森然已具，所謂「體用一源」也。即陰陽、五行、男女、萬物觀之，而此理無所不在，所謂「顯微無間」也。○「體用一源」，不可分體用爲二〔五〕。○「顯微無間」，不可分道器爲二。○太極圖理一而分殊。○太極動而生陽，神也；靜而生陰，鬼也。鬼神者，其太極乘氣機而屈伸者乎？○太極圖用功之要，只在「君子修之吉，小人悖之凶」。修之者，修此正中仁義也；悖之者，悖此仁義中正也。故敬則欲寡而理明，寡之又寡，以至於無，則靜虛者，正也義也，太極之體以立，動直者，中也仁也，太極之用以行，而聖可學矣。○中正仁義，性也。性即太極也，夫豈性之外復有太極，太極之外又有所謂性哉？○天人一理。湯曰：「惟皇上帝，降衷下民。」武王曰：「惟天地，萬物父母。惟人，萬物之靈。」詩曰：「天生蒸民，有物有則。」學記所謂「人生而靜，爲天之性」〔六〕，孔子所謂「性與天道」，子思所謂「天命之謂性」〔七〕，孟子所謂「知性知天」，皆有以見天人之一理。後世大道不明，論天者不及於人，言人者無涉於天，由是分天人爲二致。惟董子有「道之大原出於天」之言，亦可見天人之一理。至周子作太極圖，明人物出造化之一原。而張子、程子、朱子各有發明天人一理之説，大道於是復明。○靜看太極圖，斯須離之不得也。○程子曰：「理無形也，故假象以顯義。」非特易爲然，太極圖亦是已。○教本於道，道本於性，性本於命。命者，天道之流行而賦於物者也，故曰「道之大原出於天」。○「形而上者謂之道，形而下者謂之器」，聖人論理氣最分明，又無離而二之之病。○天下遠近、大小、内外，渾只是天也。○須看無物之先，其理如何高深，遠近皆是天。但以青而在上者爲天，衆人之見也。○先儒謂天包地外，竊謂不但包乎地外，實行乎地中，是則上下内外皆天也。○在物曰性，在天曰天。天也性也，一源也，故知性則知天矣。○程子曰：在物爲理，處物爲義。陳北溪曰：理是在物當然之理，義所以處此理。○或問「太虚」。程子曰：「亦無虚。遂指虚曰：皆是理，安得謂之虚？天下無實於理者。」朱子曰：「天下之理，至虚之中，有至實者存；至無之中，有至有者存。天理者，寓於至有之中，不可以目擊而指數也。」觀程、朱之言，可以知道矣。○四方上下，往來古今，實理實氣，無絲毫之空隙，無一息之間斷。○「鳶飛魚躍」，是道理無一毫之空缺處；「逝者如斯，不舍晝夜」，是道理無一息之間斷處。○不可將身外地面作虚空看。蓋身外無非真實之理，與身内之理渾合無間也。○仁義禮智之謂性，率性而行之謂道，行道而有得於心之謂德，全是德而真實無妄之謂誠。○一理古今完具，而萬物各得其一理。如日月之光，小大之物，各得其光之一分，物在則光在物，物盡則光在光。○千古聖賢之言，一「性」字括盡。○程子「性即理也」之一言，足以定千古論性之疑。程子曰：「善固性也，惡亦不可不謂之性也。」性一而已矣。氣質清粹而無所蔽，則皆以仁義禮智之性發，而爲惻隱、羞惡、辭讓、是非之情，所謂「善固性也」。氣質濁雜而有所蔽，則仁流爲耽溺，義流爲殘忍，禮流爲矯僞，智流爲譎詐，所謂「惡亦不可不謂之性也」。○盡心工夫，全在知性知天上。蓋性即理，而天即理之所從出。人能知性知天，則天下之理無不明，而此心之體無不貫，極其廣大無窮之量矣。○心虛有内外合一之氣象。○天地之理、聖人之心，只是直。○「明德」指此心昭然不昧而言。蓋心明則理亦明。故朱子釋「明德」曰：「明德者，人之所得乎天而虛靈不昧，以具衆理而應萬事者也。」重在「虛靈不昧」上。其曰「具」曰「應」，皆虛靈之所爲，所謂「心統性情」者也。○生理無不貫者，仁也。○心者，氣之靈而理之樞也。○存心不失爲中，應事不差爲和。○義者，天命之性也。君子行義而盡其性，則天命在是。○忠信，立身之本。○惟誠無間斷破缺。○中是性情恰好的道理。以其平常而不可易，故又謂之庸。○朱子曰：程子言仁本末甚備，今撮其要，不過數言。蓋曰仁者生之性也，而愛其情也，孝弟其用也。公者所以體仁，猶克己復禮爲仁也。學者於前之三言，可以識仁之名義，於後一言，可以知用力之方。○忠如水之源，恕如水之流。一箇忠做出百千箇恕來，一箇源流出百千道水來。自然體立用行者，聖人之忠恕也；推己盡己者，學者之忠恕也。○只是循天理，便有序而和。故仁者，禮樂之本也。○誠即五常之實理，如實有是仁，實有是義禮智是也。○朱子曰：程子言「纔思即是已發」，能發明子思言外之意。蓋言不待喜怒之發，但有所思，即是已發。此意已極精微，説到未發界至十分盡頭，不可以有加矣。○張子曰「鬼神者，二氣之良能」，是其自然能伸能屈之妙。朱子曰「鬼者陰之靈，神者陽之靈」，靈即所謂良也。○至而伸之神，反而歸之鬼，天人一理也。○天道屈伸兩端而已。

○「顯諸仁」，其發見之可見者；「藏諸用」，其機緘之不可見者。○一本萬殊、萬殊一本之理，開眼便見。

胡敬齋先生曰：太極，理也，道理最大，無以復加，故曰太極。凡事到理上便是極了，太是尊大之意，極是至當無以加也。○太極者，理也。陰陽者，氣也。動静者，理氣之妙運也。○只是這箇道理，更有甚事！聖賢隨其所指分别出來，貫通後，萬理只一理。以其流行不息賦與萬物者，謂之命。萬物各有稟受，而此理無不全具，謂之性。性中生意粹然，爲衆善之長，謂之仁。裁度斷制處得其宜，乃性之義。儀章品節天秩燦然不亂，乃性中之禮。分别是非，條理分明，乃性中之智。實有此理，元無虚假，謂之信。見於日用，各有所當行者，謂之道。通天地人物，莫不各有當然之理，總謂之道。其所以闔闢天地，終始萬物，無窮無盡，謂之大極。無非是這道理。○「形而上者謂之道，形而下者謂之器」，雖分上下，只是一事，程子所謂「顯微無間」也。至謂「一陰一陽之謂道」，言陰陽即是道，程子所謂「二之則不是」也。陰陽，形而下者，形而上者，是所以然。○陰陽只是一箇消長。陽消處即是陰生，非是陽去生陰。陰消去，陽即生，非是陰生出陽來。陰陽事物到極處便變。陽長極了便消，消便變陰。陰長極了亦消，消便變陽。亦不是陰變成陽，陽變成陰，但陰變陽即生，陽變陰即生。○凡物有兩端，自然之理也，即太極之兩儀。以此推之，動静、陰陽、體用、本末、精粗、表裏、盛衰、消息、死生、晝夜、寒暑、聚散，於此精思而有得焉，道在是矣。○一物之中，便有兩儀。陽中有陰陽，陰中亦有陰陽。如天本屬陽，又曰「立天之道，曰陰與陽」；地本屬陰，又曰「立地之道，曰柔與剛」。豈不是一各含兩之義？故邵子加一倍法，是易數之本。五行雖是五，除了土作冲氣，又只成四箇。四箇又只成兩箇陰陽，水是太陰，火是太陽，木是少陽，金是少陰。冲氣是陰陽會處，會則和矣，故土居中。天下無一物無陰陽，火雖屬陽，亦有陽火陰火，丙丁是也。水雖屬陰，亦有陽水陰水，壬癸是也。餘皆然。以動靜言之，動屬陽，靜屬陰。以始終言之，始爲陽，終爲陰。以先後言之，先爲陽，後爲陰。以方所言之，東爲陽，西爲陰。以屈伸言之，屈爲陰，伸爲陽。大而開闢，小而呼吸，程子言「無無對」者，相對處便是陰陽。只有太極無對，太極含得有動靜之理在内，中自有對也。凡事前一截屬陽，後一截屬陰。凡物，頭屬陽，尾屬陰；上屬陽，下屬陰；左屬陽，右屬陰。○晝夜者，死生之道。晝是息，夜是消。晝是伸，夜是屈。晝是始，夜是終。不是將消者再來做息，屈者再來作伸。晝則必夜，夜則必晝，是自然之理。昨日晝夜，自是昨日底晝夜。今日晝夜，自是今日底晝夜。不是將昨日晝夜來作今日晝夜，是昨日晝夜盡了，今日晝夜再生。造化不窮，往者過，來者續，舊者滅，新者生，自然而然，死生便是此理。精氣爲物，物便生，是聚也，始也。游魂爲變，物便死，是散也，終也。造化自能聚散，自能始終，豈將既往之聚散來作新來之聚散，將既往之始終來作新來之始終？如寒來暑往，是寒極必暑，暑極必寒，亦不是將去年寒暑來作今年寒暑，是今年新生底寒暑。故歸根返元，死生輪迴之說，是不識造化也。○天人之理雖一，天人之分則殊。故天做天底，人做人底，各盡其分，而吾之理則天之理也。故「維天之命，於穆不已」，「乾道變化，各正性命」，是天做天底。聖人之心，純亦不已，應酢事物，各得其所，是人做人底。夫人即那「天命不已，乾道變化」中來底，吾之性即是那「各正性命」底。故天命之性盡在於我，無毫髮少欠。若存得吾心，養得吾性，則天命全體渾具於中，發而應事，各得其所，則吾身天道亦流行而無間矣。蓋天許多道理，我盡有之，但盡得吾身之理，則天道亦盡。今不來吾身做工夫，反去思想天道，愈見二了，豈能合天人之理乎？故程子曰：「天人本一，言合天人，已剩著一箇合字。」○在天曰元亨利貞，在人曰仁義禮智。因天人之分而異其名，其理則一也。○「一陰一陽之謂道，繼之者善，成之者性」，繼那天道便是善，成那善便是性。以此知性善無疑。性惡者，蔽於氣也。氣從何出？亦理之所爲。故程子又曰「善惡皆天理，但人自不可流於惡」。又曰「不是善惡在性中相對而生」。既曰「不可流於惡」，又曰「不是在性中相對而生」，則元初只是善也。○「天依形，地附氣」，此二語說得天地規模最親切。凡有氣者盡屬天，有形者盡屬地。凡物皆然。氣屬陽，形屬陰。天只是氣，有甚形質？地則有形質矣。地雖有形質，非附乎氣，必不能存立。天之氣，亦必依地之形以行也。○所謂「一本」，天地人物，甚事不是一本？孟子言「知其性則知天」。伏羲仰觀俯察，近取諸身，遠取諸物，参驗錯綜，無一毫不合處。依此寫奇偶卦畫，而天地人物，古今事變，盡在其中。若非一理，只此數畫，如何便能該盡？○道理本原，只在「天命之謂性」上。萬事萬物之理，皆在此處流出。○「性即理也」，故孟子言「性善」是也。論性不論氣，不備。故程、張兼氣質而言。自程子之説出，荀、楊、韓之説，不辨而自明，故朱子以程子爲密。○在天爲命，在人爲性，在物爲理，在五常爲道，其實非有二也。然道又通乎天地人而言，故曰天道、地道、人道。○得此道於心，謂之德。德之全而熟，即仁。○古今説義内者，惟程子説得精。程子曰「處物爲義」，又曰「中理在事，義在心」。詳味此言，義内之意自見。○氣之發用處即是神。陳白沙説「無動非神」，他只窺測至此，不識裏面本體，故認氣爲理。

羅整菴先生曰：天地之化，人物之生，典禮之彰，鬼神之秘，古今之運，死生之變，吉凶悔吝之應，其説殆不可勝窮，一言以蔽之，曰：「一陰一陽之謂道。」○理一也，必因感而後形。感則兩也，不有兩，則無一。然天地間無適而非感應，是故無適而非理。○神化者，天地之妙用也。天地間，非陰陽不化，非太極不神。然遂以太極爲神，以陰陽爲化，則不可。夫化乃陰陽之所爲，而陰陽非化也。神乃太極之所爲，而太極非神也。爲之爲言，所謂「莫之爲而爲」者也。張子云「一故神，兩故化」，蓋化言其運行者也，神言其存主者也。化雖兩，而其行也常一；神本一，而兩之中無弗在焉。合而言之則爲神，分而言之則爲化。故言「化」則神在其中矣，言「神」則化在其中矣，言「陰陽」則太極在其中矣，言「太極」則陰陽在其中矣。一而二，二而一者也。學者於此，須認教體用分明，其或差之毫釐，鮮不流於釋氏之歸矣。○命之理，一而已矣，舉「陰陽」二字，便是分殊，推之至爲萬象。性之理，一而已矣，舉「仁義」二字，便是分殊，推之至爲萬事。萬象雖衆，即一象而命之，全體存焉。萬事雖多，即一事而性之，全體存焉。○理只是氣之理，當於氣之轉折處觀之。往而來，來而往，便是轉折處也。夫往而不能不來，來而不能不往，有莫知其所以然而然，若有一物主宰乎其間而使之然者，此理之所以名也。「易有太極」，此之謂也。若於轉折處看得分明，自然頭頭皆合。程子嘗言「天地間只有一箇感應而已，更有甚事」。夫往者感則來者應，來者感則往者應，一感一應，循環無已。理無往而不存者，在天在人一也。天道惟是至公，故感應有常而不忒。人情不能無私欲之累，故感應易忒而靡常。夫感應者，氣也。如是而感，則如是而應，有不容以毫髮差者，理也。適當其可則吉，反而去之則凶。或過焉，或不及焉，則悔且吝，故理無往而不定也。然此多是就感通處説。須知此心雖寂然不動，其冲和之氣自爲感應者，未始有一息之停。故所謂「亭亭當當、直上直下之正理」，自不容有須臾之間。此則天之所命，而人物之所以爲性者也。愚故嘗曰：理須就氣上認取，然認氣爲理，便不是。此言殆不可易哉！○朱子嘗言「神亦形而下者」，又云「神乃氣之精英」，須曾實下工夫體究來，方信此言確乎其不可易。不然，則誤以神爲形而上者有之矣。黄直卿嘗疑中庸論鬼神有「誠之不可揜」一語，則是形而上者。朱子答以只是實理處發見，其義愈明。○天地、鬼神、陰陽、剛柔、仁義，雖每每並言，其實天該乎地，神該乎鬼，陽該乎陰，剛該乎柔，仁該乎義。明乎此説，其於道也，思過半矣。○陽動陰静，其大分固然。然自其流行處觀之，静亦動也。自其主宰處觀之，動亦静也。此可爲知道者道爾。○理氣原是一物，明道嘗曰：「形而上爲道，形而下爲器，須著如此説。器亦道，道亦器。」又曰：「陰陽亦形而下者，而曰道者，惟此語截得上下最分明。原來只此是道，要在人默而識之也。」竊詳其意，蓋以「上天之載，無聲無臭」，不説箇形而上下，則此理無自而明，非溺於空虚，即膠於形器，故曰「須著如此説」。名雖有道器之分，然實無二物，故曰「器亦道，道亦器」也。至於「原來只此是道」一語，則理氣渾然，更無罅縫，雖然欲二之，自不容於二之，正欲學者就形而下者之中悟形而上者之妙，二之則不是也。○道心，寂然不動者也，至精之體不可見，故微。人心，感而遂通者也，至變之用不可測，故危。○道心，性也。人心，情也。心，一也，而兩言之者，動静之分，體用之别也。凡静以制動則吉，動而迷復則凶。惟精，所以審其幾也；惟一，所以存其誠也。「允執厥中」，從心所欲，不踰矩也，聖神之能事也。○竊以性命之妙，無出「理一分殊」四字，語其一，故「人皆可以爲堯、舜」；語其殊，故「上智與下愚不移」。○延平李先生曰：「動静、真僞、善惡，皆對而言之，是世之所謂動静、真僞、善惡也，非性之所謂動静、真僞、善惡也。惟求静於未始有動之先，而性之静可見矣；求真於未始有僞之先，而性之真可見矣；求善於未始有惡之先，而性之善可見矣。」此等言語，是實下細密工夫體貼出來，不可草草看過。○天之道，莫非自然。人之道，皆是當然。其當然者，皆是自然之不可違者也。何以見其不可違？順之則吉，違之則凶，是之謂「天人一理」。○人呼吸之氣，即天地之氣。自形體而觀，若有内外之分，其實一氣之往來爾。程子云：「天人本無二，不必言合。」即氣即理皆然。○「成己成物」，便是感應之理。理惟一爾，得其理則物我俱成，故曰「合内外之道」也。○富貴貧賤，死生壽夭之命，與性命之命，只是一箇命，皆定理也。明乎理之一，則有以知夫命之一矣。誠知夫命之一，則「修身以俟之」一語豈不簡而易守乎？○易曰：「立人之道，曰仁與義。」其名易知，其理未易明也。自道體言之，渾然無間之謂仁，截然有止之謂義。自體道者言之，心與理一之謂仁，事與理一之謂義。心與理一，則該貫動静，斯渾然矣。事與理一，則動中有静，斯截然矣。截然者，不出乎渾然之中。事之合理，即心與理一之形也。心與理，初未嘗不一也，有以間之，則二矣。然則何修何爲而能復其本體之一耶？曰敬。○近世學者，因孟子有「仁，人心也」一語，便要硬説心即是仁，獨不思「以仁存心」、「仁義禮智根於心」，其言亦出於孟子，又將何説以通之耶？孔子之稱顔淵，亦曰「其心三月不違仁」。仁之與心，固當有辨。須於此見得端的，方可謂之識仁。○仁至難言，孔子之答問仁，皆止言其用力之方。孟子亦未嘗明言其義，其曰「仁，人心也」，蓋即此以明彼，見其甚切於人而不可失爾，與下文「人路」之義同。故李延平謂孟子不是將心訓仁，其見卓矣。然學者類莫之察，往往遂失其旨。歷選諸儒先之訓，惟程伯子所謂「渾然與物同體」，似爲盡之。且以爲義、禮、智、信皆仁，則粲然之分，無一不具。惟其無不具，故徹頭徹尾，莫非是物，此其所以爲渾然也。張子西銘，其大意皆與此合。他如「曰公曰愛」之類，自同體而推之，皆可見矣。○以覺言仁固非，以覺言智亦非也。蓋仁、智皆吾心之定理，而覺乃其妙用。如以妙用爲定理，則大傳所謂「一陰一陽之謂道」、「陰陽不測之謂神」，果何别耶？○「當理而無私心則仁」，乃延平李先生之言，而朱子述之者也。此言須就人事上體認，内外兼盡，則仁之爲義自明。或謂當理即無私心，無私心即是當理，而以析「心」與「理」爲未善。是蓋知其一而不知其二也。且如齊桓公攘裔以尊周，漢高祖爲義帝發喪，孰不以爲當理？謂無私心，得乎？又如直躬之證攘羊，申生不忍傷父之志而自斃，其無私心，不待言矣，謂之當理，可乎？果如或者之言，則王霸將混爲一途，而私心自用之害，有不可勝救者矣。○聖賢立言，各有攸當，誠得其所以言之意，則雖説開説合，其理自無不通。伊川先生云：「『配義與道』，謂以義理養成此氣，合義與道也。方其未養，則氣自是氣，義自是義。及其養成浩然之氣，則氣與義合矣。本不可言合，爲未養時言也。如言道，則是一箇道都了。若以人而言之，則人自是人，道自是道，須是以人行道始得。」他日又云：「中庸曰『道不可須臾離也，可離非道也』，又曰『道不遠人』，此特聖人爲始學者言之耳。論其極，豈有可離與不可離而遠與近之説哉？」向非伊川造道之深，安能説得如此分曉？故不知聖賢所以立言之意，未可輕於立論也。○南軒與吴晦叔書有云：「伯逢前在城中，頗欵某所解太極圖，渠亦録去，但其意終疑『物雖昏隔，不能以自通，而太極之所以爲極者，亦何有虧欠乎哉』之語，此正是渠緊要障礙處。蓋未知物雖有昏隔而太極則無虧欠故也。若在物之身，太極有虧欠，則是太極爲一物，天將其全與人而各分些子與物也。此於大本甚有礙。」又答胡廣仲書有云：「『知覺』終不可以訓『仁』。如所謂『知者知此者也，覺者覺此者也』，此言是也。然所謂此者，乃仁也，知覺是知覺此，豈可遂以知覺爲此哉？」此皆切至之言，不可不詳玩也。近時講學之誤，正在此處。求如南軒灼然之見，豈易得哉！○張子曰：「『合性與知覺，有心之名。』」蓋兼人心、道心而言也。程子曰：「自存諸人而言，謂之心。」則專指道心而言。道心即性，性命於天。程子方欲申明其所謂一理者，故於人心有未暇及爾。夫理之所在，神明生焉。理一定而不移，神萬變而不測。凡有心者，體用皆然。須如此推尋心之爲義方盡。張説可疑乃在上三句，末句則明有所本，初非臆見，自不容不尊信也。○詩云：「昊天曰明，及爾出王。昊天曰旦，及爾游衍。」又云：「無曰高高在上，陟降厥士，日監在茲。」何等説得分明！只是人不見。詩云：「雝雝在宫，肅肅在廟。不顯亦臨，無斁亦保。」此文王所以與天爲一也。○明道先生答定性書有云：「以性爲隨物於外，則當其在外時，何者爲在内？是有意於絶外誘，而不知性之無内外也。」此數句最緊要，最要體認。若認得分明，則廓然大公，物來順應工夫，方有下落。「性無内外」云者，内外只是一理也。○天之道，日月星辰爲之經，風雨雷霆霜露爲之緯。經緯有常，而元亨利貞之妙在其中矣。此造化之所以成也。人之道，君臣、父子、夫婦、長幼、朋友爲之經，喜怒哀樂爲之緯。經緯不忒，而仁義禮智之實在其中矣。此德業之所以成也。

高景逸先生曰：程子言「天人本無二〔八〕，只緣有此形體，與天便隔一層，除却形體，渾是天也。」形體如何除得？但克去有我之私，便是除也。某謂真知天，自是形體隔不得。觀天地則知身心。天包地外，而天之氣透於地中。地在天中，而地之氣皆天之氣。心，天也。身，地也。天依地，地依天，天地自相依倚。心依身，身依心，身心自相依倚。剛柔相摩如此，纔著意便不是。○天在人身，爲天聰天明，爲良知良能。率其自然便是道，參不得絲毫人爲。○靜中觀喜怒哀樂，未發時湛然太虛，此即天也。心、性、天總是一箇。故孟子曰：「盡其心者，知其性也。知其性則知天。」○性者何？天理也。天理者，天然自有之條理，非人所爲。如五德五常之類，生民欲須臾離之而不可得者也。○「式和民則」、「順帝之則」、「有物有則」、「動作禮義，威儀之則」，皆天理之自然，非人所爲。聖賢傳心之學在此。○「人之生也直」，本體也，以直養而無害工夫也。○人之所以爲人者，性而已矣。性之所以爲性者，天而已矣。人在天中爲至虛，天在人身爲至靈。虛靈者，於人無朕，於天無際。性之所以妙於天人之間而爲心，呈天之體，顯天之用，而非徒以紛然思慮者，供其塊然官骸者，晝夜接搆之妄而已也。○學問先要知性，性上不容一物，無欲便是性。○羅整菴曰：「心性至爲難明，謂之兩物，又非兩物，謂之一物，又非一物。除却心，即無性；除却性，即無心。惟就一物中分剖得兩物出來，方可謂之知性。」錢啓新曰：「心之理便是性。」此等語俱顛撲不破。○「至誠無息」，人人心體如是，惟聖人能至之。專歸之聖人者，不知性者也。故人心無妄，則無息矣，非性之本然即妄也。故不合本體之工夫皆虛假，而欲無間斷，得乎？○形而後有氣質之性者，人自受形以後，天地之性已爲氣質之性矣，非天地之性之外復有氣質之性也。善反之，則氣質之性即爲天地之性，非氣質之性之外復有天地之性也。故曰二之則不是。○聖人言道，未嘗諱言「無」也。曰「上天之載，無聲無臭」，夫「無聲無臭」者不可言，言人倫庶物而已。聖人曰「即此是道，更別無道也」。夫曰「即此是道，更別無道」者，無之極也，學者不察也。「天生蒸民，有物有則」，是故典、禮、命、討皆曰天，是曰天，則非人所能與也。以人與之，爲私而已。聖人之學，物還其則，而我無與焉。萬變皆在人，實無一事也，無之極也。今之言無者異於是，曰「無善無惡」。夫謂「無惡」則可，謂「無善」何也？善者性也，無善是無性也。吾以善爲性，彼以善爲外也。吾以善爲即人倫即庶物，彼以人倫庶物是善而非性也。是岐體用，岐本末，岐内外，岐精粗，岐心迹，而二之也。○凡人之所謂心者，念耳。人心日夜繫縛在念上，故本體不明，須一切放下，令心與念離，便可見性。放下之念，亦念也，如何得心與念離？放退雜念，只是一念，所謂「主一」也。習之久，自當一旦豁然。○「費隱」二字，奇哉！形形色色，以言乎天地之間則備矣。聖人只於彝倫日用盡道其間，絶無聲臭之可即。人以爲卑近無奇，而不知其至誠之微妙。顯之微者，人不知也，故舉鬼神微之顯者形之。費者，顯也。微者，隱也。微之顯，所謂「費而隱」也。○羅整菴曰：「聖人所謂太極，乃據易而言之。蓋就實體上指出此理以示人，不是懸空説〔九〕。」此語最精切。○此體不可形狀，孟子名之曰「浩然之氣」，即易體也。○或問：何謂「浩然之氣」？高子曰：性也。曰：性也，安得謂之氣？曰：養成之性也。性者，生理也，如草木焉，惟有性，故忽而根荄，忽而幹葉，忽而花實也，實則成性而復。生或稿之，或戕之，則靡然萎矣。人之於性也亦然。養之暢茂條達，則其氣浩然塞乎天地，而性乃成。○聖門言「仁」，只是説行處多，如視聽言動，「恭、寬、信、敏、惠，五者行於天下」，俱是説行。只如此體貼，便知爲仁之道。○道無聲臭，體道者言行而已。○道有體用焉，其用可見，而其體難明。其體可明，而其用難盡。故君子致知力行必交勉也。○性寂而静，心能觀之。情發而動，心能節之。此心之所以統乎性情，而明德之所以體用乎至善也，格致之法也。○自「致良知」之宗揭，學者遂認知爲性，一切隨知流轉，張皇恍惚，其以縱情任欲〔一〇〕，亦附於作用變化之妙而迷復久矣。不知大學教人復性，格致八目皆其工夫也。或曰：孩提之愛敬，乍見之怵惕，平旦之好惡，非性乎？致良知者，致此致之，非復之乎？曰：乃若其情，則可爲善矣。請循其本。何以有乍見之怵惕？何以有平旦之好惡？前乎此者，遂淪於無乎？後乎此者，可執而有乎？則孟氏之指可知也。○中庸言「道不可須臾離」，顧涇陽曰：「此不可離，是人真念頭上一點過不去的所在。此心與道合則安，與道離則不安。試想此念頭於何而來，便識得本體矣。」余謂此「一點過不去的」有兩樣查考。若在事上背理而不安，則應用有時，於須臾之義尚疎；若在心上違仁而不安，則體道無間，於須臾之義方密。○道也者，不可須臾離，天體物而不可遺，詩所謂「上帝臨女，出王游衍」，實體如是，雖不戒慎恐懼，不可得也。○唐、虞言「中」，至子思始明之，曰「喜怒哀樂之未發謂之中」。萬古於此明中，於此明性，於此明道。朱子謂「子思憂道學之失其傳而作」，信哉！○儒者須守十六字宗傳，以中爲本。人心，人之心也。有此人，即有此心。自知誘物化以來，皆爲五官百體之欲攻取萬端，危孰甚焉！道心，心之道也。有此心，即有此道。雖根於仁義禮智之性而發，於氣拘物蔽之餘，乍明乍晦，微孰甚焉！精者，精明不昏昧也。一者，純一不散亂也。惟此心精明純一，則允復於喜怒哀樂未發之中，而人心即道心矣。○元亨利貞，皆善也。元而亨而利而貞，貞而復元，故曰「繼之者善」。元，始之，故曰「元者，善之長」。天地一闔一闢，吾人一呼一吸，繼繼而不已者，皆是此件，故曰「生生之謂易」。孟子「道性善而必稱堯、舜」者何也？性無象，善無象，稱堯、舜者，象性善也。若曰「如是如是」云爾。此須在思慮未起時認取。思慮未起時，便是此件剛健中正，純粹精求，與堯、舜一毫不同者，不可得也。及動念便差，動步便差，求與堯、舜一毫對同者，不可得也。何以爲之？曰：堯、舜所不爲者，斷不可爲，所以爲堯、舜也。○由其不同，故不可不爲。由其同，故人皆可爲；剥者，剥落。剥而後復。人自孩提，終日要長要短，到長大，便要名利，要貨色，種種膠固，無出頭處。而今吾輩學問，正要逐漸剥去，使之剥盡，始有復機。然須一番苦工夫，至九死一生中透出方得力。譬如這箇橘子，去皮纔見瓤，去瓤纔見子，子分兩瓣，兩瓣中間，纔見此一些子芽。這芽還不是，直等乾元一至，從芽中發出者，却無形可見，方是真體。○顔子好學，不在怒與過上用功，只看大易便知。復卦初九一爻，惟顏子能當之。此一爻即乾元也。所謂元者，善之長也。夫子惟以好學自許及許顏子一人。

以上總論道體。夫道體浩浩無窮，隨處發現，無在不有，無時不然。大而至於天地之運，小而至於一塵之微。遠而至於古今之變，近而至於一息之頃。無有虧欠，無有間斷。故周子特作太極圖説，畫出道之全體以示人。自太極而陰陽〔一一〕，而五行，以至氣化形化，無非一氣之充周運行。而一動一靜，一往一來，一闔一闢，一升一降，循環無已。由微而著，由著而微，爲四時之温涼寒暑，爲萬物之生長收藏，爲斯民之日用彝倫，爲人事之成敗得失。千條萬緒，紛紜膠轕，而卒不可亂，有莫知其所以然而然，是即所謂理也。理即太極也，太極即性也，道也，故曰「道爲太極」。而其實則全具於人之心，故又曰「心爲太極」。然則求道者亦務明乎心之理而已矣。斯理也，在天爲元亨利貞，在人爲仁義禮智，此四者便是那四者，朱子所謂「性之骨子」是也。存之爲仁、義、禮、智之性，發之爲惻隱、羞惡、辭讓、是非之情，而統之於虚靈知覺之心。措諸身爲恭、從、明、聰、睿之則，行諸世爲親、義、序、别、信之倫。放之則彌於六合而非有餘，卷之則退藏於密而非不足。故未發則爲道之體，已發則爲道之用。而道之所以合内外，一微顯，包鉅細，徹始終，一以貫之者，不過曰仁而已。仁者，善之長也。仁無不包，故聖人只教人求仁，而太極之全體在是矣。第思孔子之道，自孟子殁後，失傳者已一千四百餘年矣。至周子，而孔子之道始復明。周子之道，至二程子、張子而益明。周子、二程子、張子之道，至朱子而大明。故此卷首録太極圖説，教人先識箇頭腦，然後以二程子、張子、朱子所論性與天者繼之。學者苟能於太極一篇細心體認，則凡心、性、仁、義，未發、已發，忠、信、鬼、神諸性理，皆易明晰矣。雖初學之士未能遽得其藴奥也，然開卷粗識其名義，存於心而玩索不已，終必有豁然貫通之一日也。○吕東萊先生謂一卷所論，非初學者所能須會。朱子曰：「且令他識箇頭腦。學者須自二、三、四卷而入。」孫北海曰：「學有原委，原處端正，則委自分明。如大學之『明德』，中庸之『天命』，論語之『務本』，孟子之『仁義』，皆自原頭説起，使學者有所從入。不然，原本不識，用力雖勤，而誤墮旁蹊者不少矣。」故首卷宜細爲體認，朱子「識箇頭腦」四字，良非易事。薛、胡、羅、高四先生，於道之大原本，體認最分明。學者欲識箇頭腦，宜於四先生所論道體處細心體認焉。孫北海又曰：「如墨氏不識仁，以兼愛爲仁；楊子不識義，以爲我爲義；老子不識道，以非常爲道；告子不識性，以生爲性，以義爲外；荀子不識性，以性爲惡，以體爲僞；佛氏不識性，以心爲性，又不識心，以空寂爲心。惟其原本一差，故詖淫邪遁之詞，皆足以誣民而禍世。五先生言性言心處，明晰確當，絲毫不差。如程氏言性，曰『即理也』。何以爲理？仁義禮智是也。仁義禮智而有不善者乎？由是而有惻隱之心，羞惡之心，辭讓之心，是非之心。性與心，二而一，一而二，不了然明確乎！如張子言心，曰『統性情者』也。心，一也，有道心，有人心。道心，性也；人心，情也。曰微曰危，君子慎焉，於是養之盡之，存之操之，洗之説之。心爲至善，而所存所發皆善矣。心與性與情，合而分，分而合，不了然明確乎！學者於此體認，真實用工夫，便是真工夫；説踐履，便是真踐履。如孟子言仁、義、智、禮、樂之實，由家庭而至於手舞足蹈。夫手舞足蹈，天地位，萬物育矣。始於性分之實中，學者於此宜何如體認哉！」愚謂必如薛、胡、羅、高四先生之體認，方字字親切而有味也。

校勘記

〔一〕敬則此心存　「此」，原作「比」，據聚錦堂本、英秀堂本、雲南書局本改。

〔二〕今而後　按，上海古籍出版社朱子全書本晦庵集卷三二答張敬夫作「而今而後」。

〔三〕即便目爲己性　「目」，原作「自」，據晦庵集卷四一答連嵩卿改。

〔四〕直是動靜無端陰陽無始　「直」，原作「真」，據朱子語類卷九四、四庫全書本薛瑄讀書録卷六改。

〔五〕不可分體用爲二　「二」字原脱，據薛瑄讀書録卷八補。

〔六〕學記所謂人生而靜爲天之性　按，「學記」疑當作「樂記」。

〔七〕子思所謂天命之謂性　「謂」字原脱，各本同。據禮記中庸補。

〔八〕程子言天人本無二　「人」，原作「一」，據四庫全書本高子遺書卷一、華東師範大學出版社朱子全書外編本二程遺書卷六改。

〔九〕不是懸空説　按，四庫全書本羅欽順困知記卷下「説」上有「立」字。

〔一〇〕其以縱情任欲　「其」，高子遺書卷九作「甚」。

〔一一〕目太極而陰陽　各本同。按，據上下文意，疑「目」字當作「自」。

五子近思録發明卷二

爲學

平巖葉氏曰：「此卷總論爲學之要。蓋尊德性矣，必道問學，明乎道體，知所指歸，斯可究爲學之大方矣。」愚按：朱子編輯之意，首論道體，使人粗知梗概，有所向往，然後教人下手用力之所在。蓋教不躐等，而學必要自卑升高，自近及遠，有科級有次第，不能欲速助長也。學者先看此卷，定其趨向，有必爲聖賢之志，然後可循序漸進，着實用力焉。嗚呼！自孟子没後，聖賢之學失傳久矣，士人各以其資性之所近爲學，或以詞章爲可誇美，或以功利爲有勢燄，或以虚無寂滅爲快樂，總不知聖賢之學，人人分内當爲之事也。迨濂溪周子出，而希賢希聖之學始明。又得二程子、張子以及朱子相繼發明，而爲學之方大備。然其要以立志爲先。苟立志必爲聖賢，則不爲異端惑，不爲文采炫，不爲功利奪，庶幾可以言學矣。至於薛文清、胡敬齋、羅整菴、高忠憲四先生論學之言，更覺明白親切，故擇其精要者附於後焉。

濂溪先生曰：聖希天，賢希聖，士希賢。伊尹、顔淵大賢也。伊尹恥其君不爲堯舜，一夫不得其所，若撻於市。顔淵「不遷怒，不貳過」，「三月不違仁」。志伊尹之所志，學顔子之所學，過則聖，及則賢，不及則亦不失於令名。朱子曰：三者，隨其用力之淺深，以爲所至之近遠，不失令名，以其有爲善之實也。

此章專爲士希賢而言也。人爲萬物之靈，而士又人之秀，故必有希賢之志，而後可稱爲士也。伊尹所志何志也？志堯舜也。顔子所學何學也？學孔子也。伊尹之志堯舜，顔子之學孔子，是賢希聖。至堯、舜、孔子地位，猶兢兢業業，好古敏求，是聖希天。然則爲士而不知希賢可乎？胡子曰：「周子患人以發策决科、榮身肥家、希世取寵爲事也，故曰『志伊尹之所志』；患人以廣聞見、工文辭、矜智能、慕空寂爲事也，故曰『學顔子之所學』。人能志此志而學其學，則知斯道之大，而其所用無窮矣。」熊敬修先生曰：「志伊尹之所志，當自一介始；學顔子之所學，當自四勿始。」此言尤得其要。希賢之士，宜即此實下手也。

聖人之道，入乎耳，存乎心，藴之爲德行，行之爲事業。彼以文辭而已者，陋矣。此章欲人知德行之爲本，而文藝之爲末。學者當專心用力於德行，而不可溺於文辭之陋也。

或問：聖人之門，其徒三千，獨稱顔子爲好學。夫詩書六藝，三千子非不習而通也，然則顔子所獨好者，何學也？伊川先生曰：學以至聖人之道也。聖人可學而至歟？曰：然。學之道如何？曰：天地儲精，得五行之秀者爲人。人物萬殊，莫非二氣、五行之所爲也。然人則得其精且秀者，是以能通於道而爲聖爲賢。其本也真而静，其未發也五性具焉，曰仁、義、禮、智、信。真者，無極之真也。静者，人生而静，天之性也。曰「真而静」者，謂其天理渾全，寂然不動，而所具之性，其目有是五者。既曰「本」，又曰「未發」，蓋本者，指其禀受之初；未發者，指其未與物接之前也。形既生矣，外物觸其形而動其中矣。其中動而七情出焉，曰喜、怒、哀、懼、愛、惡、欲。此言形生之後，應事接物之時也。物感於外，情動於中，其目有是七者。然喜近於樂，怒近於惡，愛近於欲，其所以分者，蓋喜在心，樂發散在外，怒則有所激，其氣憤；惡則有所憎，其意深。愛則近於公，欲則近於私，愛施於人，而欲本乎己也。情既熾而益蕩，其性鑿矣。是故覺者約其情使合於中，正其心，養其性；愚者則不知制之，縱其情而至於邪僻，梏其性而亡之。性動則爲情，然情炎於中，末流益蕩，則反戕賊其性矣。惟夫明覺之士，以禮制情，使不失乎中，故能正其心，而不流於邪僻；養其性，而不至於梏亡。愚者反是。梏，猶桎梏，爲拘攣而暴殄之。言人之所以貴於學也。然學之道，必先明諸心，知所往，然後力行以求至，所謂「自明而誠」也。往，一作「養」。○朱子曰：「明諸心，知往，窮理之事。力行求至，踐履之事。」或曰「知所養」，應上文「養其性」，涵養之功，與知行並進。誠之之道，在乎信道篤。信道篤則行之果，行之果則守之固。仁義忠信不離乎心，造次必於是，顛沛必於是，出處語默必於是。久而弗失，則居之安，「動容周旋中禮」，而邪僻之心無自生矣。信道篤則不惑，行之果則不止，守之固則不變。仁義忠信不離乎心者，信之篤也。造次顛沛，出處語默必於是者，行之果也。久而弗失，守之固也。動容周旋中禮，邪僻之心不生，則幾於化矣。故顏子所事，則曰：「非禮勿視，非禮勿聽，非禮勿言，非禮勿動。」仲尼稱之，則曰：「得一善，則拳拳服膺而弗失之矣。」又曰：「不遷怒，不貳過。」「有不善未嘗不知，知之未嘗復行也。」此其好之篤，學之之道也。然聖人則不思而得，不勉而中，顏子則必思而後得，必勉而後中。其與聖人相去一息，所未至者，守之也，非化之也。以其好學之心，假之以年，則不日而化矣。後人不達，以謂聖本生知，非學可至，而爲學之道遂失。不求諸己而求諸外，以博聞强記、巧文麗辭爲工，榮華其言，鮮有至於道者。則今之學與顏子所好異矣。

此篇乃伊川先生得統於濂溪先生處。濂溪謂「無極之真，二五之精，妙合而凝。惟人也，得其秀而最靈。形既生矣，神發知矣，五性感動而善惡分，萬事出矣。聖人定之以中正仁義而主靜，立人極焉。」伊川洞徹此理，故知濂溪要人學顔子之學，全在性情上學。不在性情上學，聖人不謂之學也。身通詩書六藝之人，豈不各有所好？聖人不謂之好學。惟顔子從事博文約禮之訓，專用心於克己復禮，至於其心三月不違仁，故孔子獨稱顔子好學也。自生民以來，惟有孔子好學，孔子獨稱顔子，以其與己同也。後世聖學失傳，不知於性情上用功，所以去道愈遠，而爲學之道遂失。徒知以博聞强記，巧文麗辭爲工，而自己之性情，甘於荒廢，縱欲滅理，安得謂之學乎？讀伊川此論，亦可以憬然悟矣。

横渠先生問於明道先生曰：定性未能不動，猶累於外物，何如？明道先生曰：所謂定者，動亦定，靜亦定，無將迎，無内外。葉氏曰：此章就「猶累於外物」一句反覆辨明。蓋萬物不同，而無理外之物；萬理不同，而無性外之理。凡天下之物理，酬酢萬端，皆吾性之所具也。所謂定性者，非一定而不應也。發而中節，動亦定也；敬而無失，靜亦定也。將，送也。事之往也，無將；事之來也，無迎。動靜一定，何有乎將迎？寂然不動者，存於内也；感而遂通者，應於外也。體用一貫，何間乎内外？苟以外物爲外，牽己而從之，是以己性爲有内外也。且以性爲隨物於外，則當其在外時，何者爲在内？是有意於絶外誘，而不知性之無内外也。既以内外爲二本，則又烏可遽語定哉？夫天地之常，以其心普萬物而無心；聖人之常，以其情順萬事而無情。故君子之學，莫若擴然而大公，物來而順應。常，常理也，天地之心，運用主宰者是也。然而普徧萬物，實未嘗有心焉。聖人之情，應酬發動者是也，然而隨順萬事，亦未嘗容情焉。故君子之學，廓然大公，何嫌於外物？物來順應，何往而不定哉？此二句又此書之綱領也。易曰：「貞吉悔亡。憧憧往來，朋從爾思。」苟規規於外誘之除，將見滅於東而生於西也。非惟日之不足，顧其端無窮，不可得而除也。咸卦九四象辭。「憧憧往來」，不絶貌。各以朋類，從其所思。蓋人之一心，應感無窮，外物之誘，不可得而除滅也。人之情各有所蔽，故不能適道，大率患在於自私而用智。自私則不能以有爲爲應迹，用智則不能以明覺爲自然。今以惡外物之心，而求照無物之地，是反鑑而索照也。人心各有所蔽，大概在自私與用智之兩端。蓋不能廓然而大公，故自私；不能物來而順應，故用智。自私者，則樂於無爲，而不知以有爲爲應迹之當然。用智者，則作意於有爲，而不知以明覺爲循理之自然。今惡外物之累，已是自私之心也，而求照無理之地，是亦用智之過也，猶反鑑以索照，寧可得哉？蓋自私與用智，雖若二病，而實展轉相因也。○或問：「『自私』『用智』之語，恐即是佛氏之自私。」朱子曰：「常人之私意與佛氏之自私，皆一私也。但明道説得闊，非專指佛氏之自私。」葉氏曰：「横渠欲去外物之累，便已近於釋氏。程子推其病源，自然與釋氏相似，然其自私類於釋，而用智則又類於老。要之二氏用意，皆欲不累於外物而已。」易曰：「艮其背，不獲其身；行其庭，不見其人。」孟氏亦曰：「所惡於智者，爲其鑿也。」「不獲其身」、「不見其人」，此説廓然而大公。「所惡於智，爲其鑿也」，此説物來而順應。與其非外而是内，不若内外之兩忘也。兩忘則澄然無事矣，無事則定，定則明，明則尚何應物之爲累哉！自私、用智之患，在於分内外爲二，以在外者爲非，在内者爲是。然在外者，終不容以寂滅，故常爲外物所撓。惟能知性無内外而兩忘之，則動静莫非自然澄然無事矣，所謂廓然大公者也。無事，則心無所累，故能明，明則物來順應，尚何外物之累哉？蓋内外兩忘，則非自私；能定而明，則非用智也。朱子曰：内外兩忘，非忘也。一循乎理，不是内而非外也。聖人之喜，以物之當喜；聖人之怒，以物之當怒。是聖人之喜怒不係於心而係於物也。是則聖人豈不應於物哉？烏得以從外者爲非，而更求在内者爲是也？今以自私、用智之喜怒，而視聖人喜怒之正爲何如哉？聖人未嘗無喜怒，是未嘗自私也，然其喜怒，皆係彼而不係此，是未嘗用智也。以自私、用智之喜怒，其視聖人之喜怒一循乎天理之正者，豈不大相戾哉？夫人之情，易發而難制者，惟怒爲甚。第能於怒時遽忘其怒，而觀理之是非，亦可見外誘之不足惡，而於道亦思過半矣。朱子曰：忘怒則公，觀理則順。

此篇乃明道先生得統於濂溪先生處，所以反覆辨明性無内外、動静之分，而以大公、順應爲定性之主宰也。濂溪謂聖人定之以中正仁義而主静，立人極焉。定之以中正仁義，性之所以定也；主於無欲而静，則是大公順應之全體，尚何應物之爲累哉！吴敬菴曰：性即理也，天下事物各有當然之理，而統具於吾虛靈知覺之心。故静則此理渾然於方寸之中，本體常存；動則此理粲然於接物之際，泛應曲當，原未嘗不定也。但常人汩於私欲，逐物而馳，則失其寂然之本體。張子有厭動求静、是内非外之意，又失其感通之妙用。故程子告以性本内外無間，言事物之理，即己之性也。定則動静如一，猶止之兼，時止則止，時行則行也。知此，則知事物不能累吾之性，雖酬酢萬變，未嘗不定也。若夫隨物而往爲將，先物而動爲迎，固累於外物，而性不定矣。然遂欲絶外物而求定，是以内外爲二本，静時雖定，而動時則亂，性豈終能定哉？盍觀於天地、聖人乎？天地以心普萬物而無心，聖人以情順萬事而無情。其普萬物、順萬事者，至公也。其無心無情者，至順也。故君子欲希聖希天者，莫若去其私意，廓然寬廣而大公，事物之來，隨其道理而順應，不絶物而亦不累於物，則内外動静皆一，理之本然而性定矣。大公者，統言之也；順應者，析言之也。大公即仁也，忠也，寂也；順應即義也，恕也，感也，用也。此二句乃一篇之樞要，即易所謂「貞」也。若急於以除外誘爲事，則其端無窮，滅於東而生於西，與「憧憧往來」者何異乎？又曰：學者須知得道理分明，凡事不着一毫私意，只是順理而行，故不逐乎事物，亦不惡乎事物，不流不拒，而性所以定也。若逐事物，則衆人之狥欲也；惡事物，則異端之虛寂也。惟廓然大公，物來順應，則無内外動静之殊，乃爲大中至正之道。聖賢之所以爲聖賢者，如此而已矣。學者可不勉哉！

伊川先生答朱長文書曰：聖賢之言，不得已也。蓋有是言則是理明，無是言則天下之理有闕焉。如彼耒耜陶冶之器，一不制則生人之道有不足矣。聖賢之言雖欲已，得乎？然其包涵盡天下之理，亦甚約也。後之人始執卷，則以文章爲先，平生所爲，動多於聖人，然有之無所補，無之靡所闕，乃無用之贅言也。不止贅而已，既不得其要，則離真失正，反害於道必矣。來書所謂欲使後人見其不忘乎善，此乃世人之私心也。夫子「疾没世而名不稱焉」者，疾没身無善可稱云爾，非謂疾無名也。名者可以厲中人，君子所存，非所汲汲。君子學以爲己，苟求人知，則是私心而已。

此章謂聖賢立言，發明義理以覺斯民，如民生日用之具，不可少者也。然其言簡要，理無不包，爲有用之言，足以供人之探討也。若言不足以明理，不切於身心性命，不關於世道民彝，則爲無用之贅言。不止無用而已，蓋不得其本，未免流於邪僻，反害於道，雖文章多於聖人，何益乎？故君子不爲也。

内積忠信，所以進德也；擇言篤志，所以居業也。朱子曰：内積忠信，是實心；擇言篤志，是實事。又曰：忠信者，如惡惡臭，如好好色，表裏無一毫之不實。擇言謂脩辭，篤志謂立誠，立誠即上文「忠信」。又曰：內有忠信，方能脩辭。德以心言，業者德之事。德要日新又新，故曰「進」；業要存而不失，故曰「居」。進如日知其所亡，居如月無忘其所能。進德、脩業，只是一事。「知至至之」，「致知」也，求知所至而後至之，知之在先，故「可與幾」，所謂「始條理者，知之事也」。至，謂至善之地也。求知至善之地，而後至其所知。所重者在知，故曰「可與幾」。蓋幾者動之微，事之先見者也。致知以正其始，則能得乎事之幾微矣。智者，知之至明也。「知終終之」，「力行」也，既知所終，則力進而終之，守之在後，故「可與存義」，所謂「終條理者，聖之事也」。此學之始終也。終即至善之盡處也。既知所終，則力行以終之，所重在行，故曰「可與存義」。蓋義者當然之則，存者守而勿失也。力行以成其終，斯能立乎事之則，義矣。聖者行之至盡也。始終條理之説，詳見孟子。

此程子論學之始終教人進德脩業也。內積忠信，則無一念之不實矣，故德日新而又新。擇言篤志，則無一言之不實矣，故業可存而不失。然其着實下手處，不外致知、力行兩端，知至至之，即格物窮理之事，故「可與幾」；知終終之，即誠意正心之事，故「可與存義」。使由是而學焉，則德無不崇，而業日以廣矣。此學之始終，知行並進之功也。

君子主敬以直其內，守義以方其外。敬立而內直，義形而外方。義形於外，非在外也。

敬義既立，其德盛矣，不期大而大矣。「德不孤」也，無所用而不周，無所施而不利，孰爲疑乎？

此程子教人敬義交養、内外並飭之工夫也。敬以直内，則所存者無非天理之本然；義以方外，則所發者無非中正之實事。内直外方，則敬義立而德自然盛大，故曰「德不孤」也。德至於盛大不孤，則其所行無往而不順，孰爲疑乎？上章法乾以進德，此章法坤以脩德，皆爲學着實用力處也。

動以天爲无妄，動以人欲則妄矣。无妄之義大矣哉！雖無邪心，苟不合正理，則妄也，乃邪心也。既已无妄，不宜有往，往則妄也。故无妄之彖曰：「其匪正有眚，不利有攸往。」

此程子教人至誠中正之學。汪星溪曰：「有中正而不至於誠者，不固聰明聖智達天德者也。有至於誠而不中正者，无妄『元亨利貞，其匪正有眚』者也。夫學至於无妄，則是動而純乎天理，絶無人欲之私矣，乃猶有不正者，何哉？蓋心雖非出於邪僞，苟見理不透，所爲或乖於正理，則亦妄也。故无妄而有匪正之眚。且事至於无妄，不宜有往，往乃過也，過則妄也，故曰『不利有攸往』。可見爲學必要造於至誠无妄，而又歸於大中至正，乃無弊也。」

人之蘊蓄，由學而大，在多聞前古聖賢之言與行。考跡以觀其用，察言以求其心，識而得之，以蓄成其德。

此伊川教人多讀經書，以蓄成其德也。蓋人之心虛靈洞徹，萬理咸備，原無不足也，然不多聞前古聖賢之言與行，則義理無窮，事變萬端，凡禮樂制度，因革損益，何由而合時措之宜乎？故必考聖賢之行以觀其用，察聖賢之言以求其心，然後見識日長，而蓄其德日大，非徒誇多聞以爲博也。

咸之象曰：「君子以虛受人。」傳曰：中無私主，則無感不通。以量而容之，擇合而受之，非聖人有感必通之道也。其九四曰：「貞吉，悔亡。憧憧往來，朋從爾思。」傳曰：感者人之動也，故咸皆就人身取象。四當心位而不言咸其心，感乃心也。感之道無所不通，有所私係則害於感通，所謂悔也。聖人感天下之心，如寒暑雨暘，無不通無不應者，亦貞而已矣。貞者，虛中無我之謂也。若往來憧憧然，用其私心以感物，則思之所及者有能感而動，所不及者不能感也。以有係之私心，既主於一隅一事，豈能廓然無所不通乎？

此伊川教人感通之學，必以虛中無我爲得其貞也。夫感有二義，有我受人之感，有我之感人，皆當以虛爲主。惟虛中無我，則能受人之感，亦惟虛中無我，方能感人，而無所不通。咸者，感也。無心之感，入人最深，亦感人最速，故聖人感天下之心如寒暑雨暘，周遍公溥，無所私係，故無不通應，所謂「貞吉而悔亡」也。若有所私係，如憧憧之往來，則不能感通矣。以量而容，擇合而受，皆是中有私主，與有係之私心主於一隅一事者同，皆非感通之道。故學者必要以虛中無我爲主也。

君子之遇艱阻，必自省於身，有失而致之乎？有所未善則改之，無歉於心則加勉，乃自脩其德也。

此伊川教人反身脩德之學。凡人遇艱阻，必怨天尤人，而不知反己。惟君子之遇艱阻，則必自省其身，而無一毫怨尤之心也。有則改之，無則加勉，則雖遇險難之時，亦莫非進德之地矣。

非明則動無所之，非動則明無所用。

此伊川教人知行並勉，足目俱到之學。葉氏曰：知行相需，不可偏廢，非知之明，則動將安之？如目盲之人，動則不知所往也。非行之力，則明亦無用。如足痿之人，雖有見焉，亦不能行矣。

習，重習也。時復思繹，浹洽於中，則説也。以善及人，而信從者衆，故可樂也。雖樂於及人，不見是而無悶，乃所謂君子。

此伊川教人爲己之學。時習莫妙於思，思之久，而心與理一，則善有諸己矣。故悦風聲遠播，而信從者衆。與人同歸於善，豈不可樂？雖樂於及人，而人或未信，反多譏議，我亦處之泰然，毫無悶意，此所以爲成德之君子也。

「古之學者爲己」，欲得之於己也；「今之學者爲人」，欲見知於人也。

胡敬齋曰：爲己，只把做自己分内事，爲其所當爲，久之，只見一箇當然底道理，其餘都不見矣。若學不爲己，讀萬卷書，與己無干。爲己，則皆吾事也。故學而爲人，則爲善亦非實心，務外欺人，名實俱喪。

伊川先生謂方道輔曰：聖人之道，坦如大路，學者病不得其門耳，得其門，無遠之不可到也。求入其門，不由於經乎？今之治經者亦衆矣，然而買櫝還珠之蔽，人人皆是。經所以載道也，誦其言辭，解其訓詁，而不及道，乃無用之糟粕耳。覬足下由經以求道，勉之又勉，異日見卓爾有立於前，然後不知手之舞、足之蹈，不加勉而不能自止矣。

此程子教人治經以求道也。夫學聖人之道，若不治經，則不得其門而入。然治經而不及道，如買櫝而還其珠，則雖讀盡十三經，無益也。道無形狀之可見，必要反求諸身心，至於欲罷不能，而竭其才，庶乎見卓爾有立於前也。

明道先生曰：「脩辭立其誠」，不可不子細理會。言能脩省言辭，便是要立誠。若只是脩飾言辭爲心，只是爲僞也。若脩其言辭，正爲立己之誠意，乃是體當自家「敬以直内、義以方外」之實事。道之浩浩，何處下手？惟立誠纔有可居之處。有可居之處，則可以脩業也。「終日乾乾」，大小大事，却只是「忠信所以進德」爲實下手處，「脩辭立其誠」爲實脩業處。

此明道教人立誠之學。仔細理會「脩辭立誠」一語，總是要人慎言語以立己之誠意也，故慎言爲脩業之要。立言傳世，其業甚廣，即是敬以直内、義以方外之實事，而非徒事於虚辭也。若只是脩飾虚辭，矜己誇人，即是作僞，非立誠也。思其所當思，言其所當言，行其所當行，乃立誠也。惟立誠，方有可據守之地。此誠既立，則其業之所就方可廣大。故明道以忠信積於内，而無一念之不實，脩辭立於外，而無一言之不實，要人着實在此處用力也。

伊川先生曰：志道懇切，固是誠意。若迫切不中理，則反爲不誠。蓋實理中自有緩急，不容如是之迫。觀天地之化乃可知。

此言爲學不可芒迫急促之意。夫志道懇惻切至，固是實心向道，然欲速助長，則反爲心害。其進鋭者，其退速也。觀天地之化，一息不停，似乎速矣，然寒暑之變遷甚微，何嘗急迫？可見實理中自有緩急。學者貴乎循序漸進，造到從容中道，則誠矣。

孟子才高，學之無可依據。學者當學顔子，入聖人爲近，有用力處。又曰：學者要學得不錯，須是學顔子。

此言學有準的，當學顔子之學也。孟子才高，在心性源頭上理會，曰「存心養性」，曰「求放心」、「擴充四端」之類，孟子工夫便從此下手，非有孟子天資，便無可依據。顔子則從博文約禮處下手，便有依據持循，而心性工夫亦在其中，故曰「當學顔子，入聖人爲近，有用力處」。謝上蔡曰：「顔子工夫，真百世軌範，舍此應無入路，無住宅。」故學者須是學顔子。

明道先生曰：且省外事，但明乎善，惟進誠心，其文章雖不中，不遠矣。所守不約，泛濫無功。

此言學貴明善，以進誠心，蓋善纔明，則誠心便進，知至而後意誠也。文章是威儀制度之類，善明心誠，文章自現乎外也。此段恐是呂與叔自關中來，初見程子時説話。蓋横渠學者，多用心於禮文制度之事，而不近裏，故以此告之。

學者識得仁體，實有諸己，只要義理栽培。如求經義，皆栽培之意。

葉平巖曰：仁者，天地之生理，人心之全德也。其體具於心，固人之所本有，然必内反諸己，察之精，養之厚，有以見夫仁之全體。實爲己有，則吾心所存，無非天理，而後博求義理以栽培之，則生理日以充長，而仁不可勝用矣。

昔受學於周茂叔，每令尋顔子、仲尼樂處，所樂何事。

此所以程子得統於濂溪之入頭處也。周子命程子尋仲尼、顔子樂處，所樂何事。要求見仲尼、顔子人欲淨盡、天理流行處，故有此樂。朱子恐人只去望空尋樂，不知天理之實，必流於異端，故又教以從事博文約禮之誨，以至欲罷不能，而竭其才，則庶乎其可以得之矣。今當從此處做工夫，不可妄於自己身上尋樂也。

所見所期不可不遠且大，然行之亦須量力有漸。志大心勞，力小任重，恐終敗事。

朱子曰：「學者志識，固不可不以遠大自期，然苟悦其高而忽於近，慕於大而略於細，則無漸次經由之實，而徒有懸想跂望之勞，亦終不能以自達矣。」張南軒曰：「學者當以聖人爲準的，然貪高慕遠，躐等以進，非徒無益，而又害之也。」

朋友講習，更莫如「相觀而善」工夫多。

禮曰：「相觀而善之謂摩。」蓋朋友相規勸，薰陶漸染，不知不覺有許多進益，故曰得於觀感而善者多。

須是大其心使開闊，譬如爲九層之臺，須大做脚始得。

葉平巖曰：心不開闊，則規模狹陋，而安於小成，持守固滯，而惰於進善，故程子以「大做脚」爲根基也。

明道先生曰：自「舜發於畎畝之中」，至「百里奚舉於市」，若要熟，也須從這裏過。

葉平巖曰：「履難處困，則歷變多而慮患深，察理密而制事審。」朱子曰：「曾親歷過，方認得許多險阻處。」

參也，竟以魯得之。尹氏曰：曾子之才魯，故其學也確，所以能深造乎道也。

按程子又曰：曾子之學，誠篤而已。聖門學者，聰明才辨不爲不多，而卒傳其道，乃質魯之人爾，故學以誠實爲貴也。胡敬齋曰：見義理不怕見得鈍，只怕見得淺，故曰「參也，竟以魯得之」。

明道先生以記誦博識爲玩物喪志。本註云：時以經語録作一册。鄭轂云：「嘗見顯道先生云：『某從洛中學時，録古人善行，別作一册。明道先生見之，曰：「是玩物喪志。」』」蓋言心中不宜容絲髮事。胡安國云：謝先生初以記問爲學，自負該博，對明道舉史書，成篇不遺一字。明道曰：「賢却記得許多，可謂玩物喪志。」謝聞此語，汗流浹背，面發赤。及看明道讀史，却又逐行看過，不蹉一字，謝甚不服。後來省悟，却將此事做話頭，接引博學之士。○謝良佐，字顯道，上蔡人，程子門人也。心虛明，所以具衆理而應萬事。有所繫滯，則本心未免昏塞。所貴乎讀書，將以存心而明理也。苟徒務記誦爲博，則書也者，亦外物而已，故曰「玩物喪志」。○朱子曰：上蔡記誦，明道看史，此正爲己爲人之分。

此程子深懲記誦之學，不可不反躬省悟也。

禮樂只在進反之間，便得性情之正。

此程子教人以禮樂涵養性情也。禮記曰：「禮主其減，樂主其盈，禮減而進，以進爲文；樂盈而反，以反爲文。」朱子曰：「減是退讓樽節收斂的意思，是禮之體本如此，然非人之所樂，故須進步向前，着力去做，故以進爲文。盈是舒暢發越快滿的意思，是樂之體本如此，然易至於流蕩，却須收拾向裏，故以反爲文。所以明道先生言『人能如此，便得性情之正也』」。

父子君臣，天下之定理，無所逃於天地之間。安得天分，不有私心，則行一不義、殺一不辜，有所不爲。有分毫私，便不是王者事。

此程子言人倫分定，不可有一毫私心也。父子君臣，天分已定，容不得一毫私。有一毫私心便礙天理，故行一不義之事，殺一無罪之人，雖可以得天下，亦斷斷不爲，方是無一毫私心。堯舜受禪，無虧父子之恩，湯武征誅，無愧君臣之義，皆無一毫私心者也。

論性不論氣，不備，論氣不論性，不明，二之則不是。

此程子合性氣而論之，以明不可分爲二也。葉平巖曰：「論性之善，而不推其氣稟之不同，何以有上智下愚之不移？故曰『不備』；論氣稟之異，而不原其性之皆善，則是不達其本也，故曰『不明』。然性者氣之理，會者性之質。元不相離，判而二之，則亦非矣。」朱子曰：「論性不論氣，孟子言性善是也。論氣不論性，荀子言性惡、楊子言善惡混是也。」愚謂孟子推原性之本善，雖未及乎氣質，固不害其爲性也。至於荀楊，但知氣質之或異，而不知性之本同，則是不識性也，豈不害道？要之，必若程子、横渠之言，始爲明備。○此段疑當在首卷。

論學便要明理，論治便須識體。

葉平巖曰：論學而不明理，則徒事乎記誦詞章之末，未爲知學也。論治而不識其體，則徒講乎制度文爲之末，未爲知治也。故儒者之學，必以窮理爲先。王者之治，爲政得體而已。

曾點、漆雕開已見大意，故聖人與之。

朱子曰：「只緣他大處看得分曉，今且道他那大的是甚物事？天下只有一箇道理最大，學只要理會這一箇道理。這道理纔通，則凡天理、人欲、義利、公私、善惡之辨，莫不皆通。」曾點見得人欲淨盡，天理流行，隨處充滿，無少欠缺，故聖人與之。漆雕開亦見得此意，故曰「吾斯之」，謂未能信，聖人所以亦與之也。所見者大，故謂之「大意」。但朱子謂點規模大，開更縝密。欲學聖人者，當於「人欲淨盡」四語虛心涵泳，切己體察也。

根本須是先培壅，然後可立趨向也。趨向既正，所造淺深則由勉與不勉也。

學之根本，在身心主敬以立其本，乃培壅之功也。又要立趨向者，立志必爲聖賢也。趨向既正，若勉力爲之，則所造深；不勉力，則所造淺。孳孳不已，豈可量哉？

敬義夾持直上，「達天德」自此。

朱子曰：敬主乎中，義方乎外，二者相夾持，要放下，霎時也不得，只得直上去，故便達天德。又曰：表裏夾持，更無東走西作，直上者不爲物欲所累，則可上達天德矣。

懈意一生，便是自暴自棄。

一息尚存，此志不容少懈，故脩曰自脩，强曰自强，不可間斷也。若懈意一生，非自暴自棄而何？

不學便老而衰。

高彙旃曰：學則老而不衰乎？孔子好學忘老，亦曰「甚矣吾衰」也，蓋學則義理爲主，而志氣精明，不學則血氣爲主，而易以衰謝。故不得不衰者，筋骸也；可自主而不衰者，志氣也。志氣汩於欲，則筋骸尤覺易衰；志氣遠於俗，則神明猶能自固。故當衰暮之年而求進於學，則老當益壯也。

人之學不進，只是不勇。

勇則進。進不已，有日新之益。故人之學，貴發憤，尤貴知恥，知恥則近乎勇矣。

學者爲氣所勝、習所奪，只可責志。

責志則猛省振拔，力變其氣質，勇革其習俗，則不爲彼所勝奪矣。

内重則可以勝外之輕，得深則可以見誘之小。

尚道德，則視富貴如浮雲，天理爛熟，則紛華美麗，皆不足以誘之矣。

董仲舒謂：「正其義，不謀其利；明其道，不計其功。」孫思邈曰：「膽欲大而心欲小，智欲圓而行欲方。」可以爲法矣。

此程子欲人法此以爲學也。學者以董子數語立心，則此心廣大高明，充之則是醇儒，推而行之，即是純王之政。以孫子數語立心，則無卑陋狂妄之失，并無譎詐固滯之病矣，故與董子並可爲法。

大抵學不言而自得者，乃自得也。有安排布置者，皆非自得也。

不言而自得，乃心領神會，自然而得之也，不雜一毫人爲，不雜一毫意見，絶無安排布置者也。反是，則着意强爲，安見其有得乎？

視聽、思慮、動作，皆天也，人但於其中要識得真與妄爾。

人在天中爲至虚，天在人中爲至靈，故視聽、思慮、言動，莫非天之靈也。從義理之心發，則爲真；從私欲之心發，則爲妄。人要識得，必須精以察之也。

明道先生曰：學只要鞭辟近裏，著己而已。故「切問而近思」，則「仁在其中矣」。「言忠信，行篤敬，雖蠻貊之邦，行矣。言不忠信，行不篤敬，雖州里行乎哉？立則見其參於前也，在輿則見其倚於衡也，夫然後行。」只此是學。質美者明得盡，查滓便渾化，却與天地同體。其次惟莊敬持養，及其至則一也。朱子曰：查滓是私意，人欲之消未盡者。

此程子教人切己之學也。爲學不外致知、力行二端，皆要切己用功，鞭辟近裏。着己者，切己之謂也。切問近思，致知之事；言忠信行篤敬，力行之事。只此是學者，言其皆要切己用功也。如顔子質美，聖人教之克己復禮，顔子就見得透徹，如紅爐點雪，查滓便消融。其心與天地同體。其次如仲弓，聖人教之，「如見大賓」，使其莊敬持養，真積力久，亦可以透徹了然，查滓渾化，與天地同體也。

「忠信所以進德」，「脩辭立其誠，所以居業」者，乾道也。「敬以直内，義以方外」者，坤道也。

葉平巖曰：「乾主健主動，故進德脩業，皆進爲不息之道。坤主順主静，故敬直義方，皆收歛裁節之道。」愚謂人能效法乾坤，則敬直即是進德，義方即是居業，無二道也。

凡人才學便須知著力處，既學便須知得力處。

著力在主敬，得力亦在主敬。著力在存誠，得力亦在存誠。未有不知著力而能有成者也。熊澴川曰：自其著力曰學，自其得力曰達。只是這箇物事。

有人治園圃，役知力甚勞。先生曰：蠱之象「君子以振民育德」，君子之事，惟有此二者，餘無他焉。二者，爲己、爲人之道也。爲己，明明德之事；爲人，新民之事。吴敬菴曰：蠱之時，教化陵夷，風俗頽敗，故必振作其民，使去其舊染之污以自新。然明德者，新民之本，又必培養己德，使天之與我者常存不喪，然後推己及人，斯民始可得而治矣。此君子之事也，何必役智力於園圃，爲細民之事哉？

「博學而篤志，切問而近思」，何以言「仁在其中矣」？學者要思得之，了此便是徹上徹下之道。高忠憲曰：所謂博學者，隨時隨處只學此一事。志專在此，故云「篤志」；問專在此，故云「切問」；思專在此，故云「近思」；只是求仁，故云「仁在其中」。此徹上徹下之道，總以求仁爲主也。

弘而不毅則難立，毅而不弘則無以居之。西銘言弘之道。

此程子教人求仁之學。仁者，以天地萬物爲一體，此心何等寬廣！故曰「西銘言弘之道」。然弘而不毅，則工夫有間斷，而生機息矣，何能立乎？苟毅而不弘，則心胸狹陋，何以居天下之廣居乎？二者不可缺一。

伊川先生曰：古之學者，優柔厭飫，有先後次序。今之學者，却只做一場話說，務高而已。常愛杜元凱語：「若江海之浸、膏澤之潤，涣然冰釋，怡然理順，然後爲得也。」今之學者，往往以游夏爲小，不足學。然游夏一言一事，却總是實。後之學者好高，如人游心千里之外，然自身却只在此。

此言古之學者循序漸進，故其用功深，而所得者皆實。「江海之浸，膏澤之潤」，言其涵養博厚也。「涣然冰釋，怡然理順」，言其見地明澈也。故隨其才之所成就，皆足以應世用。今之學者，躐等務高，好爲話説，以驚世駭俗，而究無實得。此正爲己、爲人之分，士人宜以古之學者爲法，而以今之學者爲戒也。

脩養之所以引年，國祚之所以祈天永命，常人之至於聖賢，皆工夫到這裏，則有此應。

此言聖賢必可學而至，只恐人工夫不到也。夫以常人而學爲聖賢，非用百倍工夫不能有此應。若果用百倍工夫，未有無應者也，但患人不曉得做工夫耳。故以「脩養引年，祈天永命」比例，見得此三者皆非一旦之功，苟學之不已，工夫到這裏，常人至於聖賢，不難也。

忠恕所以公平。造德則自忠恕，其致則公平。

盡己之謂忠，推己之謂恕。人能勉於忠恕，則有以勝其人欲之私，而全其天理之公，人亦各安其本分而平矣。故曰「忠恕所以公平」。然進德當自勉於忠恕，及其極致，則見其公平，而毫無私曲也。

仁之道，要之只消道一「公」字。公只是仁之理，不可將公便喚做仁，公而以人體之，故爲仁只爲公則物我兼照，故仁所以能恕，所以能愛。恕則仁之施，愛則仁之用也。

此言公只是仁之理，而恕則是仁之施，愛則仁之用也。朱子曰：「公則無私，仁則有愛。公字屬理，愛字屬人。克己復禮，不容一毫之私，豈非公乎？親親仁民，而無一物之不愛，豈非仁乎？」故公則物我兼照，恕者推於此，愛者及於彼。仁譬泉之源，恕則泉之流出，愛則泉之潤澤，而公則疏通而無壅塞之謂也。惟其疏通而無壅塞，故能流而澤物也。

今之爲學者，如登山麓，方其迤邐，莫不闊步，及到峻處便止。須是要剛決果敢以進。

此言爲學要剛果以進也。人能剛決果敢，則勇於進道。及到峻處，更發憤用力，必要登峰造極，只見其進，不見其止也。

人謂要力行，亦只是淺近語。人既能知見，一切事皆所當爲，不必待著意，纔著意便是有箇私心。這一點意氣，能得幾時子？

此言人能真知，則必力行也。真知事之當爲，則自不容已，何待著意？故君子莫急於致知，知至則知之真矣。這一時靠他不得。

知之必好之，好之必求之，求之必得之。古人此箇學是終身事。果能顛沛造次必於是，豈有不得道理？

此教學者以必得爲歸宿也。學是終身事，豈能速得，豈可半塗而廢？果能無時無處而不用力，則求至於聖賢之域，可必得也。

古之學者一，今之學者三，異端不與焉。一曰文章之學，二曰訓詁之學，三曰儒者之學。欲趨道，舍儒者之學不可。

程子又曰：今之學者有三弊：溺於文詞，牽於訓詁，惑於異端。苟無是三弊，則必求歸於聖人之道矣。

問：作文害道否？曰：害也。凡爲文不專意則不工，若專意則志局於此，又安能與天地同其大也？書曰「玩物喪志」，爲文亦玩物也。呂與叔有詩云：「學如元凱方成癖，文似相如始類俳。獨立孔門無一事，只輸顔氏得心齋。」古之學者，惟務養情性，其他則不學。今爲文者，專務章句悦人耳目。既務悦人，非俳優而何？曰：古者學爲文否？曰：人見六經，便以爲聖人亦作文，不知聖人亦攄發胸中所藴，自成文耳，所謂「有德者必有言」也。曰：游夏稱文學，何也？曰：游夏亦何嘗秉筆學爲詞章也？且如「觀乎天文以察時變，觀乎人文以化成天下」，此豈詞章之文也？

此言文章之學害道也。胡敬齋曰：「程子以詩文害道。非是詩文害道，是作詩文者志局於此，所以爲道之害。若道義發於詩文，又何害之有？不合他專心致力於此，務期於工巧，便與聖賢爲己之心不同，於聖賢爲學工夫必荒。杜子美、韓退之當初若能做聖賢工夫，不學詩文，其造詣必不止此。」然則聖賢功夫如何做？即程子所謂「惟務養性情」是也。

涵養須用敬，進學則在致知。

此程子開示學者最切要處，即中庸「尊德性，道問學」工夫。要玩「須用」、「則在」四字，則知二者不可偏廢，故朱子曰「主敬以立其本，窮理以致其知」，又曰「非存心無以致知，而存心者，又不可以不致知也」。

莫説道將第一等讓與別人，且做第二等。才如此説，便是自棄。雖與「不能居仁由義」者差等不同，其自小一也。言學便以道爲志，言人便以聖爲志。

以道爲志，便要做第一等事；以聖爲志，便要做第一等人。故爲學，以立志爲先，不如此立志，便是自小，便是自棄，可不勉乎？

問：「必有事焉」，當用敬否？曰：敬是涵養一事，「必有事焉」，須用集義。只知用敬，不知集義，却是都無事也。又問：義莫是中理否？曰：中理在事，義在心。

涵養此心，正爲集義根本，集義是事事皆合於義也。必以集義爲事，而敬爲之主，則自反常，直行無不慊，浩然之氣所由以生也。然義雖在事上，而裁制則在心，故曰「中理在事，義在心」。程子要人集義，又恐人以義爲外也。

問：敬、義何别？曰：敬只是持己之道，義便知有是有非。順理而行，是爲義也。若只守一箇敬，不知集義，却是都無事也。且如欲爲孝，不成只守著一箇孝字。須是知所以爲孝之道，所以侍奉當如何，温清當如何，然後能盡孝道也。

此言居敬集義工夫並進，不可偏廢也。敬就心言，義就事理言。故敬爲心之主，持己之道也。義就事理之宜，事有是非，心裁制之，使順理，則義在心也。故不可只守一「敬」字而不知集義也。

學者須是務實，不要近名方是。有意近名，則爲僞也。大本已失，更學何事？爲名與爲利，清濁雖不同，然其利心則一也。

一念爲名便是假，故務實者，只是闇然潛脩，爲己而已，無所爲而爲也。若有所爲而爲，則是一點利心，大本已失，更學何事乎？

「回也，其心三月不違仁」，只是無纖毫私意，有少私意便是不仁。

顔子克己功深，故無纖毫私意。「其餘日月至焉」者，總是纖毫私意爲害也。故工夫只在克己。

「仁者先難而後獲」，有爲而作，皆先獲也。古人惟知爲仁而已，今人皆先獲也。

先獲既是己私，仁者克己，故無先獲之心，所謂「無所爲而爲也」，即董子所謂「正義不謀利」之意也。

有求爲聖人之志，然後可與共學；學而善思，然後可與適道；思而有所得，則可與立；立而化之，則可與權。

學者，所以學爲聖人也，故必立志要學聖人，方可與共學。善思，則知爲聖人之方矣。思而有得，則不爲異端惑，不爲功利奪，不爲詞章炫，可與立矣。學至於此，再進而能權輕重，使合於義，得時措之宜，非大而化之聖人不能也。

古之學者爲己，其終至於成物；今之學者爲物，其終至於喪己。

學必爲己，方肯着實窮理盡性以成己，能成己便能成物。若徒務外，爲功利詞章之學，不但不能成物，反有害於己矣。

君子之學必日新。日新者，日進也。不日新者必日退，未有不進而不退者。惟聖人之道無所進退，以其所造者極也。以上並遺書。

此言工夫不可間斷也。惟念念無間斷，方有日新之益。若有纖毫私意，則間斷矣，此所以不日進而日退也。惟聖人純乎天理流行，故無所進退，學必至於聖人而後已，豈可一日不進乎？

明道先生曰：性靜者可以爲學。

人心要深沉靜密，方可以體察道理，故程子以性靜者可以爲學。蓋人常沉靜則含蓄，義理深而應事有方，故學者當以靜爲本也。

弘而不毅則無規矩，毅而不弘則隘陋。

「弘毅」二字不可缺一。弘而不毅，恐流於狂放，故曰「無規矩」。毅而不弘，恐過於拘守，故曰「隘陋」。

知性善以忠信爲本，此先立其大者。

程子此條，羅整菴曰：說得頭腦分明，工夫切當，始終條理，概於三言之中矣。

伊川先生曰：人安重則學堅固。

人不安重，則所知者易忘，所守者易失；若能安靜厚重，則所知所守，皆堅固矣。

「博學之，審問之，慎思之，明辨之，篤行之」，五者廢其一，非學也。

熊濂川曰：「博學之」五句，是萬世學則，皆明善之事。五「之」字即指善也，故學者不可廢一。

張思叔請問，其論或太高，伊川不答，良久曰：「累高必自下。」

程子恐思叔爲學躐等務高，故問而不答。又恐其不會躐等之意，故又曰「累高必自下」。

明道先生曰：人之爲學，忌先立標準。若循循不已，自有所至矣。

朱子曰：此如「必有事焉，而勿正」之謂。觀顔子喟然之歎，不於「高堅瞻忽」處用功，却就「博文約禮」上進步，則可見矣。

尹彦明見伊川後半年，方得大學、西銘看。

吴敬菴曰：大學、西銘二書，其義廣大精密，程門常以此教人者也。初至其門者，或未嘗知聖賢之道，識聖賢之心，若遽以此與看，不惟不能使之體會於身，且恐生其欲速求遠之弊也。伊川於彦明，竊意先使之聽其言論，觀其行事，教以主敬窮理，切己反身，使先知聖學大略，然後以此示之，則心胸開豁，進爲有方，將沛然莫禦，怡然自得，與驟看之者不同矣。伊川蓋亦循循善誘、教不躐等之意歟？

有人説無心。伊川曰：無心便不是，只當云無私心。

無心便是禪學，無私心方是聖學。蓋禪學只要心空，滅絶思慮，空了天性，故伊川曰「無心便不是」。若聖學，則心中純乎天理，無一毫人欲之私，故言「只當云無私心」也。

謝顯道見伊川，伊川曰：「近日事如何？」對曰：「天下何思何慮？」伊川曰：「是則是有此理，賢却發得太早在。」伊川直是會鍛鍊得人，説了又道：「恰好著工夫也。」

至誠之道，不思而得，初何容心？然未能義精仁熟，而遽欲坐忘絶念，此告子之不動心而反爲心害者也，故伊川曰「是有此理，賢却發得太早在」。然心無紛擾，乃進學之地，故又曰「恰好著工夫」。此伊川善於陶鑄人也。朱子曰：人所患者，不能見得大體。謝氏合下便見得，只是下學之功都欠，故道「恰好著工夫」，言其還要下學也。

謝顯道云：昔伯淳教誨，只管著他言語。伯淳曰：「與賢説話，却似扶醉漢，救得一邊，倒了一邊。」只怕人執著一邊。

朱子曰：上蔡因有發於明道「玩物喪志」之一言，故其所論每每過高，如「浴沂御風」、「何思何慮」之類，皆是墮於一偏，故學者不可執著道理，方中正也。

横渠先生曰：「精義入神」，事豫吾内，求利吾外也。「利用安身」，素利吾外，致養吾内也。「窮神知化」，乃養盛自至，非思勉之能强。故崇德而外，君子未或致知也。

此言内外交相養，崇德之事也。易曰：「精義入神。」精究義理而造於神，則事理素定於吾内，以求順利於吾外也。易云：「利用安身。」循理而行，身得其安，則素順吾道於外，以致養吾德於内也。此乃精義利用，可以思而得、勉而中。若夫「窮神知化」，乃養極其盛，自然而致之，非思勉之所能强，君子未之或知也。蓋神者，妙萬物而無方；化者，著萬物而有跡。窮神知化，豈思勉之所能强哉！君子惟務精義利用以崇德而已。

形而後有氣質之性，善反之則天地之性存焉。故氣質之性，君子有弗性者焉。

形謂形體。受形以後，理即在氣質中，故有氣質之性。蓋天地之性是理也，氣質陰陽，五行所爲也。人隨氣質而偏，則失其性之真，若善反之，則天地之性猶存焉。故氣質之性，君子弗以爲性，而必反乎天地之性也。張子言「爲學大益，在自求變化氣質」，此即所謂「善反之」者也。

德不勝氣，性命於氣；德勝其氣，性命於德。窮理盡性，則性天德，命天理。朱子曰：

張子只是説性與氣，皆從上面流下來。自家之德，若不能有以勝其氣，則衹是承當得他那所賦之氣。若是德有以勝其氣，則我之所以受其賦予者，皆是德。故窮理盡性，則我之所受，皆天之德。其所以賦予我者，皆天之理。氣之不可變者，獨死生脩夭而已。

此言善反之功在窮理盡性也。高忠憲曰：性者天所命，德者己所成。氣，血氣也。德不勝氣，則性命皆由於氣，性不能全其本然，命不能順其自然。德勝其氣，則性命皆由於德，性能全天德，命能順天理。窮理盡性，則有德矣。德勝其氣，而氣變矣。其氣不可變者，獨死生、壽夭有定數，而不可移。

莫非天也，陽明勝則德性用，陰濁勝則物欲行。「領惡而全好」者，其必由學乎？「領惡而全好」，見戴記。領，猶理治也。好，善也。

此提出「學」字，示人變化氣質之方也。人之氣質不齊，要皆禀於天也。陽明勝則德性用事，而物欲消除矣。陰濁勝則物欲肆行，而德性虧損矣。惡屬物欲，好屬德性，領惡則物欲不行，全好則德性用事，此則必由學問之功也。蓋學則陽明勝，而德性用矣。朱子曰：只將自家意思體驗，便見得人心虛靜，自然清明，纔爲物欲所蔽便暗了，此陰濁所以勝也。

大其心則能體天下之物，物有未體，則心爲有外。世人之心，止於見聞之狹。聖人盡性，不以見聞梏其心，其視天下無一物非我。孟子謂盡心則知性知天，以此。天大無外，故有外之心，不足以合天心。朱子曰：體猶體認也，將自身入事物之中，究見其理。又曰：只是有私意，便内外扞格，只見得自身上事，凡物皆不得與己相關，便是有外之心。

物有未體，則心不能包，此物爲有外矣。世人之心，止於所見所聞之私，故小。聖人窮理盡性，不以見聞梏其心，其視天下，無一物非我，乃爲大耳。孟子謂盡心則知性知天，以此。天之大無外，故有外之心，不足以合天心。盡心知性，則爲無外之心，足合天心，豈有不知天者乎？所謂世人止於聞見者，乃因物交感而知，非由於德性而知；若德性所知者，不萌於見聞而自知之，故能體天下之物而無外也。

冉永光曰：心之量無物不包，本至大也。能大其心，則能體天下之物，而一物不能外。

仲尼絶四，自始學至成德，竭兩端之教也。意，有思也；必，有待也；固，不化也；我，有方也。四者有一焉，則與天地爲不相似矣。

仲尼絶四，以身作則，自始學以至成德皆然，故曰「竭兩端之教也」。意、必、固、我，皆是私意，見於應事接物之際。意是不好的意思，必定要如何是期待，固是留滯不化，我是執着爲我，四者皆私意也。聖人之心渾然天理，至公無私，故與天地相似。常人只此四者纏擾心中，滚過一生，如何得與天地相似？張子謂有一焉，則與天地不相似，而况四者之俱有乎？故曰聖人竭兩端之教，必要絶此四者。何以絶之？只一箇「毋」字而已，「毋」字是箇「醒」字，一醒便毋了。

人欲者也。

上達反天理，下達狥人欲者歟！反，復也。

達只是進進不已之意。上達者，達向上去，復還天理者也。下達者，達從下來，溺於人欲者也。

知崇天也，形而上也。通晝夜而知，其知崇矣。知及之，而不以禮性之，非己有也。故知禮成性而道義出，如天地位而易行。

易曰「知崇如天」，謂知識日進於高明，則其崇如天也。此形而上之道也。知何以崇哉？亦惟窮究動静循環之理，吉凶消長之道，兼乎晝夜而知，則知崇矣。然智足以知此理，而不能品節事物之理以成其性，則亦非己有也。故必由知及而又循禮以成性，然後天下之道義出，一如天地設位而變化之易行乎其中也。或問知禮成性之説，朱子曰：習與性成之意。又曰：性者，我所得於天的道義，是衆人共由的。所謂能盡其性，則能盡人物之性也。

困之進人也，爲德辨、爲感速。孟子謂「人有德慧術智者，常存乎疢疾」，以此。

此言困能進德。易曰：「困，德之辨也。」辨，明也。人處困厄之時，有言不信，則恐懼不敢自安，必能警悟通曉，必能奮發振起，見理必明，爲善必敏，故爲德辨、爲感速也。德無慧，則知經而不知權；術無智，則可常而不可變。惟德慧術智，乃爲聖賢豪傑作用也。然常存乎疢疾，故曰「困之進人也」。

言有教，動有法。晝有爲，宵有得。息有養，瞬有存。

六句，一層進一層：言動以一身，言晝夜以一日，言瞬息以一刻。言非先王之法言不敢言，言有教也；非先王之德行不敢行，動有法也。終日乾乾，晝有爲也；夜氣所養，宵有得也。氣之出入爲一息，一息必有所養，以天理養吾心也。目之開闔爲一瞬，一瞬必有所存，存天理於吾心也。此言君子無往無時而非學也。

横渠先生作訂頑曰：乾稱父，坤稱母。予茲藐焉，乃混然中處。朱子曰：天，陽也，以至健，而位乎上，父道也；地，陰也，以至順，而位乎下，母道也。人稟氣於天，賦形於地，以藐然之身，混合無間，而位乎中，子道也。然不曰天地而曰乾坤者，天地，其形體也，乾坤，其性情也。乾者，健而無息之謂，萬物之所資以始者也；坤者，順而有常之謂，萬物之所資以生者也，是乃天地之所以爲天地而父母乎萬物者，故指而言之。故天地之塞，吾其體；天地之帥，吾其性。朱子曰：乾陽坤陰，此天地之氣塞乎兩間，而人物所資以爲體者也，故曰「天地之塞，吾其體」。乾健坤順，此天地之志，爲氣之帥，而人物所得以爲性者也，故曰「天地之帥，吾其性」。深察乎此，則父乾母坤，混然中處之實可見矣。民吾同胞，物吾與也。朱子曰：人物並生於天地之間，其所資以爲體者，皆天地之塞；其所得以爲性者，皆天地之帥也。然體有偏正之殊，故其於性也，不無明暗之異。惟人也，得其形氣之正，是以其心最靈，而有以通乎性命之全體於並生之中，又爲同類而最貴焉，故曰「同胞」。則其視之也，皆如己之兄弟矣。物則得夫形氣之偏，而不能通乎性命之全，故與我不同類，而不若人之貴。然原其體性之所自，是亦本之天地，而未嘗不同也，故曰「吾與」。則其視之也，亦如己儕輩矣。惟同胞也，故以天下爲一家，中國爲一人，如下文所云「惟吾與也」。故凡有形於天地之間者，若動若植，有情無情，莫不有以若其性，遂其宜焉。此儒者之道，所以必至於參天地，贊化育，然後爲功用之全，而非有所强於外也。大君者，吾父母宗子；其大臣，宗子之家相也。尊高年，所以長其長；慈孤弱，所以幼其幼。聖其合德，賢其秀也。凡天下疲癃殘疾、惸獨鰥寡，皆吾兄弟之顛連而無告者也。朱子曰：乾父坤母，而人生其中。則凡天下之人，皆天地之子矣。然繼承天地，統理人物，則大君而已，故爲父母之宗子。輔佐大君，綱紀衆事，則大臣而已，故爲宗子之家相。天下之老一也，故凡尊天下之高年者，乃所以長吾之長；天下之幼一也，故凡慈天下之孤弱者，乃所以幼吾之幼。聖人與天地合其德，是兄弟之合德乎父母者也。賢者才德過於常人，是兄弟之秀出乎等夷者也。是皆以天地之子言之。則凡天下之疲癃殘疾、惸獨鰥寡，非吾兄弟無告者而何哉！于時保之，子之翼也；樂且不憂，純乎孝者也。朱子曰：畏天以自保者，猶其敬親之至也；樂天而不憂者，猶其愛親之純也。又曰：若論天地萬物與我同體之意，固極宏大，然所論事天功夫，則自于時保之，以下方極親切。違曰悖德，害仁曰賊，濟惡者不才，其踐形惟肖者也。朱子曰：不循天理而狥人欲者，不愛其親而愛他人也，故謂之悖德。戕滅天理自絶本根者，賊殺其親，大逆無道也，故謂之賊。長惡不悛，不可教訓者，世濟其凶，增其惡名也，故謂之不才。若夫盡人之性而有以充人之形，則與天地相似而不違矣，故謂之肖。知化則善述其事，窮神則善繼其志。朱子曰：孝子，善繼人之志，善述人之事者也。聖人知變化之道，則所行者，無非天地之事矣。通神明之德，則所存者，無非天地之心矣。此二者皆樂天踐形之事也。又曰：化底是氣，有迹可見，故爲事。神底是理，無形可窺，故爲志。不愧屋漏爲「無忝」，存心養性爲「匪懈」。朱子曰：孝經引詩曰：「無忝爾所生。」故事天者，仰不愧，俯不怍，則不忝乎天地矣。又曰：「夙夜匪懈。」故事天者，存其心，養其性，則不懈乎事天矣。此二者畏天之事，而君子所以求踐夫形者也。惡旨酒，崇伯子之顧養；育英才，潁封人之錫類。朱子曰：好飲酒而不顧父母之養者，不孝也，故遏人欲，如禹之惡旨酒，則所以顧天之養者至矣。性者，萬物之一源，非有我之得私也，故育英才，如潁考叔之及莊公，則所以「永錫爾類」者廣矣。不弛勞而底豫，舜其功也；無所逃而待烹，申生其恭也。朱子曰：舜盡事親之道而瞽瞍底豫，其功大矣，故事天者，盡事天之道，而天心豫焉，則亦天之舜也。申生無所逃而待烹，其恭至矣，故事天者，夭壽不貳，而脩身以俟之，則亦天之申生也。體其受而歸全者，參乎？勇於從而順令者，伯奇也。朱子曰：父母全而生之，子全而歸之，若曾子之啓手啓足，則體其所受乎親者，而歸其全也。況天之所以與我者，無一善之不備，亦全而生之也。故事天者，能體其所受於天者而全歸之，則亦天之曾子矣。子於父母，東西南北，惟令之從，若伯奇之履霜中野，則勇於從而順令也。況天之所以命我者，吉凶禍福，非有人欲之私，故事天者，能勇於從而順受其正，則亦天之伯奇矣。富貴福澤，將厚吾之生也；貧賤憂戚，庸玉汝於成也。朱子曰：富貴福澤，所以大奉於我，而使吾之爲善也輕。貧賤憂戚，所以拂亂於我，而使吾之爲志也篤。天地之於人，父母之於子，其設心豈有異哉？故君子之事天也，以周公之富而不至於驕，以顔子之貧而不改其樂。其事親也，愛之則喜而弗忘，惡之則懼而無怨，其心亦一而已矣。存吾順事，没吾寧也。朱子曰：孝子之身，存則其事親也，不違其志而已；没則安而無所愧於親也。仁人之身，存則其事天者，不逆其理而已；没則安而無所愧於天也。蓋所謂「朝聞夕死」，「吾得正而斃焉」者，故張子之銘，以是終焉。

此篇乃横渠先生得統於濂溪先生處。濂溪謂「無極之真，二五之精，妙合而凝」，故張子以乾坤爲大父母，而人物同得天地之氣以爲體，同得天地之理以爲性，則皆天地之子也。但人得其全，而物得其偏耳。人雖有貴賤、貧富、老幼、賢愚之不齊，然均爲天地之子，則當視天下爲一家，而以天下之人猶兄弟也。如此則心胸弘廣，大公無我，何處容得纖毫私意耶！世人各私其身，昧於公理，如人有頑痺之疾，血氣不相貫徹，故張子作訂頑以示人，推原一本，詳示工夫，真求仁之要旨也。此篇最緊要處，是「天地之塞」兩句，而兩句中，一「性」字又是最緊要處。前半截自「乾父坤母」說起，而以「天下之顛連無告」終之，則於人不可有纖毫之間隔。有纖毫私意，便間隔矣。後半截自「于時保之」說起，而以「存順没寧」終之，則於我不可有纖毫之間斷。有纖毫私意，便間斷矣。故後半因孝子事親之誠，以明仁人事天之道，總是要克去己私，以復還天理也。蓋吾之體性，皆得於天地父母，皆可以爲聖賢，彼汩於私欲者，自爲悖子耳，自爲賊子耳，自爲不才子耳。天地父母之心，豈欲其至是哉？必要爲聖爲賢，方能盡天地之性，充天地之體而爲肖子也。静思天地父母之仁，無毫髮之不到，無須臾之不然，而吾事親之孝，爲事天之仁者，亦當無毫髮之或差，又當無須臾之或間，充得盡時，便是聖人。推而行之，便是王道。立志求仁者，常存此意於心而不忘，則心廣理明，意味自別也。

明道先生曰：訂頑之言，極醇無雜，秦漢以來學者所未到。又曰：訂頑一篇，意極完備，乃仁之體也。學者其體此意，令有諸己，其地位已高。到此地位，自別有見處，不可窮高極遠，恐於道無補也。又曰：訂頑立心，便達得天德。又曰：游酢得西銘讀之，即涣然不逆於心，曰「此中庸之理也」，能求於言語之外者也。楊中立問曰：西銘言體而不及用，恐其流遂至於兼愛，何如？伊川先生曰：横渠立言誠有過者，乃在正蒙。西銘之書，推理以存義，擴前聖所未發，與孟子性善、養氣之論同功，豈墨氏之比哉！西銘明理一而分殊，墨氏則二本而無分。分殊之蔽，私勝而失仁；無分之罪，兼愛而無義。分立而推理一，以止私勝之流，仁之方也；無别而迷兼愛，以至於無父之極，義之賊也。子比而同之，過矣。且彼欲使人推而行之，本爲用也，反謂不及，不亦異乎！

此總記程子評論西銘之語，教人切己體察也。張子學堂雙牖，左書砭愚，右書訂頑，伊川先生曰：是啓爭端。改曰「東銘」、「西銘」，訂頑即西銘也。程子嘗以此篇教學者，謂我有此意，而無子厚筆力之妙，説得醇粹完備。狀仁之體，莫切於此，學者當體認此意，實爲我有，則地位自高。以此立心，便可以達天德，言語外便能道得中庸之理也。至於與楊子論「理一分殊」四字，尤見西銘之妙。論仁而義在其中，知其理一，所以爲仁；知其分殊，所以爲義。且直看横看，俱有一箇理一分殊。學者必灼然有見乎一致之妙，了無彼此之殊，而其分之殊者，又森然其不可亂，方得西銘之旨也。

橫渠先生又作砭愚曰：戲言出於思也，戲動作於謀也。發於聲，見乎四支，謂非己心，不明也。欲人無己疑，不能也。過言非心也，過動非誠也。失於聲，繆迷其四體，謂己當然，自誣也。欲他人己從，誣人也。或者謂出於心者，歸咎爲己戲；失於思者，自誣爲己誠。不知戒其出汝者，歸咎其不出汝者。長傲且遂非，不知孰甚焉？

高忠憲曰：有心戲浪之謂戲，無心差失之謂過。言雖戲，必以思而出也；動雖戲，必謀而作也。謂非己心，難以欺己，欲人無疑，難以欺人。言之過者，非其心之本然也；動之過者，非其誠之實然也。謂己當然，既已誣己；欲人己從，復以誣人。或者以戲言戲動之出於心者，歸咎爲己戲而不知戒其出汝者，乃長傲而惡愈滋矣。以過言過動之失於思者，自誣爲己誠而不知歸咎其不出汝者，則遂非而過益深矣，不智孰甚焉。若知戒其出汝，則誠意正心之本立矣，知歸咎其不出汝，則遷善改過之門闢矣。非智者而能若是乎？學者急宜警省。

將脩己，必先厚重以自持。厚重知學，德乃進而不固矣。忠信進德，惟尚友而急賢。欲勝己者親，無如改過之不吝。

厚重知學，德乃進而不固。雖非論語本旨，然有益於學者。蓋厚重而不知學，則執滯而不變通；知學，則外厚重而內忠信，又急於親賢，勇於改過，學日進而德日新矣。

橫渠先生謂范巽之曰：吾輩不及古人，病源何在？巽之請問。先生曰：此非難悟。設此語者，蓋欲學者存意之不忘，庶游心浸熟，有一日脱然如大寐之得醒耳。

朱子曰：「橫渠設此語，正要學者將此做箇題目，時時擬議，積久慣熟，而自得之耳。」愚深察其病源，總在不於身心上用功。天下道理只在身心，吾輩果能反求此病，便脱然如大寐之得醒矣。

未知立心，惡思多之致疑；既知所立，惡講治之不精。講治之思，莫非術內，雖勤而何厭？所以急於可欲者，求立吾心於不疑之地，然後若決江河以利吾往。遜此志，務時敏，厥脩乃來。故雖仲尼之才之美，然且敏以求之。今持不逮之資，而欲徐徐以聽其自適，非所聞也。

此言立志既定，而講治致思皆貴乎勤敏也。蓋勤敏，則可欲之善易明，力行以求至，如決江河，莫之能禦。若徐徐以聽其自適，則是因循怠惰，學不能進，而反退矣。

明善爲本，固執之乃立，擴充之則大，易視之則小，在人能弘之而已。

明善者謂察於人心天命之本然，而真知至善之所在也。以此爲本，則得大頭腦矣。固守之而不失，則可以卓然自立，推廣而充滿其本然之量，則心之廣大無垠矣。此則所謂「人能弘之」也。

今且只將「尊德性而道問學」爲心，日自求於問學者有所背否，於德性有所懈否。此義亦是博文約禮，下學上達。以此警策一年，安得不長？每日須求多少爲益。知所亡，改得少不善，此德性上之益；讀書求義理，編書須理會有所歸著，勿徒寫過，又多識前言往行，此問學上益也。勿使有俄頃閒度，逐日似此三年，庶幾有進。

尊德性、道問學二者，子思教人脩德凝道之大端也。横渠教人以此立心省身，每日有德性上之益，有問學上之益，嚴立課程，緊着工夫，勿使有一刻閒度。以此警策一年，安得不進？似此三年，安得不大進？竊謂以此終身，不患不到聖賢地位也。

爲天地立心，爲生民立道，爲去聖繼絶學，爲萬世開太平。

此言儒者立志，當以此四語爲己任也。葉平巖曰：天地以生生爲心，聖人參贊化育，使萬物各正其性命，此爲天地立心也。建明義理，扶植綱常，此爲生民立道也。繼絶學謂纘述道統，開太平如有王者起，必來取法，利澤垂於萬世。學者以此立志，則所任至大，而不安於小成；所存至公，而不苟於近用也。

載所以使學者先學禮者，只爲學禮，則便除去了世俗一副當習熟纏繞。譬之延蔓之物，解纏繞即上去。苟能除去了一副當世習，便自然脱洒也。又學禮，則可以守得定。

世俗以學禮爲拘束，太苦，不思一副當習熟纏繞，何能脱洒耶？惟學禮則可以革去習俗之累，又有節文可依據，自然脱洒而安舒也。

須放心寬快公平以求之，乃可見道，況德性自廣大。易曰「窮神知化，德之盛也」，豈淺心可得？

德性本自廣大，只爲世俗一副習熟私累，則此心窄狹偏滯，何能見道？必要除了習熟纏繞私累，心地始得寬快公平也。何以除之？惟博文約禮可以除之。神化雖難，窮知亦可以思勉而得之也。

人多以老成則不肯下問，故終身不知。又爲人以道義先覺處之，不可復謂有所不知，故亦不肯下問。從不肯問，遂生百端，欺妄人我，寧終身不知。

好學不怠者，雖老成亦下問，即人以先覺待之，更虚心下問，不肯欺人，甘於不知也。惟不肯學，故恥於問人耳。

多聞不足以盡天下之故。苟以多聞而待天下之變，則道足以酬其所嘗知。若劫之不測，則遂窮矣。

心通乎道，則可以應變而不窮，此寂然不動之體所以感而遂通天下之故也。若徒事乎多聞，何足以待天下之變乎？好學，則心通乎道矣。

爲學大益，在自求變化氣質。不爾，皆爲人之弊，卒無所發明，不得見聖人之奥。

爲己之學，全在自求變化其氣質。能變化，則氣質清明，義理昭著，可以得見聖人之藴奥，此爲學之大益，故聖人教人用百倍之功以求之也。

文要密察，心要洪放。

文不密察，則見理粗疎；心不洪放，則所存隘陋。

不知疑者，只是不便實作；既實作，則須有疑。有不行處，是疑也。

實做工夫者，知有未達處必疑，行有阻礙處必疑，疑則思問矣。不知疑者，總是不曾着實下手做也。

心大則百物皆通，心小則百物皆病。

心大則萬理透徹於心，故百物皆通。心小則有所昏蔽，故百物皆病。何以使心得大？窮理以致其知，則心大矣。

人雖有功，不及於學，心亦不宜忘。心苟不忘，則雖接人事，即是實行，莫非道也。心若忘之，則終身由之，只是俗事。

此言人心宜刻刻不忘乎學，則雖有事，不暇學問，而心心念念在學上，日用應酬，無非道也，故曰「即是實行」。若心不在學上，雖終身由之，而不知其是道矣，故曰「只是俗事」。實行、俗事之分，特以心在不在、學與不學耳。

合内外，平物我，此見道之大端。

内外合一，以道無内外之殊也；物我無間，以道無人己之分也，故爲見道之大端，所見者大也。

既學而先有以功業爲意者，於學便相害。既有意，必穿鑿創意，作起事端也。德未成而先以功業爲事，是代大匠斲，希不傷手也。

爲學原爲脩德，若學而先以功業爲意，則是不務脩德，而欲做事業，不但穿鑿創意，於道有害，恐功業亦難成也。

竊嘗病孔孟既没，諸儒囂然，不知反約窮源，勇於苟作，持不逮之資，而急知後世。明者一覽，如見肺肝然，多見其不知量也。方且創艾其弊，默養吾誠。顧所患日力不足，而未果他爲也。

不知反約窮源，不知反身窮理也。勇於苟作，不知其理而妄作也。急於求人知，爲後世識者所笑。故懲其弊，而默養吾誠，正是反身窮理、不求人知之事。惟恐力不足，而何暇他爲也？

學未至而好語變者，必知終有患。蓋變不可輕議，若驟然語變，則知操術已不正。

君子道其常，不敢輕易語變。語變者，可與權之事也，豈可驟然輕議哉？必也學至於能立，而後語變，方得時措之宜也。

凡事蔽蓋不見底，只是不求益。有人不肯言其道義所得所至，不得見底，又非於吾言無所不悅。

凡事遮掩，不使人知其底裏，又不肯言其所得所至，皆是不求益，惟恐人之非笑也。若有求益之心，則必以其所得所至，盡其底裏，就正於有道矣。

耳目役於外，攬外事者，其實是自墮，不肯自治，只言短長，不能反躬者也。

內重則外輕，故務外者不自治；若肯自治者，必不役耳目於外也。好議論人長短，責人則明，責己則昏也。若能反躬，則自檢點不暇，何暇言人短長耶？

學者大不宜志小氣輕。志小則易足，易足則無由進；氣輕則以未知爲已知，未學爲已學。

有必爲聖人之志，則志不小矣，故歉然不自滿足，而有日進之益。厚重端嚴，則氣不輕矣，故義理則日知其未知，而學之不已，不敢虛驕以欺人也。

晦菴先生曰：孔子只十五歲時，便斷然以聖人爲志。

孔子是生民以來未有一人，故其立志，亦自生民以來未有之志。又在十五歲時，便斷然欲學聖人，所謂祖述堯舜、憲章文武者。此時即已念念在此，而爲之不厭矣。願學孔子者，亦宜早定此志也。

近看孟子見人即道性善，稱堯舜，此是第一義。若於此看得透，信得及，直下便是聖賢，更無一毫人欲之私，做得病痛。若信不及孟子，又説箇第二節工夫，只引成覸、顔淵、公明儀三段説話，教人如此發憤勇猛向前，日用之間，不得存留一毫人欲之私在這裏，此外更無别法。若於此有箇奮迅興起處，方有田地可下工夫。不然，即是畫脂鏤冰，無真實得力處也。

認得性善，真信得堯舜可爲，則當下便是聖賢，何處容得一毫人欲之私耶？若信不及，又發憤勇猛向前，以聖賢爲必可爲，日用之間，覺得有一毫人欲之私，即遏絶之，此便是大勇，便是實下手處也。

書不記，熟讀可記；義不精，細思可精；惟有志不立，直是無著力處。只如今貪利禄而不貪道義，要作貴人而不要作好人，皆是志不立之病。直須反覆思量，究見病痛起處，勇猛奮發，不復作此等人，一躍躍出，見得聖賢所説千言萬語，都無一字不是實語，方始立得此志。就此積累功夫，迤邐向上去，大有事。

志者，心之所之也，是人一生精神多結聚也，是人一生事業所根柢也，是故貴能立。若見得聖賢所説字字是實語，自家爲何便不似聖賢，爲何便只是俗人？反覆思量，一躍躍出，自可超凡入聖。立定必爲聖賢之志，方好進步做工夫也。

古人於小學，自能言便有教，一歲有一歲工夫。今都蹉過了，只據而今地頭，便立定脚跟做去，栽種後來根株，填補前日欠缺。

只據而今地頭，便立定脚跟做去，莫謂時過難學，就是年過三十、四十，或過五、六、七十，若見得聖賢可學而至，便發憤立定脚跟做去。「主敬」二字，便可填補小學工夫也。

學者不於富貴貧賤上立得定，則是入門便差了。又曰：吾輩於貨色兩關打不透，更無話可說。

不以貧賤而有慕於外，不以富貴而有動於中，則立得定矣。從此入門，便潔潔淨淨，好做工夫。至於貨色兩關，落脚便成禽獸。少年學者從此清楚，方有根基可望。

「義利」二字，乃儒者第一義。

義利只有兩途，人心原無二用。出於義，即入於利，此君子小人之分，儒者慎獨，莫切於此。

學者須要有廉隅牆壁，方可擔負得大事。如子路，世間病痛都没了。

世間病痛，俱是俗腸俗見，除得淨盡，則壁立萬仞，俯視一切，所以擔負得大事也。

聖賢之心，正大光明，洞然四達，故能春生秋殺，過化存神，而莫知爲之者。學者須識得此氣象而求之，庶無差失。若如世俗常情，支離巧曲，瞻前顧後之不暇，則又安能有此等氣象耶？

學者須識聖賢氣象，如聖賢之心，光明正大，分明是天地氣象。常將此氣象想想，襟懷自然廣大，無支離巧曲之俗情矣。

孔子曰：「不得中行而與之，必也狂狷乎！」看來這道理須是剛硬，立得脚住，方有所成。孔子晚年方得曾子，曾子得子思，子思得孟子，都如此剛果決烈。若慈善柔弱的，終不濟事，况當世衰道微之時，尤用硬著脊梁，無所屈撓，於世間禍福得喪，一不足以動其心方靠得。然其工夫只在自反常直，仰不愧、俯不怍，則自然如此，不在他求也。

學者立志必爲聖賢，這重擔，肩頭非十分剛硬挑不起。孔、曾、思、孟，皆有剛果力量，方成大聖大賢。然其工夫又只在自反常直，仰不愧、俯不怍，此朱子教人剛硬之要訣也。

世間萬事，須臾變滅，皆不足置胸中。惟有窮理脩身，爲究竟法耳。

爲人必要思一箇究竟。萬事須臾變滅，皆不可以爲究竟。惟有窮理脩身，是聖賢究竟之法，當刻刻置胸中，不容少懈者也。

今學者之病，最是先學作文干禄，使心不寧静，不暇深究義理，故於古今之學，義利之間,不復能察其界限分別之際,而無以知輕重取舍之所宜。所以誦數雖博,文詞雖工,而祇重爲此心之害。要須反此,然後可以議爲學之方耳。

今之學者,只知學作文干禄,並不知此外有爲聖爲賢之事,此所以記誦雖博,文詞雖工,徒敝精神,只作俗儒而已,此舉業之驅人入鄙也。今若實從事於聖賢之學,以聖賢之言爲範圍身心之資,勿視爲取爵禄之資,深究義理,隨知隨行,則雖作文,亦發揮聖賢之藴奥耳,何害於心乎?士有不易業而優入聖賢之域者,今日舉子之業也。但患學者無必爲聖賢之志,立聖賢之品耳。

郭德元告行,先生曰:「人若於日間閒言語省説一兩句,閒人客省見得一兩人也好。渾身在閙場中,如何讀得書?逐日無事,有見成飯喫用,半日静坐,半日讀書。如此一二年,何患不進?」

朱子謂學者半日静坐,半日讀書,如此一二年,無不進者。嘗驗之,一兩月便不同。學者不作此工夫,虚過一生,殊可惜。

學者做工夫,當忘寢食做一上,使得些入處,自後方滋味接續。浮浮沉沉,半上落下,不濟得事。又曰：這箇物事要得不難，如饑之欲食，渴之欲飲，如救火，如追亡，似此年歲間，看得透，活潑潑地在這裏流轉，方是。

此朱子教人發憤做工夫也。果能忘寢忘食，如救火，如追亡，孜孜汲汲，安得不大徹大進乎？

萬事須是有精神方做得。又曰：須磨厲精神去理會。天下事非燕安暇豫之可得。又曰：人氣須是剛，方做得事，如天地之氣剛，故不論甚物事皆透過。

從來幹辦大事者，非具全副真精神不可。何況頂天立地，號爲學者乎！故自强不息，作聖實功。

學問須是大進一番，方始有益。若能於一處大處攻得破，見那許多零碎，只是這一箇道理，方是快活。曾點、漆雕開已見大意，只緣他大處看得分曉。今且道他那大底是甚物事。

大處是甚物事，即是這一箇道理也。大莫大於道，大莫大於心，此心此道之外，凡物皆小也。曾點、漆雕開已見大意，是於這箇道理看得分曉也，故聖人與之。

答呂子約曰：示喻日用工夫，如此甚善，然亦且要見得一大頭腦分明，便於操舍之間有用力處。如實有一物，把住、放行，在自家手裏，不是謾説求其放心，實却茫茫無把捉處也。

見得大頭腦分明，即指心也，故孟子「操則存」一言爲日用工夫。要領先立乎其大者，實有把捉處也。

爲學只在「明明德」一句，君子存之，存此而已；小人去之，去此而已。一念竦然，自覺其非，便是明之之端。

玩朱子「一念竦然，自覺其非」二語，便見得聖賢切要工夫。只見得自家不是，所以説箇非字，見得非時，須要斬釘切鐵，所以説箇勿字。時時非，時時勿，此顔子克己工夫，即明明德工夫也。

古人説「學有緝熙於光明」，此句最好。蓋心地本自光明，只被利欲昏了，要令其光明處轉光明，緝將去。

纔覺有利欲之私便克去，此緝熙于光明之法也。

爲學功夫，不在日用之外，檢身則動静語默，居家則事親事長，窮理則讀書講義。大抵只要分別一箇是非，而去彼取此耳，無他伭妙之可言也。論其至近至易，即今便可用力；論其至急至切，即今便當用力。

聖賢千言萬語教人做工夫，只要分別一箇是非出來，是便知爲是，非便知爲非。是是天理，非是人欲。是則行，非則止。認得一毫不差，做得一毫不錯，爲聖爲賢，不過如此，有何伭妙之可言？至平易至切實，即從今日便用力做去，不必等待何日也。

只從今日爲始，隨時提撕，隨處收拾，隨物體究，隨事討論，則日積月累，自然純熟，自然光明。

隨時提撕，隨處收拾，則心常存而不放矣。隨物體究，隨事討論，則理漸明而知至矣。日積月累，此心安得不光明，天理安得不純熟？

學者工夫，唯在居敬、窮理二事。能窮理，則居敬工夫日益進；能居敬，則窮理工夫日益密。兩項都不相離才見，成兩處便不得。

居敬、窮理，自程子始，即孔子之「博文約禮」也。博文約禮，自孔子始，即虞廷之「惟精惟一」也。聖學舍此，别無路入，故二事只是一事。

「敬以直内，義以方外」八箇字，一生用之不窮。敬以直内，即尊德性工夫，「戒懼」、「慎獨」是也。義以方外，即道問學工夫，「擇善」、「固執」是也。敬該動静，義兼知行，聖學要領，只此八字，故一生用之不窮。

知與行常相須，如目無足不行，足無目不見。論先後，知爲先；論輕重，行爲重。「論先後，知爲先」者，言必知之真而後行之篤也。「論輕重，行爲重」者，言知而不行，則所窮之理無處安頓，徒爲空知而已，豈不大可惜哉！故行爲重也。

如今工夫，須是一刀兩段。所謂一棒一條痕，一摑一掌血，使之歷歷分明開去，莫要含糊。

工夫一刀兩段者，如起一念，則辨其爲公爲私；處一事，則辨其爲是爲非。公則存之，私則遏之；是則行之，非則去之。省察體勘，極其分明，極其果斷，不容有一毫含糊混淆，一毫游移假借也。

學貴時習，須是心心念念在上，無一事不學，無一時不學，無一處不學。

道理無物不有，無時不然，必如是，學方無一息之間斷也。

無事則專一嚴整，求自己之放心；讀書則虚心觀理，求聖賢之本意。

無事涵養本原，讀書思索義理，久之而熟，遇事則沛然也。

聖賢之言，常將來眼頭過，口頭轉，心頭運。

如此，則聖賢之言爛熟於胸中，心與理爲一矣。

學者只是不爲己，故日間此心安頓在義理上少，在閒事上多，於義理卻生，於閒事卻熟。

若是爲己之學，此心刻刻在義理上，那有工夫管閒事，説閒話耶！

莫説要待一箇頓段工夫方做得，如此，便蹉過了。只今便要做去，斷以不疑，鬼神避之。需者，事之賊也。

熊澴川曰：待之一言，誤人終身。今日待來日，來日又待來日，竟無學之期矣。古人所以惜寸陰也。

學者最怕因循。

爲學正如撑上水船，一篙不可放緩。因循即放緩之謂，不能進而反退矣。必要勇猛向前，努力撑去，不到源頭誓不休，方爲善學者也。

學者須是耐煩，耐辛苦。

這道理若不拚生棄死去理會，終不解得。朱子喫過辛苦來，故教學者要耐煩，耐辛苦，又肯拚生棄死做工夫。道理雖難窮，亦必涣然氷釋矣。

人多言爲事所奪，有妨講學，此爲不能使船嫌溪曲者也。遇富貴，就富貴上做工夫；遇貧賤，就貧賤上做工夫。兵法一言甚佳，「因其勢而利導之」。

講學如穿衣喫飯。人言爲事所奪，有妨講學，不知爲事所奪，有妨穿衣喫飯否？朱子以爲，講學正是明理應事，事理既明，則當隨事順理而行。無非學也，隨遇而學，則講學即是一件樂事矣，何妨之有？

爲學之道，更無他法，但能熟讀精思，久久自有見處。尊所聞，行所知，久久自有至處。熟讀精思，就是博文。尊聞行知，就是約禮。久久自有見處、至處。博約得一分，見得道理一分；博約得十分，見得道理十分。爲學只此二事而已。

嚴立功程，寬著意思，久之自當有味，不可求欲速之功。

程畏齋遵朱子「嚴立功程，寬著意思」二語，編輯讀書分年日程一書，甚有益于學者。今人不能守此法讀書，皆是求欲速之功也。

學問之道無他，莫論事之大小，理之淺深，但到目前，即與理會到底。

隨事精察，即物窮理，真積力久，無不豁然貫通者。

爲學須是切實爲己，則安靜篤實，承載得許多道理。若輕揚淺露，縱使探討得說得去，也承載不住。

譬如大地，安靜篤實，方能載得萬物，故君子法坤以「厚德載物」。然不切實爲己，亦不知安靜篤實之大有益也。

近來學者，多是以自家合做底事報與人知。如有飯不將來自喫，只要鋪攤在門前，要人知我家裏有飯。打疊得此意盡，方有進。

此爲人之學，欲求知於人也。名根未淨，難與言學。

學問之道，不敢自是。虚以受人，則自有得。

只見得自家不是，所以以能問於不能，以多問於寡，有若無，實若虛。若自以爲是，安能虛受耶？

聖賢言語儘多了，前輩說得分曉了，學者只將己來聽命於他，切己去做，依古人說的行出來，便是我底，何必別生意見，硬自立說？此最學者大病，不可不深戒。

此戒人輕易立新説也。高忠憲曰：程子云：「學者全要識時。」朱子之時，承周程初紹絶學之後，而天下各以所見立説，即其門人，亦多似是而非，故力於折衷，矻矻窮年。其承前惠後之心，甚非得已。今非其時也。昔有問章楓山不肯著述者，曰：「先儒之言，至矣盡矣。刪其煩蕪可也。」楓山以先儒之言爲至且盡，蓋指周、程、張、朱。前朝自正、嘉以來，講學諸公不信周、程、張、朱，别生意見，硬自立説，故學術至於大壞。朱子早見及此，以爲學者大病，不可不深戒。今則正學復明，而天下皆知尊信周、程、張、朱矣。但只切己去做，依古人説的行出來可也。

吾儕講學，欲上不得罪於聖賢，中不誤一己，下不爲害於將來。

講學只遵守聖賢正論，便無此上中下三樣大病。若好新喜異，以爲聖賢正論是舊話，必要另開一箇生面，另揭一箇宗旨，懸空杜撰出一種無根無據的話頭，流傳於世，上則得罪於聖賢，中則自誤一己，下則爲害於將來矣。必須反此，而後可與共講學也。

務内求者，以博觀爲外馳；務博觀者，以内省爲狹隘。墮於一偏，此學者之大病。

涵養本源，思索義理，二者不可偏廢。纔墮於一偏，不是溺於禪學，便是迷於俗學，故皆爲大病。

人須打疊了心下閒思雜慮。如心中紛擾，雖求得道理，也没頓處，須打疊了後，得一件方是一件，兩件方是兩件。

打疊工夫，只是主一。人能主一，則無閒思雜慮矣。無適之謂一，安得心下紛擾乎？打疊得静，不但求得的道理有安頓處，此心澄然無事，純是天理也。

人固有終身爲善而自欺者，須是要打疊得盡。蓋意誠而後心可正，過得這一關後，方可進。

終身爲善而自欺者，總是未曾實用其力耳。若實用其力，則意誠矣，安得有自欺者乎？爲學工夫，須是一刀兩段，方過得這一關。要打疊得盡，必要實用其力，此一刀兩段之工夫也。

向見前輩有志於學而性猶豫者，其内省甚深，下問甚切，然不肯奮然用力於日用間，是以終身抱不决之疑，此爲可戒，而不可爲法也。

道乃人倫事物，當行之理，即在日用間。若肯奮然用力於此，何爲終身抱不決之疑乎？所謂前輩，必有所指，不知何人。以之爲戒，而不可法，其警深矣。

大凡人心，若勤緊收拾，莫令放縱逐物，安有不得其正者？若真箇捉得緊，雖半月見驗可也。

人心操則存，若勤緊收拾，則常存矣。但恐捉得不緊，又易放縱耳。若真箇捉得緊，惟主敬者能之。

若不用戒謹恐懼，而此理常流通者，惟天地與聖人耳。聖人不勉而中，不思而得，從容中道，亦只是此心常存，理常明，故能如此。賢人所以異於聖人，衆人所以異於賢人，亦只爭這些子境界存與不存而已。

希賢希聖之學，所以必用戒謹恐懼者，亦只爲要此心常存，此理常明耳。這些子境界，賢人與聖人不同，衆人與賢人不同，亦只在戒謹恐懼，間斷與不間斷之分耳。惟聖人之心，渾然天理而無息，故與天地相似而不違也。

古人之學，所貴於存心者，蓋將推此而窮天下之理；今之所謂識心者，乃欲恃此而外天下之理。是以古人智益崇而禮益卑，今人則論益高，而其狂妄恣睢也愈甚。得失亦可見矣。

存心與識心，所見原不同。此心虚靈洞徹，萬理具備，然稍放失，則有所蔽。故必存心以窮天下之理，而後理無不明。此心常存，合外内之道也。識心者，則以此心爲真空大覺之妙，人能識得這一箇心，則萬法流出，更都無所事，拈着理字便以爲障，所以只求心空，而不窮理，自以爲高妙，而不知已分内外爲二，失之遠矣。

爲學之道，莫先於窮理。窮理之要，必在於讀書。讀書之法，莫貴於循序而致精。而致精之本，則又在於居敬而持志。此不易之理也。

朱子一生功力，全在讀書窮理、居敬持志，所謂「爲之不厭者」也。故誨人諄諄於此，蓋以爲聖爲賢，舍此無由也。

道體之全，渾然一致，而精粗本末，内外賓主之分，粲然於其中，有不可以毫釐差者。此聖賢之言，所以或合或離，或異或同，乃所以爲道體之全也。今徒知所謂渾然者之爲大，而樂言之，而不知夫所謂粲然者之未始相離也，是以信同疑異，喜合惡離，其論每陷於一偏，卒爲無星之稱，無寸之尺而已。豈不誤哉？

道體之全，渾然一致，所謂萬物統體一太極也。精粗本末、内外賓主之分，粲然於中，有不可以毫釐差者，所謂「物物各具一太極」也。然必析之，極其精而不亂，然後合之，盡其大而無餘。今信同疑異，喜合惡離，此不讀書窮理，而陷於一偏也，卒爲無星之秤，無寸之尺，何以經綸大經，成天下之大事乎？

一箇大公至正之路甚分明，不肯行，却尋得一線路與自家私意合，便稱是道理。今人每每如此。

只遵依大公至正之路行將去，便是爲聖爲賢之要訣。其他尋得一線路，即是邪徑，不可行也。

據某看，學問之道，只是眼前日用底便是，初無深遠伭妙。又曰：只是這箇道理，見得是自家合當做底，便做將去，不當做底，斷不可做。只是如此。

只在眼前日用底，便是這箇道理，聖賢不過盡此當然之理而已，無深遠伭妙之可言也。

先生疾革，訓門人曰：爲學之要，惟事事審求其是，決去其非。積習久之，心與理一，自然所發，皆無私曲。聖人應萬事，天地生萬物，直而已矣。

聖賢只是箇是，衆人只是箇非。一事是，一事聖賢；事事是，事事聖賢。爲學之要，只在審求其是，決去其非。此朱子疾革之言，實萬世不易之理也。

薛敬軒先生曰：開卷便有與聖賢不相似處，可不勉乎？○德行道藝，皆不如古人，豈可不自勉！○實有向道之心，則道必進。○學貴乎日新。○惟敬足以神明其德。○主一則氣象光明，二三則昏昧矣。○聖人之所以教，賢者之所以學，性而已。○程子曰：有主則中虚，謂心中無物也。又曰：有主則中實，謂心中有理也。○纔收斂身心便是居敬，纔尋思義理便是窮理。二者交資，而不可缺一。○造化翕寂專一，則發育萬物有力。人心寧静專一，則窮理作事有力。○爲學最要務實，知一理則行一理，知一事，則行一事自然理與事相安，無虚泛不切之病。○人不持敬，則心無頓放處。○神而明之，存乎其人，人能弘道也。○行第一步，心在第一步上。行第二步，心在第二步上。三步、四步無不如此，所謂敬也。至若寫字處事，無不皆然。寫一字，心在一字上。爲一事，心在一事上。件件專一，便是敬，程子所謂「主一之謂敬，無適之謂一」歟！○體認之法，須於身心之所存、所發者，要知其孰爲中，孰爲和，孰爲性，孰爲情，孰爲道，孰爲德，孰爲仁，孰爲義，孰爲禮，孰爲智，孰爲誠，又當知如何爲主敬，如何爲致恭，如何爲存養，如何爲省察，如何爲克己，如何爲復禮，如何爲戒慎恐懼，如何爲致知力行，如何爲博文約禮。於凡天理之名，皆欲識其真。於凡用功之要，皆欲爲其事。如此則見道明，體道力，而無行不著、習不察之弊矣。○體認未至，終未能與道合。○爲學是時時處處做工夫，雖至鄙至陋處，皆當存謹畏之心，而不可忽。○工夫緊貼在身心做。○見得理明，須一一踐履過，則事與理相安，而皆有著落處。○精粗本末兼盡，所以爲聖賢之學。若舍粗而求精，厭末而求本，所謂語理而遺物，語上而遺下，鮮不流爲異端。○工夫切要在夙夜、飲食、男女、衣服、動靜、語默、應事、接物之間，於此事事皆合天則，則道不外是矣。○「秉心塞淵」，可以爲積德之要。「思無疆」、「思無斁」，可以爲進學之要。「思無邪」，乃誠身之要。○「亦足以發」，只是尊所聞，行所知耳。○程子之「主敬」，周子之「無欲」，皆爲學至要。○敬則卓然，敬則光明。○虚明廣大氣象，到人欲淨盡處自見。○聖賢之文，乃道之精華。○書稱舜曰「濬哲」，蓋深則哲，淺則否。○巽卦一陰伏於二陽之下，巽而能入也。人之思索義理，亦必柔巽其志，乃能入。○惟精所以知之，惟一所以行之。○精一是工夫，允執其中是效驗。○無一時一事而無理，故當無一時一事而不習，此「學而時習之」也。今人特以執卷誦習爲習，此特習所知之一端耳，又豈能盡「時習」之功哉！○三代之學，皆所以明人倫也，外此便是世俗之學。○爲學第一工夫，立心爲本。心存，則讀書、窮理、躬行、踐履皆自此進。○作詩、作文、寫字，皆非本領。工夫惟於身心上用力最要。身心之功，有餘力游焉可也。○作詩、作文、寫字，疲弊精神，荒耗志氣，而無得於己。惟從事於心學，則氣完體胖，有休休自得之趣，惟親歷者知其味，殆難以語人也。○用力於詞章之學者，其心荒而勞，用力於性情之學者，其心泰然而樂。○養深則發於文詞者沛然矣，「有德者必有言」是也。

胡敬齋先生曰：古人做工夫極切實，貌曰恭，言曰從，視曰明，聽曰聰，思曰睿，非禮勿視，非禮勿聽，非禮勿言，非禮勿動。工夫本原，只在主敬存心上，致知力行，皆靠在這裏。○古今聖賢說敬字，曰欽，曰寅，曰恭，曰畏，曰翼，曰戒懼，曰戰兢，曰齋莊。字雖不同，其實一也。洪範「貌曰恭」，是外面之敬也。至曰「恭作肅」，則心亦敬也，内外一致也。「臨深履薄」，形容戒懼之意最切。孔子言「出門如見大賓，使民如承大祭」，又畫出一箇敬底樣子出來與人做。程子言「整齊嚴肅」，是入敬處。朱子曰「畏字是敬之正意」、程子「主一無適」，是就存主處說。謝氏「惺惺法」，是就敬之精明處說。尹氏「收斂身心」，不容毫髮事，又以人到神祠致敬爲喻，即是孔子「見大賓」、「承大祭」之意，形容得最親切。朱子敬齋箴說得全備，「毫釐有差，便流於禪定」，故朱子有「三綱淪，九法斁」之戒。○端莊整肅，嚴威儼恪，是敬之入頭處。提撕唤醒，是敬之接續處。主一無適，湛然純一，是敬之無間斷處。惺惺不昧，精明不亂，是敬之效驗處。○程子發明「心有主」一句，真學之要。只收斂專一，便是有主之道。○心無主宰，静也不是工夫，動也不是工夫。静而無主，不是空了天性，便是昏了天性，此大本所以不立也。動而無主，若不猖狂妄動，便是逐物狥私，此達道所以不行也。已立後，自能了當得萬事，是有主也。○「忠信篤敬」，是孔門第一等工夫。「非禮勿視聽言動」，也靠就這裏做去。熟處便是仁。○存諸中，莫若忠；施於人，莫若恕。忠是盡己之事，爲萬事之根。天命之性即此，而存天下之大本，即此而立。恕是推己之事，揩磨物欲，消除私吝，使天理流通，物我俱得其所也。先儒言無忠做不得恕，是先有體，而後有用也。○持敬無間斷則誠矣，故程子曰：未能誠者，由敬以入誠。○涵養本原與窮索義理實交相涉入，蓋人心只有許多義理，更無别物。涵養既至，則天理自明。窮理既精，本心愈安也。○定性無内外，無將迎，明道所見，端的又工夫完純，非去聖不遠，不能如此。嘗驗之，無内外工夫猶可能，無將迎，非心性已定、無一毫牽引之私不能也。○心專則不放，故程子主一爲敬。容莊則心自一，故朱子莊敬涵養。○聖人必可學而至，只是人不曉做工夫。○程子在主一無適做工夫，所以其心純熟精明，以造夫聖也。○不學聖賢，則學無歸宿。○學者要得不差，須實從小學、大學做上去。大學知爲己，亦不愁你不戰戰兢兢。○學不爲己，雖博觀廣取，義理無凑泊處。○善乃人性之固有，人之所當爲，故張南軒曰「爲己者無所爲而然也」，董子曰「正其義不謀其利，明其道不計其功」。此二子心術之正，不然，以私意爲學，固已與道離矣。○窮理不周遍則不能約要，故先博而後約。博是零碎處，約是總會處。窮理而至於融會貫通，則約矣。後世有博學之士，不能造約，何也？此是博雜之學，非真能窮理，不足貴也。○若窮理到融會貫通之後，雖無思可也。未至此，當精思熟慮，以窮其理，故上蔡「何思何慮」，程子以爲太早。今人未至此，欲屏去思慮，使心不亂，則必流於禪學空虛，反引「何思何慮」而欲强合之，誤矣。○學無他，只要存得天理，去得人欲。天理是人物所以生底道理，有生之初所稟得底道理。人欲是有生之後，因氣稟之偏，情慾之感，事物之交，利害相形而生。故天理是本然之善，天所付底，人欲是失其理，動於物，縱於情，乃人爲之僞，非人之固有也。然閑邪存誠，所以保養天理，關防人欲，本原上工夫。克治省察，所以辨明天理，决去人欲，發用上工夫。故操存涵養，克治省察之功，愈精愈密，無少間斷，則天理常存，物欲盡去矣。○敬以直内，是養得仁義禮智之在内，不偏不倚，故曰中，曰大本。義以方外，是達得惻隱羞惡辭讓是非之情，各得其宜，故曰和，曰達道。直内是内裏正當，非僻之干無自入矣。方外是外而處置得當，條理分明，各有體面，各有準則，移易不得。○道理本全具，未發時，敬以養之，莫令有偏。已發時，敬以察之，莫令有差。内外動静，交致其功，學至聖人地位，方了得一生事。

羅整菴先生曰：顔淵曰：「舜何人也，予何人也？有爲者亦若是。」蓋以舜自期也。舜飯糗茹草，若將終身。顔子簞食瓢飲，不改其樂，本原之地，同一無累。如此，則顔之造於舜也，其孰能禦之？孟子曰：「人能無以饑渴之害爲心害，則不及人，不爲憂矣。」此希聖希賢之第一義也。○「忠信」二字，吾夫子屢以爲言，此實入道之本也。常人無此，猶不可以自立於鄉黨，況君子之學，期於成己成物者乎？若於忠信有所不足，則終身之所成就，從可知矣。○「居處恭，執事敬，與人忠，雖之夷狄，不可棄也」，「君子無終食之間違仁，造次必於是，顛沛必於是」工夫，即是一般聖人之言，初無二致，但前章三句説得渾淪，告樊遲者較分明，易下手。年來常自點檢，只此數語，都不曾行得成片段，如何便敢説「仁能守之」？○此理誠至易，誠至簡，然「易簡而天下之理得」，乃成德之事。若夫學者之事，則博學、審問、慎思、明辨、篤行，廢一不可。循此五者以進，所以求至於易簡也。苟厭夫問學之煩，而欲徑達於易簡之域，是豈所謂易簡者哉？大抵好高欲速，學者之通患。爲此説者，適有以投其所好，中其所欲。人之靡然從之，無怪乎其然也。然其爲斯道之害甚矣，可懼也夫！○至理之源，不出動静兩端而已。静則一，動則萬殊，在天在人一也。樂記曰：「人生而静，天之性也；感於物而動，性之欲也。」中庸曰：「喜怒哀樂之未發，謂之中；發而皆中節，謂之和。」此理之在人也，不於動静求之，將何從而有見哉？然静無形，而動有象，有象者易識，無形者難明，所貴乎窮理者，正欲明其所難明爾。夫未發之中，即帝降之衷，即所受天地之中以生者夫，安有不善哉？惟是喜怒哀樂之發，未必皆中乎節，此善惡之所以分也。節也者，理一之在分殊中也。中節即無失乎天命之本然，何善如之？或過焉，或不及焉，猶有所謂善者存焉，未可遽謂之惡也。必反之，然後爲惡。反之云者，好人之所惡，惡人之所好也。所以善惡之相去，或相倍蓰，或相什百，或相千萬，兹不謂之萬殊而何？然欲動情勝，雖或流而忘反，而中之本體固自若也，初未始須臾離也。不明乎此，而曰「我知性」，非妄歟？○樂記所言欲與好惡，與中庸喜怒哀樂同謂之七情，其理皆根於性者也。七情之中，欲較重，蓋惟天生民有欲，順之則喜，逆之則怒，得之則樂，失之則哀，故樂記獨以性之欲爲言，欲未可謂之惡，其爲善爲惡，係於有節與無節爾。○天人一理，而其分不同，人生而静，此理固在於人，分則屬乎人矣。感物而動，此理固出乎天，分則屬乎天也。君子必慎其獨，其以此夫？○先儒言情是性之動，意是心之發。發動二字，亦不相遠，却説得情意二字分明。蓋情是不待主張而自然發動者，意是主張如此發動者，不待主張而發者，便有公私義利兩途，須要詳審，二者皆是慎獨工夫。○聖賢千言萬語，無非發明此理。有志於學者，必須熟讀精思，將一箇身心入在聖賢言語中，翻來覆去體認窮究，方尋得道理出。從上諸儒先君子，皆是如此用工，其所得之淺深，則由其資禀有高下爾。○論語首篇首以學爲言，然未嘗明言所學者何事，蓋當時門弟子皆已知所從事，不待言也，但要加「時習」之功爾。自今觀之，「子以四教：文、行、忠、信」，夫子之所以教，非學者之所學乎？是知學文脩行，皆要時時習之，而忠信其本，尤不可須臾失焉者也。註所謂「效先覺之所爲」，亦不出四者之外，若如陸象山之説，只一箇求放心便了然，則聖門之學，與釋氏又何異乎？

高景逸先生曰：學問起頭要知性，中間要復性，了手要盡性，只一性而已。性以敬知，性以敬復，性以敬盡，只一敬而已。讀書，窮此者也；會友，明此者也。心無所適便是敬，時時習之，熟則自妙。○存心必由静坐而入，窮理必由讀書而入。静坐讀書，必由朋友講習而入。從事于斯，其益無方，其樂無方，非天下大福人不得與于斯。○白公瑜請示學者入門之路，先生曰：大學乃初學入德之門也，即從大學起，大學從格物起，格物從敬起。何謂敬？主一之謂敬。一者，無欲也。程子曰：「心有所向便是欲。」可見程子之主一自周子來。無適，即周子之無欲也。居敬窮理，自程子始，即孔子之博文約禮也。博文約禮，自孔子發，即堯舜之「惟精惟一」也。聖學舍此别無路入。○無妄之謂誠，無適之謂敬，有適皆妄也。○學有無窮工夫，心之一字，乃大總括。心有無窮工夫，敬之一字，乃大總括。○千聖萬賢，只一敬字做成。○主一之謂敬，無適之謂一。人心如何能無適？故須窮理，識其本體，所以明道曰：「學者先須識仁，識得仁體，以誠敬存之而已。」故居敬窮理，只是一事。○聖與仁與忠信，是一是二，只此一點真心，蓋天蓋地，亘古亘今，若學之不已，此一點真心愈廣大愈肫切，這便是仁。學之不已，此一點真心愈微妙愈通明，這便是聖。此中境界無窮，階級無窮，滋味無窮，非實脩實證者，不知聖人所以憤而樂，樂而不知老之將至也。○乾卦之言進德脩業，上達天德，不過這箇忠信。○學問思辨，皆是擇乎中庸得一善，非今日得一善，明日又得一善，從始至終，只此一善。又不是得一萬事畢，性道無窮，學問亦無窮，但得一善，拳拳服膺，便是日新又新。○朱子曰：惟心麤一事，乃學者之通病。横渠説顔子未至聖人，猶是心麤。一息不存，即是心麤病，要在精思明辨，使理明義精，而操存涵養，無須臾離，無毫髮間，則天理常存，人欲消去，其庶幾矣哉！○每至夕陽，簡點一日所爲，若不切實鍛煉身心，便虚度一日。流光如駛，良可驚懼。○所以要惜分陰者，不使邪思妄念瞬息據吾靈府，庶幾日就月將，緝熙於光明。○克己復禮，便超凡入聖。○聖賢所欲，止是一仁，更無别物。○收拾全副精神，只在一處。○道無聲臭，體道者，言行而已。○天然一念現前，能爲萬變主宰，此先立乎其大者。○默坐澄心，體認天理者，謂默坐之時，此心澄然無事，乃所謂天理也，要於此時默識此體云爾。非默坐澄心，又别有天理當體也。○人心湛然無一物時，乃是仁義禮智也。爲善者，乃是仁義禮智之事也。○無雜念慮，即真精神。

去其本無，即吾固有。○通得天下萬世方是學，區區保護其精神而已者，小人哉！○大學「脩身爲本」之本，即中庸「天下大本」之本，無二本也。故脩字不是輕易説，是格致誠正着實處。本字不是輕易説，是心意知物著實處。本在此，止在此矣。○窮理者，天理也，天然自有之理，人之所以爲性，天之所以爲命也。在易則爲中正。聖人卦卦拈出以示人，此處有毫釐之差，便不是性學。○謂之性者，色。色，天然非由人力。鳶飛魚躍，誰則使之？勿忘勿助，猶爲學者戒勉。若真機流行，瀰漫布濩，亘古亘今，間不容息，於何而忘，於何而助？所以必有事者，如植穀然。根苗花實，雖其自然變化，而栽培灌溉，全在勉强問學。苟漫説自然，都無一事，即不成變化，亦無自然矣。○「大哉乾乎！剛健中正，純粹精也。」此所謂至善，朱子謂「純乎天理，而無一毫人欲之私」，最盡。○大人與天地合德，日月合明，四時合序，鬼神合吉凶，人心止於至善，便如此。易言「天地」即是言聖人，言聖人即是言人心，道無天、人、凡、聖也。

愚按：周、程、張、朱五先生論學之要至矣盡矣，而璜復益之以薛、胡、羅、高四先生之言者，蓋以五先生論學之要，惟四先生得其真，而實用其力，以造於大賢之域，故句句皆從心髓中流出，皆從閱歷中過來，如道甘苦，如説痛癢，淋漓剴切，真是「一棒一條痕，一摑一掌血」者也。所以與五先生論學之言，如合符節，更覺親切而有味，人人可以下手用功。今合九先生之言而繹思之，其大旨總要，人實從事於聖賢之學，勿徒務於文辭之末。而聖賢之學，全在身心上用力，性情上加功，以居敬窮理爲要，以躬行實踐爲主，以義理變化其氣質，廓然而大公，物來而順應，必求至於純乎天理，而無一毫人欲之私，然後爲止於至善，以盡其性而踐其形。此聖門求仁之學，大中至正之道也。然學既爲己，則必從下學立根基起，自近以及遠，由粗以至精，循循有序，勿求速效，而工夫則不可一息間斷。久之心與理洽，自然有得，眼前富貴、貧賤、毁譽、生死，皆不足以動其心，用舍行藏，安於所遇。如此，方成一頂天立地之學者，而去聖人亦不遠矣。彼從事於詞章功利與夫虚無寂滅者，豈可同日而語哉！此九先生教人爲學之指歸，學者不可以其淺近而忽之也。

五子近思録發明卷三

致知

平巖葉氏曰：此卷論致知，知之至而後有以行之。自首段至二十二段，總論致知之方。然致知莫大於讀書，二十三段至三十三段，總論讀書之法。三十四段以後，乃分論讀書之法，而以書之先後爲序。始於大學，使知爲學之規模、次序，而後繼之以論、孟、詩、書。義理充足於中，則可探大本一原之妙，故繼之以中庸。達乎本原，則可以窮神知化，故繼之以易。理之明、義之精，而達乎造化之藴，則可以識聖人之大用，故繼之以春秋。明乎春秋之用，則可推以觀史，而辨其是非得失之致矣。横渠易説以下，則仍語録之序，而周官之義因以具焉。愚按：程子讀書次序既以類分，則横渠易説以下，亦當以類相從，便於觀覽。至於星溪補編朱子八十八條，總續於横渠後，今亦分類編次。而薛、胡、羅、高四先生論經書者，亦採附於後，裨讀者一覽瞭然云。

伊川先生答朱長文書曰：心通乎道，然後能辨是非，如持權衡以較輕重，孟子所謂「知言」是也。心不通於道，而較古人之是非，猶不持權衡而酌輕重，竭其目力，勞其心智，雖使時中，亦古人所謂「億則屢中」，君子不貴也。

道理既明，如權衡設而不可欺以輕重。合此則是，不合此則非。以此好惡，以此用舍，以此刑賞，俱不差錯。若以意揣度而中，偶然耳，終有誤也。故儒者以格物爲先，物格則通乎道矣。

伊川先生答門人曰：孔、孟之門，豈皆賢哲？固多衆人。以衆人觀聖賢，弗識者多矣，惟其不敢信己而信其師，是故求而後得。今諸君與頤言，纔不合，則置不復思，所以終異也。不可便放下，更且思之，致知之方也。

從師，所以明道解惑也。若於師言不合，則不復思，此道何由明、惑何由解乎？善思則理明而惑解矣。

伊川先生答横渠先生曰：所論大概，有苦心極力之象，而無寬裕温厚之氣。非明睿所照，而考索至此，故意屢偏而言多窒，小出入時有之。更願完養思慮，涵泳義理，他日自當條暢。

本註云：明睿所照者，如目所睹，纖微盡悉之矣。考索至者，如揣料於物，約見彷彿耳，能無差乎？故以完養涵泳進之。涵泳深厚，則明睿自生也。

欲知得與不得，於心氣上驗之。思慮有得，中心悦豫，沛然有裕者，實得也；思慮有得，心氣勞耗者，實未得也，强揣度耳。嘗有人言：「比因學道，思慮心虚。」曰：人之血氣，固有虚實。疾病之來，聖賢所不免。然未聞自古聖賢因學而致心疾者。

學道正所以養心氣，安得有心疾？善養者心安而氣順，若夫心氣勞耗者，不善之過耳。蓋思義理則充裕，思物欲則勞耗而至於虚也。

今日雜信鬼怪異説者，只是不先燭理。若於事上一一理會，則有甚盡期？須只於學上理會。

葉氏曰：講學則理明，而怪妖異説不足以惑之矣。

學原於思。

「學而不思則罔」。學原於思，則明睿生，而物理可格。此先立其大者。作聖之功，莫切於此。

所謂「日月至焉」與久而不息者，所見規模雖略相似，其意味氣象迥别。須潛心默識，玩索久之，庶幾自得。學者不學聖人則已，欲學之，須熟玩味聖人之氣象，不可只於名上理會，如此只是講論文字。

熟玩味聖人之氣象，則所見者大，而所得者深。然亦只就聖人之言上玩味，不徒講論而已也。

問：忠信進德之事，固可勉强，然致知甚難。伊川先生曰：學者固當勉强，然須是知了方行得。若不知，只是覷却堯，學他行事，無堯許多聰明睿智，怎生得如他「動容周旋中禮」？如子所言，是篤信而固守之，非固有之也。未致知，便欲誠意，是躐等也。勉强行者，安能持久？除非燭理明，自然樂循理。性本善，循理而行，是順理事，本亦不難，但爲人不知，旋安排著，便道難也。知有多少般數，煞有深淺，學者須是真知，纔知得是，便泰然行將去也。某年二十時，解釋經義與今無異。然思今日，覺得意味與少時自别。

朱子曰：所以未能真知者，緣於道理上只就外面理會，裏面却未理會得十分瑩淨。程子云：昔嘗見有談虎傷人者，衆莫不聞，而其間一人神色獨異，問其所以，乃嘗傷於虎者也。夫虎能傷人，人孰不知？然聞之有懼、有不懼者，知之有真、有不真也。學者之知道，必如此人之知虎，然後爲至耳。真知者，意味自然迥别。真知善之當爲，便泰然行將去，意方快足也，何待勉强乎？

凡一物上有一理，須是窮致其理。窮理亦多端：或讀書講明義理；或論古今人物，别其是非；或應接事物而處其當。皆窮理也。或問：格物須物物格之，還只格一物而萬物皆知？曰：怎得便會貫通？若只格一物便通衆理，雖顏子亦不敢如此道。須是今日格一件，明日又格一件，積習既多，然後脱然自有貫通處。朱子曰：程子説「格物」，曰：「格者，至也。」格物而至於物，則物理盡。意句俱到，不可移易。「天生蒸民，有物有則」。物者，形也；則者，理也。人具是物，而不能明其物之理，則無以順性命之正而處事物之當，故必即是物以求之。知求其理矣，而不至乎物之極，則事之理有未窮，而吾之知亦未盡，故必至其極而後已。又曰：所務於窮理者，非道盡窮了天下萬物之理，又不道是窮得一理便到，只要積累多，後自然見去。朱子曰：今人務博者，却要盡窮天下之理；務約者，又謂反身而誠，則天下之物無不在我。此皆不是。惟程子「積累貫通」之説爲妙。

薛敬軒曰：或讀書，或處事，或論人物，必求其是處，便是格物致知之功。蓋是者，天理也；非者，人欲也。得其是，則天理見矣。胡敬齋曰：窮理非一端，所得非一處。或在讀書上得之，或在講論上得之，或在思慮上得之，或在行事上得之。讀書得之雖多，講論得之尤速，思慮得之最深，行事得之最實。羅整菴曰：「格物」之「格」，二程皆以「至」字訓之，吕東萊釋「天壽平格」之「格」，以爲「通徹無間」。吴敬菴曰：「通徹無間」，亦「至」字之義。然比之「至」字，其意味尤爲明白而深長。朱子曰：「一日一件」者，格物工夫次第也。「脱然貫通」者，知至效驗極致也。不循其序而遽責其全，則爲自罔。但求粗曉而不期貫通，則爲自畫。合是數説觀之，程子之意了然矣。

「思曰睿」，思慮久後，睿自然生。若於一事上思未得，且別换一事思之，不可專守著這一事。蓋人之知識於這裏蔽著，雖强思亦不通也。

葉平巖曰：致知之道，弗明弗措。然人心亦有偏暗處，當且置之，庶不滯於一隅。

問：人有志於學，然知識蔽固，力量不至，則如之何？曰：只是致知。若智識明，則力量自進。

識高則力勇，真知事理之當然，自有不容已者矣。

問：觀物察己，還因見物反求諸身否？曰：不必如此説。物我一理，纔明彼，即曉此，此合内外之道也。又問：致知，先求之四端如何？曰：求之情性，固是切於身。然一草一木皆有理，須是察。又曰：自一身之中以至萬物之理，但理會得多，胸次自然豁然有覺處。

葉平巖曰：按上段，積習既多，然後脱然自有貫通處。又曰：積累多後，自然見去。又曰：理會得多，自然豁然有覺處。再三言之，惟欲學者隨事窮格，積習既多，於天下事物，各有以見其當然之則，一旦融會貫通，表裏洞徹，則覺斯道之大原，全吾之心本體。物既格，而知且至矣。其在孔門，則顔子卓爾之後，曾子一唯之時乎？或者厭夫觀理之煩而遽希一貫之妙，或專滯於文義之末而終昧上達之旨，皆不足有見於是道也。然則學者只耐煩耐辛苦，隨事精察，即物窮理至於物格，則一以貫之矣。

「思曰睿」，「睿作聖」。致思如掘井，初有渾水，久後稍引動得清者出來。人思慮始皆溷濁，久自明快。

葉平巖曰：日致思則能通乎理，故明睿生。充其睿則可以入聖域，故「睿作聖」。然致思之始，疑慮方生，所以溷濁；致思之久，疑慮既消，自然明快。此由思而生睿也，故通書曰：「思者，聖功之本。」

問：如何是「近思」？曰：以類而推。

朱子曰：若是真箇劈初頭理會得一件分曉透徹，便逐件如此理會去，相次亦不難。又曰：從己理會得處推將去，便不隔越；若遠去尋討，則不切己。愚按：朱子以「近思」二字名其書，正教人不可遠去泛思，當以類而推，則理易明也。

學者先要會疑。不知疑者，只是未嘗實用功。

朱子曰：書始讀未知有疑，其次漸有疑，又其次節節有疑。過了此一番後，疑漸漸釋，以至融會貫通，都無可疑，方始是學。愚按：疑思問，會疑則必審問，問之弗知、弗措也，而理始明矣。

橫渠先生答范巽之曰：所訪物怪神姦，此非難語，顧語未必信耳。孟子所論知性、知天，學至於知天，則物所從出當源源自見；知所從出，則物之當有當無莫不心喻，亦不待語而後知。諸公所論，但守之不失，不爲異端所劫，進進不已，則物怪不須辨，異端不必攻，不逾朞年，吾道勝矣。若欲委之無窮，付之以不可知，則學爲疑撓，智爲物昏，交來無間，卒無以自存，而溺於怪妄必矣。

異端邪説每以物怪神姦惑人，而愚夫愚婦信之，即學者未至於知性、知天，亦往往爲異端所劫。惟君子立身光明正大，而又學達性天，則吾道如日中天，異端自不敢以邪妄之説進，況聖人不語神怪乎？但學者不能不爲疑撓，果能窮理以致其知，則此疑亦涣然冰釋矣。

子貢謂：「夫子之言性與天道，不可得而聞。」既言「夫子之言」，則是居常語之矣。聖門學者以仁爲己任，不以苟知爲得，必以了悟爲聞，因有是説。

葉平巖曰：性者，人心禀賦之理。天道者，造化流行之妙。以仁爲己任者，蓋期於實體自得也。苟知者聞其説，了悟者深達其理，然則後之學者談性命而實未領會者，可以自省矣。

義理之學，亦須深沉方有造，非淺易輕浮之可得也。

朱子曰：聖人言語，一重又一重，須入深去看方有得。若只見皮膚，便有差錯。

學不能推究事理，只是心麤。至如顔子，未至於聖人處，猶是心麤。

葉氏曰：顔子不能不違仁於三月後者，是其察理猶或有一毫之未精，故所存猶或有一毫之間斷。

「博學於文」者，只要得「習坎心亨」。蓋人經歷險阻艱難，然後其心亨通。

人之窮理疑難，不得明白，如歷重險。然積習既久，自有貫通處，則心亨也。

義理有疑，則濯去舊見，以來新意。心中有所開，即便劄記，不思則還塞之矣。更須得朋友之助，一日間朋友論著，則一日間意思差别。須日日如此講論，久則自覺進也。

此言劄記與朋友講習之大有進益也。人執舊見在胸中不化，則難與辨論，必濯去舊見，則舍己從義而新意生。有所得，則隨手記録，以時觀省。又得朋友之助，會聚一番，精神收歛一番，講論一番，義理開發一番，其進益洵無涯也。

凡致思到説不得處，始復審思明辨，乃爲善學也。若告子，則到説不得處遂已，更不復求。

此教人不得於言，當求於心也。凡致思到説不得處，此不得於言而心塞也。審思明辨，則心開而得。所以冥然罔覺，不知性、不知義也。

此以上總論致知之方。今以朱子之論致知者編次於此，而採薛、胡、羅、高論致知者附焉。

晦菴先生曰：儒者之學，大約以窮理爲先。

窮理以虚心靜慮爲本。人入德處，全在格物致知。

窮理且令有切己工夫。若只汎窮天下萬物之理，不務切己，即遺書所謂「遊騎無歸」矣。

天地間只有一箇理，更有何事？故儒者之學，必以窮理爲先。然不虚心靜慮以窮之，則亦不能深知其理之所以然也。若只是汎窮天下萬物之理，而不切己，則徒敝精神，於身心無纖毫之益。其遇事變，亦茫然不知理之所在，顛倒錯謬，殆有甚焉。故窮理貴有切己工夫也。

格物是零細説，致知是全體説。

致知格物只是一事。格物以理言，致知以心言。

窮究事物之理，即所以致吾之知，故能極其心之全體而無不盡者，必其能窮夫理而無不知者也。此格、致所以爲一事。在物爲理，知此理即心也。

窮理如性中有箇仁、義、禮、智，其發爲惻隱、羞惡、辭讓、是非，只是這四者。任是世間萬事萬物，皆不出此。

若知得世間萬事萬物皆不出仁、義、禮、智與惻隱、羞惡、辭讓、是非，則窮理先從性情上窮究。見得仁、義、禮、智渾然全具於吾心；惻隱、羞惡、辭讓、是非隨感而發。從此力加操存省察，推廣擴充，此便是原頭工夫、根本學問。

延平先生之教，以爲爲學之初，且當常存此心，勿爲他事所勝。凡遇一事，即就此事反覆推尋，以究其理，待其融釋脱落而後已。如此既久，積累之多，胸中自當有灑然處。

窮究此一事之理，至於融釋脱落，然後循序少進，而别窮一事。如此積累之多，不患道理不貫通也。

痛理會一番，如血戰相似，然後涵養將去，未曾識得涵養箇甚。「如血戰相似」，言捨死命窮究一番，方識得道理透徹，有物可以涵養。故孟子「存心養性」在知性、知天之後也。

逐事上自有一箇道理。易曰：「探賾索隱。」「賾」是紛亂時，「隱」是隱奥也，全在「探」、「索」上。紛亂他自紛亂，我若有一定之見，安能紛亂得我？明足以燭理，故不惑，此「探賾索隱」貴乎我有一定之見也。若無定見洞徹於心中，則爲賾隱紛亂矣。

見得人情事幾爲甚分明，此乃平日意思不甚沉静，故心地不虚不明，而爲事物所亂，要當深察此病而亟反之。窮理以虚心静慮爲本，則不爲事物所亂。深察此病而亟反之，莫如主敬、主静以存其心也。

答王子合曰：所喻思慮不一，胸次凝滯，此學者之通患，然難驟革。莫若移此心以窮理，使向於彼者專，則繫於此者不解而自釋矣。

人能窮理以致其知，則本心洞然，萬變畢照，安得猶有思慮不一、胸次凝滯之患乎？

心熟後自然見理。熟則心精微。不見理只是心麤。

何以能使心熟？戰戰兢兢，不敢有纖毫放肆；戒謹恐懼，不敢有纖毫怠惰；則心熟矣。

大學是聖門最初用工處，格物又是大學最初用工處。○大學不曰「窮理」，只說「格物」，要人就事物上理會、實處窮究。

大學教人即物以窮理，惟恐人爲空虛無用之學。人多把這道理作一箇懸空底物，故大學不曰「窮理」，只曰「格物」。物猶事也，要人窮究事物之理，此「明明德」第一步工夫，故人之爲學，必從格物起。

有是物必有是理。理無形而難知，物有迹而易見。

詩曰「有物有則」，則者，理也。理是形而上之道也，物是形而下之器也。道、器元不相離，格物要人就形而下處窮究出形而上之理也。

器遠問致知格物。曰：眼前凡是所應接底都是物，都有箇極至之理，便要知得到。若知不到便都没分明，若知得到，決定著恁地做更無第二、第三著。止緣人見道理不破，便恁地苟簡都不做得第一義。問：如何是第一義？曰：如「爲人君，止於仁」之類，決定著恁地，不恁地便不得。若事事窮得盡道理，事事占得第一義，甚麽樣剛方正大！且如爲學，決定是要做聖賢，這是第一義，便漸漸有進步處。若道自家做不得，且隨分依稀做些子，這是見不破。

凡有一物一事，必有箇極至之理，此所謂「至善」，即第一義也。若事事窮得盡道理，事事占得第一義，即所謂「止於至善」也。故大學起頭要人「知止」。若知得到，即知至矣。知至即「知止」矣。然非千窮萬究，亦不能信得。道理止於此也。

見得義當爲，卻説不做也無害；見得利不可做，卻説做也無害。便是物未格、知未至。見得義當爲，決爲之；利不可做，決是不做。心下自肯自信，便是物格知至。

儒者第一義，要分别得「義」、「利」二字。界限清楚透徹，則見義必爲，見利決不可做矣。此格致實功也。

十事格得九事通透，即一事未通透，不妨。一事只格得九分，一分不通透，最不可。一分不通透，多以毫釐之差成千里之謬，故窮究事物之理，必要窮至十分盡頭處也。

或問：格物致知之學，與世之所謂博物洽聞者，奚以異？曰：此以反身窮理爲主，而必究其本末是非之極摯。至同。彼以狥外誇多爲務，而不覈其表裏、真妄之實。然必究其極，是以知愈博而心愈明；不覈其實，是以識愈多而心愈窒。此正爲己、爲人之分，不可不察也。

格物致知，研窮義理、盡心知性之學。記誦博識，目耳外馳、玩物喪志之學也。二者正相反，故朱子以爲爲己、爲人之分，正在於此，不可不察。

薛敬軒先生曰：程子論恭敬，謂聰明睿智皆由此出。蓋人能恭敬則心肅容莊，視明聽聰，乃可以窮衆理之妙。不敬則志氣昏逸，四體放肆，雖粗淺之事，尚茫然而不能察，况精微之理乎？以是知居敬、窮理，二者不可偏廢，而居敬又窮理之本也。○「格物」所包者廣，自一身言之，耳目口鼻身心，皆物也。如耳則當格其聰之理，目則當格其明之理，口鼻四肢則當格其止肅恭重之理，身心則當格其動靜性情之理。推而至於天地萬物，皆物也。天地則當格其健順之理，人倫則當格其慈孝、仁敬、智信之理，鬼神則當格其屈伸變化之理。以至草木、鳥獸、昆蟲，則當格其各具之理。又推而至於聖賢之書，六藝之文，歷代之政治，皆所謂物也。又當各求其義理，精粗本末，是非得失，皆所謂格物也。然天下之物衆矣，能遍格而盡識哉？惟因其所接者，量力循序以格之，不疎以略，不急以窮，澄心精意，以徐察其極。今日格之，明日格之，明日又格之，無日不格之。潛體積玩之久，沉思力探之深。已格者不敢以爲是而自足，未格者不敢以爲難而遂厭。如是之久，則塞者開，蔽者明，理雖在物，而吾心之理則與之潛會而無不通。始之通也，見一物各一理；通之極也，則見千萬物爲一理。朱子所謂「衆物之表裏精粗無不到，而吾心之全體大用無不明」者，可得而識矣。子思姑舉鳶、魚二物示人以道體耳。其實盈天地間，無一物而非道體之所寓也。夫子川流之歎，亦舉一端以示人。「左之左之」，「右之右之」，無非此理。識得誠，不知「手之舞之，足之蹈之」。○無物有大於理者，天地雖大，亦一物耳。○知理之大，則知萬物之小，形而上者無窮也。○鳥獸皆知寒暖饑渴、牝牡利害之情，而不知禮義之當然，乃氣體昏塞之甚，而不能通也。朱子所謂「知覺運動之蠢然者，人與物同；仁義禮智之粹然者，人與物異」，正謂此耳。○天地睽而其事同也，男女睽而其志通也，萬物睽而其事類也。是皆物形雖異，而理則同。衆人見物形之異，聖人明物理之同。

胡敬齋先生曰：天下古今事物之理，皆具於吾心。知者，心之神明妙此理者也。故人一心，足以知天下古今之理，以其元具在内。涵養者，所以養其知也；窮理者，所以致其知也。○「一本而萬殊」，而「一本」，學者須從「萬殊」上一一窮究，然後會於「一本」。若不於「萬殊」上體察，而欲直探「一本」，未有不入異端者。○良知出於天，致知在乎人。養知在於寡欲，保其知而勿喪在於誠敬。○致知在格物，從事物上窮究其理便實，若只管思索想像，便是「思而不學則殆」。○天地萬物之理，即吾心所具者，若到無私意處便貫通，若貫通便流行無間，此則仁也。存養工夫，只在吾身上窮理，即不分内外皆當格。○窮理須事事窮究，窮來窮去，又只是一箇理。讀書須要章章精熟，精熟後，亦只是一箇理。此所謂「萬物各具一理，萬理同出一原」也。○道理不用安排，只要審察得是。○當然處即是天理。○窮理須得心專一，方有細密工夫，方得見透徹。若不專一，則麤疎草略，縱敏者亦略見仿佛而已。○學者先當理會身心，此是萬事之根本。○事事理會過，至於融會貫通，以造於約，則天下古今之理在我，有何不快活？

羅整菴先生曰：盈天地之間惟萬物，人固萬物中一物耳。「乾道變化，各正性命」，人猶物也，我猶人也，其理容有二哉？然形質既具，則其分不能不殊。分殊故各私其身，理一故皆備於我。夫人心虛靈之體，本無不該，惟其蔽於有我之私，是以明於近而暗於遠，見其小而遺其大。凡其所遺所暗，皆不誠之本也。然則知有未至，欲意之誠，其可得乎？故大學之教，必始於格物，所以開其蔽也。格物之訓，如程子「九條」，往往互相發明。其言譬如千蹊萬徑，皆可以適國，但得一道而入，則可以推類而通其餘，爲人之意，尤爲深切。而今之學者，動以不能盡格天下之物爲疑，是豈常一日實用其工，徒自誣耳？且如論語「川上」之歎，中庸「鳶飛魚躍」之旨，孟子犬牛人性之辨，莫非物也。於此精思而有得焉，則凡備於我者，不可得而盡通乎？又如中庸言：「大哉聖人之道。洋洋乎發育萬物，峻極於天。優優大哉！禮儀三百，威儀三千，待其人而後行。」夫「三百」、「三千」，莫非人事，聖人之道固於是乎在矣。至於「發育萬物」，自是造化之功用，而以之言聖人之道，何耶？其大又若何而行之耶？於此精思而有得焉，天人物我，内外本末，幽明之故，死生之説，鬼神之情狀，皆當一以貫之而無遺矣。然則所謂「萬物」者，果性外之物也耶？〇「格物莫若察之於身，其得之尤切」。程子有是言矣。至其答門人之問，則又以爲「求之情性，固切於身。然一草一木亦皆有理，不可不察」。蓋方是時，禪學盛行，學者往往溺於明心見性之説，其於天地萬物之理，不復置思，故常陷於一偏、蔽於一己，而終不可與入堯舜之道。二程切有憂之，於是表章大學之書，發明格物之旨，欲令學者物我兼照，内外俱融，彼此交盡，正所以深救其失而納之於大中，良工苦心，知之者誠亦鮮矣。夫此理之在天下，由一以之萬，初匪安排之力，會萬而歸一，豈容牽合之私？是故察之於身，宜莫先於性情，即有見焉，推之於物而不通，非至理也。察之於物，固無分於鳥獸草木，即有見焉，反之於心而不合，非至理也。必灼然而見於一致之妙，了無彼此之殊，而其分之殊者，自森然其不可亂，斯爲格致之極功。然非真積力久，何以及此！

高景逸先生曰：朱子言「察識此心，乃致知之切近者」。然須知「識心」非徒欲識此心之精靈知覺也，乃欲識此心之義理精微耳。今人只在精靈知覺上求，非聖學血脈。○楊龜山先生云：致知格物蓋言致知當極盡物理也。理有不盡，則天下之物，皆足以亂吾之知，思期於意誠心正遠矣。此程門格物的傳。○物理實則知亦實，從義理一脈去，故曰「擇善固執」，而好善惡惡之意誠。知體虚則物亦虚，從靈覺一脈去，故曰「無善無惡」，而好善惡惡之誠替矣。○格致無别説，只是分别得天理人欲界限清楚透徹，正閑邪之要也。其入手處，程先生每喜人静坐，朱先生每教人讀書莫溺章句，莫躭寂静，静坐以思所讀之書，讀書以考所思之要，樸實頭下數年之功，不然浮浮沉沉，決不濟事。○象山、陽明學問俱是從致知入，聖學須從格物入。致知不在格物，虚靈知覺雖妙，不察於天理之精微矣。知豈有二哉？有不致之知也。毫髮之差在此。○聖人之學所以與佛氏異者，以格物而致知也。儒者之學每入於禪者，以致知不在格物也。致知而不在格物者，自以爲知之真，而不知非物之則，於是從心踰矩，生心害政，去至善遠矣，所係豈其微哉？○朱子所謂「窮至事物之理」者，窮究到極處，即本之所在也，即至善之所在也。○大學所重在知本。若不知修身爲本，格盡天下之物也没相干。○孟子句句是格物，而「性善」又是格物第一義，知到性善，方是物格。○格物是隨事精察，物格是一以貫之。○格致者，皆推究其極之謂。推究到極處，即太極無極，所謂至善也。○談良知者，致知不在格物，故虚靈之用，多爲情識，而非天則之自然，去至善遠矣。格物者，格至善也，以善爲宗，不以知爲宗也。故「致知在格物」，一語而儒禪判矣。○書云「學于古訓」，易曰「多識前言往行」，夫子亦云「博學於文」，都是多識之事，奚至此以多學而識之爲非？蓋夫子之學，非不由於多識，而多識於一貫之者也。「一貫」二字，自夫子發。願學夫子，自此學之。如何爲「一貫」？吾人一念，反觀真實無妄之處，即一貫也，須深體之。得此，儘多學，儘多識，皆是一貫。

以上盡具論致知之方，以後論讀書之法。孫北海曰：夫致知固不盡在讀書，而其要莫過於讀書。故宋之大儒，皆自遺經得接不墜之統。如陸子静曰「六經註我」，開後人心學之弊，自兹語始也。

伊川先生曰：凡看文字，先須曉其文義，然後可求其意。未有文義不曉而見意者也。遺書。下同。

學者要自得。六經浩渺，乍來難盡曉，且見得路徑後，各自立得一箇門庭，歸而求之可矣。

葉氏曰：識路徑則知趨向，立門庭則有規矩，得於師友者如此，然後歸而求之可矣。愚謂書要自家窮索，師友只做得箇指示引路底人。立定規矩，與人做其他工夫，皆要自家發憤，靠不得師友，故曰「歸而求之」可也。

凡解文字，但易其心，自見理。理只是人理甚分明，如一條平坦底道路。詩曰：「周道如砥，其直如矢。」此之謂也。或曰：聖人之言，恐不可以淺近看他。曰：聖人之言，自有近處，自有深遠處。如近處怎生强要鑿教深遠得？楊子曰：「聖人之言遠如天，賢人之言近如地。」頤與改之曰：「聖人之言，其遠如天，其近如地。」

葉氏曰：聖人之道，遠近精粗，無所不備，故聖人之言道，亦無所不至。如「食無求飽，居無求安」，是其近者；如「一貫」之旨，「性天」之言，是其遠者，固無非道也。其遠者，雖子貢猶未易得，而聞其近者，雖鄙夫可得而竭，豈容盡求其深遠而過爲穿鑿耶？此條本意，欲人平心以觀書，不可妄生穿鑿，與語近而不遺乎遠者意自不同也。

學者不泥文義者，又全背却遠去； 理會文義者，又滯泥不通。 如子濯孺子爲將之事，孟子只取其不背師之意，人須就上面理會事君之道如何也。 又如萬章問舜完廩浚井事，孟子只答他大意，人須要理會浚井如何出得來，完廩又怎生下得來。 若此之學，徒費心力。

凡觀書不可以相類泥其義，不爾，則字字相梗。 當觀其文勢上下之意。 如「充實之謂美」，與詩之美不同。

葉氏曰： 充實之美在己，詩之稱美在人。 如此之類，豈可泥爲一義？

問： 瑩中嘗愛文中子：「或問學易，子曰：『終日乾乾』可也。」此語最盡。 文王所以聖，亦只是箇不已。 先生曰： 凡語經義，如只管節節推上去，可知是盡。 夫「終日乾乾」，未盡得易，據此一句，只做得九三使。 若謂乾乾是不已，不已又是道，漸漸推去，自然是盡，只是理不如此。 陳忠肅公瓘，字瑩中。 「子曰」者，文中子答或人之問，謂「乾乾不息」，此語最爲盡易之道。

此言窮經當周遍精密，不可儱侗求約也。

「子在川上曰：逝者如斯夫！」言道之體如此，這裏須是自見得。張繹曰：此便是無窮。先生曰：固是道無窮，然怎生一箇「無窮」便道了得他？

朱子曰：天地之化，往者過，來者續，無一息之停，乃道體之本然也。然其可指而易見者，莫如川流，故於此發因示人，欲學者時時省察，而無毫髮之間斷也。又曰：固是無窮，須見所以無窮始得。愚按：程子之意，要人反之於身，實自見得道之體如此，不可以一箇「無窮」便云了此義也。故朱子又曰：須見所以無窮始得。愈見讀書要切己體察也。

今人不會讀書。如「誦詩三百，授之以政，不達；使於四方，不能專對。雖多，亦奚以爲」。須是未讀詩時，不達於政，不能專對，既讀詩後，便達於政，能專對四方，始是讀詩。「人而不爲周南、召南，其猶正墻面。」須是未讀詩時如面墻，到讀了後便不面墻，方是有驗。大抵讀書只此便是法。如讀論語，舊時未讀是這箇人，及讀了後，又只是這箇人，便是不曾讀也。

此教人讀書之要法也。學者讀書，要句句反到自己身上來看，依那書上做得出，則我與書方相交涉，意味漸漸浹洽。一面思索義理，一面躬行實踐，這纔是讀書。如誦詩三百，便達於政，能專對四方，讀周南、召南後便不面牆，讀論語後便超凡入聖，又是一箇人，方是真讀書者。若徒讀而不能行，則雖讀盡十三經、廿一史，疲敝精神，依然是箇俗儒，竟與不會讀一般，其工夫甚可惜也。

凡看文字，如「七年」、「一世」、「百年」之事，皆當思其如何作爲，乃有益。

葉氏曰：論語：「子曰：『善人教民七年，亦可以即戎矣。』」又曰：「如有王者，必世而後仁。」又曰：「善人爲邦百年，亦可以勝殘去殺矣。」觀聖賢治效遲速淺深之殊，要必究其規模之略、施爲之方，乃於己有益。此致知之法也。

凡解經不同無害，但緊要處不可不同爾。外書。

緊要處爲大腦，即綱領也，如心性、理氣之分合。最緊要者苟有不同，則學術從此差矣。此毫釐千里之謬，斷不可不同者也。

焞初到，問爲學之方。先生曰：公要知爲學，須是讀書。書不必多看，要知其約，多看而不知其約，書肆耳。頤少時讀書貪多，如今多忘了。須是將聖人言語玩味，入心記著，然後力去行之，自有所得。

此言讀書貴知其約也。讀書不知其約，雖讀盡天下之書無益也。聖賢道理只在身心，身心之外無第二物，反求之外無第二事，何其約也！凡書皆有一箇要約處，知其約而守之，方爲實得耳。

橫渠先生曰：讀書少則無由考校得義精。蓋書以維持此心，一時放下，則一時德性有懈。讀書則此心常在，不讀書則終看義理不見。

多讀書則義理考校得精，亦是養心之一助，故手不釋卷，則心亦常存不走作。但必以明理爲主，若不知窮理，專學文藝，雖終日讀書，心愈放也。

書須成誦。精思多在夜中，或靜坐得之。不記則思不起，但通貫得大原後，書亦易記。所以觀書者，釋己之疑，明己之未達，每見每知新益，則學進矣。於不疑處有疑，方是進矣。

此言書貴熟讀也。朱子曰：橫渠教人讀書，必要成誦，真道學第一義。須是如此，方有着力處也。又曰：近與學者講論，尤覺橫渠「成誦」之説，最爲捷徑。又曰：橫渠云今人不及古人，只爭這些子。古人記得，故曉得；今人鹵莽記不得，故不曉得。合此觀之，則知書只要熟讀，別無方法。熟讀則成誦矣，熟讀而又精思，何患學之不進哉！

晦菴先生曰：讀書是格物一事。

須是存心與讀書爲一事，方得。

人要讀書，須是先收拾身心，令安靜，然後開卷方有所益。

讀書之法，在循序而漸進，熟讀而精思。又曰：字求其訓，句索其旨。未得於前，則不敢求於後。未通乎此，則不敢志乎彼。又曰：先須熟讀，使其言皆若出於吾之口；繼以精思，使其意皆若出於吾之心。

端莊正坐，如對聖賢，則心定而義理易究。不可貪多務廣，涉獵鹵莽。

今人讀書務廣而不求精，是以刻苦者迫切而無從容之樂，平易者汎濫而無精約之功。兩者之病雖殊，其受病之源一也。

以我觀書，處處得益。以書博我，釋卷而茫然。

讀書須將本文熟讀，且咀嚼有味。若有理會不得處，然後將註解看，方有益。

讀書須開豁胸次，令磊落明快才責效。便有憂愁意思，須是胸中寬閒始得。

看文字專一，便是治心養性之法。

凡看書麤則心麤，看書細則心細。

大抵思索義理到紛亂窒塞處，須是一切掃去，放教胸中空蕩蕩的了，却舉起一看，便自覺得有下落處。此說向見李先生曾說來，今日方真實驗得如此，非虛言也。

一切掃去，則心虛如鑑之空，如衡之平。再舉起一看，則無不得其理者矣。然非真實體驗，亦不知此法之妙也。

看文字須如猛將用兵，直是鏖戰一陣；如酷吏治獄，直是推勘到底，决不恕他。

如此看文字，方是用全副精神在文字上，此所以必得作者之意也。

讀書須讀到不忍舍處，方見得真味。

見得真味，愈不忍舍矣。然非熟讀精思，虛心涵泳，不能到此。

文字可汲汲看，悠悠不得。急看方接得前面意思，放慢便不相接矣。

某所以讀書自覺得力者，只是不先立論。

虛心涵泳，切己體察，則不敢先立論矣。

看來惟是聰明底人難讀書，難理會道理。緣他先自有許多一副當聖賢意思，自是難入。聰明底人，多師心自用，執己自是，不虛心體認聖賢之言，反以聖賢之言來湊己意，所以難讀書，難與他講論道理。必如朱子所言，埋頭讀書，不先立論，只虛心遜志，體察聖賢立言本意，方有得力處也。○先有一副當聖賢意思横在心中，如何讀得書？故曾子竟以魯得之，而顏子亦必「如愚」，始足以發也。

讀書若有所見，未必便是不可，便執著，且放在一邊。若執著一見，此心便被此見遮蔽了。

執著一見，最害事。若肯虛心涵泳，則便不執著矣。

讀書遺忘，此士友之通患，無藥可醫。只有少讀深思，令其意味浹洽，當自見功耳。

少讀深思則不至於遺忘矣，此即醫遺忘之藥也。久服無有不見效者。

一學者苦讀書不記，先生曰：只是貪多，故記不得。福州陳正之極魯鈍，每讀書只讀五十字，必二三百遍方熟。積習讀去，後來卻無書不讀。

昔陳烈先生苦無記性，一日讀孟子：「學問之道無他，求放心而已矣。」忽悟曰：我心不曾收得，如何記得書？遂閉門靜坐，不讀書百餘日，以收放心，卻去讀書，遂一覽無遺。

人能主敬而不間斷，則聰明睿智，皆由此出。故靜坐以收放心，讀書遂一覽無遺。主敬之功大矣。

以上朱子教人讀書之法，共二十一條，其要法只在熟讀。朱子謂：「書之貴讀，讀多自然曉。今只思量寫在紙上底，不濟事，終非我有，只貴乎讀。這箇不知如何，自然心與氣合。舒暢發越，自是記得牢。縱饒熟看過，心裏思量過，也不如讀。讀來讀去，少間曉不得底，自然曉得；已曉得者，越有滋味。若是讀不熟，都没這般滋味。而今未説讀得註，且只熟讀正經，行住坐卧，心常在此，自然曉得。嘗思之，讀便是學。夫子説：『學而不思則罔，思而不學則殆。』學便是讀，讀了又思，思了又讀，自然有意。若讀而不思，又不知其意味。思而不讀，縱使曉得，終是卼臲不安。一似倩得人來守屋相似，不是自家人，終不屬自家使喚。若讀得熟而又思得精，自然心與理一，永遠不忘。某舊苦記文字不得，後來只是讀。今之記得者，皆讀之功也。」是知書只貴熟讀，別無方法。

薛敬軒曰：讀書以防檢此心，猶服藥以消磨此病。病雖未除，常使藥力勝，則病自衰；心雖未定，常使書味深，則心自熟，久則衰者盡而熟者化矣。○凡看聖賢書，皆當以仁、義、禮、智、信五者細細體會，旁通之久，則彼此互相發明，可以見天下道理之名雖多，而皆不外此五者矣。○人讀書，果能於聖人之言，句句皆體之身心而力行之，即是顔子「亦足以發」之意。○餘事量力所及而已，非可必也。惟讀書一事，乃吾之本心所得，肆力之間，而莫予止者也。○韓子「吾老嗜讀書，餘事不掛眼」之句，實獲我心焉。○先儒謂讀書只怕尋思，近看得「尋思」二字最好。如聖賢一句言語，便反覆尋思，在吾身心上何者爲是，在萬物上何者爲是，使聖賢言語皆有着落，則知聖賢一言一語皆是實理，而非空言矣。

胡敬齋曰：觀書須有感發奮勇之意，方有進。觀書有悦懌之意，所入必深。○讀書須着實理會，做入書内裏去，皮膚上綽過不濟事。穿破一兩處，逐旋透入去。做得五七處透徹後，處處透得去。蓋義理根源自相貫通，聖賢工夫，如合符節。此處透得過，別處也透得過。書雖多，無異道也。○讀書，一邊讀，一邊體驗做。做得一兩處到身上來，然後諸處亦漸湊得來，久則盡湊得到身上來，此則是大賢。○讀書須着實理會，既曉其文義，便真去做，務要令此書自我身上發，如「忠信」、「篤敬」、「非禮勿視聽」等處，若實做得來，自然長進。程子説孔子言仁，只説「出門如見大賓，使民如承大祭」。看其氣象，便須「心廣體胖，動容周旋中禮」。又曰：「居處恭，執事敬，與人忠」，充之則睟面盎背，推而達之則篤恭而天下平。又曰：惟上下一於恭敬，則天地自位，萬物自育，氣無不和，四靈畢至。此體信達順之道，聰明睿智皆由此出，以此事天饗帝。不是程子實做過來，如何會如此道？今須以程子爲法，將聖賢言語句句從自己身上體驗，何患不長進？若未到此地位，只是我未曾實做得工夫。只管打點做上去，此爲學之大法也。

羅整菴曰：聖賢千言萬語，無非發明此理。有志於學者，必須熟讀精思，將一箇身心入在聖賢言語中，翻來覆去，體認窮究，方尋得道理出。從來諸儒先君子，皆是如此用工，其所得之淺深，則由其資禀有高下爾。自陸象山有「六經皆我註脚」之言，流及近世，士之好高欲速者，將聖賢經書都作没緊要看了，以爲道理但當求之於心，書可不必讀，讀亦不必記，亦不必苦苦求解。看來若非要作應舉用，相將坐禪入定去，無復以讀書爲矣。一言而貽後學無窮之禍，象山其罪首哉！

高景逸曰：學者讀書，須要句句反到自己身上來看。如看大學，便思如何爲「明德」，在自己身上體認「明德」如何模樣，如何爲「新民」，如何爲「至善」。若見未真，行住坐卧，放在心裏思想。又如日用之間，「入則孝」，如何盡孝道？「出則悌」，如何盡悌道？「言忠信」，如何是忠信？「行篤敬」，如何是篤敬？但依那書上勉强做得一兩句，便漸漸與書相交涉，意味漸漸浹洽，一面思索體認，一面反躬實踐，這纔是讀書。○古人何故最重讀書？書是古人所經歷，欲後人享現成，昧者以之明，疑者以之決，怯者以之勇，躁者以之和，殘者以之寬，局者以之宏，競者以之恬，貪者以之廉，慢者以之莊，忮者以之公，惰者以之勵。正如跛者之杖，盲者之相，病者之藥。自姚江因俗學流弊，看差了紫陽，窮理立論偏重，遂使學者謂讀書是狗外，少小精力虛抛閒過。文士不窮探經史，布衣只道聽塗説，空疎杜撰，一無實學。經濟不本於經術，實修不得其實據，良可痛也。○讀書如喫飲食，喫得又要消得。凡人有一副知見在胸中，最難得入道。

以上總論讀書之法。以下總論經書，又分論讀書之法。

横渠先生曰：六經須循環理會，義理儘無窮。待自家長得一格，則又見得别。

此言讀六經之法。古者以易、詩、書、禮、樂、春秋爲六經，宋以易、詩、書、周禮、禮記、春秋爲六經，讀者須周而復始，深求玩味，其義理無窮盡也。待自家知識日增，則所見益高，所謂「長一格，又見得别」也。李氏曰：横渠此言，非身親歷之，胡能語之如此耶？今之窮經者，當以此爲法。其味無窮，皆實學也。

晦菴先生曰：天下之物莫不有理，而其精藴則已具聖賢之書，故必由是以求之。然欲簡單而易知，約而易守，則莫若大學、論語、中庸、孟子也。

不先乎大學，無以提綱挈領而盡論、孟之精微；不參之論、孟，無以融會貫通而極中庸之歸趣。然不會其極於中庸，則又何以建立大本、經綸大經，而讀天下之書，論天下之事哉？

若理會得此四書，何書不可讀？何理不可究？何事不可處？

此言讀四書之法。高彙旃曰：明道云：體貼天理，吾求體貼四書而已。伊川云：心通乎道，吾求通乎四書而已。用之貫串六經，則四書其針也。用之綜理諸子百家，則四書其丈尺權衡也。用之參考通鑑綱目，則四書其大用左驗也。夫固終身用之而不盡，萬古用之而不差者也，豈可不熟讀而精思乎？

薛敬軒曰：經書皆聖賢言也，由其言得其心，則在人焉耳。經書，形之下之器也；其理，形而上之道也。滯於言詞之間，而不會於言詞之表者，章句之徒也。○聖人作經，皆寫其身心之實耳。使非寫其身心之實，則人作一書，皆可謂之經矣。○經書所載，皆天地間事。天地間事，皆吾分内事。知天地間事皆吾分内事，則德盛而不矜，功高而不伐矣。須是盡去舊習，從新做起，乃有進。○書雖古而道常新。○道猶人，書猶寫真耳。○道學以五經、四書爲本，專用心於史學者，無自而入道。○四書、五經，周、程、張、朱之書，道統之正傳，舍此而他學，非學也。

胡敬齋曰：四書、六經之理皆相貫通，先聖後聖，其揆一也。今讀其書，徒誦其文義，不實究其理，則四書、六經文字，各是一般體面，千頭萬緒，雖皓首亦無如之何矣。惟察其理而實體之於身，則體用一貫，又何難哉！程子所謂「論、孟既治，六經可不治而明」，誠哉言也！○四書、六經，皆吾身上有底道理，但聖賢先我而覺耳。我未覺，所以要讀。若不反躬，則皆成糟粕。○自孔、孟以後，道莫大於程朱，故其所著作經傳，實能發明聖學，切於學者。今有一等溺於空虛者，好簡捷而厭其煩；務記誦者，反惡其多；務訓詁者，不過借以爲口說。惟實窮理力行者，能識其精切詳明也。○朱子註四書、詩傳，先訓釋文義，然後發明其正意，又旁引議論以足言内之意，或發明言外之意，此深得釋經之意。

高景逸曰：五經、四書註，俱是漢儒專門傳受，俱有一箇來歷。後來宋諸大儒，又費許多心思，逐句逐字稱觔估兩定下，肯細心咀嚼之，自有滋味，何必説出許多新奇？更不知今之所謂新奇，正先儒所剩下不用者。故文公先生嘗云：「四書註中，字字句句，俱是某秤量過來，若人不曾用得某許多工夫，却也看某底不出。某註書時，與敬夫、伯恭兩先生往來書簡，雖有一字不安，辨論數番。」後人未曾見到，反議論前賢，真無忌憚也。

薛敬軒曰：四書集註章句、或問，皆朱子萃群賢之言議，而折衷以義理之權衡，至廣至大，至精至密，發揮先賢之心，殆無餘藴。學者但當依朱子熟讀精思、循序漸進之法，潛心體認而力行之，自有所得。竊怪後人之於朱子之書之意，尚不能徧觀而盡識，或輒逞己見，妄有疵議，或勦拾成説，寓以新名，衒新奇而掠著述之功，多見其不知量也。

羅整菴曰：程子論大學則曰：「學者必由是而學焉，則庶乎其不差矣。」論語、孟則曰：「人只看得此二書，切己終身儘多也。」論中庸則曰：「善學者玩索而有得焉，則終身用之，有不能盡者矣。」爲人之意，何其惓惓若是哉？

晦菴先生曰：上古之書，莫尊於易。中古後書，莫大於春秋。然此兩書，皆未易看。論、孟工夫少，得效多；六經工夫多，得效少。

以上總論四書、六經。而四書精藴，乃孔、曾、思、孟之微言，道統在此，學脈亦在此。所謂「六經之階梯」，尤不可不先讀者也。但讀四書，必須讀朱註，蓋程子表章四書，朱子又集先儒之説而成學庸章句、或問、論孟集註。此朱子用四十年苦功發明孔、曾、思、孟之微言，以續千載之道統學脈者也。朱子云：「集註添一字不得，減一字不得，不多一箇字，不少一箇字。」又云：「若不用某許多工夫，亦看某底不出。不用聖賢許多工夫，亦看聖賢底不出。」故薛、胡、羅、高四先生俱以集註爲重。則凡讀四書者，必須虛心細心，熟讀而體之於身，庶幾四書精藴始可得而明也。○以下分論讀經書之法。

明道先生曰：初學入德之門，無如大學，其他莫如語、孟。

大學是四書、六經底綱領。朱子謂：「其規模雖大，然首尾該備而綱領可尋，節目分明而工夫有序，無非切於學者之日用。」故初學入德之門，無如此一書。學者若讀得此書透徹，其他書都不費力，觸處便見。朱子亦自謂：「某一生只看得大學透，見得前賢所未到處。」

晦菴先生曰：大學「在明明德」一句，須常提醒在這裏，他日長進處在這裏。致知、誠意，是學者兩關。致知乃夢與覺之關，誠意乃善與惡之關。此大學一篇樞紐，乃生死路頭，人所以異於禽獸處。又曰：誠意是人鬼關。

薛敬軒曰：大學三綱領八條目，於千聖之書，無不括盡。○大學之「明德」，即中庸「天命之性」。「明明德，新民，止於至善」，下文繼之以「知之而後定、靜、安、慮」，而後「止於至善」也。○大學經傳，一「明德」貫之。「明明德」，明於己；「新民」者，明德明於人；「止至善」者，人己之明德，各造其極。「格物致知」，窮盡此「明德」之理也。「誠意」者，實其「明德」於心之所發也。正心、脩身，全此「明德」於身心。齊家、治國、平天下者，明「明德」於家國天下也。○「至善」即「明德」之極處，非「明德」外別有一理爲至善也。○「窮理」之言，出於易。以致知格物爲窮理，始於程子。○自有大學以來，發明致知格物爲窮理之事者，程子而已。繼程子而發明其義者，朱子一人而已。○觀大學經「致知格物」連「誠意」説，則格物先於格身心之理，而後誠意之功可施。故程子曰：「格物莫若察之於身，其得之尤切。」○物理之極處，即性之一原也。天下之物皆造乎極處，則吾心所知，無不至矣。

胡敬齋曰：爲學規模節序無如大學，造化規模節序無如先天圖。○小學是做「敬」底事。「敬」是大學骨子，若無敬，一部大學做不成。○工夫在大學，效驗則見於二南。

羅整菴曰：大學八條目，八箇字虛，八箇字實，須字字看得有下落，不相混淆，方是本旨。而「先」、「後」兩字，果見得親切自然，挪動分毫不得，若可隨意挪動，先者可後，後者可先，則非所以爲聖人之訓矣。或謂物格知至則意便誠，心便正，身便脩，更不用做工夫。此言尤錯。即如此，經文何須節節下「而後」兩字乎？姑無取證於經文，反求諸身，有以見其決不然者。○大學「誠意」是一刀兩段工夫，「正心脩身」是磨稜合縫工夫。

高景逸曰：學必從格物入。「天生蒸民，有物有則」，「則」者，至善也。窮至事物之理，窮至至善處也。○大學不是無主意的學問，明德、新民、止至善，主意在此。○中庸一書，自誠明之性也；大學一書，自明誠之教也。中庸下手「慎獨」，即誠即明；大学下手「格物」，即明即誠，無二物也。

以上論讀大學之法。愚按：大學一書，未有朱子章句、或問時，此書難得明白。既有章句、或問，學者若細心玩味，則大學亦易洞然。但恐在口裏説過，不會實在自家身心上體認耳。聖賢諄切教人，不是爲人作時文，要人實實用功，爲修、齊、治、平之事也。如果實實用功，則真西山之大學衍義，丘瓊山之大學衍義補，允爲填補大學之全書。家脩廷獻，俱當盡心探究焉。

伊川先生曰：學者先須讀論、孟。窮得語、孟，自有要約處，以此觀他經，甚省力。語、孟如丈尺權衡相似，以此去量度事物，自然見得長短輕重。

讀論語者，但將諸弟子問處便作己問，將聖人答處便作今日耳聞，自然有得。若能於論、孟中深求玩味，將來涵養成甚生氣質！「甚生」者，言其絶好也。

凡看語、孟，且須熟玩味，將聖人之言語切己，不可只作一場話説。人只看得此二書切己，終身儘多也。

論語有讀了後全無事者，有讀了後其中得一兩句喜者，有讀了後知好之者，有讀了後不知手之舞之、足之蹈之者。「全無事」者，全無所得也。

學者當以論語、孟子爲本。論語、孟子既治，則六經可不治而明矣。讀書者當觀聖人所以作經之意，與聖人所以用心，與聖人所以至聖人，而吾之所以未至者、所以未得者。句句而求之，晝誦而味之，中夜而思之，平其心，易其氣，闕其疑，則聖人之意見矣。

讀論語、孟子而不知道，所謂「雖多，亦奚以爲」。

葉氏曰：語、孟極聖賢之淵源，爲斯道之統會，體用兼明，精粗畢備，讀之而不通於道，則章句訓詁而已，雖博而何益？

論語、孟子，只剩讀著，便自意足。學者須是玩味，若以語言解著，意便不足。某始作此二書文字，既而思之又似剩，只有些先儒錯會處，却待與整理過。

吴敬菴曰：剩，餘也，猶言多也。虚心涵泳，多讀而玩味之，則覺得聖賢之言有盡而意無窮。若出於己口解説者，恐於聖賢言外之意不能包括無遺也。况乎游詞巧説，豈不大失聖賢之意哉？

問：且將語、孟緊要處看，如何？伊川曰：固是好，然若有得，終不浹洽。蓋吾道非如釋氏，一見了便從空寂去。朱子曰：此是程子答呂晉伯問，後來晉伯終身坐此病，説得孤單入禪學去。學者讀書，須逐一去理會，便通貫浹洽。

晦菴先生曰：某於論、孟，四十餘年理會，中間逐字稱等，不教偏些子，學者宜仔細看。

薛敬軒曰：論語一書，聖人多就事言，而理在其中。其答「問仁」處，亦只以求仁之方、爲仁之資告諸子，至於仁之理，則未嘗言及也，此所謂「無迹」也歟？○論語雖不明言性善，凡言仁、義、孝、弟、道德、天命之類，無非性善也，天理即性善也。○聖人教人博文、致知、格物、明善，凡知之之功，皆明此心之善也；教人約禮、誠意、正心、固執，凡行之之功，皆踐此心之善也。○天理、人事，精粗無二致，故下學人事，即所以上達天理也。○孟子以後，道不明，只是「性」之一字不明。○孟子論王政大要，不出乎「教」、「養」二端。○盡心工夫，全在知性、知天上。蓋性即理，而天即理之所從出。人能知性、知天，則天下之理無不明，而此心之體無不貫。苟不知性、知天，則一理不通，而心即有礙，又何以及其廣大無窮之量乎？是以知盡心工夫全在知性、知天上。○學至於知性、知天，則物格知至矣。○程子言孟子學已到聖處，故其論「堯、舜性之，湯、武反之，孔子聖之時」之類，皆深知聖人所以爲聖人，使非學到聖處，安能知聖人哉？人只爲耳目口鼻四肢百體做得不是，壞了仁義禮智信。若耳目口鼻四肢百體做得是，便是仁義禮智信之性，詩所謂「有物有則」，孟子所謂「踐形」者是也。○孟子言「見而知之，聞而知之」，尹氏曰「知謂知其道也」。蓋道即仁義禮智。程子明道者，明是道也；伊川言「學者於道不知所向所至」，亦此道也。道即朱子所謂「天理民彝」，性是也。性外無道，道外無性，千古聖賢所知所傳者，其外於是哉？

胡敬齋曰：論語一書，堯舜氣象。孟子一書，三代氣象。○程子曰：今人不會讀書，如讀論語者，未讀時是此等人，讀了後又只是此等人。夫今人讀書既不爲己，又不深思而體之於身，如何會長進？

羅整菴曰：孟子盡心一章，實與大學相爲表裏。蓋「盡心知性」，乃「格物致知」之驗也；「存心養性」，即「誠意正心」之功也；「修身以俟」，則其義亦無不該矣。孟得聖學之傳，實惟在此，始終條例，甚是分明，自不容巧爲異說。且學而至於立命，地位煞高，非平生心事無少愧怍，其孰能與於此？○孟子：「性也，有命焉」、「命也，有性焉」一章，語意極爲完備，正所謂「理一而分殊」也。當時孟子與告子論性，皆隨其說而折難之，故未暇及此。如使告子得聞斯義，安知其不悚然而悟、俛然而伏也？

高景逸曰：看來日用受用，無如「反身而誠」四句親切。「反身」是無事時工夫，「强恕」是有事時工夫。一不誠便不樂，一不恕便不行。「反身」是立本，「强恕」是致用。終日如此，自當進益。

以上論讀語、孟之法。朱子只取程子八條，而讀法已盡。朱子又用四十餘年理會，中間逐字稱等，不教偏些子，訂定論、孟集註，只要學者仔細看也。薛、胡、羅、高四先生真能仔細看者，故其所論，於程朱有亦足以發之意。蓋天下道理盡於語、孟，尤切於學者身心者。身心日用之常，苟能深求玩味，切己體察，則胸中有箇丈尺權衡，以此權度事理，自然不差，而自家氣質亦涵養得絶好，一生受用不盡也。故學者當以此爲本，熟讀之而喜而好，以至於樂，則聖人之意，庶幾可得而見矣。聖人之意即道也，得見聖人之意，即知道矣。語、孟中凡言「道」者，皆謂人倫事物當然之理，而本於天命之性，即仁、義、禮、智、信是也，此乃二書中最緊要處。人能依九先生讀書之法，而句句向身心上體認，則日用之間，無非天理之流行矣。

明道先生曰：「興於詩」者，吟詠性情，涵暢道德之中而歆動之，有「吾與點也」之氣象。

又云：「興於詩」者，是興起人善意，汪洋浩大，皆是此意。

謝顯道云：明道先生善言詩。他又渾不曾章解句釋，但優游玩味，吟哦上下，便使人有得處。「瞻彼日月，悠悠我思。道之云遠，曷云能來？」思之切矣。終曰：「百爾君子，不知德行。不忮不求，何用不臧？」歸於正也。又云：伯淳常談詩，並不下一字訓詁，有時只轉却一兩字點掇地念過，便教人省悟。又曰：古人所以貴親炙之也。

明道先生曰：學者不可以不看詩，看詩便使人長一格價。

「不以文害辭」。文，文字之文，舉一字則是文，成句是辭。詩爲解一字不行，却遷就他說，如「有周不顯」，自是作文當如此。

横渠先生曰：古人能知詩者惟孟子，爲其「以意逆志」也。夫詩人之志至平易，不必爲艱險求之，今以艱險求詩，則已喪其本心，何由見詩人之志？又曰：詩人之情性，温厚平易老成，本平地上道着言語，今須以崎嶇求之，先其心已狹隘了，則無由見得。詩人之情本樂易，只爲時事拂著他樂易之性，故以詩道其志。

晦菴先生曰：詩之爲經，人事浹於天，天道備於上，而無一理之不具。

讀詩之法，只是熟讀涵泳，自然和氣從胸中流出，妙不容言，不待安排措置，務自立說，只恁虚心平讀，意思自足。上蔡云：「學詩須先得六義體面，而諷詠以得之。」此是讀詩要法。

詩是恁地說話，一章說了，次章又從而歎詠之，雖別無義，而意味深長，不可於名物上尋義理。後人往往見其意只如此平淡，添上義理，如一源清水，多將物事窒塞了他。

薛敬軒曰：詩困於小序之牽强，晦於諸儒之穿鑿。至朱子集傳，一洗相沿之陋習。○詩三百篇，天道人事無不備。○詩一經，「性情」二字括盡。○治世之音，文、武、成、康而已，下此則變風、變雅盛焉。人事之得失，氣化之盛衰，於此可考矣。

胡敬齋曰：詩雖三百篇，然人情之邪正，風俗之美惡，政事之得失，無不備見。學者欲擇善而固執之，莫切於此。故孔子謂「何莫學夫詩」？程子謂「學詩使人長一格價」。○有太極便有陰陽，有陰陽便有天地，有天地便有人物，有人物便有性情，有性情則形於言語詠歌，自不容已，此詩之所以作也。詩既作，又足以正性情，辨得失，興教化，感人心，動天地，格鬼神，此詩之本末功用也。○「治世之詩，言其君上憫恤之情；亂世之詩，録其室家怨思之苦。」范氏此說甚好。

羅整菴曰：詩三百十一篇，人情世態，無不曲盡。燕居無事時，取而諷詠之，歷歷皆目前事也，其可感者多矣！「百爾君子，不知德行。不忮不求，何用不臧？」其言誠有味哉！

○「有來雝雝，至止肅肅。相維辟公，天子穆穆。」余嘗喜讀此句，但覺其妙，而不能言其所爲妙者。

以上教人讀詩之法。詩人性情寬厚和平，故讀詩者貴乎優遊涵泳，以意逆志，不可以艱險急迫之心求之。明道先生善言詩，亦只是優遊玩味，吟哦上下，便使人有得。此即吟風弄月，有「吾與點也」之意也。朱子教人熟讀涵泳，自然和氣從胸中流出，妙不容言，不可强自立説，妄於名物上尋求義理。故薛、胡諸公皆守此訓，讀詩而有自得之妙，且謂朱子詩傳，一洗從前之陋，尤宜細玩。又以三百篇中，道理無不備，學者欲擇善而固執之，莫切於此。然則詩之爲教，有興、觀、群、怨之大益，全在善學者諷詠而玩味之也。

伊川先生曰：看書須要見二帝三王之道。如二典，即求堯所以治民，舜所以事君。

横渠先生曰：尚書難看，蓋難得胸臆如此之大。只欲解義，則無難也。

晦菴先生曰：尚書貫通猶是第二義，直須見得二帝三王之心，而通其所可通，毋强通其所難通。

「欽」之一字，書中開卷第一義也。讀者深味而有得焉，則一經之全體，不外是矣。

高宗「舊學於甘盤」，六經至此方言「學」字。

薛敬軒曰：易雖古於書，然伏羲時但有卦畫而無文辭，文辭實始於書，故凡言「德」、言「聖」、言「神」、言「心」、言「道」、言「中」、言「性」、言「天命」、言「誠」、言「善」、言「一」之類，諸性理之名，多見於書。書之後乃有易之辭及諸經書。聖賢發明性理之名，雖有淺深不同，實皆原於書也。○書載堯、舜之行事，皆先德行而後事功。事功之大者，莫大於用人之一事，觀諸二典可見矣。○堯典「克明峻德」，實萬世君天下之本。○堯命舜「慎徽五典」，舜命契「敬敷五教」，皋陶言「勑我五典」，湯「肇脩人紀」，武王「重民五教」，五典、五教，人紀天理，人倫之道，莫出乎是。○人君之德，惟明爲先。書稱堯曰「欽明」、舜曰「文明」、禹曰「明明」、湯曰「克明」、文王曰「若日月照臨」，皆言明也。明則在己之理欲判然，在人之邪正別白，處己處人，萬事皆得其當矣。○舜之「兢兢業業」，禹之「祗台德先」，成湯之「慄慄危懼」，文王之「小心翼翼」，皆敬謹之謂也。○言敬莫詳於書，但挈出其要以示學者，則自宋儒始。○書終於秦誓，殆聖人之微意歟？○洪範篇，造化、氣數、天理、人事皆具，書之易也。○洪範「二、五事」，踐形盡性之學，備於此。○皋陶謨典、禮、刑、賞四者，萬世爲治之大經不出於此。先儒謂「知人安民」，皋陶一篇之體要。竊謂「允迪厥德」，又知人安民之本源也。○堯、舜之朝曰「僉」者，衆共之辭，其舉人皆於公朝也。此意行，公道行矣。○「無輕民事惟難，無安厥位惟危」。豈惟爲人君當然哉？凡爲人臣者，亦當守此，以爲愛民保身之法。

胡敬齋曰：觀堯典，見得聖人作事，只是公天下之心，無一毫私意。○孔門求仁，是就本心親切處做，而天地萬物自相貫通，堯舜三代之治自此而出。○王道最易行，只要君身修。「皇建其有極」，王道根本。

羅整菴曰：尚書有難曉處，正不必枉費心思，强通得亦未必是。於其明白易曉者，熟讀而有得焉，殆不可勝用矣。○書言「以義制事，以禮制心」，易言「敬以直内，義以方外」，大旨初無異也。但「以」字在「義」、「禮」上，則人爲之主，與理猶二。「以」字在「敬」、「義」下，則敬、義爲之主，人與理一矣。其工夫之疎密，造詣之淺深，固當有别。○堯典有知人之道四：「嚚訟」，一也；「静言庸違，象恭」，二也；「方命圮族」，三也，皆所以知小人。「克諧以孝」，四也，所以知君子。「嚚訟」與「圮族」，皆所謂「剛惡」也；「静言象恭」，柔惡也。小人之情狀，固不止此，然即使此三者，亦可以概之。孝乃百行之首，漢去古未遠，猶以孝廉取士。然能使頑父、嚚母、傲弟相與感化而不格姦，則天下無不可化之人矣。非甚盛德，其孰能之？堯典所載「曆象」、「授時」外，惟此四事乃其舉措之大者。所舉若此，所措若彼，非萬世君天下者之法乎？苟能取法於斯，雖欲無治，不可得已。○洪範之「五行」，在大禹謨則謂之「六府」，皆以其質言之，人之所賴以生者也。蓋五行之質，惟人得以兼而用之，其他有知之物，或用其二，或用其三〔一〕，更無能用火、金者，此人之所以靈於萬物也歟？若夫創制之始，裁成之妙，聖人之功，誠所謂「萬世永賴」者矣。○秦誓一篇，有可爲後世法者二：孔子所以列之四代之書之終，悔過遷善，知所以脩身矣；明於君子小人之情狀，知所以用人矣。慎斯道也，以往帝王之治，其殆庶幾乎？

以上論讀書經之法。蓋二帝三王治天下之大經大法，皆載此書。讀之者難得胸臆如此之大，然讀之得法，則胸臆如此之大亦不難也。嘗讀蔡九峰先生集傳序曰：「二帝三王之治本於道，二帝三王之道本於心。得其心，則道與治固可得而言矣。何者？「精一執中」，堯、舜、禹相授之心法也；「建中建極」，商湯、周武相傳之心法也。曰德、曰仁、曰敬、曰誠，言雖殊而理則一，無非所以明此心之妙也。至於言「天」，則嚴其心之所自出。言「民」，則謹其心之所由施。禮樂教化，心之發也。典章文物，心之著也。家齊、國治而天下平，心之推也。心之德，其盛矣乎！二帝、三王，存此心者也；夏桀、商受，亡此心者也；太甲、成王，困而存此心者也。存則治，亡則亂，治亂之分，顧其心之存不存如何耳。後世人主，有志於二帝三王之治，不可不求其道；有志於二帝三王之道，不可不求其心。求心之要，舍是書何以哉！」果如九峰所云，則此心與天地同體，與天地同用，豈不大乎？必以此熟讀堯、舜、禹、湯、文、武、周公之書，方可得其指意之大略也。

橫渠先生曰：天官之職，須襟懷洪大方看得。蓋其規模至大，若不得此心，欲事事上致曲窮究，湊合此心，如是之大，必不能得也。釋氏錙銖天地，可謂至大，然不嘗爲大，則爲事不得，若畀之一錢，則必亂矣。又曰：太宰之職難看，蓋無許大心胸包羅，記得此，復忘彼。其混混天下之事，當如捕龍蛇，搏虎豹，用心力看方可。其他五官，便易看，止一職也。

晦菴先生曰：學禮先看儀禮。儀禮是全書，其他皆是講説。儀禮是經，禮記是解。如儀禮有冠禮，禮記便有冠義；儀禮有昏禮，禮記便有昏義。儀禮載其事，禮記明其理。

禮儀便是儀禮中士冠禮、諸侯冠禮之類，大節有三百條。威儀如「始加」、「再加」、「三加」，又如「坐如尸」、「立如齋」之類，皆是其中小節，有三千條。

周禮一書廣大精密，周家之法度在焉。

胡敬齋曰：近觀三禮，皆是憑天理上裁制出來。蓋聖人之心，理一而用殊，天下之事，萬殊而一本。故許多制度節文，皆自聖人胸中流出，天下後世取以爲法，學者則當由是以窮理。

以上論讀三禮之法。蓋禮也者，理也，即性也，以其粲然而有節文謂之禮。先王定爲人事之儀，則以之正心、脩身、齊家、治國、平天下，即脩道之教，使人無過不及者也。

故君子「非禮勿履」，則無往而非道也。自老、莊虛無，因之放曠；西方寂滅，淪於幻空。學者便於其説，以禮爲僞，而日用彝倫之儀則盡廢。相沿成習，而紀綱掃地，風俗益壞矣。程子於禮記中取大學、中庸二篇而表章之，以立萬世人道之極。朱子取儀禮、周禮、禮記纂緝編次，而成儀禮經傳通解一書，志欲開來世之太平，决千載之積弊。垂成而没，幸賴勉齋黄氏、信齋楊氏善繼師志，補完喪、祭二編，天叙天秩，經曲略備，周公遺典，尚存有緒。學者欲窮理以致其知，當細心考究此書焉。

明道先生曰：中庸之書，是孔門傳授，成於子思、孟子。其書雖是雜記，更不分精麤，一滚説了。今人語道，多説高便遺却卑，説本便遺却末。

横渠先生曰：如中庸文字輩，直須句句理會過，使其言互相發明。

此言讀中庸之法。中庸乃子思所作一篇文字，如二典、三謨之類。朱子分爲三十三章，枝分節解，脉絡貫通，詳略相因，巨細畢舉，則是「使其言互相發明」也。非朱子句句深求玩味，安能擺布得如此細密耶？朱子曰：横渠此言真讀書之要法，非但可施於中庸也。

晦菴先生曰：聖賢教人只從近處做去，學者貪高慕遠，前面的反蹉過了。中庸説細處，只是謹獨、謹言、謹行，大處是武王、周公達孝，經綸天下。須是謹言、謹行，從細處做起，方能充得如此大。

中庸未易讀，其説雖無所不包，然其用力之端只在「明善」、「謹獨」。所謂「明善」，又不過思慮應接之間，辨其孰爲公私、邪正而已，此窮理之實也。若於此草草放過，則亦無所用其存養之力矣。

薛敬軒曰：道體至中庸，發明顯著矣。○「中」是性情恰好的道理，以其平常而不可易，故又謂之「庸」，非「中」之外別有所謂「庸」。○程子謂：「中庸始言一理，中散爲萬事，末復合爲一理。」蓋始言一理，即「天命之性」也；中散爲萬事，即達道、達德、九經、天道、人道之屬，無非「天命之性」；末復合爲一理，即「上天之載，無聲無臭」，又即「天命之性」矣。

胡敬齋曰：「一闔一闢謂之變」，雖變，亦是常理，故曰「中庸」。○中庸可以盡易之理。

羅整菴曰：中庸首言戒懼慎獨，即大學正心誠意工夫，似少格物致知之意，何也？蓋篇首即分明指出道體，正欲學者於言下領會，雖不言「知」，而「知」在其中矣。末章復就下學立心之始説起，却少「知」字不得，所以説「知遠之近，知風之自，知微之顯」。曰「近」、曰「自」、曰「微」，皆言乎其本體也，性也；曰「遠」、曰「風」、曰「顯」，皆言乎其發用也，道也。

知此，則有以見夫内外本末，初無二理，戒懼慎獨，方有着力處，故曰「可與入德」矣。大學所謂「知至而后意誠、心正」，其致一也。

高景逸曰：孔門宗傳，「中庸」二字而已。「中庸」者何也？人之性也。性者何也？天之命也。在大化上説謂之天，在人身上説謂之性，性即天地也，若天命之者然，故曰「天命」。「率此之謂道，脩此之謂教。」率者，率循其自然，天之道也。脩者，求循其自然，人之道也。然則道也者，性而已矣，性即人之性也，豈有須臾離人者哉？君子所以戒懼慎獨，惟恐須臾離道也。

以上論讀中庸之法。蓋中庸一書，乃孔門傳授心法，子思恐其久而差也，故筆之於書，以授孟子。至孟子殁，而遂失其傳焉。迨程子兄弟出，始知表章此書，謂得有所考，以續夫千載不傳之緒，得有所據，以斥夫二家似是之非。朱子蚤歲竊疑，至於沉潛反覆有年，而後一旦恍然有以得其要領，於是會衆説而折衷之，定爲章句、或問以教天下後世之學者。當年未有章句、或問之時，中庸甚難讀。今既有朱子章句、或問矣，凡講學明道者，當以讀中庸章句、或問爲入門第一要功。若不於此熟讀精思，則程子續夫千載不傳之緒與斥夫二家似是之非者，俱茫然不得其着落，而朱子所謂「得其要領」者，亦不知其何所指矣。

伊川先生易傳序曰：易，變易也，隨時變易以從道也。其爲書也，廣大悉備，將以順性命之理，通幽明之故，盡事物之情，而示開物成務之道也。聖人之憂患後世，可謂至矣。故，所以然也。「開物」者，使其知之明；「成務」者，使其行之就也。去古雖遠，遺經尚存。然而前儒失意以傳言，後學誦言而忘味，自秦而下，蓋無傳矣。予生千載之後，悼斯文之湮晦，將俾後人沿流而求源，此傳所以作也。「易有聖人之道四焉：以言者尚其辭，以動者尚其變，以制器者尚其象，以卜筮者尚其占。」吉凶消長之理、進退存亡之道備於辭。推辭考卦，可以知變，象與占在其中矣。尚，尊尚之也。辭者，聖人所繫之辭。變者，陰陽老少之變。象者，天地、山澤、雷風、水火之類是也。占者，吉凶、悔吝、厲无咎之類是也。辭者，言之則也，故「以言者尚其辭」。變者，動之時也，故「以動者尚其變」。象事知器，故「制器者尚其象」。占事知來，故「卜筮者尚其占」。然辭、變、象、占，雖各有尚，而吉凶消長，進退存亡，易之大用皆具於辭，故變推辭而可知，象與占，皆不外乎辭也。「君子居則觀其象而玩其辭，動則觀其變而玩其占。」得於辭不達其意者有矣，未有不得於辭而能通其意者也。至微者理也，至著者象也，體用一源，顯微無間。「觀會通以行其典禮」，則辭無所不備。朱子曰：自理而觀，則理爲體，象爲用，而理中有象，是一源也。自象而觀，則象爲顯，理爲微，象中有理，是無間也。又曰：會以理之所聚而言，通以事之所宜而言，其實一也。又曰：衆理會處，便有許多難易窒礙，必於其中得其通處，乃可行耳。典禮者，典常之禮。故善學者求言必自近，易於近者，非知言者也。予所傳者辭也，由辭以得意，則在乎人焉。文集。下同。○道無遠近之間，然觀書者必由粗以達於精，即顯以推其微，本民彝日用之常而極於窮神知化之妙，不可忽於近而徒務乎高遠也。

此伊川先生自序作易傳之所以然也。夫陰陽變易而生萬化，聖人象之而畫卦爻，使人體卦爻之變易而隨時以從道也。何謂「隨時變易以從道」？朱子曰：易之所以變易，固皆理之當然。聖人作易，因象明理，教人以變易從道之方耳。如乾初則潛、二則見之類是也。伊川以天下許多道理散入六十四卦、三百八十四爻中，意味無窮，使人句句有用，可以見之行事應接之間。此理甚明，而不善讀者反昧昧也。昔沈元明問於尹和靖曰：「易傳何處是切要？」和靖答之曰：「體用一源，顯微無間，此是切要處。」朱子嘗舉此問李延平先生，先生曰：「和靖説固好，然須看得六十四卦、三百八十四爻都有下落，方始説得。此語若學者未曾仔細理會，便與説此，豈不悮他？」朱子聞之悚然，自後讀易傳，更加詳細。由此觀之，伊川先生要人由辭以達意，則讀易者不可忽於近，須先逐爻熟讀精思，然後再講「體用一源，顯微無間」之話，庶幾豁然貫通而無疑也。

伊川先生答張閎中書曰：易傳未傳，自量精力未衰，尚覬有少進爾。來書云「易之義，本起於數」，謂義起於數則非也。有理而後有象，有象而後有數。易因象以明理，由象以知數。得其義，則象數在其中矣。必欲窮象之隱微，盡數之毫忽，乃尋流逐末，術家之所尚，非儒者之所務也。

知時識勢，學易之大方也。

大畜初、二，乾體剛健而不足以進，四、五，陰柔而能止。時之盛衰，勢之强弱，學易者所宜深識也。

諸卦二、五雖不當位，多以中爲美，三、四雖當位，或以不中爲過。中常重於正也。蓋中則不違於正，正不必中也。天下之理莫善於中，於九二、六五可見。

問：胡先生解九四作太子，恐不是卦義。先生云：亦不妨，只看如何用。當儲貳則做儲貳使。九四近君，便作儲貳亦不害。但不要拘一，若執一事，則三百八十四爻，只作得三百八十四件事便休了。

看易且要知時。凡六爻，人人有用，聖人自有聖人用，賢人自有賢人用，衆人自有衆人用，學者自有學者用，君有君用，臣有臣用，無所不通。因問：坤卦是臣之事，人君有用處否？先生曰：是何無用？如「厚德載物」，人君安可不用？

易中只是言反復往來上下。

作易，自天地幽明，至於昆蟲草木微物，無不合。今時人看易，皆不識得易是何物，只就上穿鑿。若念得不熟，與就上添一德亦不覺多，就上減一德亦不覺少。譬如不識此兀子，若減一隻脚亦不知是少，若添一隻亦不知是多。若識則自添減不得也。

游定夫問伊川「陰陽不測之謂神」，伊川曰：賢是疑了問？是揀難底問？

伊川以易傳示門人，曰：只說得七分，後人更須自體究。

横渠先生曰：序卦不可謂非聖人之藴。今欲安置一物，猶求審處，况聖人之於易？其間雖無極至精義，大概皆有意思。觀聖人之書，須遍布細密如是，大匠豈以一斧可知哉？

晦菴先生曰：易之爲書，文字之祖，義理之宗。

易有兩義：一是變易，是流行底；一是交易，是對待底。

伏羲畫八卦，只此數畫該盡天下萬物之理。學者於言上會得者淺，於象上會得者深。

伏羲畫卦，止有奇偶之畫，何嘗有許多說話？文王作繇辭，周公作爻辭，亦是爲卜筮設。到孔子，方說從義理云。

某說語、孟極詳，易說卻大略。譬之此燭籠，添一條骨子，便障了一路明，蓋著不得詳說也。

一至十爲河圖，虛其中以爲易；一至九爲洛書，實其中以爲範。太極爲理之原，圖書爲數之祖。

薛敬軒曰：伏羲時畫卦雖具，而占卜之法未備。意唐、虞、夏、商之世，已有占卜之法。如禹曰「枚卜功臣，惟吉之從」，舜曰「官占，惟先蔽志，昆命於元龜」，祖伊曰「格人元龜，罔敢知吉」，箕子陳洪範「稽疑」之疇，尤詳於卜筮。大卜：「掌三易：夏曰連山，商曰歸藏，周曰周易。」以是觀之，則周以上蓋已有占卜之法矣。周易則因文王演易繫彖、周公繫爻而得名。周以前占卜之法既皆不傳，今所傳者，惟周易。至孔子，則作彖傳、小象、大象、文言、繫辭、説卦、序卦、雜卦，謂之「十翼」。然周以上易雖不可見，觀經傳論載之語，蓋皆專主卜筮。文王、周公之易，則皆發明伏羲卜筮教人之意尤著。至孔子，則始詳於義理而不遺卜筮。程子之傳，專主義理。朱子本義則推原作易教人卜筮之意於千古之上，讀易者各即其意而觀之可也。○朱子曰：「大概看易，須謹守象、象之言，聖人自解得極精密平易。」竊觀朱子解文王彖辭，惟主孔子。○先天圖陽交於陰，陰交於陽。「天地定位，山澤通氣，雷風相薄，水火不相射，八卦相錯」，是交易之易，朱子所謂「交易爲體」也。自坤而復，以至於乾，自乾而巽，以至於坤，一動一靜，互爲其根，寒往暑來，循環不已，是變易之易，朱子所謂

「變易爲用」也。易有交易、變易之義如此。○圖象隱於異學者數千年，至邵子而反之於易。○朱子之易主邵子，啓蒙可見。○程子之易主孔子，只一理。○易大傳説卦曰「河出圖，洛出書，聖人則之」，乃伏羲則其陰陰之數，以盡奇偶也。又曰：「易有太極，是生兩儀。兩儀生四象，四象生八卦。」乃伏羲因其自然之理，一分爲二，二分爲四，四分爲八也。又曰：「知來者逆」，自乾至坤，皆得未生之卦也。又曰：「因而重之」，則於八卦之上加倍，爲六十四也。又曰：「天地定位，山澤通氣，雷風相薄，水火不相射，八卦相錯，數往者順，知來者逆。」乃伏羲規横圖爲圓圖。自震至乾爲「數往之順」，自姤至坤爲「知來之逆」也。此皆孔子發明伏羲作易之本原與卦象次序方位，但先天圖隱而不傳之時，雖有大傳説卦之言，讀者莫知其説。及邵子得先天圖，然後以大傳説卦之言證之，一一相合，於是象數始大明。○河圖之數一陰一陽，一奇一偶，以兩其五行。五行木、火陽，金、水陰。就五行觀之，一行又各具一陰一陽，如天一生水，地六成之，一爲陽而六爲陰。地二生火，天七成之，二爲陰而七爲陽之類。又如木之甲乙、火之丙丁之類，皆一行各具一陰陽也。○讀有卦畫之易，當知無卦畫之易。有卦畫之易，今之易書，猶可以言求。無卦畫之易，則可以心會而不可以言求，邵子所謂「須信畫前原有易」是也。○六十四乃三十二所分，三十二乃十六所分，十六乃八所分，八乃四所分，四乃二所分，二乃一所分，一則隱矣微矣，非耳目心思之所及矣，孔子所謂「密」，邵子所謂「畫前之易」。○復爲動之始，乾爲動之極，姤爲静之始，坤爲静之極。静極復動，動極復静，循環無端，非知道者孰能識之？復之初爻，自坤之初爻來，姤之初爻，自乾之初爻來，陰陽互根，此亦可見。○剥盡爲坤，陽生爲復，夬盡爲乾，陰生爲姤。聖人於陽曰復，於陰曰姤，扶陽抑陰之意也。○夬之上六不言陰，有復生之理，獨於剥之上九言陽，有復生之理，聖人扶陽抑陰之意。○只一復卦，多少義理！天道、人事無不備。○聖人言「性」與「天道」，惟於贊易極言之，平日與門人言者極少。○「一陰一陽之謂道，繼之者善也，成之者性也。」先儒謂是孔子言「性」與「天道」處。○在造化爲善，在人物爲性。繼之者善，誠之源也。成之者性，誠斯立焉。○易言「繼之者善也」，此「善」字實指理言也。孟子言「性善」，此「善」字虚，言性有善而無惡也。然孟子言「性善」，實自「繼之者善」來，因繼之者善，故性有善而無惡也。○天所賦爲命，元亨利貞也；人所受爲性，仁義禮智也。天下古今萬理，不出性命。○孔子微辭奥意，多在繫辭；伊川微辭奥義，多在易傳。○朱子曰：本義義理不能出程傳，但節得差簡略耳。○卦爻六位皆虚，隨所值奇偶居之。○陽居陽位，陰居陰位爲正，二五爲中。程子曰：「諸卦二五雖不當位，多以中爲美；三四雖當位，或以不中爲過。中常重於正也。」○君子居君子之位，小人居小人之位則治，反此則亂。○治亂無不自微以至著，復、姤初爻可見。○姤一陰生於下，群陽不能自立，君子謹之。○聖人當盛時即憂衰時，既濟曰「初吉終亂」。○易之爲教，大概欲人敬慎，雖吉事亦不敢易而爲之。○如大壯，乃陽壯之事，占者吉亨，不言可知，而必曰「利貞」，是即敬慎之意。

胡敬齋曰：易是「君子而時中」之道。○名卦之義與卦之象辭本難曉，然孔子彖傳説得已自分明，善讀者沉潛玩味，則卦義、卦辭皆可得矣。○天下之變無窮，惟易可以盡之。蓋易陰陽、奇偶，變易無窮，若天地之闔闢，氣運之盛衰，日月之更迭，寒暑之往來，陰陽之消長，人物之死生，國家之興亡，世道之今古，其消息盈虚、升降屈伸、吉凶消長、進退存亡、幽明終始、善惡邪正，皆是此理，雖萬變無窮，易足以盡之，蓋易自造化中寫出來故也。其餘諸經，或因時制作，隨時記録，天理人事，無不詳盡，所以垂世立教，無不精切，但天下古今之變，惟易能盡也。○易之道，廣大悉備，程子以事理明之，朱子又多以象占推之，皆可。蓋「一陰一陽之謂道」，其交錯變化、高下清濁、偏正美惡，無所不有。故六十四卦中，象占無不備，事理無不該，既不可專拘於事理，亦不可專拘于象占也，然事理又切世用。

羅整菴曰：易之爲書，有辭、有變、有象、有占。變與象皆出於自然，其理即所謂「性命之理」也。聖人繫之辭也，特因而順之，而深致其意於吉凶悔吝之占，凡以爲人道計爾。夫變之極，其象斯定，象既定而變復生，二者相爲循環，無有窮已。文言曰：「知進退存亡而不失其正者，其惟聖人乎！」夫消變於未形，聖人之能事也。自大賢以下，必資於學。繫辭曰：「君子居則觀其象而玩其辭，動則觀其變而玩其占，是以自天祐之，吉無不利。」此學易之功也。占也者，聖人於其變動之初，逆推其理，勢必至於此，故明以爲教，欲人豫知所謹，以免乎悔吝與凶。若待其象之既成，則無可免之理矣。使誠有得於觀玩，固能適裁制之宜，其或於卜筮得之，亦可以不迷於趨避之路，此人極之所以立也。是則君子之玩占，乃其日用工夫，初無待於卜筮。若夫卜筮之所尚，則君子亦未嘗不與衆人同爾。聖人作易之意，或者其有在於是乎？○易逐卦逐爻，各是一象，象各具一理。其爲象也不一，而理亦然。然究而論之，象之不一，誠不一也；理之不一，蓋無往而非一也，故曰「同歸而殊途，一致而百慮」。非知道者，孰能識之〔二〕？○文貴實。詩書之文，無非實者。易象、象之辭特奇，然皆實理，無一字無着落，故曰「易奇而法」。○程子言「聖人用意深處，全在繫辭」。蓋子貢所謂「性與天道不可得而聞」者，繫辭發明殆盡，學者苟能有所領會，則天下之理，皆無所遺。凡古聖賢經書，微言奥義，自然通貫爲一，而確乎有以自信。

高景逸曰：一部易只說得「變化」二字。又曰：一部易只說一箇「中」字。又曰：不曾看過六十四卦，看不得繫辭，若不知得繫辭，却也看不得卦。繫辭是易原，若有入處便可聞道。○易中凡說「有喜」、「有慶」、「吉」、「元吉」，都是及於物處，若本等，只到了「无咎」便好。○「以此洗心，退藏於密」，隨處是密。程子曰：「密者，用之源。」「顯諸仁」即是「藏諸用」。○六十四卦大象皆曰「以」，聖人渾身是易也。○學易全要知時識勢，時勢不可爲而强爲之，許魯齋以爲「揠苗代斲」。揠苗則傷稼，代斲則傷手，豈成己成物之道哉？○易象經錢啓新先生説明，一字一句，既知來歷，今只味其言外之味，受用無盡。先生居其勞，某輩居其逸，何德如之！年來此身在易中，如魚在水；此易在身中，如春在木。

以上論讀易之法。夫易準於天地，本於日月，極變化之道，以開物成務者也。然其初只有伏羲卦畫而已，自文王繫彖，周公繫爻，孔子作十翼，而象占與義理至是大備，故謂之周易。秦、漢以來，諸儒各以私智小慧窺測四聖之書，而易之本旨不傳矣。迨宋伊川程子作易傳，專主孔子之義理；康節邵子推卦畫，專主伏羲之象數；紫陽朱子則合程、邵之易，融會貫通，以達乎四聖之心，各就本文消息，而象占之藴，彖爻之義，乃始如日月之中天焉。蓋易之廣大悉備，原不可以一端盡，故象以立易之體，占以盡易之用，體立而衆理兼該，用行而庶務隨應。自天子以至於庶人，自一身之動静以至天下、國家之休咎，其理無不具，而轉移氣數之道無不周。苟能會卦爻本意，則亦不妨當此時，居此位，作此人也。故爲窮理致知之學者，既讀中庸以探天道之本原，則於四聖之易，不可不潛心熟讀而精思之也。然欲考究四聖之易，必從程子易傳、朱子本義而入，方得極深研幾，隨時變易，以從道之要旨也。

伊川先生春秋傳序曰：天之生民，必有出類之才起而君長之，治之而爭奪息，導之而生養遂，教之而倫理明，然後人道立，天道成，地道平。二帝而上，聖賢世出，隨時有作，順乎風氣之宜，不先天以開人，各因時而立政。暨乎三王迭興，三重既備，子丑寅之建正，忠質文之更尚，人道備矣，天運周矣。聖王既不復作，有天下者，雖欲倣古之跡，亦私意妄爲而已。事之繆，秦至以建亥爲正；道之悖，漢專以智力持世，豈復知先王之道也？夫子當周之末，以聖人不復作也，順天應時之治不復有也，於是作春秋，爲百王不易之大法，所謂「考諸三王而不繆，建諸天地而不悖，質諸鬼神而無疑，百世以俟聖人而不惑」者也。先儒之傳曰：「游、夏不能贊一辭。」辭不待贊也，言不能與於斯耳。斯道也，惟顏子嘗聞之矣：「行夏之時，乘殷之輅，服周之冕，樂則韶舞。」此其準的也。後世以史視春秋，謂褒善貶惡而已，至於經世之大法，則不知也。春秋大義數十，其義雖大，炳如日星，乃易見也。惟其微辭隱義，時措從宜者，爲難知也。或抑或縱，或與或奪，或進或退，或微或顯，而得乎義理之安、文質之中、寬猛之宜、是非之公，乃制事之權衡、揆道之模範也。夫觀百物然後識化工之神，聚衆材然後知作室之用。於一事一義而欲窺聖人之用心，非上智不能也。故學春秋者，必優游涵泳，默識心通，然後能造其微也。後王知春秋之義，則雖德非禹湯，尚可以法三代之治。自秦而下，其學不傳。予悼夫聖人之志不明於後世也，故作傳以明之，俾後之人通其文而求其義，得其意而法其用，則三代可復也。是傳也，雖未能極聖人之藴奥，庶幾學者得其門而入矣。

詩、書載道之文，春秋聖人之用。詩、書如藥方，春秋如用藥治病。聖人之用，全在此書，所謂「不如載之行事深切著明」者也。有重疊言者，如征伐、盟會之類。蓋欲成書，勢須如此。不可事事各求異義。但一字有異，或上下文異，則義須別。

五經之有春秋，猶法律之有斷例也。律令惟言其法，至於斷例，則始見其法之用也。

學春秋亦善，一句是一事，是非便見於此。此亦窮理之要。然他經豈不可以窮理？但他經論其義，春秋因其行事，是非較著，故窮理爲要。嘗語學者：且先讀論語、孟子，更讀一經，然後看春秋。先識得箇義理，方可看春秋。春秋以何爲準？無如中庸。欲知中庸，無如權。須是時而爲中，若以手足胼胝，閉户不出二者之間取中，便不是中。若當手足胼胝，則於此爲中；當閉户不出，則於此爲中。權之爲言，秤錘之義也。何物爲權？義也，時也。只是説得到義，義以上更難説，在人自看如何。

春秋，傳爲按，經爲斷。

橫渠先生曰：春秋之書，在古無有，乃仲尼自作，惟孟子能知之。非理明義精，殆未可學。先儒未及此而治之，故其説多鑿。

晦菴先生曰：春秋只是直載當時之事，要見當時治亂興衰，非是於一字上定褒貶。春秋大旨，其可見者，誅亂臣，討賊子，内中國，外夷狄，貴王賤霸而已，未必如先儒所云「字字有義」也。

看春秋且須看得一部左傳首尾意思通貫，方能略見聖人筆削與當時事之大意。

余國秀問三傳優劣，朱子曰：「左氏曾見國史，考事頗精，只是不知大義；公羊、穀梁考事甚疎，然義理却精，往往不曾見國史。」

薛敬軒曰：春秋字字謹嚴，句句謹嚴，全篇謹嚴。○春秋辭雖謹嚴，而意實忠厚。○春秋辭簡而旨微，欲盡得聖人之心於千載之上，難矣。○春秋於災異不言事應，而事應具存天人合一之理。○天命甚微，聖人所罕言，春秋多言之，皆微其辭。

胡敬齋曰：春秋之時，王道絶矣。聖人作經，以明王道，王道即天理也。因亂世之事，裁以天理。如當時諸侯不王，必書「王正月」以正之；周王不天，必書「天王」以正之，此皆立萬世之法，不但爲當世而作也。○讀春秋使人自然戒懼，不敢萌一毫私意。○古今説春秋者，惟孟子、程子精切，深得聖人作經之意。蓋其學鄰於聖人，故能得聖人心事。其曰「春秋，天子之事」，古今作傳者，亦惟程子第一。胡傳雖祖程子，不及程子簡當，發明有力，故春秋當以程傳爲主，以胡傳及諸儒之説以輔翼之，則聖人正大精微之意，不中不遠矣。○春秋即人事以明天理，用天理以處人事。○春秋，天理之準的，使孔子得行其道，必參酌百王之法，大備典制，爲萬世準則。道既不行，故寓二百四十二年行事於魯史中，乃天理之準的也。

羅整菴曰：孔子作春秋，每事只舉其大綱以見意義，其詳則具於史。當時史文具在，觀者便見得是非之公，所以「春秋成而亂臣賊子懼」。其後，史既亡逸，惟聖筆獨存。左氏必曾見國史來，故其作傳，皆有來歷，雖難於盡信，終是案底。○春秋殊未易讀，程子嘗言「以傳考經之事跡，以經別傳之真僞」，如歐陽文忠所論魯隱、趙盾、許止三事，可謂篤信聖經而不惑於三傳者矣。及胡文定作傳，則多用三傳之説，而不從歐公。人之所見，何若是之不同耶？夫聖筆之妙如化工，固不容以淺近窺測，然求之太過，或反失其正意，惟虚心易氣，反覆潛玩，勿以衆説汩之，自當有得也。三傳所長，固不容掩，然或失之誣，或失之鑿，安可盡以爲據乎？竊謂歐公之論，恐未可忽。舍程子兩言，亦無以讀春秋矣。

以上論讀春秋之法。蓋春秋爲聖人之大用，百王不易之大法，故經世之學，莫大於春秋。然要識得春秋之所以作，即人事以明天理，用天理以處人事而已。當周之衰，王道不行，人皆不知天理爲何物，故孔子因魯史舊文而筆削之，因當世所行之事而寓褒貶予奪之義，以禮樂征伐歸天子，以三綱五常歸人心，討其亂臣賊子，正其邪説暴行。夫然後二百四十二年之間，大義炳如，春秋一書，遂爲萬古不可易之經。是魯之春秋也，而孔子一筆削之，變史爲經，變霸爲王，聖人之大用，何其神妙不測如是乎！蓋未作之春秋，人心道心爭勝之書也；春秋作，而人心皆化爲道心矣。未作之春秋，天理人欲夾雜之書也；春秋作，而人欲皆化爲天理矣。真所謂義理之權衡，即中庸之「時中」也，故程子以爲窮理之要莫切於此，而讀春秋者，不可不優游涵泳，默識心通，以造其微焉。

伊川先生曰：凡讀史不徒要記事跡，須要識其治亂安危、興廢存亡之理。且如讀高帝紀，便須識得漢家四百年終始治亂當如何，是亦學也。

先生每讀史到一半，便掩卷思量，料其成敗，然後却看，有不合處，又更精思。其間多有幸而成，不幸而敗。今人只見成者便以爲是，敗者便以爲非，不知成者煞有不是，敗者煞有是底。

讀史須見聖賢所存治亂之機，賢人君子出處進退，便是格物。

元祐中，客有見伊川者，几案間無他書，惟印行唐鑑一部。先生曰：近方見此書，三代以後，無此議論。

或問看史。晦菴先生答曰：亦草率不得，須當看人物是如何，治體是如何，國勢是如何，皆當仔細。上蔡説：明道看史，逐行看過，不錯一字。

薛敬軒曰：觀史不可以成敗優劣人，只當論其是非。○歷代世變固不可不考，然當以明理爲本。○自古作史者，苟非大公至正之人，愛憎取舍之間，失其實者多矣。孟子曰「盡信書不如無書」，莊周曰「儒者僞辭」，劉敬修曰：「紀録紛紛已失真，語言輕重在詞臣。」若將字字求心術，恐有無邊受屈人。」數子之言，曲盡作史之弊。○歷代史學議論之卑，不知王道爲何物。至宋道學君子，王道始明。○朱子綱目是非定，天理明。三綱五常，立國之本，循之則治，違之則亂。○士無節氣，則國勢奄奄以就盡，西漢之季是也。○東漢之規模不如西漢者，正以光武好吏事，不如高祖得人君之體也。○光武以讖緯論學，何以爲出治之本？○漢末諸賢，先儒謂「一變則至於道」。○四百年之漢，文、景培其本；三百年之唐，太宗養其根；三百年之宋，太祖、太宗、真宗、仁宗浚其源；秦、晉、隋皆不一再傳而遂亡者，由無恭儉之君培養浚導其源於前，即繼之以殘暴淫侈之主也。○天於善惡，必有其報，但人以淺近之見窺測天道，便謂茫昧差爽而不可信。如夏、商之後，皆統承先王，脩其禮物，作賓於王家，雖改姓易物，而宗廟之血食，子孫之封爵，皆與時王匹，休而不泯。非其先世有大德大功於民，能如是乎？因是以觀，自魏、晉以及五代之世，皆素無功德於天下，數傳而子孫無容足之地，廟祀遂以絶饗。則天於善惡之報，豈不明甚矣乎？

胡敬齋曰：學經有得，方可看史。經無得，而先看史，未免流於功利。看史能别其是非，乃窮理之要，不然則徒記故事，反成博雜。○經是史之尺度斷例，史是經之應驗事爲，經純史雜，故經不明，不可看史。○左氏傳博洽，記載當時行事及言論，煞有是處。其陋處，好以成敗禍福論人。

羅整菴曰：唐之禍亂，本於李林甫；宋之禍亂，本於王介甫。林甫之禍唐，本於心術不端；介甫之禍宋，本於學術不正。

以上論看史之法。然必先讀經書，使理明義精，然後看史，方能辨别其是非得失也。孫北海曰：「士人篤志於經，餘力及史，然亦惟知治亂得失已耳，若記事蹟、訂異同，抑末矣。朱子所謂『學者舍六經而遵史遷，舍窮理盡性而談世變，舍治心修身而喜事功，大爲心術之害』，誠至訓也，學者不可不知」。

晦菴先生曰：孝經只前面一段是曾子聞於孔子者，後面皆是後人綴緝而成。

須看孔、孟、周、程四家文字，方始講究得著實，其他諸子，不能無過差。

修身之法，小學備矣。義理精微，近思録詳之。

近思録好看，四子，六經之階梯。近思録，四子之階梯。

胡敬齋曰：「今更有聖賢出，其説不過於大學、論、孟、中庸；此後書，莫過於小學、近思録。學者果能於此處真知實踐，他書不讀，無憾也。」愚按：小學書乃做人樣子，今天下人人知讀小學矣；而近思録詳於義理之精微，又爲四書之階梯，天下知近思録者甚鮮。吾鄉星溪汪先生又以朱子語録格言續於近思録之後，其義理更詳，學者尤當盡心也。

某解經只是順聖賢語意，看其血脈貫通處，爲之解釋，不敢自以己意説道理。

解經不可做文字，止合解釋得文義通，則理自明、意自足。今多去上做文字，只説得自一片道理，經意都錯過了。

此朱子自言其解經主意，亦見得朱子一生虚心細心，方體貼得聖賢語意出也。

王近思問曰：平時無事，是非之辨，似不能惑。事至而應，則陷於非者十七八。雖隨即追悔，後來之失，又只如故。其道何由？曰：此是本心陷溺之久，義理浸灌未透之病。

且宜讀書窮理常不間斷，則物欲之心自不能勝，而本心之義理安且固矣。

學問不考古，固不得，若一向去採摭故事，零碎湊合，也無益。孟子慨然以天下自任，曰：「當今之世，舍我其誰？」到説制度處，曰：「諸侯之禮，吾未之學，嘗聞其略也。」要之，後世若有聖賢出來，如儀禮等書也不應便行得，只就中定其尊卑隆殺之數，使人可以通行，這便是禮。爲之去其淫哇鄙俚之辭，使不失中和歡悦之意，這便是樂。

此窮理之至。胸中渾然天理，方能裁度事理，因時制宜也。

才要作文章，便是枝葉害著學問，反兩失也。

作詩間以數句適懷，亦不妨，但不用多作，蓋便是陷溺爾。當其不應事時，平淡自攝，豈不思量詩句？至如真味發溢，又却與尋常好吟者不同。

此言窮理致知，貴乎反躬實踐，不在作文作詩也。然而有德者必有言，則是真味發溢，故與尋常好作詩文者不同也。

博雜極害事，范醇夫一生作此等工夫，想見將聖賢之言，都只忙中草草看過，抄節一番便了，原不曾仔細玩味，所以從二先生許久，見處全不精明，豈可不戒耶！

今日正要清源正本，以察事變之幾微，豈可一向汩没於故紙堆中〔三〕，使精神昏蔽，失後忘前，而可以謂之學乎？

心不耐閒，亦是大病，此乃平時記憶討論慣卻心路，古人所以深戒「玩物喪志」，正爲此也。

洪慶將歸，先生召入與語曰：「如今下工夫，且須端莊存養，獨觀昭曠之原，不須全費工夫鑽紙上語。待存養得此中昭明洞達，自覺無許多窒礙，恁時方取文字來看，則自然有意味，道理自然透徹，遇事自然迎刃而解。此等語不欲對諸人說，恐他不肯去看文字，又不實了。且教他看文字撞來撞去，將來自有撞著處。凡看文字，非是要理會文字，正要理會自家性分上事也。」

謂陳安卿曰：吾友僻在遠方，無師友講明，不接四方賢士，不知遠方事情，又不知古今人事之變，只知尊德性而無道問學，許多工夫，恐只是占便宜自了之學，出門動步，便有礙。時變日新而無窮，安知他日之事非吾輩之責乎？學不足以應變，應得只成杜撰，不合義理，則平日工夫依舊是錯。今須遊學四方，事事去理會這道理，方周遍浹洽。自古無不曉事情底聖賢。無不通變底聖賢，無關門獨坐底聖賢，若只就一線上窺見天理，便要去通那萬事，如何可得？萃百物然後觀化工之神，聚衆材然後知作室之用，於一事一義上欲窺聖人之用心，非上智不能也。須撤開心胸去理會，他人未做工夫的不敢向他說，吾友於己分上已自見得，若不説與公，又可惜了。

愚按：「自古無不讀書之聖賢，無不知人情、通事變之聖賢，無關門獨坐之聖賢。」蓋天下道理周遍而精密，時變日新而無窮，學者必須遊學四方，與賢士大夫往來，撤開心胸，事事講究理會過，方能道理透徹，此心洞然，萬變畢照。然此特爲讀書有所得，於己分上有所見，而又僻居在遠方者言之耳。若胸中毫無所見，必先閉户静坐，埋頭讀書，講聖賢之言，句句反之於身，先從性情上窮究，見得仁義禮智渾然全具於吾心，惻隱、羞惡、辭讓、是非隨感而發，從此力加操存涵養，推廣擴充，此是源頭工夫，根本學問。又於日用事物，人倫、天地、山川、禽獸、草木，莫不窮究其所以然，明而禮樂，幽而鬼神，日月之更迭，寒暑之往來，歲月之交運，古今風氣盛衰，國家治亂興亡，民之安危，兵之勝敗，無不窮究，方爲窮理致知之學。若不以窮理致知爲主，則雖費盡心力，終日鑽研故紙，無論記憶不得，即記憶討論得熟，亦只成一博雜玩物喪志之學，於身心性命毫無益也。

又按：古之聖賢，必要居敬存心讀書窮理者，蓋盡性始於窮理，致知必在格物，此入道進德之正途也。今觀宋五先生暨明四先生論讀書之法、經書之要，精實透徹，開人多少聰明，益人無限神智。學者從此勇猛發憤，專心致志讀書，不必搜求人間未見書來讀，只讀眼前緊要書足矣。刁蒙吉先生曰：「有兩儀便須有六經，有六經便須有四書，有四書便須有集註，有四書集註便須有近思録，有近思録便須有小學，此皆與兩儀相爲終始，而不可一日無者也。其他史書不可不讀，然綱領却在春秋，性理不可不讀，然要約却在近思録。蔡虚齋云：『欲爲一世經綸手，須讀數編緊要書。』余繼之云：『欲承千聖絶學後，只須數編緊要書。』若數書者，其盡之矣。」誠如斯言。學者只要恪守九先生讀書之法，發奮敏求，將此數編緊要書熟讀精思，循序漸進，而又虚心涵泳，切己體察，使此心常存，道理融會貫通於胸中，一遇事變，順應而不窮，則承千聖絶學以爲一世經綸手，亦分内事耳，不難爲也。若不立定此志，汎濫讀書，無論腐爛時文，富麗詞賦，誦讀數千篇無益，即盡讀十三經、廿一史，疲敝精神，知而不行，仍作一箇俗儒而已，其光陰甚可惜也。吾願天下善讀書者，必以窮理致知、反躬實踐爲要務焉。

跋

三卷論致知，反覆尋繹，妙不容言。致知之要，莫大乎讀書。而讀書之先後次序，毫不容紊。朱子原纂已極苦心，今又益以朱子，增附薛、胡、羅、高議論所以致知，所以讀書，朗若揭日月而行。續編之明白精當詳密，更備苦心。讀是編，有不鼓勇依遵十先生之法讀書者，非夫也。康熙乙酉年清和月還古汪三省書於六有堂。

嘗聞近思録爲四書、五經之階梯。蓋義理精微，經周、張、二程四子詳之，幾已約而能該。然學者讀朱子纂集之書，而不讀朱子闡發之書，則未得其會通於心，終有所闕憾，此予里汪星溪先生因而合編之。當日先君子校閲之餘，已歎其集群言而啓後學之意，至深且大矣。惜其未有註疏，而學者展卷探索，猶或茫然莫測者。今會宗施虹玉先生，學術醇正，著述滿家，前梓小學發明，已見重於當代鉅公，而大益乎海内後學；兹著近思録發明，遇疑難則註釋詳明，於首尾則發揮暢快，又以薛、胡、羅、高四子之語增附於其間，聚衆論而參獨見，俾讀者一覽目擊而心解，可謂毫髮無遺憾，誠爲宋明理學大成之全書也。書成，而以致知卷付校閲。湄反覆尋繹，其中類分縷晰，精詳確當。因慨世之目經書爲糟粕，與徒鑽研故紙之流，得覩是編，而以居敬窮理、反躬實踐爲讀書之要，其仍有失於博雜支離以及棄聞見而師心自用者鮮矣。先生之維正道而惠來學也，功豈淺小哉？同會姪楊湄謹識。

校勘記

〔一〕或用其三　「三」，原作「二」，據聚錦堂本、英秀堂本、雲南書局本改。

〔二〕孰能識之　「孰」，原作「熟」，據文義改。

〔三〕豈可一向汩没於故紙堆中　「汩」，原作「汨」，據聚錦堂本改。

五子近思録發明卷四

存養

平巖葉氏曰：「此卷論存養。蓋窮格之雖至，而涵養之不足，則其知將日昏，而亦何以爲力行之地哉！故存養之功，實貫乎知行，而此卷之編，列乎二者之間也。」愚按：孔子教人，莫非存心養性之事，但未嘗明言之耳，至孟子則明言之也。蓋心者，人之神明；性者，人之生理。苟不存養，則心馳逐於外，而性亦難全，惟息息存養，則本心常明，天性自全。故存養工夫甚大，亦是終身事，不可須臾間斷也。然未致知之前，不先存養，則心體昏放，大本不立，何能窮理？既窮理之後，若不存養，則理無歸着，隨得而隨失之矣，何能爲我有？第知未至時，存養工夫難，意味淺；知既至，存養工夫易，意味深。故古人自小學灑掃應對，事親敬長，周旋禮樂，習爲恭敬，無非存養之事。而程子發明一「敬」字，於學者最有力。以中庸存養工夫，只在戒慎恐懼也。且致知即要力行，苟不存養，何以爲力行之地？致知力行工夫雖切要，然有時惟存養工夫不可須臾間斷，故朱子列存養於致知、力行之間，雖曰存養之功貫乎知行，其實學者自始至終，皆離不得存養也。

或問：聖可學乎？濂溪先生曰：可。有要乎？曰：有。請問焉，曰：一爲要。一者無欲也，無欲則靜虛動直。靜虛則明，明則通；動直則公，公則溥。明通公溥，庶矣乎！

此言聖人必可學而至也。朱子曰：「此章之指，最爲要切。學者能深玩而力行之，則有以知無極之真，兩儀四象之本，皆不外乎此心，而日用間自無别用力處矣。」吴敬菴曰：聖人至誠無息，與天合德，未嘗不可學也。學之之要，在一其誠而已。一者，純乎天理，無人欲以雜之也，有欲則二三矣。無欲，則靜時此心湛然，外物不能入而虛；動時惟理是循，外物不能撓而直。靜虛則心無障蔽而明，明則於事物之理無不洞徹而通矣；動直則心無偏陂而公，公則於遠邇之間無不周遍而溥矣。人能明通公溥，其庶幾於聖人矣乎！但聖人自然無欲，學者必由寡欲以至於無。寡欲之方，莫要於主一之敬也。其必戒慎不睹，恐懼不聞，然後能靜虛；慎獨審幾，然後能動直，未有不實用存養省察之功，而可以至於聖人者也。周子所謂「一即太極」也。靜虛，陰之體；動直，陽之用。明屬金，通屬水，公屬木，溥屬火，四時之象也。能學聖人，則天道亦不外於吾身矣。

伊川先生曰：陽始生甚微，安靜而後能長。故復之象曰：「先王以至日閉關。」

此言安靜以養微陽也。陽雖復而尚微，不安靜以養之，則其氣不固，而無以爲發生之本。先王以冬至之日，閉道路之關，使商旅不行，王公於是日亦不巡省方國，上下皆安靜以養微陽也。在人則善端初復，當莊敬以持養之，然後善念達於外而益以廣，不然，萌蘖生而牛羊牧之，良心能無夭閼乎？

動息節宣，以養生也；飲食衣服，以養形也；威儀行義，以養德也；推己及物，以養人也。

此言學者無所不養，而養德其大者也。威儀著於容貌，行義見於事業，能養德以爲之本，則推己及物，順理而行之耳。若專務養生、養形而不知養德，則非君子之所貴也。

「慎言語」以養其德，「節飲食」以養其體。事之至近而所繫至大者，莫過於言語飲食也。

禍從口出，病從口入，慎之節之，則時然後言，悔吝無自而生，適宜不過，疾病無自而起矣。養德、養身之事雖不止此，而二者其切務也。

「震驚百里，不喪匕鬯」。臨大震懼，能安而不自失者，惟誠敬而已。此處震之道也。

此言誠敬爲處震之道。匕所以舉鼎實，鬯以秬黍酒和鬱金，所以灌地降神者也。雷之奮也，百里之内，人莫不爲之震驚，獨主祭者誠敬中存，所執之匕鬯，不因之而喪失焉，豈非臨以大可震懼之事，而不失其所主之常者乎？然則，君子當大患難大恐懼，欲處之安而不自失者，惟存誠主敬而已矣。

人之所以不能安其止者，動於欲也。欲牽於前而求其止，不可得也。故艮之道當「艮其背」，所見者在前，而背乃背之，是所不見也。止於所不見，則無欲以亂其心，而止乃安。朱子曰：即非禮勿視、聽、言、動之意。「不獲其身」，不見其身也，謂忘我也。無我則止矣。不能無我，無可止之道。朱子曰：外既無非禮之視、聽、言、動，則内自不見有私己之欲矣。「行其庭，不見其人」，庭除之間至近也，在背則雖至近不見，謂不交於物也。朱子曰：姦聲亂色，不留聰明。淫樂慝禮，不接心術。惰慢邪僻之氣，不設於身體是也。外物不接，内欲不萌，如是而止，乃得止之道，於止爲无咎也。

此言止於所當止，則不爲外物所牽引也。蓋人所當止者，義理也。止於所當止，則所見者惟義理，而一切物欲之私，皆不得而奪之矣。故艮之道，當艮其背，則義理之所當止者，能止之矣。「不獲其身」，則內不見己，是內欲不萌也。「行其庭，不見其人」，則外不見人，是外物不接也。內不見己，外不見人，而所見者惟義理。仰不媿於天，俯不怍於人，何咎之有？

明道先生曰：若不能存養，只是説話。遺書。下同。

胡敬齋曰：程子説「若不能存養，只是説話」，言人不能操存涵養，則所講究之理，無以有諸己，適爲口語而已。蓋能主敬涵養，則天理本原在內，聰明自生，義理日明，所窮之理，得於己而不失。故朱子以爲「未知者，敬以知之；已知者，敬以守之」，此涵養之敬所以成始成終也。

聖賢千言萬語，只是欲人將已放之心，約之使反復入身來，自能尋向上去，「下學而上達」也。

朱子曰：孟子「求放心」乃開示要切之言，程子又發明之，曲盡其旨，學者宜服膺而勿失也。○胡敬齋曰：「求放心」不是捉得一箇心來存，只惕然肅敬，心便在此。又曰：心纔私便是放，不必逐物馳騖，然後爲放心。一放便是私，不待縱情肆欲，然後爲私。這裏最難，所以古人「戰戰兢兢」。

李籲問：每常遇事即能知操存之意。無事時如何存養得熟？曰：古之人耳之於樂，目之於禮，左右起居，盤盂几杖，有銘有戒，動息皆有所養。今皆廢此，獨有理義之養心耳。但存此涵養意，久則自熟矣。「敬以直内」，是涵養意。李籲字端伯，程子門人也。

葉平巖曰：義理養心，本兼動静，但此答「無事時如何存養得熟」，故曰「但存涵養意，久則自熟」。敬則心存於中，無所越逸，即涵養之意也。愚謂人果能實下工夫，推尋此心之動静，而務主於敬，則静有所養，而客念不復作；動有所持，而外誘不能奪。如此則志慮精專，理亦易明，心亦易熟。

吕與叔嘗言患思慮多，不能驅除。曰：此正如破屋中禦寇，東面一人來未逐得，西面又一人至矣，左右前後，驅逐不暇。蓋其四面空踈，盜固易入，無緣作得主定。又如虚器入水，水自然入。若以一器實之以水，置之水中，水何能入來？蓋中有主則實，實則外患不能入，自然無事。

此言人心中有主，則閒思雜慮不待驅除而自無也。蓋中有主，是主於一也。主是專主之主，一是一於此而不他適，純一不雜之一。初學難得知此，故程子只教整齊嚴肅，則心便一。一則自無非僻之干，那裏有思慮之多耶？

邢和叔言：吾曹常須愛養精力，精力稍不足則倦，所臨事皆勉强而無誠意，接賓客語言尚可見，况臨大事乎？邢恕字和叔。

只致其恭敬，則心肅然。自存亦是愛養精力底工夫。

明道先生曰：學者全體此心。學雖未盡，若事物之來，不可不應。但隨分限應之，雖不中，不遠矣。

葉平巖曰：體猶體幹，全體，謂全主宰以爲應酬之本，則心存而理得，雖有不中，於理亦不遠矣。

「居處恭，執事敬，與人忠」，此是徹上徹下語。聖人元無二語。

朱子謂此三句「便是存心之法」，程子謂是「徹上徹下語」，充之則睟面盎背，推而達之則篤恭而天下平矣。

伊川先生曰：學者須敬守此心，不可急迫，當栽培深厚，涵泳於其間，然後可以自得。但急迫求之，只是私己，終不足以達道。

學者主敬以存心，亦要義理來浸灌，方得此心悦懌，此栽培涵泳之法也。不然，只是硬持守矣。若急迫求之，又是助長於道，反有礙也。

明道先生曰：「思無邪」，「毋不敬」，只此二句循而行之，安得有差？有差者，皆由不敬不正也。

朱子曰：「思無邪」，是心正意誠。「毋不敬」，是正心誠意。人能恪遵此二句而篤行之，則心常存而邪念不作，日用之間，物來順應，安得有差乎？

今學者敬而不自得，又不安者，只是心生，亦是太以敬來做事得重，此「恭而無禮則勞」

也。恭者，私爲恭之恭也。禮者，非體之禮，是自然底道理也。只恭而不爲自然底道理，故不自在也，須是「恭而安」。今容貌必端、言語必正者，非是道獨善其身，要人道如何，只是天理合如此，本無私意，只是箇循理而已。

葉平巖曰：「持敬而無自得之意，又爲之不安者，乃存心未熟之故，亦是作意太過，勉强以爲恭，而不知禮本自然，是以勞而不安也。私爲恭者，作意以爲恭，而非其公行者也。非體之禮，謂非升降揖遜之儀，鋪筵設几之文，蓋自然安順之理也。私意，謂矯飾作爲之意。循理則順乎自然，盡乎當然，何不安之有？」愚謂恭敬而不懈怠則心熟，而順乎天理之自然，久則安矣。

今志於義理而心不安樂者何也？此則正是剩一箇「助之長」。雖則心「操之則存，捨之則亡」，然而持之太甚，便是「必有事焉」而正之也。亦須且恁去，如此者只是德孤。「德不孤，必有鄰」，到德盛後，自無窒礙，左右逢其原也。

葉平巖曰：孤，謂寡特而無輔也。涵養未充，義理單薄，故無自得之意。及德盛而不孤，則胸中無滯礙，左右逢其原，沛然有餘裕，又何不安樂之有？愚謂常操常存，勿忘勿助，則義理充積於中，造到自然，戒謹恐懼，自然整齊嚴肅，無須臾離，無毫髮間，則德盛矣。

敬而無失，便是「喜怒哀樂未發謂之中」。敬不可謂中，但敬而無失，即所以中也。

此言靜而存養也。此時心體寂然不動，無所偏倚，即所謂「未發之中」也。然非敬而無失，安能有此？故敬非中，敬而無失，所以養其中也。

司馬子微嘗作坐忘論，是所謂「坐馳」也。

司馬承禎字子微，唐天寶中隱居於天台之赤城，嘗著論八篇，言清淨無爲，坐忘遺照之道。蓋欲息思慮，便是不能息。思慮有意於坐忘，即是「坐馳」。故程子曰：「有忘之心，乃是馳也。」若主敬，則無此患矣。

伯淳昔在長安倉中閒坐，見長廊柱，以意數之，已尚不疑。再數之不合，不免令人一一聲言數之，乃與初數者無差。則知越著心把捉，越不定。

心是活物，是定他不得的。越要定他，越不可定。蓋著意把捉，則心已爲之動，如何能定？惟是主於一則自定，止於事則自定。故程子「令人一一聲言數之，乃與初數者無差」，主於一而又止於事也。

人心作主不定，正如一箇翻車，流轉動揺，無須臾停，所感萬端。若不做一箇主，怎生奈何？張天祺昔嘗言：「自約數年，自上著牀，便不得思量事。」不思量事後，須强把他這心來制縛，亦須寄寓在一箇形象，皆非自然。君實自謂：「吾得術矣，只管念箇『中』字。」此又爲中所繫縛，且中有何形象？有人胸中常若有兩人焉，欲爲善，如有惡以爲之間，欲爲不善，又若有羞惡之心者。本無二人，此正交戰之驗也。持其志，使氣不能亂，此大可驗。要之，聖賢必不害心疾。

此言人心作主不定，而爲氣所亂也。若能敬以持志，則不爲氣所勝矣。蓋心者，身之主，敬又能做心之主也。心若不敬則放，能敬則存，非心之主而何？張天祺欲絶思慮，然心無安頓處。温公只守箇「中」字，又爲「中」字所繫縛。人應事無主，又有善惡交戰之患，總是不能以敬持志，而爲氣所亂也。若以敬持志，則心有主宰，雖所感萬端，因物付物，亦不錯亂。主敬，所以能一天下之動也。

明道先生曰：某寫字時甚敬，非是要字好，只此是學。

須知「只此是學」是學何事，又非是欲字好，即此事以存養也。存養乃時時刻刻事，一息不存，則天理即便間斷。惟敬，則心便存，理便在，故曰「即此是學」也。

伊川先生曰：聖人不記事，所以常記得；今人忘事，以其記事。不能記事，處事不精，皆由於養之不完固。

養之完固，則心地嚴肅，神智自生。蓋心是神明之舍，存則自明，事亦能記，處事亦精。嘗驗之平旦之時，凡日間思之不得者，至平旦不思而得，以夜氣養之完固而心清也。

明道先生在澶州日，修橋少一長梁，曾博求之民間。後因出入，見林木之佳者，必起計度之心。因語以戒學者：心不可有一事。

心無一事之謂敬，故「心不可有一事」。敬則澄然無事矣，無事則定，定則物來順應，安有計度之心哉？

伊川先生曰：入道莫如敬，未有能致知而不在敬者。今人主心不定，視心如寇賊而不可制，不是事累心，乃是心累事。當知天下無一物是合少得者，不可惡也。

上章説「心不可有一事」，此章又説「天下無一物是合少得者，不可惡也」。人能主敬，則心如鑑之空，如衡之平，可以酬酢萬事而無累。蓋「心不可有一事」者，非厭惡事物也。廓然大公，物來順應，所謂「萬變皆在人，其實無一事」也。此程門心法之要。

人只有一箇天理，却不能存得，更做甚人也！

做人以存天理爲主，天理不能存，何以爲人乎？如何便能存得，只致其恭敬而已。

人多思慮，不能自寧，只是做他心主不定。要作得心主定，惟是止於事，「爲人君，止於仁」之類。如舜之誅四凶，四凶已作惡，舜從而誅之，舜何與焉？人不止於事，只是攬他事，不能使物各付物。物各付物，則是役物。爲物所役，則是役於物。有物必有則，須是止於事。

此言心主定，則無思慮紛擾之患。蓋心爲主，事爲客，以主待客，則我不勞而事治，故能使物各付物，處之各得其當然之則者。心主定也，蓋止於事，則止於其所當止，此所以心主定，可以應酬天下萬事，而思慮安寧，無紛擾之患也。

不能動人，只是誠不至。於事厭倦，皆是無誠處。

凡事有一片真實精神爲之，則必不厭倦。既不厭倦，則人必有感動而與起者矣，故君子做存養工夫，無一念之不實，無一言之不實，積之又積，必求誠之至也。

靜後見萬物自然皆有春意。

此則「萬物靜觀皆自得」之意也，然必靜後方能見之。若胸中雜念紛紜，安得有此？

孔子言仁，只説「出門如見大賓，使民如承大祭」。看其氣象，便須心廣體胖，動容周旋，自然中禮。惟慎獨便是守之之法。聖人修己以敬，以安百姓，篤恭而天下平。惟上下一於恭敬，則天地自位，萬物自育，氣無不和，四靈何有不至？此「體信」「達順」之道，聰明睿智，皆由是出，以此事天饗帝。

禮運曰：「體信以達順。」朱子曰：「信是實理，順是和氣。」體信是無一毫之僞，達順是發而皆中節，無一物不得其所。天以理言，故曰事，動靜語默，無非事也。帝以主宰言，故曰饗。饗，郊祀之類。又曰：聰明睿智，皆由是出，非程子實因持敬而見其效，何以語及此？胡敬齋曰：不是程子實做過來，如何會如此道？今須以程子爲法，將聖賢言語，句句從自己身上體驗，何患不長進？若未到此地位，只是我未曾實做得工夫，只管打點做上去，此爲學之大法也。

存養熟後，泰然行將去，便有進。

胡敬齋曰：涵養得這道理熟，發便中節。又曰：涵養得本心，熟到清明和暢處，仁可得矣。故存養只要熟，熟則有進益也。

不媿屋漏，則心安而體舒。

胡敬齋曰：不媿屋漏，是持養氣象。「不媿屋漏，則心安而體舒」，程子過於人在此。

心要在腔子裏。腔子，猶言身子也。

此言心不可放。蓋人之一心，萬理咸備，萬事總綱，而其虚靈之體，得之於天，又至大至貴者也，豈可放而不在腔子裏哉？但人爲物欲牽引，舊習纏繞，閒思雜慮不知多少，此心無一刻在腔子之内，故義理昏昧，應事差謬。至大至貴之體，反流於卑污苟賤之域，而不自知矣。程子所以説「心要在腔子裏」，朱子又教人在腔子裏之法曰「敬」。人能時時敬，處處敬，則無時無處而不在腔子裏矣。

只外面有些隙罅，便走了。

此言人心易放。顔子四勿工夫，亦是制之於外，以安其内，不可使有一些隙罅，工夫方密。果能閑邪，則誠自存也。

人心常要活，則周流無窮，而不滯於一隅。

人心虛靈神妙，原是最活的。若放而不存，則有所昏蔽，而滯於一隅矣。能敬以操之，則周流無窮也。

明道先生曰：「天地設位，而易行乎其中。」只是敬也。敬則無間斷。

朱子曰：天地亦是有箇主宰，方始恁地變易無窮。就人心言之，惟敬然後流行不息。敬纔間斷，便是不誠無物也。

「毋不敬」，可以對越上帝。

「君子終日乾乾」，對越在天，只是敬也。敬該動靜。靜坐端嚴，敬也；隨事簡點致謹，亦敬也。敬兼內外。容貌莊正，敬也；心地湛然純一，亦敬也。故曰「『毋不敬』，可以對越上帝」也。

敬勝百邪。朱子曰：學者常提醒此心，如日之升，群邪自息。

「敬以直內，義以方外」，仁也。若以敬直內，則便不直矣。「必有事焉而勿正」，則直也。

「敬以直内」，是無纖毫私意，胸中洞然，徹上徹下，表裏如一。「義以方外」，是見得是處，決定是恁地；不是處，決定不恁地，截然方方正正。如此則人欲淨盡，天理流行，而心德全矣，故曰仁也。然不曰「以敬直内」，而曰「敬以直内」，蓋有意欲以之而直内，則此心已有所偏倚，而非直矣。「必有事焉而勿正」者，敬所當爲，而無期必計效之意，所以謂之直也。

涵養吾一。

一者，純乎天理，而無一毫人欲以雜之也。然必主敬涵養，方能此心常存而不二也。

「子在川上曰：『逝者如斯夫！不舍晝夜。』」自漢以來，儒者皆不識此義。此見聖人之心純亦不已也。純亦不已，天德也。有天德便可語王道，其要只在慎獨。

朱子曰：聖人見川流之不息，歎逝者之如斯。原其所以然，乃天命流行不息之體，惟聖人之心默契乎此，故有感焉。於此可見聖人「純亦不已」之心矣。又曰：有天德，則純是天理，無私意間斷，便做得王道。又曰：學者謹獨，所以爲不已。少有不謹，則人欲乘之便間斷也。

「不有躬，無攸利。」不立己，後雖向好事，猶爲化物。不得以天下萬物撓己，己立後，自能了當得天下萬物。

葉平巖曰：蒙六三爻辭。己未能自立，則心無所主，雖爲善事，猶爲逐物而動。若能自立，則應酬在我，物皆聽命，何撓之有？

伊川先生曰：學者患心慮紛亂，不能寧靜，此則天下公病。學者只要立箇心，此上頭儘有商量。

朱子曰：學者不先立箇心，恰似作室無基址。今求此心，正爲要立基址，得此心有箇存主處，爲學便有歸著，可以用功。胡敬齋曰：整頓得心起，則學自進；守得心定，則德愈固，焉有心慮紛亂之患乎？

閑邪則誠自存，不自外面捉一箇誠將來存著。今人外面役役於不善，於不善中尋箇善來存著，如此則豈有入善之理？只是閑邪則誠自存。故孟子言性善皆由内出，只爲誠便存，閑邪更著甚工夫？但惟是動容貌、整思慮，則自然生敬。敬只是主一也。主一則既不之東，又不之西，如是則只是中；既不之此，又不之彼，如是則只是内。存此則自然天理明。學者須是將「敬以直内」涵養此意，直内是本。

胡敬齋曰：誠、敬雖是二事，其實一體。非敬無以入誠，非誠則敬有間斷。敬是持守之法，實有是敬而無間，即誠也，故程子曰：「未能誠者，由敬以入誠。」一者，誠也。主一，敬也，由敬入誠。又曰：「敬以直内」，是無許多雜亂邪念，故内直。内直誠便存。蓋人心只有理，理本直，敬則可以關防外邪，養本性，故曰直内是本。○尹彦明曰：敬有甚形影？只收斂身心，便是主一。且如人到神祠中致敬時，其心收斂，更著不得毫髮事，非主一而何？

閑邪則固一矣，然主一則不消言閑邪。有以一爲難見，不可下工夫，如何？一者無他，只是整齊嚴肅，則心便一。一則自是無非僻之干。此意但涵養久之，則天理自然明。

程子只教人整齊嚴肅，則心便一。戒慎恐懼是閑邪工夫，纔戒慎恐懼，心便一；常戒慎恐懼，則心常一；常整齊嚴肅，則心常一。此等工夫，交來交去，只一般，只是要此心常在這裏。敬如何便存得天理？曰：此心中只是理，别無物。放其心理便失敬，則心存理便在主敬。不是别有一敬，將心去主他，只心自敬耳。主敬是專要如此而不間也，故學者但將此意涵養久之，則心自一，理自明爾。

有言：未感時，知何所寓？曰：「操則存，舍則亡，出入無時，莫知其鄉」，更怎生尋所寓？只是有操而已。操之之道，「敬以直内」也。

敬便是操，非敬之外别有所謂操。人若敬時，許多放蕩底心都收了，許多雜擾底心都一了。常常敬，則此心專一，專一則内直，中自有主，亦不患其「出入無時，莫知其鄉」矣。

敬則自虚静，不可把虚静唤做敬。

朱子曰：周子説主静正是要人静定其心，自作主宰。程子又恐人只管求静，遂與事物不交涉，却説箇敬云：「敬則自虚静，不可把虚静唤做敬。」若把虚静唤做敬，便恐流於窈冥昏默之異學矣。

學者先務，固在心志，然有謂欲屏去聞見知思，則是「絶聖棄智」。有欲屏去思慮，患其紛亂，則須坐禪入定。如明鑑在此，萬物畢照，是鑑之常，難爲使之不照。人心不能不交感萬物，難爲使之不思慮。若欲免此，惟是心有主。如何爲主？敬而已矣。有主則虛，虛謂邪不能入；無主則實，實謂物來奪之。大凡人心不可二用，用於一事，則他事更不能入者，事爲之主也。事爲之主，尚無思慮紛擾之患，若主於敬，又焉有此患乎？所謂敬者，主一之謂敬；所謂一者，無適之謂一。且欲涵泳主一之義，不一則二三矣。至於不敢欺，不敢慢，「尚不愧於屋漏」，皆是敬之事也。

胡敬齋曰：「今人屏絶思慮以求靜，聖賢無此法。聖賢只戒慎恐懼，自無許多邪思妄念。不求靜，未嘗不靜也。」若老氏之絶聖棄智，釋氏之坐禪入定，皆絶天理，害人心之教，儒者不爲也。儒者只主於敬而已。朱子曰：「程子有功於後學，最是拈出『敬』字有力。敬則此心不放，事事從此做去。」又曰：「無適者只是持守得定，不馳鶩走作之意耳。無適只是主一，主一即是敬，展轉相解，非無適之外別有主一，主一之外別有敬也。」總而言之，只是要此心專一。若專一時，自無雜慮。有事時專一，無事時亦專一，此敬之所以貫乎動靜而爲操存之要法也。即君子九思，亦是存養法。思其所當思，亦敬也，何必欲過絶思慮，屏去聞見智思，以求靜乎？

嚴威儼恪，非敬之道，但致敬須自此入。

嚴威儼恪，乃以上臨下之敬，即所謂「正其衣冠，尊其瞻視，儼然人望而畏之」者也。以之事親，則少「夔夔齊栗」之意，故程子謂「嚴威儼恪，非敬之道」，又謂「致敬須自此入」者，即程子整齊嚴肅之説，蓋不齊其外，則無以養其内也。故胡敬齋以端莊整肅、嚴威儼恪是敬之入頭處，提撕喚醒是敬之接續處，主一無適、湛然純一是敬之無間斷處，惺惺不昧、精明不亂是敬之效驗處。說敬之道，極親切，極分明，非實做過主敬工夫者不知也。

「舜孳孳爲善」，若未接物，如何爲善？只是主於敬，便是爲善也。以此觀之，聖人之道，不是但嘿然無言。

未接物時，思慮未萌，正是不覩不聞之時，静而敬以存養。未發之中，立天下之大本，善莫大焉。此時只用得戒慎恐懼工夫，故曰：「主於敬，便是爲善也。」

問：人之燕居，形體怠惰，心不慢，可否？曰：安有箕踞而心不慢者？昔吕與叔六月中來緱氏，閒居中，某嘗窺之，必見其儼然危坐，可謂敦篤矣。學者須恭敬，但不可令拘迫，拘迫則難久也。

人之燕居，形體怠惰，只「整齊嚴肅」四字振得起。古人云：「宴安如酖毒，甚可懼也。」惟莊整嚴肅，戰兢惕厲，可以勝之。胡敬齋曰：人之昏困，是氣也。持其志，則昏困去矣。在敬，但不可令拘迫，拘迫則難久，不若索性從整齊嚴肅做上去，更易爲力，如吕與叔之儼然危坐，可法也。

思慮雖多，果出於正，亦無害否？曰：且如在宗廟則主敬，朝廷主莊，軍旅主嚴，此是也。如發不以時，紛然無度，雖正亦邪。

程子謂思慮之發要以時，即是「君子思不出其位」之意。日用間一言一動，稍與其位之理不合，便是出位。須將主敬工夫勉力去做，方能免得出位之思慮。如發不以時，即是出位，雖正亦邪，甚害事也。

蘇季明問：喜怒哀樂未發之前求中，可否？曰：不可。既思於喜怒哀樂未發之前求之，又卻是思也。既思即是已發，本註云：思與喜怒哀樂一般。纔發便謂之和，不可謂之中也。又問：吕學士言當求於喜怒哀樂未發之前，如何？曰：若言存養於喜怒哀樂未發之前則可，若言求中於喜怒哀樂未發之前則不可。又問：學者於喜怒哀樂發時，固當勉强裁抑。於未發之前，當如何用功？曰：於喜怒哀樂未發之前，更怎生求？只平日涵養便是。涵養久，則喜怒哀樂，發自中節。曰：當中之時，耳無聞，目無見否？曰：雖耳無聞，目無見，然見聞之理在始得。賢且說靜時如何？曰：謂之無物則不可，然自有知覺處。曰：既有知覺，卻是動也，怎生言靜？人說「復其見天地之心」，皆以謂至靜能見天地之心，非也。復之卦下面一畫便是動也，安得謂之靜？或曰：莫是於動上求靜否？曰：固是，然最難。釋氏多言定，聖人便言止，如「爲人君，止於仁；爲人臣，止於敬」之類是也。易之艮言「止」之義曰：「艮其止，止其所也。」人多不能止，蓋人萬物皆備，遇事時，各因其心之所重者，更互而出。纔見得這事重，便有這事出。若能物各付物，便自不出來也。或曰：先生於喜怒哀樂未發之前，下動字，下靜字？曰：謂之靜則可，然靜中須有物始得。這裏便是難處。學者莫若且先理會得敬，能敬則知此矣。或曰：敬何以用功？曰：莫若主一。季明曰：昞嘗患思慮不定，或思一事未了，他事如麻又生，如何？曰：不可，此不誠之本也。須是習，習能專一時便好。不拘思慮與應事，皆要求一。

此條問答，皆論喜怒哀樂未發之中，蓋當至靜之時，事物未來，念慮未起，此心湛然，無所偏倚，故謂之中。此時只恭敬涵養便是，若於這裏求中，便非矣。故程子曰：「求中卻是思也，既思即是已發。」此一語辨別心之動靜，界限極分明。纔動，便須用審幾省察工夫矣。然而推尋體認，總不離方寸，即下静字亦不妨。但静中須有物始得，静中有物者，只是常有箇操持主宰，無空寂昏塞之患。朱子曰：「静中有物者，只是敬，則常惺惺在這裏。」又曰：「静中有物者，只是知覺不昧。」或問伊川曰『纔有知覺便是動』？曰：『若是知寒知煖，便是知覺已動。今未曾著於事物，但有知覺，何妨其爲静？不成静，坐便只是瞌睡。』」然則喜怒哀樂未發之前，不須太著力，但戒慎恐懼，操存涵養而已。

人於夢寐間，亦可以卜自家所學之淺深。如夢寐顛倒，即是心志不定，操存不固。朱子曰：「魂與魄交而成寐，心在其間，依舊能思慮，所以做出夢。」若心神安定，夢寐亦不至顛倒。蓋寤寐者，心之動静也。有思無思者，又動中之動静也。有夢無夢者，又静中之動静也。人能操存完固，不但寐時心中有主宰，即寐時夢中，亦有主宰，不致顛倒亂夢也。

問：人心所繫著之事果善，夜夢見之，莫不害否？曰：雖是善事，心亦是動。凡事有朕兆入夢者却無害，捨此皆是妄動。人心須要定，使他思時方思乃是。今人都由心。曰：心誰使之？曰：以心使心則可。人心自由，便放去也。

天地之氣復於子，人心之氣息於夜。此處發現呈露，纔是本來真心，故夜之所夢，驗人心之真妄最切。若常操持，則心存吉凶，云爲之兆見於夢者却無害。若放而不知操，則心妄動，夢亦顛倒，雖是善事，亦是妄動。故程子曰「以心使心則可」，是常操常存也；「人心自由，便放去」，是不知操存也。

「持其志，無暴其氣」，内外交相養也。

葉平巖曰：「持其志」者，有所守於中。「無暴其氣」者，無所縱於外。然中有所守，則氣自完，外無所縱，則志愈固，故曰「交相養」。

問：「出辭氣」，莫是於言語上用工夫否？曰：須是養乎中，自然言語順理。若是慎言語，不妄發，此却可著力。

操存涵養，無須臾離，則言語自不妄發，發亦順理，可見「出辭氣」不是於言語上用工夫也〔一〕。

先生語繹曰：吾受氣甚薄，三十而浸盛，四十五十而後完。今生七十二年矣，校其筋骨，於盛年無損也。繹曰：先生豈以受氣之薄，而厚爲保生耶？夫子默然，曰：吾以忘生狥欲爲深耻。

張南軒曰：若他人養生，要康强，只是利，伊川說出來，純是天理。學者體此，則可以保身矣。

大率把捉不定，皆是不仁。

仁者心存而不放，純乎天理者也。若把捉不定，則此心外馳，理不勝欲，安得爲仁？且「把捉」二字亦是半上落下，事最難做，不若常切提撕警醒，不令放弛，乃操存之道，心亦易定也。

伊川先生曰：致知在所養，養知莫過於「寡欲」二字。

寡欲則心地潔淨，精神自足，理亦易明，而所窮之理得於己而不失，故養知莫過於「寡欲」二字也。

心定者，其言重以舒；不定者，其言輕以疾。

存心靜定者，言不妄發，發必審確而和緩，絶無輕浮躁急之病。若發言輕以急，則知其心不定，無操存涵養之功也。

明道先生曰：人有四百四病，皆不由自家，則是心須教由自家。

醫書有云：「四大不調，四百四病，一時俱動。」「四大」，謂地、火、水、風。一大不調，百一病起，合四箇百一，爲四百零四種病。而宿食爲病根，其病皆從外感起，皆不由自家。程子引此，以見人有此心，操存全在我，須教由自家，不可任其馳逐於外也。

謝顯道從明道先生於扶溝。明道一日謂之曰：爾輩在此相從，只是學顥言語，故其學心口不相應，盍若行之？請問焉。曰：且靜坐。伊川每見人靜坐，便歎其善學。

程子教人靜坐，所以救學者之偏，亦所以定其紛擾雜亂之心。昔人謂「靜坐」二字可補小學一段工夫，亦可以補夜息一段工夫。故靜坐爲吾儒養心要訣。伊川每見人靜坐，便歎其善學也。蓋心以靜而定，理以靜而明。朱子曰：靜坐則收拾得精神定，道理方有凑泊處。

横渠先生曰：始學之要，當知「三月不違」與「日月至焉」内外賓主之辨，使心意勉勉循循而不能已，過此幾非在我者。

仁，猶人之安宅也，居之「三月而不違」者，是在内而爲主也，其違也暫而已；「日月至焉」者，是在外而爲賓也，其至也暫而已。過此，謂「三月不違」以上，大而化之之事，非可以勉强而至矣，故曰「非在我者」。朱子曰：「不違仁者，仁在内而爲主。然其未熟，亦有時而出於外。『日月至焉』者，仁在外而爲賓，雖有時入於内，而不能久也。」葉平巖曰：「前説則是己不違乎仁，後説是仁不違乎己。雖似不同，其實一也。」

心清時少，亂時常多。其清時視明聽聰，四體不待羈束，而自然恭謹。其亂時反是。如此何也？蓋用心未熟，客慮多而常心少也，習俗之心未去，而實心未完也。心者，耳目四肢之主。天君澄肅，則視明聽聰，四體自然從令。若存心於道者未熟，其客慮足以勝其本心，習俗足以奪其誠意。○朱子曰：横渠大段用工夫來説得更精切。又曰：「客慮」是泛泛底思慮，「習俗之心」是從來習染偏勝之心，「實心」是義理之心。人又要得剛，太柔則入於不立。亦有人生無喜怒者，則又要得剛，剛則守得定不回，進道勇敢。載則比他人自是勇處多。

人能操持涵養，則心清時多，氣亦剛决有力；發憤勇猛向前，則義理之心勝於道。進進不已，而客慮習俗之心自消融矣。若柔靡不振，勢必入於不立，安得心君澄肅乎？

戲謔不惟害事，志亦爲氣所流。不戲謔，亦是持志之一端。

朱子曰：横渠學力絶人，尤勇於改過，獨以戲謔爲無妨。一日，忽曰：凡人之過，猶有出於不知而爲之者。至戲謔，則皆有心爲之也，其爲害尤甚。遂作東銘。今以不戲謔爲持志之一端，是真能主敬者也。

正心之始，當以己心爲嚴師，凡所動作，則知所懼。如此一二年，守得牢固，則自然心正矣。

正心無他法，只是要此心常在腔子裏。今以己心爲嚴師，則有恐懼敬畏之意，而心在腔子裏矣。如此一二年，常存敬畏，則心常在，焉有不正之患乎？

定，然後始有光明。若常移易不定，何求光明？易大抵以艮爲止，止乃光明。故大學「定」而至於「能慮」。人心多則無由光明。

葉平巖曰：此心靜定而明生焉。水之止者可鑒，而流水不可鑒，亦是理也。「動靜不失其時，其道光明。」學者必時其動靜，則其道乃不蔽昧而明白。今人從學之久，不見進長，正以莫識動靜。見他人擾擾，非關己事，而所修亦廢。由聖學觀之，冥冥悠悠，以是終身，謂之「光明」可乎？

學者莫識動靜，其病亦在於不敬。敬則此心光明，當動而動，當靜而靜，而所修不廢。不敬則此心蔽昧，不當動而動，因循廢學矣。

「敦篤虛靜」者，仁之本。不輕妄，則是敦厚也；無所繫閡昏塞，則是虛靜也。此難以頓悟，苟知之，須久於道實體之，方知其味。夫仁亦在乎熟之而已。

仁者，以天地萬物爲一體，非「敦篤」則不能勝其重，非「虛靜」則不能充其量，故張子以此四字爲「仁之本」。然必存心於仁道不息，而久實體於己，方能深知其味耳。此仁之所以貴乎熟也。

晦菴先生曰：學者喫緊是理會這一箇心，那紙上説底，全靠不得。

魏莊渠曰：木必有根，然後千枝萬葉，可從而立；水必有源，然後千流萬派，其出無窮。人須存得此心，有箇主宰，則萬事可以次第治矣。若徒靠紙上説底，而不反己理會此心，則讀數萬卷書，亦無益也。

若不先得箇本領，雖理會得許多骨董，只是添得許多雜亂，添得許多驕吝。

本領者是何物？曰心也。天地間極平常、極奇特，惟此一字，人人知之，人人不知。聖賢千言萬語，終只説此一字。故要在自求，求則得之，舍則失之。此乃爲聖爲賢底本領。孟子「先立乎其大」者，即是要人先得箇本領也。一得，則所理會者，皆爲人倫事物當然之理矣。

人心纔覺便在，更不待求。

心只是一箇心，非是以一箇心治一箇心。所謂存，所謂收，只是喚醒。學者功夫，只在喚醒上。

提撕喚醒，是敬之接續處。纔喚醒，此心便存，不待他求也。

須是猛省，頻頻提起，久之自熟。

他本自光明廣大，只著些子力照管他，便是。不要苦著力，著力則反不是。

恭敬即是照管他也，蓋心是神明之舍，存則自明。

問「操則存」。曰：心不是死物。操存者，只於應事接物之時，事事中理，便是存處。應事不是，便是心不在。若只兀然守在這裏，驀有事來操底便散了，卻是「舍則亡」也。

只循理，便是敬，便是操，不是兀然守在這裏爲敬也。心是活物，纔操，則心便存，理便在。

此心自不用大段拘束他，只爭箇醒與不醒耳。人若醒時，耳目聰明，應事接物自然無差錯處。若被私欲引去，一似睡著相似，只與他喚醒，才醒，便無事。又曰：只要此心常自整頓，惺惺了了，即未發時不昏昧，已發時不放縱耳。

喚醒，即是整頓。一念靈明，萬變畢照，安得有昏昧放縱之患？昏昧與放縱，總是不醒耳。

「居處恭，執事敬，與人忠」，便是存心之法。如説話覺得不是，便莫説；做事覺得不是，便莫做。只此是存心之法。

周先生只説「一者，無欲也」。然這話頭高，急難湊泊，故伊川先生只説箇「敬」字，庶幾執捉得定，有下手處。

「敬」字，「無欲」字，皆進學之要。但敬則從寡欲起，寡之又寡，以至於無，則亦同歸於「一」矣。

敬只是此心自做主宰處。又曰：敬只是箇畏字。又曰：敬非別是一事，常唤醒此心便是。人每日只鶻鶻突突過了。又曰：敬只是内無妄思，外無妄動。

敬齋箴曰：正其衣冠，尊其瞻視。潛心以居，對越上帝。足容必重，手容必恭。擇地而蹈，折旋蟻封。出門如賓，承事如祭。戰戰兢兢，罔敢或易。守口如瓶，防意如城。洞洞屬屬，毋敢或輕。不東以西，不南以北。當事而存，靡他其適。勿貳以二，勿叁以三。惟精惟一，萬變是監。從事於斯，是曰持敬。動靜弗違，表裏交正。須臾有間，私欲萬端。不火而熱，不冰而寒。毫釐有差，天壤易處。三綱既淪，九法亦斁。於乎小子，念哉敬哉。墨卿司戒，感告靈台。

此箴發明持敬之方，詳密精切，學者宜拳拳服膺而勿失之也。「正其衣冠」二句，即程子所謂「整齊嚴肅」也；「潛心以居」二句，即程子所謂「主一無適」也。此兼内外，皆爲静而敬也。「足容必重」四句，皆見於外者，動而敬也。合觀八句，皆處己之敬也。「出門如賓」四句，此動於外者，無不敬也。「守口如瓶」四句，此謹將動之幾，以敬而防於内也。合觀此八句，皆接物之敬也。「不東以西」四句，此明無適之義，所以爲敬也。「勿貳以二」四句，此明主一之義，所以爲敬也。以上皆持敬之要旨也。「從事於斯」四句，即總結上文，而言敬之效也。若夫不敬之害，又有可畏者，故「須臾有間」四句，以見存心不可頃刻而不敬也。「毫釐有差」四句，以見處事不可毫釐而不敬也。合觀八句，皆深言不敬之害，以警人也。「於乎小子」四句，欲人念此篇而不忘，力持敬而不懈，故假筆墨，書而揭之，俾人常見於目而警戒於心也。朱子此箴，合内外，貫動静，可謂詳密精切之至矣。學者欲希聖賢，而從事存養省察之功，舍是曷由乎哉？

持敬之説不必多言，但熟味「整齊嚴肅」、「嚴威儼恪」、「動容貌，整思慮」、「正衣冠，尊瞻視」此等數語，而實加工焉，則所謂「直内」，所謂「主一」，自然不費安排，而身心肅然，表裏如一矣。

身心收斂，則自然和樂。不是別有箇和樂，才整肅，自和樂。

問：敬易間斷，如何？朱子曰：覺得間斷，便已接續，習得熟，自然打成一片。今之言敬者，只是説。若是敬，便如烈火，有不可犯之色。事物來，便劈成兩畔去，何至如此纏繞？

答呂子約曰：所論主一、主事之不同，恐亦未然。主一只是專一，蓋無事則湛然安靜，而不驚於動，有事則隨事應變，而不及乎他。是所謂主事者，乃所以爲主一者也。若是有所係戀，卻是私意，雖似專一不舍，然既有係戀，則必有事已過而心未忘，身在此而心在彼者。此其支離畔援，與主一無適，非但不同，直是相反。今比而論之，亦可謂不察矣。

九容九思，便是涵養。

容貌辭色之間，正學者持養用力之地。

學者以九容範其身，則身在規矩中矣；以九思範其心，則心在規矩中矣。此持敬之要法也。故曰：「九容九思，便是涵養。」

一學者苦敬而矜持。先生曰：只爲將此敬字別作一物，而又以一心守之，故有此病。若知敬只是自心自省，當體便是，則自無此病矣。

道著敬，已多了一字。但略略收拾來，便在这裏。

高景逸曰：心有無窮工夫，「敬」之一字，乃大總括。又曰：心不可言，聖人以敬言之。又曰：不知敬之即心，而欲以敬存心，不識心，亦不識敬。然則敬只是自心自省，道著敬，已多了一箇「敬」字矣。故曰「但得心存便是敬，莫於存外更加功」也。

吴伯英問持敬之義。曰：且放下了持敬，更須向前進一步。問：如何是進步處？曰：心中若無一事時，便是敬。

高景逸曰：心無一事之謂敬。又曰：「儼若思」而已，無纖毫事也。此是向前進步處。

明道教人靜坐，李先生亦教人靜坐。蓋精神不定，則道理無湊泊處，看來須是靜坐。

朱子謂學者半日靜坐，半日讀書，如此三年，無不進者。嘗驗之一兩月，便不同。學者不作此工夫，虛過一生，殊可惜。

靜坐無閒思雜慮，則養得來便條暢。又曰：若見得道理分曉，自無閒思雜慮。人所以思慮紛擾，只緣未見道理耳。天下何思何慮？是無閒思慮也。又曰：人心無不思慮之理，若當思而思，自不當苦苦排抑，反成不静。又曰：静坐時正要體察思繹道理，只此便是涵養。又曰：思慮不可過苦，但虚心游意，時時玩索，久之，當自見縫罅意味。

非全放下，終難凑泊。

人欲淨盡，天理流行。去其本無，全吾固有，故必全放下，道理始得凑泊也。

應事得力，則心地静；心地静，應事分外得力。

專務静坐，又恐墮落那一邊去，只是虚著此心，隨動隨静，無時無處不致其戒謹恐懼之力，則自然主宰分明，義理昭著矣。然著「戒謹恐懼」四字，已是壓得重了，要之，只略綽提撕，令自省覺便是。

戒懼是防之於未然，以全其體；謹獨是察之於將然，以審其幾。

存養是静工夫，省察是動工夫。

静時要操得密，動時要察得精。蓋静時，此理全具於寂然不動之中。當此之時，敬以操存之，而未發之中，天下之大本立焉，故要操得密。及動時，此理發見於感而遂通之際。當此之時，敬以省察之，而中節之和，天下之達道行焉，故要察得精。

李先生說：人心中大段惡念，卻易制伏。只是那不大段、計利害、乍往乍來底念慮，繼續不斷，難爲驅除。今看來是如此。

高景逸曰：惡念易除，雜念難除。惡念盡是誠意，雜念盡是正心。愚謂真能主敬者，自無雜念。其雜念不能驅除者，皆是敬不至也。

問：不緊要底思慮，不知何以制之？曰：只覺得不當思慮底，便莫要思，久久純熟，自然無此等思慮矣。

李伯誠曰：打坐時意味也好？先生曰：坐時固是好，須是臨事接物時，長如坐時方可。

安得臨事接物時長如坐時？只是隨事簡點，致謹此心，惺惺不昧，精明不亂，則動時意味與静時意味一般矣。

纔著箇要静底意思，便是添了多少思慮。

無事静坐，有事應酬，隨時隨處，無非自己身心運用。但常自提撕，不與俱往，便是工夫。事物之來，豈以漠然不應爲是耶？

天生一箇人，便須管天下事。

學常要親細務，莫令心麤。

或勞先生人事之繁，先生曰：凡事只得奈煩做將去，才起厭心，便不得。

儒者之學，只是明理應事，日用細務，以至天下大事，皆要耐煩應酬。但心是萬理統會，萬事根本，必要操存涵養，方能物來順應，不致差謬。故朱子雖事繁勞苦，而無厭倦之意也。

楊道夫曰：羅先生教學者「靜坐中看喜怒哀樂未發作何氣象」，李先生以爲此意不惟於進學有力，兼亦是養心之要。而遺書有云：「既思，即是已發。」與前所舉有礙否？黄直卿曰：此問亦切。但程先生剖析毫釐，體用明白；羅先生探索本源，洞見道體。二者皆有大功於世，善觀之，則亦並行而不相悖矣！況羅先生於靜坐觀之，乃思慮未萌，虛靈不昧，自有以見其氣象，則初無害於未發。蘇季明以「求」字爲問，則「求」非思慮不可，此伊川所以力辨其差也。先生曰：公雖如此分解羅先生說，終恐做病。如明道亦說靜坐可以爲學，謝上蔡亦言多著靜不妨。此說終是小偏。才偏，便做病。道理自有動時，自有靜時，學者只是「敬以直内，義以方外」，見得世間無處不是道理，雖至微至小處，亦有道理，便以道理處之，不可專要去靜處求。所以伊川謂「只用敬，不用靜」，便說得平也。是他經歷多，故見得恁地。若以世之大段紛擾人觀之，會靜得固好，講學則不可有毫髮之偏。

中庸論存養工夫，原兼動靜，亦不專在靜處求，但工夫從靜處做起耳。朱子以羅先生說終有病，故從伊川說，「只用敬，不用靜」，存養省察，皆「敬以直内」工夫。然而動時工夫要在靜時做，靜時工夫要在動時用。敬原該動靜，兼體用也。蓋靜中萬理具備，是涵得有動之理，故謂之體。動時事得其理，是著乎靜中之理，故謂之用。體、用原是一物，以其在靜在動，未發已發而言也。故未發之前，要操得密；已發之後，要察得精。道理固不偏，工夫亦周匝耳。

吕與叔謂養氣可以爲養心之助，程先生大以爲不然。某初亦疑之，近方信。才養氣，心便在氣上，卻不是養心了，此所以爲不可也。

養氣則專用其心於氣，心息相依，恐流於老氏之學而不知有理，故程子以爲不可也。

問「夜氣」。曰：病根只在放其良心上。蓋心既放，氣必昏；氣既昏，則心愈亡。兩箇互相牽動，所謂「梏之反覆」〔二〕。如下文「操則存，舍則亡」，卻是用功緊切處，是箇生死路頭。

心一放時，便是斧斤之伐，牛羊之牧；一收斂在此，便是日夜之息，雨露之潤。

持其志，氣自清明。

「持志」比「存心」字較緊，只持其志，便內外肅然。

凡人多動作，多笑語，做力所不及底事，皆是暴其氣。

須事事節約，莫教過當，便是養氣之道。

人須是有蓋世之氣。

人自從生來，受天地許多氣，自是浩然。只緣見道理没分曉，漸漸衰颯了。若見得真是真非，要説一直説去，要做一直做去，這氣自浩然。又曰：浩然之氣，孔子有兩句説盡了，曰：「内省不疚，夫何憂何懼？」

高景逸曰：從古聖人未曾説氣，至孟子始説「浩然之氣」，始説「夜氣」，最爲喫緊。何也？天地間渾然一氣而已，張子所謂「虚空即氣」是也。此是至虚至靈，有條有理的，以其至虚至靈，在人即爲心；以其有條有理，在人即爲性。澄之則清，便爲理；淆之即濁，便爲欲。理便是存主於中的，欲便是梏亡於外的。如何能澄之使清？一是天道自然之養，「夜氣」是也；一是人道當然之養，「操存」是也。操者何？志也。志，帥氣者也。操存愈固，夜氣愈清；夜氣愈清，操存愈固。此是天人相合處。平旦幾希，正見道心之微；操存舍亡，正見人心之危。若養之純熟，莫知其鄉之心，便是仁義良心，更無出入可言。仁義良心，便是浩然之氣，亦無晝夜之别矣。又曰：天地間充塞無間者，惟氣而已。在天則爲氣，在人則爲心。氣之精靈爲心，心之充塞爲氣，非有二也。心正則氣清，氣清則心正，亦非有二也。孟子説不動心工夫在養氣，説養氣工夫在持志。集義真能持志，集義便不梏於物，是終日常息也。氣息則清，氣清則爲仁義良心，心存則爲浩然正氣也。息者，止息也。萬念營營，一齊止息，胸中不著絲毫，是之謂息，此非真能持志集義者不能也。養得這氣浩然，則有蓋世之氣矣。

持養之久，則氣漸和，氣和則温裕婉順，望之者意消忿解，而無招咈取怒之患矣；體察之久，則理漸明，理明則諷導詳欵，聽之者心喻慮移，而無起爭見郤之患矣。更須參觀物理，深察人情，體之以身，揆之以時，則無偏蔽之失也。要於事物上驗學力，若有窒礙齟齬，即深求病源所在而鋤去之。

學者於事物上驗學力，方可以見居敬窮理工夫之疎密。若有窒礙齟齬，皆是涵養體察之功未至，故即深求病源而鋤去之，其操存方密，察理方精。

心存時少，亡時多。存養得熟後，臨事省察不費力。

「求放心」不須註解，只日用十二時中常切照管，不令放出即出，久久自見功效，義理自明，持守自固，不費氣力也。

心纔繫於物，便爲所動。所以繫於物者有三事：未來先有箇期待之心；或事已應過，又留在心下不能忘；或正應事時，意有偏重。

心爲物所繫縛，便是有這箇物事。別事來到面前，應之便差了。此三事皆是心不得其正，總由存養省察工夫未至。欲免此，惟是著力做存養省察工夫，使心常有主宰，則不爲物所繫縛耳。

范氏云：「害其所以養心者，不在於大。」此語尤痛切。

須是教義理心重物欲。

吾心之主宰者，義理是也。義理心重於物欲，則不爲外物所牽引矣。

學者常用提醒此心，使如日之方升，群邪自息。

此心如日之方升，則正大光明，群陰盡消散矣。

心既常惺惺，而以規矩繩檢之，此内外相養之道也。

敬兼内外，心常惺惺，内裏敬也；以規矩繩檢之，外面敬也。内外交養，則心常存，理常明矣。

答林德久曰：所論「敬爲求仁之要」，甚善。「所謂心無私欲[三]，即是仁之全體」，亦是也。但須識得此意，便有本來生意融融洩洩氣象，乃爲得之耳。

仁則天理渾然，萬物皆有生意。識得此意，則融融洩洩氣象可見矣。

答林擇之曰：「滿腔子是惻隱之心」，此是就人身上指出此理充塞處，最爲親切。若於此見得，即萬物一體，更無内外之别；若見不得，卻去腔子外尋覓，則莽莽蕩蕩，愈無交涉矣。陳經正云：「我見天地萬物，皆我之性，不復知我身之爲我。」伊川先生曰：「他人食飽，公無餒乎？」正是説破此病也。

高景逸曰：「滿腔子是惻隱之心」，是就人身上指出此理充塞處，最爲親切。朱子發明程子之言，亦最親切矣。蓋天地之心充塞於人身者，爲側隱之心。人心充塞天地者，即天地之心。人身一小腔子，天地即大腔子也。人若見得此意，即不必向腔子外尋覓矣。

心不可識。然靜而有以存之，動而有以察之，則其體用亦昭然矣。近世之言識心者則異於是，蓋其靜也，初無持養之功；其動也，又無體驗之實，但於流行發見之處，認得頃刻間正當底意思，便以爲本心之妙，不過如是，擎拳作弄，做天來大事看，不知此只是心之用耳。此事一過，此用便息，豈有只據此頃刻間意思，便能使天下事事物物無不各得其當之理耶？

或問：求放心，愈求愈昏亂，如何？曰：即求者，便是賢心也。才覺其失，覺處即心，何更求爲？自此更求，自然愈失。此用力甚不多，但只要常知提醒耳。醒則自然光明，不假把捉。

問：心不能自把捉，奈何？曰：心便能把捉自家，自家如何把捉得他？惟有義理涵養耳。

問「靜中有物」。曰：只知覺便是。伊川卻云：「才知覺便是動。」恐説得太過。若云知箇甚底，覺箇甚底，如知寒覺煖，便是知覺一箇物事。今不曾知覺甚事，但有知覺在，何妨其爲靜？

究觀聖門教學，循循有序，無有合下先求頓悟之理，但要持守省察，漸久漸熟，自然貫通，即自有安穩受用處耳。

或問「心之體與天地同其大，心之用與天地流通」。先生曰：又不可一向去無形跡處尋，更宜於日用事物、經書指意、史傳得失上做工夫，即精粗表裏融會貫通。

胡季隨曰：學者須常令胸中通透灑落。先生曰：通透灑落如何令得？纔有一毫令之之心，則終身只是作意助長，欺己欺人，永不能到得灑然地位矣。此是見識分明、涵養純熟之效，須從真實積累功用中來。

以上周、程、張、朱五先生所論存養之法，蓋從歷鍊體驗中來，故皆言其所自得，可以使人依法力行，便見功效者也。濂溪先生性諸天，誠諸己，而合乎前聖授受之統，故其開口便説「無欲靜虛則明通，動直則公溥」。此心之體用，與天地相似，其要旨在主靜也。明道先生謂學者先要識仁，識得此理，以誠敬存之。又謂學者不必遠求，只一敬而已，便是約處。敬則無間斷，故其德性充完，粹和之氣，盎於面背。從先生者三十年，從未見其有忿戾之容，其重涵養如此。伊川先生則以整齊嚴肅，教人持守，而特爲「主一無適」之解，使人可以超凡入聖也。横渠先生則以己心爲嚴師，凡有動作，皆知所懼，而又勇於進德，致其静定，復其光明之體。朱夫子則紹周、程、張之真傳，而存養省察，交致其功。内則無二無適，寂然不動，以爲酬酢萬變之主。外則儼然肅然，終日若對神明，而有以保固其中心之所存。及其久也，静虚動直，中一外融，而人不見其持守之力，則篤敬之驗也。總之，喫緊是理會這一箇心，要收斂在腔子裏而已。高景逸曰：「若奈何這浮思邪慮不下，只向書中求聖賢所以事心之法，尋箇入頭。若更不得，更於周、程、張、朱五先生所論存養處討箇方法，便依法力行。如此自然有所得，只旬月之間，便見功效。」誠哉是言也！

薛敬軒先生曰：心中無一物，其大浩然無涯。○欲淡則心清，心清則理見。○常沉静則含蓄，義理深而應事有力。○少言沉默最妙。○厚重静定，寬緩進德之基。○敬則中虚無物。○須要有包含，則有餘意。發露太盡則難繼。○聞事不喜不驚者，可以當大事。○常默可以見道。○心誠、色温、氣和、辭婉，必能動人。○莊子曰：「嗜慾深者，天機淺。」蓋嗜慾昏亂此心，則理無自而見。故周子曰：「一者，無欲也。」無欲，其至矣！○無欲非道，入道自無欲始。○修詞以立誠，則言不妄發。○德進則言自簡。○欲深欲厚，欲莊欲簡。○

養之深，則發之厚；養之淺，則發之薄。觀諸造化可見。窮冬大寒，天氣閉塞，而元氣蓄藏既固，至春，則發達充盈而不可遏。若冬煖，元氣露泄，則春亦生物不盛而疫癘作矣。○常充無欲害人之心。○知天地萬物爲一體，則能愛矣。○行其無事則順理。○若胸中無物，殊覺寬平快樂。○心虚有内外合一之氣象。○静中有無限妙理皆見。○「人生而静」以上，不容説「繼之者善也」。○平旦虚明之氣象，有難以語人者，惟無妄者能識之。○一息不可不涵養，涵養只在坐卧、作止、動静、語默之間。○操心一，則義理昭著而不昧。一則神氣凝定而不浮，養德養身，莫過於操心之一法也。○勿起一念之妄，誠可存矣。○無義理以養心，何所不至？○志固難持，氣亦難養。主敬可以持志，少欲可以養氣。廣大虚明氣象，無欲則見之。○只觀人氣象，便知其涵養之淺深。○程子釋中庸「鳶飛魚躍」，曰與「必有事焉而勿正，心勿忘」之意同，活潑潑地「存心」之謂也。○人有才而露，只是淺，深則不露。○方爲一事即欲人知，尤淺之尤者。○凝重之人，德在此，福亦在此。○愈收斂，愈充拓。愈細密，愈廣大。愈深妙，愈高明。○心定氣平，而身體之安和舒泰不可言。○敬則立，怠則廢。○書稱舜「濬哲文明」，蓋人深則明，淺則暗。○湛然純一之謂齋，肅然警惕之謂戒。○程子曰：「聖人以此洗心，退藏於密。以此齋戒，以神明其德。」信夫！○滿腔子惻隱之心，即藹然天地生物之心。○有所自樂，則遇事迎刃而解。○珠藏澤自媚，玉韞山含輝，此涵養之至要。○「夜氣」如泉源，淆之數亦不能清矣。君子所以貴乎存息也。○行道而有得於心之謂德。不但動時如此，雖靜而有得於心，即所謂德。○默而存之，有得於心，非所謂德乎！○促迫褊窄，淺率浮躁，非有德之氣象。○第一要渾厚包涵，從容廣大之氣象。○英氣最害事，渾涵不露圭角最好。○言要緩，行要徐，手要恭，立要正，以至作事有節，皆不暴其氣之事。○怒至於過，喜至於流，皆暴其氣也。○蕩滌胸中無一毫之私累，可以言大矣。○絶計功謀利之念，其心超然無係。○應事纔應即休，不可須臾留滯爲心累。○收斂檢束身心，到至細、至密、至定、至靜之極，作事愈有力。○日間時時刻刻緊緊於自己身心上存察用力，不可一時懈怠。○涵養省察，雖是動靜交致其功，然必靜中涵養之功多，則動時省察之功易也。○戲言無實，最害道。易曰「脩辭以立其誠」，必使無一言妄發，斯可學道。苟信口亂談，而資笑謔，其違道遠矣。笑謔不惟亂氣，而且亂心。言謹則氣定心一，言要專一，心要專一。○程子云：人只有箇天理，不能存，更作甚人！蓋天理即仁、義、禮、智也，四者一有失焉，則非人矣。○思萬端外事皆無益，惟思天理，則日進高明。○「慎言其餘」，深有味。

胡敬齋先生曰：學者能知操存省察，德方有進。○或問：存養在致知之先，在致知之後？曰：未知之前，非存養則心昏亂，義理之本原已喪，何以能致知？既致知之後，非存養則亦放逸偷惰，天理隨失，何以保其知？先儒言未知之前，非敬無以知；既知之後，非敬無以守。又曰：敬者，聖學之所以成始成終者也。○仁義禮智，乃性之在内者，是吾固有本然之善，非由外鑠，惟當存養之，令勿喪。存養之久，則天性自全，本心自明。○程子發明一「敬」字，於學者最有力。而整齊嚴肅，是「敬」下手處。外不亂，則内自有主；内有主，則外自整齊。此敬之功，所以貫内外動静。分而言之，則静爲涵養，動爲省察。統而言之，則動與静，皆所以存吾心，養吾德也。○道理只要熟，熟則純，純則誠，誠則心與理一，所發必不差。所發不差，則萬事順。治主一之久，至無間斷，則熟矣。○主一工夫，可漸至「純亦不已」。○心不可放縱，亦不可逼迫。故程子以「必有事焉而勿正，心勿忘，勿助長」爲存心之法。雖借用孟子之言，其義尤精。此自然之理，非有毫髮私意，故與「鳶飛魚躍」同活潑潑地。○人以朱子調息箴爲可以存心，此特調氣耳。只恭敬安詳，便是存心法。○恭敬則非特心存，又且明瑩。蓋心是神明之舍，存則自明。○心不操即無主，放者固馳於外，不放者亦入於空無。○未發之前，不可無主。○人之知識才能，本於性，然亦不能不蔽於氣。故性與氣，皆當養之以復初。○朱子曰：無思時要不可如死灰，有思時不要邪。○理氣不相離，心與理不二。心存則氣清，氣清則理益明，理明氣清則心益泰然矣。故心與氣須養，理須窮，不可偏廢。○程子曰：「識得此理，以誠敬存之而已。」誠哉是言也！若不誠敬，道理便把捉不住。○「勿忘」、「勿助」之間，是本心正處，天理妙處，人欲静處。○保養於未發，省

察於幾微，力行以終之。○人存養久，則氣質自變。○涵養得這道理熟，發便中節。○涵養
得本心熟到清明和暢處，仁可得矣。○清明剛大之氣，須要養。如何養？只是循天理，不
爲物欲所屈便是。○今人言心，便要求見本體，察見寂然不動處，此皆過也。古人只言涵
養，言操存，曷常言求見、察見？若欲求察而見其心之體，則内裏自相擾亂，反無主矣。然
則，古人言「提撕喚醒」，非歟？曰：才提撕喚醒，則心暢然而在，非察見之謂也。○無事時
不教心空，有事時不教心亂。○「不顯亦臨，無斁亦保」，必如此，然後心純一而無間也。
○「必有事焉」是孟子最善做工夫處。人無所事，則心悠悠蕩蕩，無歸着，必至外馳。程子
取以明持敬之道，其義尤精。孟子雖是説「集義」，亦以見敬爲義之體也。○心麤最害事。
心麤者，敬未至也。○理無不實、心無不正之謂誠。故荀子以「養心莫善於誠」，周程譏其
「不識誠」。誠如五穀已成，果實已熟，又焉用養？孟子言「養心莫善於寡欲」，無欲即誠也，
心與理爲一也。○心有主，雖在鬧中亦靜，故程子以爲「金革百萬與飲水曲肱一也」。然必
知之深，養之厚，心方不動，故程子曰：「凝然不動，便是聖人。」○聖人心如止水。○此理須
從優遊涵暢中出來，則意味自別，即孟子所謂「自得之」也。○心沉潛，則造理必深。○胸中
灑落，如光風霽月，雖曰形容有道氣象，終帶了些清高意思。如曰「心廣體胖」，曰「睟面盎
背」，曰「充實光輝」，此真有道氣象。○斯須不莊不敬，惰慢之心入之矣；斯須不和不樂，

鄙詐之心入之矣。〇先儒言合内外之道，又曰「表裏交正」，曰「内外交養」，曰「本末相資」，曰「體用一源，顯微無間」，曰「動静相涵」，曰「敬義夾持」，此等處最宜理會。此處見得破，則知所用力，知所用力，則功利無所誘，異端不能惑矣。〇「退藏於密」，只是其心湛然無事，而衆理具在也。〇今人有過去思慮，以爲心不放者；有常拘制，看住心在這裏，以爲存者，皆非聖賢存心之法，所以流於異學。聖賢只説「戒慎恐懼」，則心自存，何嘗看住此心，不許他走？只整齊嚴肅，則心便一，何嘗遏絶思慮，以求不雜？主一只是常要整肅，非是尋得箇物事來照管不失。「堯曰欽明」，只欽則本心自明，亦不是要見得此心光明，如一物在此。儒釋之分，正在此處，宜深察明辨也。〇看有才氣底人，老年多不及少年，是他無學問持養工夫。〇古人老而德愈進者，是持守得定，不與血氣同衰也。〇涵養之道，須深潛篤實，方能制其飛揚之心，消其麤厲之氣。〇聖學以敬爲本者，敬可以去昏惰，正邪僻，除雜亂，立大本。〇聖賢工夫雖多，莫切要如「敬」字。敬有惕然自畏慎底意思，敬有肅然自整頓底意思，敬有卓然精明底意思，敬有湛然純一底意思。故聖學就此做根本，凡事都靠著此做去，存養省察皆由此。

羅整菴先生曰：存養是學者終身事，但知既至與知未至時，意味迥然不同。知未至時，存養非十分用意，不可安排把捉，静定爲難，往往久而易厭。知既至時，存養即不須大段着力，從容涵泳之中，生意油然，自有不可遏者，其味深且長矣。然爲學之初，非有平日存養之功，心官不曠，則知亦無由而至。朱子所謂「誠明兩進」者，以此省察，是將動時更加之意，即大學所謂「安而慮」者。然「安而慮」乃「知止」後事，故所得者深。若尋常致察，其所得者，終未可同日而語。大抵存養是君主，省察乃輔佐也。○理無往而不定，不定即非所以爲理。然學者窮理，須是看得活，不可滯泥。先儒多以「善觀」爲言，即此意也。若看得活時，此理便活潑潑底常在面前。雖然如此，要添一毫亦不得，減一毫亦不得，要擡高一分亦不得，放下一分亦不得。以此見理，無往而不定也。然見處固是如此，向使存養之功未至，則此理終非己有，亦無得他受用。故曰：「知及之，仁不能守之，雖得之，必失之。」○「喜怒哀樂之未發謂之中」，子思此言，所以開示後學，最爲深切。蓋天命之性，無形象可覩，無方體可求，故即喜怒哀樂以明之。夫喜怒哀樂，人人所有而易見者，但不知其所謂中，不知其所謂「天下之大本」，故特指以示人，使知性命即此而在也。上文「戒慎恐懼」，即所以存養乎此。程伯子嘗言：「學者先須識仁。」識得此理，以誠敬存之，更有何事？叔子亦言：「勿忘，勿助長。」只是養氣之法。如不識，怎生養？有物始言養，無物又養箇甚？由是觀之，則未發之中，安可無體認工夫？若以爲既思即是已發，此語微傷重。思乃動静之交，與發於外者不同。推尋體認，要不出方寸間耳。伯子嘗言：「天理」二字是自家體貼出來。

又云：「中者，天下之大本。」天地之間，亭亭當當，直上直下之正理，出則不是。若非其潛心體認，何以見得如此分明？學者於未發之中，誠有體認工夫，灼見其直上直下，真如一物之在吾目，斯可謂之知性也已。戒懼以終之，庶無負子思子垂教之深意乎？

高景逸先生曰：惟天理至静，惟喜怒哀樂未發渾是天理。○濂溪主静，主於未發也。主静之學，要在慎動。○精神短弱，學不得力，惟静可收拾精神，填補學問。○每日偷閒静坐，猛奮體認。若静中復頽闒，則動中氣濁，道體不顯也。○静坐只以見性爲主，人性萬物皆備，原不落空。人性本無一物，不容執着。性即天也，「維天之命，於穆不已」，可以爲無乎？「上天之載，無聲無臭」，可以爲有乎？天即心也。當其感，皆天之用也；當其寂，即天之體也。必體立用行，故於静中默識其體，觀未發氣象，即默識其體也。觀者即未發者也，不動於意，故不可以有意言，不可以無意言，總只是一片靈明。久着於物，故不靈不明，一念反觀，便靈便明耳。即此是性，即此是天，更無二事，以此觀彼也。○静坐之法，不用一毫安排，只平平常常，默然坐去。此「平常」二字，不可容易看過，即性體也。以其清淨，不容一物，故謂之平常。「畫前之易」如此，「人生而静」以上如此，「喜怒哀樂未發」如此，乃天理之自然。須在人各各自體貼出，方是自得。静中妄念，强除不得，真體既顯，妄念自息。昏氣亦强除不得，妄念既淨，昏氣自清。只體認本性，原來本色，還他湛然而已。大抵着一毫意不得，着一毫見不得，纔添一念，便失本色。由静而動，亦只平平常常，湛然動去〔四〕。學者不静時與動時一色，動時與静時一色，所以一色者，只是一箇平常也，故曰無動無静。學者不過借静坐中認此無動無静之體云爾。静中得力，方是動中真得力。動中得力，方是静中真得力。所謂敬者，此也；所謂仁者，此也；所謂誠者，此也，是復性之道也。○夫静坐之法，入門者藉以涵養，初學者藉以入門。彼夫初入之心，妄念膠結，何從而見平常之體乎？平常則散漫去矣。故必收斂身心，以主於一，一即平常之體也。主則有意存焉，此意亦非著意，蓋心中無事之謂，一著意則非一也。不著意而謂之意者，但從衣冠瞻視間整齊嚴肅，則心自一，漸久漸熟，漸平常矣。故主一者，學之成始成終者也。○朱子立三様入敬法：伊川「整齊嚴肅」，上蔡「常惺惺」，和靖「其心收斂，不容一物」。言敬者，總不出此。然後二句，一著意便不是，蓋此心神明難犯，手勢惟整齊嚴肅，有妙存焉。未嘗不惺惺，未嘗不收斂，内外卓然，絶不犯手也。○「直其正也」，何不曰「直其敬也」？「敬以直内」，何不曰「正以直内」？看來「敬」字只是一箇「正」字。伊川先生言敬，每以「整齊嚴肅」言之。「整齊嚴肅」四字，恰好形容得一箇正字。○學無動静也，然形太用則疲，神太用則困。故省外事者，學之要也。此事凝之甚難，散之甚易。道豈有聚散乎？正欲凝此無聚散者，故本體本無散，工夫只是凝。○但自默觀吾性，本來清淨無物，不可自生纏擾。吾性本來完全具足，不可自疑虧欠。吾性本來蕩平正直，不可自作迂曲。吾性本來廣大無垠，不可自爲局促。吾性本來光明照朗，不可自爲迷昧。吾性本來易簡直截，不可自增造作。○程子謂栽培生意在六經，先得根本，然後可言栽培。根本自六經得之，生意亦自六經培之，所謂「好古敏以求之者」與！○朱夫子曰：中年以後爲學，且須愛惜精神。又曰：中年以後讀書，不要多，少少玩索。○明道先生見一學者凤興幹事，曰：「且欲凡事皆不恤，以恬養則好。」其重培養如此。○只要養得神完氣充，他自能應，不須着意。此箇至靈至妙，他做的自然不同。着意的，都幹不得事。○學未有得，則敬以求之；既得，則敬以守之，即聞道者。主敬工夫與未聞道一樣做。○靜坐之法，唤醒此心，卓然常明，志無所適而已。志無所適，精神自然凝復。初入靜者，不知攝持之法，惟體貼聖賢切要之言，自有入處。常自警策，勿令懶散。飯後必徐行百步，不可多食酒肉，致滋昏濁。卧不得解衣，欲睡則卧，乍醒即起，靜坐至七日，則精神充溢矣。當習心淨盡時，與聖人更無二，不必作疑。

以上薛、胡、羅、高四先生論存養之方，雖各有心得，而所見不同。然與周、程、張、朱五先生所論存養之旨，如合符節。蓋五先生精於事心之學，始終不離誠敬。而四先生操存涵養，亦始終歸於誠敬也。文清公深有得於沉靜簡默，而有定見定守，湛然肅然，神明其德，以心爲主人翁，息息不離安宅中也。敬齋先生則以敬爲主，平居動靜語默，出入起居，罔一弗主於敬，故其涵養工夫，言敬最詳，蓋身有之，故言之親切而有味也。整菴先生則以存養爲君主，省察爲輔佐，而以未發之中乃天地間亭亭當當、直上直下之正理，出則不是，必潛心體認，灼然如見一物之在目，而戒懼以終之，庶幾養得純熟也。景逸先生最深有得于靜功，故其言靜坐之法，初雖藉以涵養，繼則默識其真體，而終則發如未發，動時與靜時一色，卓然常明，與聖人心體無二也。此皆四先生各言其所自得，而俾學者有着實用力處也。吾師汪月巖先生嘗言：中庸首言「戒慎恐懼」爲存養工夫，而爲認靈覺一宗任心之流行以爲功者所悞，更爲宗門一超直入單提頓悟之説所奪，而戒懼一脉遂亡。不知孔、曾、思、孟心法正傳，得周、程、張、朱闡發無餘藴，但學者不肯下手做存養工夫耳。存養之功，於聖門爲甚大。今復以薛、胡、羅、高存養之方，發明周、程、張、朱存養之法，而存養真切至要之言，亦大備矣，學者其可以不盡心乎！

跋

存養工夫最難，學者未嘗實實用功，不知周、程、張、朱五先生字字皆道其躬行心得，故言雖有殊，而旨若合一，所謂殊途而同歸也。薛、胡二先生步趨程朱，故其言更親切有味，便於學者取法。羅先生論亦篤實。高先生姿穎特邁，往往發議過高，而能不拂乎周、程、張之意，則得力朱子節要爲多。發明會集大成，其分註總斷，惟恐津梁後學不至，真紫陽元勳矣！乙酉年清和月癸巳日，汪三省又識。

嘗讀誠齋施先生日録，至存養一編，淵乎微矣。自象山襲先立其大之説，其後陽儒陰釋，流弊無窮。彼非不言存養也，其所存所養者，精神也，非義理也。先生所言存養，中正不偏，數十年子半擁衾危坐，直接宋五先生之心傳，而與有明四先生默相符合，故所發明者，皆先生發明其所自得，不徒在句字訓詁也。然則讀是書者，其當求先生於意言之表也夫！雙溪後學李菁謹識。

校勘記

〔一〕可見出辭氣不是於言語上用工夫也　「辭」，原作「亂」，據雲南書局本改。
〔二〕所謂梏之反覆　「梏」，原作「牿」，據孟子告子改。下同。
〔三〕所謂心無私欲　「謂」，原作「爲」，據晦庵集卷六一改。
〔四〕湛然動去　「去」，原作「云」，據聚錦堂本、高子遺書卷三改。

五子近思録發明卷五

克治

平巖葉氏曰：「此卷論力行。蓋窮理既明，涵養既厚，及推於行已之間，尤當盡其克治之力也。」愚按：大學教人做格物致知工夫，即教人做誠意正心工夫。論語教人博文，即繼之以約禮。孟子教人盡心知性，即繼之以存心養性。中庸教人擇善，即繼之以固執。故此書先論致知存養，即繼之以力行克治。此聖賢教人一定不易之次第，無非要人實從事於聖賢之學，而勿務空知。知人心道心之辨矣，則必實使道心爲主，而人心聽命；知義理之性、氣質之性有殊矣，則必以義理變化其氣質，毋徒曰「吾姑辨之，姑養之」，發爲議論，可以悦人耳目而已。一息弗敢懈也，一言一動弗敢苟也，如是，則所涵養者，可以推之於行己之間，克去己私，復還天理，而於聖人之道，亦不遠矣。苟或致知而不能力行，存養而不能克治，則平日所窮之理，無安頓處，操存涵養，

亦無所用，不亦甚可惜乎！故朱子於此卷論克治，尤加警策語，以勉人着實用力焉。

濂溪先生曰：「君子乾乾不息」於誠，然必「懲忿窒慾」，「遷善改過」而後至。乾之用其善是，損益之大莫是過，聖人之旨深哉！「吉凶悔吝生乎動」，噫，吉一而已，動可不一作「莫」慎乎！

朱子曰：此以乾卦爻詞、損益大象發明思誠之方。蓋「乾乾不息」者，體也；去惡進善者，用也。無體則用無以行，無用則體無所措，故以三卦合而言之。吳敬菴曰：「君子終日乾乾」，健而又健，自强不息，以存無妄之誠。然其所以用力之方，非一端也。蓋人有難制之忿、易流之慾，未盡善而有過者，誠之所由以虧也。必「懲忿窒慾」，損去其己私，「遷善改過」，資益其天理，而後可至於誠。是則乾乾之用，莫善於懲窒遷改也。損其所當損，益其所當益，亦莫大於懲窒遷改也。聖人作易以教人思誠之方，其旨豈不深哉！且人之動也，忿欲與善過形焉，而吉凶悔吝所由以生。噫！四者之應，吉一而已，凶、悔、吝居其三，是福常少而禍常多也。凡有動作，可不慎乎！慎動則得損益之道而善乾乾之用矣。此章論易，所謂聖人之藴也。

濂溪先生曰：孟子曰：「養心莫善於寡欲。」予謂養心不止於寡而存耳。蓋寡焉以至於無，無則誠立明通。誠立，賢也；明通，聖也。

此言無欲之所以爲聖賢也。常人不上聖賢之路，總是欲爲之祟；學者千病萬病，總是欲爲之胎。故周子只言無欲則誠立，明通而爲賢爲聖也。朱子曰：誠立謂實體安固，明通則實而流行。立如「三十而立」之立，通則「不惑」、「知命」而向乎「耳順」矣。或問：孟子與周子之言果有以異乎？曰：孟子所謂欲者，以耳目口鼻四肢之欲，人所不能無，然多而無節，則爲心害。周子則指心之流於慾者，是則不可有也。所指有淺深之不同，然孟子之寡欲則可以盡周子之無欲矣。

伊川先生曰：顏淵問「克己復禮」之目，夫子曰：「非禮勿視，非禮勿聽，非禮勿言，非禮勿動。」四者身之用也，由乎中而應乎外，制於外所以養其中也。顏淵「請事斯語」，所以進於聖人。後之學聖人者，宜服膺而勿失也。因箴以自警。

此言顏子克己，只就非禮勿視聽言動上做工夫，所以至於聖人之域也。蓋視聽言動，皆心之用，由中而出者也。若不論其禮與非禮，要視就視，要聽就聽，要言就言，要動就動，則爲物欲所牽引，而天理遂亡矣。故聖人教顏子「克己復禮」之目，但於非禮處勿視、勿聽、勿言、勿動。勿者有拔去病根之意，皆制之於外以養其中，乃克己真工夫也。顏子事斯語，有一番真精神，真力量，所以進於聖人。故程子言後之欲學做聖人者，宜服膺而勿失，蓋必要從四勿做去也，於是作四箴以自警，句句皆制外養中意。朱子謂此箴發明親切，學者最宜深玩。

視箴曰：「心兮本虛，應物無迹。操之有要，視爲之則。蔽交於前，其中則遷。制之於外，以安其内。克己復禮，久而誠矣。」

此言「非禮勿視」之要旨。蓋心爲一身之主，不曰「操之有要，心爲之則」，而曰「操之有要，視爲之則」者，何哉？即制外養中之意也。且人之心，有體有用。其體至虛，而其用無迹。若不以視爲操心之準則，或有非禮之色一接於目，便是一箇蔽，而心隨之以遷。故克己者，必先制非禮之視於外，而後其心始安，安則復於禮矣。日日克之，不以爲難，久則外不待制而自無非禮之視，内不待養而心自存，非誠而何？此非禮之四勿，以視爲最先也。

聽箴曰：「人有秉彝，本乎天性。知誘物化，遂亡其正。卓彼先覺，知止有定。閑邪存誠，非禮勿聽。」

此言「非禮勿聽」之要旨。蓋人有秉執之常性，乃得於天之理也。人心之有知覺，則因形氣感物而動也。欲至而知覺生焉，使此心無主而聽非禮，則知覺爲物所引誘，與之俱化，而天理遂亡矣。惟彼卓然自立之先覺，知至善之所在，而事事物物皆有定理，則其於天理、人欲之際，辨别極清，故能閑邪以存其誠，而非禮則勿聽也。人能體乎此，則心有主，而外物不能奪矣。

言箴曰：「人心之動，因言以宣。發禁躁妄，内斯靜專。矧是樞機，興戎出好。吉凶榮辱，惟其所召。傷易則誕，傷煩則支。己肆物忤，出悖來違。非法不道，欽哉訓辭。」

此言「非禮勿言」之要旨。首四句是克復正意，次四句兼就利害上説。次四句分應二項，而末以二句結「勿」字之意。夫言爲心聲，心感物而動，則言因之而發，發而煩躁妄誕，則心不得安靜專一矣。故不曰「内能靜專，發無躁妄」，而曰「發禁躁妄，内斯靜專」，亦制外養中之意也。況人之禍福榮辱皆由於言，如户之開闔由於樞，弩之張弛由於機，其可非禮而發言乎？且言之病又多端，傷於輕易則妄誕，傷於煩多則支蔓，己放肆則忤於人，出者逆則來者違，豈可不禁止乎？惟「非禮勿言」，則與「非法不道」一語，同爲訓誡之辭，不可不敬佩之也。

動箴曰：「哲人知幾，誠之於思。志士勵行，守之於爲。順理則裕，從欲惟危。造次克念，戰兢自持。習與性成，聖賢同歸。」

此言「非禮勿動」之要旨。陳克菴曰：思者，動於心也，惟知幾之哲人能誠之，爲者動於身也，惟勵行之志士能守之。二者雖不同，然皆順理則安裕，從欲則危險也。動於心，造次而能思慮；動於身，戰兢而能自持，内外交致其力也。習之久，而與氣質之性俱成，則賢亦聖矣，故曰「同歸」，是工夫歸宿處也。合繹四箴，句句親切有味，非程子實作克己復禮工夫，安得有此訓辭乎？今欲學顔子之學者，必要從四勿學去。然欲從事四勿者，又必要將四箴身體力行，方是真有志學做聖人者也。

復之初九曰：「不遠復，无祇悔，元吉。」傳曰：陽，君子之道，故復爲反善之義。初，復之最先者也，是不遠而復也。失而後有復，不失則何復之有？唯失之不遠而復，則不至於悔，大善而吉也。顔子無形顯之過，夫子謂其「庶幾」，乃「无祇悔」也。過既未形而改，何悔之有？既未能不勉而中，「所欲不踰矩」，是有過也。然其明而剛，故一有不善，未嘗不知，既知，未嘗不遽改，故不至於悔，乃「不遠復」也。學問之道無他也，惟其知不善，則速改以從善而已。

此言有過而知之敏，改之速，不待其形顯，故无悔也。蓋復之初爻，正善復之人在卦之初，爲方動之始，失之未遠，即能至明以察其幾，至健以致其決，故幾動於心而即覺其過，言出於口而即悟其非，不待行之身見之事而後復乎善，何悔之有？故聖人惟許顏子能之，而人亦不可以不勉也。

晉之上九：「晉其角，維用伐邑，厲吉无咎，貞吝。」傳曰：人之自治，剛極則守道愈固，進極則遷善愈速。如上九者，以之自治，則雖傷於厲，而吉且无咎也。嚴厲非安和之道，而於自治則有功也。雖自治有功，然非中和之德，所以貞正之道爲可吝也。

此言剛進之極，以之自治，則有功也。晉卦以陽居上，剛之極也。然剛極則過猛，在晉之終，進之極也。然進極則躁急。夫過猛躁急之人，以之治人則有害，以之自治則守道固而遷善速，雖過於嚴厲，亦吉且無咎，所以爲有功也。雖曰自治有功，然剛進之極，有乖中和，即得其正，亦可吝也。

損者，損過而就中，損浮末而就本實也。天下之害，無不由末之勝也。峻宇雕牆，本於宫室；酒池肉林，本於飲食；淫酷殘忍，本於刑罰；窮兵黷武，本於征討。凡人欲之過者，皆本於奉養，其流之遠，則爲害矣。先王制其本者，天理也；後人流於末者，人欲也。損之義，損人欲以復天理而已。

此言損過以就中，即損人欲以復天理也。中者，天理之當然也，過則流於人欲之私矣。故損之爲用，亦惟損過以就中，損浮末而就本實也。蓋天下之事，如宫室、飲食、刑罰、征討之類，先王制度，一本於天理之當然，無過不及之差也。及其末流，則浮華盛而本實微，人欲之私勝於天理之公矣。故必損人欲以復天理，然後爲得其中也。

夬九五曰：「莧陸夬夬，中行无咎。」象曰：「中行无咎，中未光也。」傳曰：夫人心正意誠，乃能極中正之道，而充實光輝。若心有所比，以義之不可而决之，雖行於外，不失其中正之義，可以无咎，然於中道未得爲光大也。蓋人心一有所欲，則離道矣。夫子於此，示人之意深矣。

此言心有私愛，以義之不可而决去之，亦合於中行之道也。夬之九五，切近上六之陰，如莧陸然，勢似難於决者。然九五當决之時，爲决之主，其義不可以不决。而五陽剛，又庶幾其能决者。若能毅然剛斷，决而决之，不牽於私愛，又不爲過暴，而合於中行，亦可以无咎也。但聖人以爲心有所昵，勉强决之，其於中正之道，未得爲光大耳。必如程子所言，意誠心正，無一毫繫累，乃能盡中正之道，充實而有光輝也。

方説而止，節之義也。

天下之理，不過一中，故節以中爲貴。節而得中，則合天理，當人情矣。此方説而能止，所以爲節之義也。若説而不知止，則放縱流蕩，靡所拘檢，遂有不節之嗟矣。

節之九二，不正之節也。以剛中正爲節，如懲忿窒慾、損過抑有餘是也。不正之節，如嗇節於用，懦節於行是也。

此言節以中正爲貴，則無過不及之差。然欲懲忿窒慾，損過抑有餘，非剛健不能致其决，故以剛中正爲節也。若節於用而爲吝嗇，節於行而爲柔懦，則爲不正之節，君子不貴也。

人而無克、伐、怨、欲，惟仁者能之。有之而能制其情不行焉，斯亦難能也，謂之仁則未可也。此原憲之問，夫子答以知其爲難，而不知其爲仁。此聖人開示之深也。

朱子曰：克，好勝。伐，自矜。怨，忿恨。欲，貪慾。四者皆生於人欲之私也。若夫仁者之心，純乎天理流行，則無四者之累矣。但人有此四者於中，而能力制之不行，則亦可謂之難矣。然四者之根未除，而容其潛藏隱伏於胸中，未可謂之仁也。克己爲仁者，從根源上便斬截了，更不復萌，不行不足以言之也。

明道先生曰：義理與客氣常相勝，只看消長分數多少，爲君子小人之別。義理所得漸多，則自然知得客氣消散得漸少，消盡者是大賢。

此言君子要集義循理而無客氣也。客氣最害事。蓋義理者，性命之本然；客氣者，形氣之使然。但每日常自檢點〔一〕，失容幾次，失言幾次，便知得自家義理與客氣消長分數。若自朝至暮，口無妄言，身無惰容，則純是義理，而無一毫客氣矣。然到此地位極難，君子則不可不勉。

或謂人莫不知和柔寬緩，然臨事則反至於暴厲。曰：只是志不勝氣，氣反動其心也。

學以持志爲本。夫志，帥氣者也。志能勝氣，則暴厲之氣漸變爲和柔寬緩矣。若志不能帥氣，雖知和柔寬緩，及至倉猝之際，忙迫急促，而暴厲之氣復發，事過又悔，臨事又如舊。可見變化氣質之難，亦是無持志涵養工夫，志不勝氣，反爲氣所使也。

人不能祛思慮，只是吝。吝，故無浩然之氣。

驕者氣盈，吝者氣歉。吝則爲私意小智所纏繞，而無浩然正大之氣，故不能祛思慮也。若實做持敬克治工夫，則閒思雜慮，不待驅除而自無矣。

治怒爲難，治懼亦難。克己可以治怒，明理可以治懼。

七情惟怒最難治。怒氣一發，有不能自遏者。惟實做克己工夫，則只見己之非，不與人計校，而忿怒之私自消散矣。至於治懼亦難者，雖是氣怯，亦是見理不透。若能窮理明徹，則不疑惑，而氣亦足以配道義，何懼之有？故曰「克己可以治怒，明理可以治懼」也。

堯夫解「他山之石，可以攻玉」：玉者温潤之物，若將兩塊玉來相磨，必磨不成，須是得他箇麤礪底物，方磨得出。譬如君子與小人處，爲小人侵陵，則修省畏避，動心忍性，增益預防，如此便道理出來。邵康節先生，名雍，字堯夫。

程子曰：玉之温潤，天下之至美也。石之麤厲，天下之至惡也。然兩玉相磨，不可以成器。以石磨之，然後玉之爲器，得以成焉。猶君子之與小人處也，横逆侵加，然後修省畏避，動心忍性，增益預防，而義理生焉，道德成焉。吾聞諸邵子云。

目畏尖物，此事不得放過，便與克下。室中率置尖物，須以理勝他，尖必不刺人也，何畏之有？

此程子教人治懼之法也。人有目畏尖物，此理不明而妄生怕懼之心。明道先生教以室中率置尖物，使見之熟，而知尖之不刺人也。知尖之不刺人，則知畏者妄而不復畏之矣。凡克己之功，類當如是，是以理勝他也。

明道先生曰：責上責下，而中自恕己，豈可任職分？

此言任職分當知責己也。若只知責人而不知責己，是捨己之職分而專望人盡職分也，奚可哉？故欲任職分者，必務克治恕己之私也。

「舍己從人」最爲難事。己者我之所有，雖痛舍之，猶懼守己者固而從人者輕也。

大舜不自用而取諸人，故孟子稱其「舍己從人」。若學者只見己之長，烏能舍己而從人乎？故程子以爲難事。然能善與人同聞義能徙，則又不患其不能舍己從人也。

九德最好。臯陶曰：「寬而栗，柔而立，愿而恭，亂而敬，擾而毅，直而温，簡而廉，剛而塞，强而義。」

此言變化氣質而歸於中和也。平巖葉氏曰：寬弘而莊栗，則寬不至於弛。和柔而卓立，則柔不至於懦。愿而恭，則朴愿而不專尚乎質。亂，治也。亂而敬，則整治而不徒事乎文。蓋恭著乎外，敬守於中也。馴擾而毅，則擾不至於隨。勁直而温，則直不至於訐。簡大者或規矩之不立，今有廉隅，則簡不至於疎。剛者或傷於果斷，今塞實而篤厚，則剛不至於虐。强力者或狥血氣之勇，今有勇而義，則强不至於暴。蓋游氣紛擾，萬有不齊，其生人也，有氣禀之拘，惟聖人至清至厚，至中至正，渾然天理，無所偏雜，自中人以下，未有不滯於一偏者。惟能就其氣質之偏窮理，克己矯揉，以歸於正，則偏者可全矣。是知學問之道，在唐虞之際，其論德已如是之密矣。真西山曰：自「寬而栗」以下，或以剛濟柔，或以柔濟剛，渾全而無偏弊，然後爲成德。先儒謂自「寬」至「强」，皆所禀之性；自「栗」至「義」，皆學問之力，此説得之。

饑食渴飲，冬裘夏葛，若致些私吝心在，便是廢天職。

飲食、衣服，各有當然之則，便是天理，即天職也。若有一毫私己貪吝之意，便是狥人欲，即是廢天職也。故遏人欲，存天理，即在「饑食渴飲，冬裘夏葛」上做功夫，更見真切。

獵，自謂今無此好。周茂叔曰：「何言之易也？但此心潛隱未發，一日萌動，復如前矣。」後十二年，因見，果知未也。本註云：明道十六七時好田獵。十二年暮歸，在田野間見田獵者，不覺有喜心。

此言見獵心喜，人當隨時加察，勇於克治也。周子用功之深，故知不可易言。程子治心之密，故能隨事省察。在學者，警省克治之功，不可有毫髮之間斷也。

伊川先生曰：大抵人有身，便有自私之理，宜其與道難一。

人能「克己復禮」，則與道爲一矣。蓋人有身，則口之於味，目之於色，耳之於聲，鼻之於臭，四肢之於安佚，不能無私己之欲，宜其與道難一。然能「克己復禮」，則耳目口鼻四肢，皆合天理之公矣。

罪己責躬不可無，然亦不當長留在心胸爲悔。

有過自責，改之爲貴，若長留在心胸爲悔，反爲心累。故悔不可無，而已往之失亦不必長留愧怍於心中也。但已往之失，不可復行耳。

所欲不必沉溺，只有所向便是欲。

朱子謂：所欲，如口、鼻、耳、目、四肢之欲，雖人之所不能無，然多而不節，未有不失其本心者。故沉溺固當克治，即略有所向，亦當寡之也。

明道先生曰：子路亦百世之師。本註云：人告之以有過則喜。

葉氏曰：聞過而喜，則好善也誠，改過也速。子路以兼人之勇，而用之於遷善改過，其進德也，庸可量乎！是足爲百世師矣。

人語言緊急，莫是氣不定否？曰：此亦當習，習到自然緩時，便是氣質變也。學至氣質變，方是有功。

問：「不遷怒，不貳過」，何也？語録有怒甲不遷乙之説，是否？伊川先生曰：是。曰：若此則甚易，何待顔子而後能？曰：只被説得粗了，諸君便道易。此莫是最難，須是理會得因何不遷怒。怒甲而不遷其怒於乙，概而觀之，則禀性和平者，若皆可能。然以身驗其實，而求其所以不遷怒之由，則非此心至虛至明，喜怒各因乎物，舉無一毫之私意者，殆未易勉强而能也。○朱子曰：顔子見得道理透，故怒於甲者，雖欲遷於乙，亦不可得而遷也。如舜之誅四凶，怒在四凶，舜何與焉？蓋因是人有可怒之事而怒之，聖人之心本無怒也。譬如明鏡，好物來時便見是好，惡物來時便見是惡，鏡何嘗有好惡也？聖人之心，因事有當怒者而怒之，是怒因物而生，不自我而作也，又豈有之於己耶？譬明鏡照物，妍媸在物，鏡未嘗自有妍媸也。世之人固有「怒於室而色於市」。且如怒一人，對那人説話能無怒色否？有能怒一人而不怒别人者，能忍得如此，已是煞知義理。若聖人因物而未嘗有怒，此莫是甚難。怒氣易發而難制，世固有怒於室而作色於市人者，其遷怒也甚矣。有能自禁持，怒此人而不以餘怒加辭色於他人者，已不易得，况乎物各付物，而喜怒不有於我者，豈非甚難者耶！君子役物，小人役於物。今見可喜可怒之事，自家著一分陪奉他，此亦勞矣。聖人之心如止水。役物者，我常定；役於物者，逐物而往。聖人之心，常湛然如止水，無有一毫作好作惡。

此見程子教人因物付物之學。聖人之喜，以物之當喜；聖人之怒，以物之當怒，喜怒在物，不在己也。顏子「不遷怒」，與聖人之心同，此之謂因物付物，内外兩忘，澄然無事也。然究其所以不遷怒之由，則在平日克己功深，涵養性情，發皆中節，故心如明鏡之照物，又如止水之湛然也。

人之視最先，非禮而視，則所謂開目便錯了。次聽、次言、次動，有先後之序。人能克己則心廣體胖，仰不愧，俯不怍，其樂可知。有息則餒矣。

朱子曰：「此數語極有味。」又曰：「當初亦知是好語，謾録於此。今看來，直是恁地好。」葉氏曰：「身心無私欲之累，自然安舒；俯仰無所愧怍，自然快樂。少有間斷，則自視欲然矣。」愚按：顏子克己全在視聽言動上做工夫，故仰不愧，俯不怍，即在視聽言動上「約之以禮」也。

聖人責己感也處多，責人應也處少。

有感必有應。凡有動，皆爲感，感則必有應。故聖人只責己之感。凡事盡道，皆感也。「行有不得，反求諸己」，「己所不欲，勿施於人」，皆責己之感也。至於責人之應，則甚少矣。

謝子與伊川先生別一年，往見之。伊川曰：「相別一年，做得甚工夫？」謝曰：「也只去箇『矜』字。」曰：「何故？」曰：「子細檢點得來，病痛盡在這裏。若按伏得這箇罪過，方有向進處。」伊川點頭，因語在坐同志者曰：「此人爲學，切問近思者也。」

按：胡文定公問上蔡「矜」字罪過何故恁地大？謝曰：「今人做事，只管要夸耀別人耳目，渾不關自家受用事。有底人食前方丈，便向人前喫，只蔬食菜羹却去房裏喫。爲甚恁地？」由是觀之，只管要夸耀別人耳目，乃「矜」字大罪過也。試思隆冬之時，萬象寂然，無朕大智之人，一點伎倆不露。中庸「尚絅」，大易「藏密」，入德於此，成德於此。上蔡去一「矜」字，而曰「仔細簡點，病痛盡在這裏」，至哉言矣！

思叔詬詈僕夫，伊川曰：「何不『動心忍性』？」思叔慚謝。

僕夫，就役於人者，天資多愚，作事乖舛；又性多忘，囑之以事，全不能記憶；又性多執，所見不是，自以爲是；又性多狠，輕率應對，不識守分。以致人惱怒詬詈。故伊川先生曰：「何不『動心忍性』？」言當憫僕夫之愚，寬以待之，多其教誨，省其嗔怒可也。思叔聞伊川之言而即慚謝，亦可謂能克治者矣。

「見賢」便「思齊」，有爲者亦若是。「見不賢而内自省」，蓋莫不在己。

蓋莫不在己者，言思齊與内自省，俱是反己切實工夫。此是未見之先，原有一箇爲善去惡之心，故隨其所見，便能思省。今人見賢，或忌之，或憚而遠之；見不賢，或幸之，或狎而親之，皆由爲善去惡之心不早立也，故曰「莫不在己」。

橫渠先生曰：湛一，氣之本；攻取，氣之欲。口腹於飲食，鼻舌於臭味，皆攻取之性也。知德者屬厭而已，不以嗜欲累其心，不以小害大、末喪本焉爾。

問「湛一，氣之本；攻取，氣之欲」。朱子曰：「湛一是未感物之時，湛然純一，此是氣之本。攻取，如目之欲色，耳之欲聲，便是氣之欲。」曰：「攻取是攻取那物否？」曰：「是。」

愚按：攻取而曰性者，氣質之性也。若任此爲性，而義理之性反爲之累。惟知德者於飲食臭味但取屬厭而已。屬，足也；厭，飽也。適可而止，無貪心也，不肯以嗜欲累其心。蓋心，大也，本也；嗜欲，小也，末也。不以小害大、末喪本，故如是爾。此知德者，乃可言盡性也。

纖惡必除，善斯成性矣；察惡未盡，雖善必粗矣。

此言纖細之惡不除，則善無由成性；察惡未盡，善無由精粹也。蓋纖細之惡必盡除，則純乎善，而本然之性成矣。若察惡未盡，不能除去，雖云爲善，必夾雜而粗矣。甚矣，除惡之不可不盡也。

惡不仁，故不善未嘗不知。徒好仁而不惡不仁，則習不察，行不著。是故徒善未必盡義，徒是未必盡仁。好仁而惡不仁，然後盡仁義之道。

此言好仁而不惡不仁，是徒善，未必能合宜而盡義也。夫惡不仁，故己有不善，未嘗不知。若徒好仁而不惡不仁，則行之而不著，習矣而不察，於道理全無分曉矣，是徒善也。且徒善一味徒以爲是，亦未必能無私而盡仁。必好仁惡不仁，然後不徒善，不徒是而仁義兼盡。高景逸曰：「今之惑於佛學者，多偏主好仁之説，其究至於含糊苟且，長惡遂非，而後知張子之言爲精切也。」

責己者，當知無天下國家皆非之理。故學至於「不尤人」，學之至也。

學莫切於責己。蓋責人者只見人之非，故尤人。惟責己者只見己之非，且知天下國家之人無皆非之理，何敢尤人？故學至於「不尤人」，乃爲學之至也。顏子之「犯而不校」是也。

有潛心於道，忽忽爲他慮引去者，此氣也。舊習纏繞，未能脱洒，畢竟無益，但樂於舊習耳。古人欲得朋友與琴瑟、簡編，常使心在於此。惟聖人知朋友之取益爲多，故樂得朋友之來。

葉平巖曰：舊習未除，志不勝氣，則心慮紛雜。朋友有講習責善之益，琴瑟有調適性情之用，簡編有前言往行之識，朝夕於是，則心有所養，而習俗放僻之念不作矣。然三者之中，朋友之益尤多，故「有朋自遠方來」，所以樂也。

矯輕警惰。

輕則浮躁，惰則弛慢，二病常相因，輕者必惰，惰者必輕也。○胡敬齋曰：學者之大患，最是惰與輕。惰則自治廢，輕則物欲恣。只一「敬」字可以治之，敬即矯與警之道也。

○薛敬軒曰：矯輕警惰只當於心志言動上用功。

「仁之難成久矣！人人失其所好。」蓋人人有利欲之心，與學正相背馳，故學者要寡欲。朱子曰：「仁者本心之全德」，莫非天理，而亦不能不壞於人欲。故爲仁者必有以勝私欲而復於禮，則事皆天理，而本心之德復全於我矣，此仁之所以成也。今謂人人有利欲之心，與天理正相背馳，安得仁之易成乎？故學者要寡欲，寡之又寡，以至於無，則造於仁者之域亦不難也。

君子不必避他人之言，以爲太柔太弱。至於瞻視亦有節，視有上下，視高則氣高，視下則心柔。故視國君者，不離紳帶之中。學者先須去其客氣。其爲人剛行，終不肯進。「堂堂乎張也，難與並爲仁矣。」蓋目者人之所常用，且心常託之，視之上下。且試之，己之敬傲，必見於視。所以欲下其視者，欲柔其心也。柔其心，則聽言敬且信。人之有朋友，不爲燕安，所以輔佐其仁。今之朋友，擇其善柔以相與，拍肩執袂以爲氣合，一言不合，怒氣相加。朋友之際，欲其相下不倦，故於朋友之間，主其敬者，日相親與，得效最速。仲尼嘗曰：「吾見其居於位也，與先生並行也，非求益者，欲速成者。」則學者先須温柔，温柔則可以進學。詩曰：「温温恭人，惟德之基。」蓋其所益之多。

此章極言敬傲之分，要人温柔恭敬，不可高傲有客氣也。何謂客氣？曰：客與主對，讓盡所對之賓，而安心居於卑末，又能盡心盡力供養，諸賓客有失錯又能包容，此主氣也。惟恐人加於我之上，惟恐人怠慢我，此是客氣。學者必先去其客氣，然後謙卑遜順，不以賢智先人，方可以爲仁，亦可以輔人之仁。不必避他人之言，以爲太柔太弱，而視高氣傲也。詩稱「温温恭人，如集于木。惴惴小心，如臨于谷」。真脩德之基，受益弘多，不可不勉。

世學不講，男女從幼便驕惰壞了，到長益凶狠。只爲未嘗爲子弟之事，則於其親已有物我，不肯屈下。病根常在，又隨所居而長，至死只依舊。爲子弟，則不能安洒掃應對；在朋友，則不能下朋友；有官長，則不能下官長；爲宰相，則不能下天下之賢。甚則至於狥私意，義理都喪。也只爲病根不去，隨所居所接而長。人須一事事消了病，則義理常勝。

此章言小學不講，男女從幼便驕惰壞了，種下病根。及長不禁，又隨所居所接而長，卒至良心盡失，義理都喪。故學者要勇革舊習，察其病根，而力鋤去之。必使義理勝其氣質，庶幾驕惰凶狠之習，變爲温柔謙遜，然後可以待人接物，隨其所居而能盡道也。

晦菴先生曰：通書竭力説箇「幾」字，儘有警發人處。近則公私邪正，遠則廢興存亡，只於此處看破，便斡轉了。此是日用第一親切功夫，精粗隱顯一時穿透，堯、舜所謂「惟精惟一」，孔子所謂「克己復禮」，便是此事。

此言審幾之功，最切要也。通書説箇「幾」字，乃周子喫緊爲人處。一曰「幾善惡」，是説衆人之心，動處甚微，天理於此發見，而人欲亦已萌乎其間，其幾爲可畏也。一曰「動而未形，有無之間者，幾也」，又曰「幾微故幽」，是説聖人之心，能洞乎萬事之幾也。一曰「君子見幾而作，不俟終日」，又曰「知幾其神」，是説君子脩之，亦可以至於聖也。蓋聖生於睿，睿生於思。周子勉人於思，而靈其幾於睿，謂人能見幾通微，則可以免於凶咎也。觀是數説，果有警發人處，果是日用第一親切工夫。人心念慮初動，若有私意邪念，即遏絶之，此時斡轉，省得多少氣力。家國天下之事，見幾挽回，亦是如此。此之謂「惟精惟一」，此之謂「克己復禮」。所以古之聖賢，兢兢業業過了一生，正謂此也。

天理人欲之分，只爭些子，故周先生只管説「幾」字。然辨之又不可不早，故横渠每説「豫」字。

幾者動之微，吉之先見者也。周子只説「幾」字，言當辨之於微也。豫者，事理素定於内，乃所以求利乎外也。張子每説「豫」字，言當辨之於早也。總之，要存天理，遏人欲，只爭些子而已。

問：遇事時亦知理之是非，到做處又卻爲人欲引去，做了又卻悔。曰：此便是無克己工夫。須是遇事時便與克下，不得苟且放過，明理以先之，勇猛以行之。

既已明理，必須克己力行，然必存養於未發，省察於幾微，然後力行以終之，方不爲人欲引去也。

問：顔子地位有甚非禮處？曰：只心術間微有些子非禮處，須用淨盡截斷了。

問：己私有三，氣質之偏一也，耳目口鼻之欲二也，人我忌克之類三也，孰是夫子所指？曰：三者皆在裏面。看下文非禮勿視、聽、言、動，則耳目口鼻之欲爲多。

四勿工夫，總在心術間。微有些子非禮處，即用淨盡截斷了，此之謂紅爐點雪，渣滓便渾化了。

人只有箇天理人欲，此勝則彼退，彼勝則此退，無中立不進退之理。譬如劉、項相拒滎陽、成皐之間，我進一步，則彼退一步。初學要牢劄定脚，逐旋捱將去，此心莫退，終須有勝時。勝時甚氣象！

高景逸曰：「人生只有理欲二途。自有知識以來，起心動念，俱是人欲了。聖人之學，全用逆法，只從天理，不從人欲也。凡人自幼與人欲日順一日，故與天理日逆一日。聖人自幼與人欲日逆一日，故與天理日順一日。天理者，人所固有，原是順底。人欲者，人所本無，原是逆底。此一點機括，只在學與不學。學而知其固有，故順還他順，逆還他逆。不學而不知其所固有，故順者反逆，逆者反順。」今朱子教學者「要牢劄定脚，逐旋捱將去，此心莫退，終須有勝時」。此乃全用逆法。「勝時甚氣象」，即是順境矣，所謂人欲淨盡，天理流行，隨處充滿，無少欠缺，其氣象爲何如耶！

做事只要靠著心，但恐己私未克時，此心亦有時錯認了。

克己別無巧法，譬如孤軍猝遇强敵，只是盡力舍死向前而已。

義利之間，誠有難擇。但意所疑，以爲近利者，即便舍去可也。向後看得親切，卻看舊事，只有見未盡、舍未盡者，不解有過當也。

學者須實做工夫，且如見一事不可爲，忽然又要去做，是如何？又如好事，初心要做，又卻終不肯，是如何？蓋人心本善，方其見善欲爲之時，此是真心發見之端，然纔發便被氣稟物欲蔽固了。此須自去體察，最是一件大工夫。

人做不是底事，心卻不安，此是良心，但被私欲蔽固，雖有端倪，無力爭得出。須是大段著力與他戰，不可輸與他。知得此事不好，立定脚跟，硬地行從好路去，待得熟時，私欲自住不得。濂溪曰：「果而確，無難焉。」

或問：氣質之偏，如何救得？曰：才說偏了，又著一箇物事去救他偏，越見不平正了，越討頭不見。要緊只是看教大底道理分明，偏處自見得。如暗室求物，把火來便照見，若只管去摸索，費盡心力，只是摸索不見。若見得大底道理分明，有病痛處也不知不覺自會變，不消得費力。

人性褊急，發不中節者，當於平日言語動作間以緩持之。持之久，則所發自有條理。

克、伐、怨、欲，須從根上除治。

從根上除治即克己工夫，有斬釘截鐵之意。即是拔去病根，而克、伐、怨、欲，一絲不留矣，惟仁者能之。

懲忿如摧山，窒慾如填壑。又云懲忿如救火，窒慾如防水。

自家猶不能快自家意，如何要他人盡快我意？

大丈夫當容人，勿爲人所容。

「養心莫善於寡欲」，不是不好底欲。不好底欲，不當言寡。只是眼前事，才多欲，便將本心都紛雜了。如讀書，要讀這一件，又要讀那一件，又要學寫字，又要做詩人，只有一箇心，如何分做許多去？到得合用處，都不得力。

古人終日只在禮中，欲少自由亦不可得。

「損者三樂」，惟「宴樂」最可畏，所謂「宴安鴆毒」也。

某平生不會懶，雖甚病，一心只要向前做事，自是懶不得。今人所以懶，未必是真箇怯弱，自是先有畏縮之心，才見一事，便料其難而不爲，所以習成怯弱而不能有爲也。

薛敬軒先生曰：氣直是難養，余克治用力久矣，而忽有暴發者，可不勉哉！○二十年治一「怒」字，尚未消磨得盡，以是知克己最難。○少欲覺身輕。○未合者不可强言以鈎之，若然則近於譎。○誠不能動人，當責諸己。○纔欲脩辭以立誠，則言自簡，是何也？以可言者少也。○處人之難處者，正不必厲聲色，與之辨是非，較長短。惟謹於自脩，愈謙愈約，彼將自服。不服者，妄人也，又何較焉？○自脩則人不得以非禮相加，所謂「不惡而嚴」也。○輕言則納侮。○自喜則自矜之心生。○文中子曰：多言不足與遠謀，多動不可與久處。○安於故習，則德不新。○機在心，當慎所發。發不以正，甚害事。○念慮一毫雜妄，即非仁，便當克去。○一念之差，心即放。纔覺其差，此心即正。○易搖而難定，易昏而難明者，人心也。唯主敬，則定而明。○學力未能勝舊習，正如藥力未能除舊病。頃刻學力不至，則舊習仍在。一日不服藥，則舊病復作。學力勝，則無此病矣。○德性之學，須要時時刻刻提撕警省，則天理常存，而人欲消熄。苟有一息之間，則人欲長而天理微矣。○非力所及而思者妄也，故「君子思不出其位」。○一語一默，一坐一行，事無大小，皆不可苟處之，必盡其方。程子作字甚敬，曰「只此是學」。蓋事有大小，理無大小。大事謹而小事不謹，則天理即有欠缺間斷。故作字雖小事，必敬者，所以存天理也。○求在外者未可必，求在內者必可得。未可必者，一聽於天；必可得者，當責之己。○無我則內外合，而與天爲一矣。○禮者，天理之節文。孔子謂「克己復禮爲仁」，何也？蓋仁即天理也。人欲熾，則天理不行。必克去己私，事事皆復於禮，則天理流行而爲仁矣。○虛心接人，則於人無忤。

自滿者反是。○人有負才能而見於辭貌者，其小也可知矣。○天賦人以才德，本無不備。才德全，始稱爲人之名，初無一毫加於本分之外，乃知自矜自伐者，皆妄也。○人知天下事皆分内事，則不以功能誇人矣。○斯須省察不至，則妄念發。○中夜以思，只「公」之一字，乃見克己之效驗。○人所以千病萬病，只爲有己。爲有己，故計較萬端。○輕當矯之以重，急當矯之以緩，褊當矯之以寬，躁當矯之以靜，暴當矯之以和，粗當矯之以細。察其偏者而悉矯之，久則氣質變矣。○上蔡有一硯，極愛之，遂屏去。此可爲克己之法。○不能克己者，志不勝氣也。○人之克己，或能克於此，不能克於彼，此是克之有未盡也。能推其所能，以及其所不能，則克無不盡矣。○私無大小，覺即克去。○制伏私意而不拔其根，如蓄火於毛羽之中，得風復然矣。故克、伐、怨、欲不行固難，不若克、伐、怨、欲淨盡之爲至也。○因一事不決於心，而遷怒之心妄發，此學者之通病。○寡慾省事，省多少勞擾。○只寡欲，便無事。無事，心便澄然。○余每呼此心曰：「主人翁在室否？」至息〔二〕，必自省曰：「一日所爲之事合理否？」○密汝言，和汝氣。○不以禮制心，其欲無涯。○惟無欲最高，有欲則卑矣。○聖人所以不矜者，只爲道理是天下古今人物公共之理，非己有之私，故不矜。○氣昏物誘者，性之害。識明理勝者，學之功。○不善之端，豈待應物而後見耶？如靜中一念之刻即非仁，一念之貪即非義，一念之慢即非禮，一念之詐即非智。此君子貴乎慎獨也。

○省察之功，不可一時而或怠。詩曰「夙夜匪懈」，其斯之謂歟？○略有與人計較短長意，即是查滓消融未盡。○理只爲氣所蔽隔，故不明。去其蔽隔，則天理燦如矣。至大之惡，由於一念之不善。○自治之要，寧過於剛，不可過於柔。顔子克己之功，非至剛不能。○「莊敬日强，安肆日偷」之語，宜深體玩。蓋莊敬則志以帥氣，卓然有立，爲善亹亹不倦，而不知老之將至。安肆則志氣昏惰，柔懦無立，玩愒歲月，悠悠無成矣。○慾有水意，故窒慾如止水。○心本寬大無邊，一有己私，則不勝其小矣。○古人佩韋佩弦，亦變化氣質之一法也。○程子曰人能克己，則仰不愧，俯不怍，心廣體胖，其樂可知。竊意顔子之樂亦如此。○纔有私，便不能推，所以爲不仁。○人欲無涯，不以禮節之，莫知所極矣。○戲謔甚則氣蕩，而心亦爲所移。不戲謔，亦存心養氣之一端。○名利關誠實難過，上蔡所謂「能言如鸚鵡」者，真可畏也。○一念之欲不能制，而禍流之滔天。○私欲盡而惻隱之心見。○熟於小智自私者，不足以語大道。○心有毫髮所繫，即不得其平。○無行所悔，則德進矣。○好勝，人之大病。○親愛之言，不可偏聽。○富貴易至溺人，可不謹哉？○慎言謹行，是脩己第一事。○只四勿念之，豈有差乎！○迷於利欲者，如醉酒之人，人不堪其醜，而已不覺也。○目之逐物，最能喪德。故四勿以視居先。○有一毫忮害之心，即非仁矣。○大而綱常，小而言動，皆理之當然。纔有有爲之心，雖所行合理，亦是人欲。○應事纔應即休，不可須臾留滯爲心累。○聖人「不怨天，不尤人」，心地多少灑落自在。常人纔與人不合即尤人，纔不得於天即怨天，其心多少忿忮勞擾。○心無妄思，口無妄言，身無妄動，安得有差？故有差者皆妄也。無妄之義大矣。○德冠古今，功滿天下，皆分内事，與人一毫不相干，何矜伐之有？○自矜自伐者，皆不能克有己之私也。○人欲肆，而羞惡之心亡矣。○人爲學至要，當於妄念起處，即遏絶之。予每嘗用力於此，故書以自勵。○慾心一萌，便思禮義以勝之，即窒慾之要也。○聖人言人過處，皆優柔不迫，含蓄不露。此可以觀聖人之氣象。○一念之非即遏之，一動之妄即改之。○目欲視〔三〕，即當思其邪與正；耳欲聽，即當思其是與非；口欲言，即當思其可與否。正焉是焉可焉，則視之聽之言之；邪焉非焉否焉，則力以止之。此之謂三要。○心不錯，即諸事不錯。○人遇拂亂之事，愈當「動心忍性，增益其所不能」。所行有窒礙，必思有以通之，則智益明。

胡敬齋先生曰：義以制事。義有剛毅果斷之意，以之制事，則不牽於私意。孔子曰「見利思義」。利義不兩立，見利須思用義以裁制之，不然則必牽於私，背於理矣。朱子曰：「義如利刀相似，遇著事，便劈斫。」○人不可狥偏好，執己見，義之與比。○有一分利欲，便蔽一分天理。利欲長一分，大本便虧一分。○非禮勿視、聽、言、動，便是克己之意。○醫書以手足風頑爲不仁，程子善之。蓋人而不仁，私意蔽隔天理，不能貫通天地，萬物漠然與己無干，如風頑之人，手足疾痛不相管攝也。○氣質之偏，皆可克治。要克治氣質之偏，須涵養得大本完固，則元氣壯，病易除。○顔子四勿，涵養省察工夫都在裏。○不矜細行，終累大德。○人之氣，貴乎剛，却怕麤。氣剛則才大，氣麤則才疎。才大而疎，成少敗多，故君子養其氣，以至剛大完密，則才德全矣。○本心不純者，發用必偏，此内外一致處。○有所爲，皆是私意。故張敬夫言：「爲己者，無所爲而然者也。」朱子深取之。○悔悟於後，不若省察於前。○不能謹於始者，必當悔於終。過此則迷復矣。○一本者，無一物不是這箇理。若有私吝蔽固，便隔斷了成二本去。故程子言：「放開意思，打了習心，方能與萬物一體，方能合内外之道。」天人又何間哉？○學者去得一箇謀利計功之心，則心下自然坦夷安泰。○學才倦怠，便入於自棄。○日用間，事事省察，從天理上行，纔覺私意便克去，此進學之要。○才覺私意起，便克去，此是大勇。○不合理事，便不可爲。故曰「非禮勿動」。○心在重處發，熟處難忘。若利禄重，則心在利禄上發；功業重，則心在功業上發。那邊熟，心只從放那邊，是戀著舊習也。若非勇猛奮發，擇善固執，改革舊習，雖欲勉强操持，心未易收。嘗謂學專爲己，心自少至外馳，更加主敬，其有不存者乎？○人有英氣，方肯進取。勇猛奮發之後，須尋得箇常久工夫來做，不使間斷，方能實有所進。不然，一時意氣，靠他不得。○當理而無私心，則仁矣。雖無邪心，苟不合正理，亦妄也。公天下事，以私心爲之，亦私也。窮理克己。○慊於己者，不使萌於再，此真能脩身者，進於聖人不遠矣。○有期待計功之心，皆是私心，即害於仁。故孔子曰「仁者先難而後獲」。孟子曰「必有事焉而勿正」。董子曰「正其義不謀其利，明其道不計其功」。程子曰「以敬直内便不直」。○見善不能勇爲，見惡不能勇去，雖終身從事於學，無以有諸己。○古人云宴安如酖毒，甚可懼也。惟莊整嚴肅、戰兢惕厲可以勝之。○敬只是常常不敢放肆，事事不敢輕爲。○浮躁最害事，輕儇亦然，昏惰亦然。○「顧諟天之明命」，是事事不違天理。顔子「非禮勿視、聽、言、動」，孟子「必有事焉」，是此等工夫。○「他山之石，可以攻玉」者，以其能生吾戒懼之心也。戒懼則德成，惰慢則德敗。○恃才者，最是人之大病。不惟敗事，必不能保身。舍己從人，方做得天下事。○不可以私意喜一人，不可以私意怒一人。○人之作事，只盡箇當然之理。有意、必、固、我，便是私意。只循其當然之理，則意、必、固、我之私可脱，脱則無累矣。○某在佑聖觀，見壁間題曰：「逆則處處生顛倒，順則頭頭合自然。」居仁加兩字曰：「逆理則處處生顛倒，順理則頭頭合自然。」○事事要打點合義，則心亦不放不亂。○私於己者，必害於己。與衆同利者，利莫大焉。○利者，人之所欲也，不可專，專則有害。義者，人心之同然也，自不肯專，聖賢以義爲利也。又曰：「利者，義之和也。」故利莫大於義，害莫大於利。○心不安處，便不可行，故論語言「多見闕殆，慎行其餘，則寡悔」。○聞人之謗當自脩，聞人之譽當自懼。○戰戰兢兢，是不敢有些子放肆；戒謹恐懼，是不敢有些子惰慢。○公生明，私生昏。私則有蔽，有蔽便昏；公則無蔽，無蔽便明。何以能公，克己則公矣。○事一差，心便愧；心一愧，氣便餒；氣一餒，道義便虧。此是一串事，只集義便無此病。必有事焉，是要無間斷。○除去私意便是仁。○人被私意所蔽，天理即亡。聖人教人操存省察，所以要存天理，去人欲也。○今人不去學自守，預先要學隨時，所以苟且不立。○不可自恕。蓋恕者求仁之方，施於人之事也。若施於己，則自治不嚴，偷惰苟簡，進脩必倦，改過必不勇矣。

羅整菴先生曰：顔子「克己復禮」，殊未易言。蓋其於所謂禮者，見得已極分明，所謂「如有所立卓爾」也。惟是有我之私，猶有纖毫消融未盡。消融盡，即渾然與理爲一矣。然此處工夫最難，蓋大可爲也，化不可爲也。若吾徒之天資學力，去此良遠，但能如謝上蔡所言「從性偏難克去處克將去」〔四〕，即是日用間切實工夫。士希賢，賢希聖，固自有次第也。○程子有云：「世人只爲一齊在那昏惑迷暗海中、拘滯執泥坑裏，便事事轉動不得，没着身處。」此言於人甚有所警發，但不知如何出脱得也。然上文已有「物各付物」一言，只是難得到此地位。非物格知至而妄意及此，其不爲今之狂者幾希。○視聽、思慮、動作，皆天也，人但於其中要識得真與妄爾。動以天之謂真，動以人之謂妄。天人本無二，人只緣有此形體，與天便隔一層。除卻形體，渾是天也。然形體如何除得？但克去有我之私，便是除也。○「格物致知」，學之始也。「克己復禮」，學之終也。仁本人所固有，而人不能體之爲一者，蓋物我相形，則惟知有我而已，有我之私日勝，於是乎違道日遠。物格則無物，惟理之是見；己克則無我，惟理之是由。沛然天理之流行，此其所以爲仁也。○「操舍」之爲言，猶俗云「提起放下」。但常常提掇此心，無令放失，即此是操，操即敬也。孔子常言「敬以直內」，蓋此心常操而存，則私曲更無所容，不期其直而自直矣。○人之常情，有多喜者，有多怒者，有多懼者，有多憂者。但一處偏重，便常有此一物橫在胸中，未免礙却正當道理。此存養省察之功，所以不可須臾忽也。○子曰：「君子喻於義，小人喻於利。」又曰：「君子上達，小人下達。」喻於義，斯上達矣；喻於利，斯下達矣。上達則進於聖賢，下達則其違禽獸也不遠矣。有人於此，或以禽獸斥之，未有能甘心受之者。至於義利之際，乃或不知所擇，果何説耶？

愚按：馮少墟云：「叔季之世，自私自利之風浸淫已久，爲不善者無論，即爲善者孽孽到底，强半只成就得一箇自私自利。」「如此病根浸淫已久，併自家亦不知不覺耳。此根不拔，則聞見愈廣，講論愈多，其病痛愈深。」呂與叔云：「克己工夫未肯加，吝驕封閉縮如蝸。試於夜氣深思省，剖破藩籬即大家。」此先儒已試之良方，所以藥天下萬世於無窮者也。學者倘有意於義利之辨，不可不一日三復是詩。

高景逸先生曰：人生只有一箇念頭最可畏，全憑依他不得。精察天理，令這念頭只在兢業中行，久之純熟，此箇念頭即是天理。○但時刻提醒，勿令昏昧，積有年歲，自成片段。所患不零星積聚，允無頓段受用耳。○不邇聲色，不殖貨利，聖人尚如此，何況吾輩？不如此，决不成就。○靜則游思雜念，動則戾氣惰客，戛戛乎其難哉！名義至重，鬼神難欺。最小事，須凛凛於此。○悔者入吉之路，吝者入凶之門。纔悔便有吉之道，纔吝便有凶之道。○矜細行，最得力。○一念反躬，便是天理。故曰不能反躬，天理滅矣。○人想到死去一物無有，萬念自然撇脱。然不如悟到性上一物無有，萬念自無係累也。○絶四是克己。○「克己復禮」，便超凡入聖。○逐物則憂，反躬常樂。○安莫安於知足，危莫危於多言，貴莫貴於不求，賤莫賤於多欲。○話不可騁快説，事不可騁快作。○天理必與人欲相逆，纔去做難的事，是向天理上行，然人欲隨之，又要獲了。「先難後獲」，方純乎天理。顔子克己，若紅爐點雪，不必言難，天下歸仁，反從獲上説。樊遲根器大不同，故曰「先難後獲」。○真是爲善最樂，不要説一生平穩，即反思此身爲父母所生，我不曾做辱親事，豈不至樂？此身乃天地所生，我不曾做欺天事，豈不至樂？人有生必有死，到瞑目時，無累心事，豈不至樂？○某近來爲學，雖知所歸宿，第欲根隱伏，世情隨觸而動，收攝來即有貼定時節，而氣未澄凝，終非天性本來面目。默默簡點，千病萬病，只是志不專一。想亦別無巧法，專一淘洗，收攝將去而已。○今之時，不患本體不明，惟患工夫不密；不患理一處不合，惟患分殊處有差。必做處十分酸澀，得處方能十分通透也。○人生處順境好過，却險；處逆境難過，却穩。世味一些靠不著，方見道味親切；道味有些靠不著，只是世味插入。兩者推敲，儘有進步，若順境中，一切渾過矣。當此世局，正是玉成，不可不知也。○人心之迷，迷於至近，忽其近者小者，以爲不足爲，於是終身無善可積，而棄其遠且大者。惜哉！○一念者，天人之衡也，持之而躋於天，謬之而墜於淵。一念定而人定，人定而天定矣。嗚呼危哉，人亦慎此一念也哉！○文章者，富貴之囮也。窮困者，文章之礪也。豈獨文士，即聖賢不朽盛事，如文周之易，皆從困中來。造化不難困至人，而恒人不易承造化。困不易承，乃自困矣，非造化真能困人也。○凡天理，自然通暢和樂，不通暢處，皆私欲也。當時刻唤醒，不令放倒。○陰功非但分人以財，孜孜切切，惟以濟人救人爲事，行之數十年，此意純熟，動念即是，方謂陰功。何者？此乃仁心也。仁則生，生則吉，吉則百祥咸集。○蕭自麓書來，曰：「工夫不密，内有游思則主不一，外有惰行則儀不飭，非敬也。必須内外協持，積養深厚，使此心無少間雜，斯謂能一，斯謂真敬。先儒曰此心有些罅隙便走。又曰學貴含蓄深固，最忌洩漏。某嘗自思，惟只用功不密，洩露太早。敬爲執事誦之，毋若某之徒老而自悔也。」語語破的，謹爲書紳。○人若不貪富貴、飲食、色慾，便超然在萬物之表。初非不可爲事，人卒不肯爲，何也？○内存戒慎恐懼，是性體真精神；外守規矩準繩，是性體真條理。此透性語也，當終身行之。○雞鳴而起，向晦宴息，中間何所事事，最是喫緊著力處也。所謂人欲，亦豈獨聲色、勢利，只服食、器用纔有牽戀處，便是欲，須打掃得潔潔淨淨，方見無事之樂耳。

以上論力行。而九先生要旨，皆欲人盡其克治之力。蓋以氣拘物蔽，又汩没於舊染污俗，非用十分克治之功，不能變化其氣禀之拘，克除其物欲之蔽，而勇革其舊染之污也。胡敬齋先生曰：「人之有生，便有所以爲人之道，皆天之所賦，非人力之所爲也。雖聖人，不過盡爲人之理而已，孟子所謂『踐形』是也，非聖人於此身之外别有所以爲聖人之理也。今所以不能如聖人之從容中道者，是氣質有偏，物欲有蔽，故必克治其氣質之偏、物欲之蔽，使所行無過不及之差，然後可以盡此身之理，以成乎己也。苟或知而不行，徒費講學之功，無以爲己有，豈不重可惜乎！故學者務必實體此理，而力行以終之，以脱乎俗學之陋。」愚思胡子之言如此，則其所謂克治者，莫急於氣質之偏、物欲之蔽。而愚更有進焉者，則以習俗移人，賢者不免，而況今之學者，陷溺於習俗更深乎？習俗之心，只知有利，而不知有義。即爲士者，發憤讀書，但知習時文，取官爵，以榮身肥家爲事。一部四書五經，幾同商賈之貨，只要售得去，便可以了志願，未嘗思有益於身心，有用於天下，盡吾爲人之道也。且流俗之内，斷無人品；勢利之中，必無聖賢。故必克治其習俗舊染之污，而後可以上踐履之路也。雖曰習俗之染即是物欲之蔽，然物欲猶就形氣之私言之，而舊染之污全是習俗之所尚，故必痛除此等念頭，拔去此等病根，而後可脱乎俗學之陋也。

跋

致知要矣，未若存養之要也。存養要矣，未若力行之尤要也。不力行，則所致之知，無以實有諸己；不力行，則存養雖密，無以實體諸身。此近今俗學，徒資口耳辨論，而少力行，所以受人詬厲也。此卷論力行，首引「乾乾不息於誠」，「懲忿窒慾，遷善改過」，繼以顔子「克己復禮」。蓋力行之難，莫難於乾乾不息，莫難於懲窒遷改，尤莫難於克己。克己如孤軍猝遇强敵，拼命舍死向前，不勝不已，如此方謂之克，方謂之力行。九先生語語警策，發明不避斧鉞，痛斥俗學之非，尤爲頂門一針。乙酉閏四月初四日，敏齋汪三省識。

校勘記

〔一〕但每日常自檢點　「每」，原作「無」，據聚錦堂本、英秀堂本、雲南書局本改。

〔二〕至息　「息」，各本同，薛瑄讀書録卷四作「夕」。

〔三〕目欲視　「目」，原作「自」，據聚錦堂本、雲南書局本及薛瑄讀書録卷二改。

〔四〕但能如謝上蔡所言從性偏難克去處克將去　「處」字原脱，據華東師範大學出版社朱子全書外編本上蔡語録卷三補。

五子近思録發明卷六

齊家

平巖葉氏曰：「此卷論齊家。蓋克己之功既至，則施之家而家可齊矣。」愚按：致知、存養、克治，皆所以脩身也。身不脩不可以齊其家，身脩則家可教矣。故此録論力行克治之後，即繼之以家道，但家道不離日用工夫，只是平常。大學齊家一章，提出「孝弟慈」三字，那一家不日用的是孝弟慈？那一人不日用的是孝弟慈？至於平天下之老老、長長、恤孤，也只是這箇孝弟慈。高彙旃先生曰：「此孝弟慈三字，豈非性之所固有？終日用之而不窮，終身用之而不盡，此性何人不見，何以君子必言教成，必言足法？但恐一邊用之而不全，顛倒用之而失當。誠不可無學問、思辨之藉也。」又曰：「齊家一事，雖無望爲名德聞望之門，但數椽茅舍相對，家人亦有父子，亦有兄弟，亦有妻孥。比屋比閭，誰不各有其家？寧不發一願言，欲其家中内外敦睦，少長肅雍，粗粗成一詩禮之風，不汩染於囂陵惡薄之俗？仔細看來，亦不容易。則自脩身以上之工夫，密一著便有密一著之見效，鬆一步便有鬆一步之見效，其何以使清夜無眠之夢，上質祖宗、下示子孫而無憾也哉？然則欲質祖宗、示子孫而無憾，則學問思辨之藉誠不可無。」此卷論齊家，皆切實要領工夫，學者要講教成足法之道，當盡心於此焉。

伊川先生曰：弟子之職，力有餘則學文，不脩其職而學，非爲己之學也。

家道將興，必得賢子孫以盡弟子之職，方成詩禮之家。爲子爲弟之事，便是爲聖爲賢之事，故弟子之職不在學文，而在孝弟。謹信愛衆親仁，須著力行之，以盡其職，力有餘，然後學詩書六藝之文。此爲己之學也。若弟子之職未盡，而急於學文，則非爲己之學。況所學者又是科舉之文乎？故朱子特地輯一部小學示學者，總是先德行而後文藝之意也。

孟子曰「事親若曾子可也」，未嘗以曾子之孝爲有餘也。蓋子之身所能爲者，皆所當爲也。

曾子養其父，每食必有酒肉，食畢，將徹去，必請於父曰：「此餘者與誰？」或父問此物尚有餘否，必曰有，恐親意更欲與人也。此曾子能承順父母之志，而不忍傷之也。程子曰：「子之身所能爲者，皆所當爲。」無過分之事也。故事親若曾子，可謂至矣。而孟子止曰「可也」，豈以曾子之孝爲有餘哉？可者，僅可之辭，孝到十分，只盡己分内事。纔少一分，便是不盡分。細心體察程子之意，方知孟子「可也」二字誠是。

「幹母之蠱，不可貞。」子之於母，當以柔巽輔導之，使得於義。不順而致敗蠱，則子之罪也。從容將順，豈無道乎？若伸己剛陽之道，遽然矯拂則傷恩，所害大矣，亦安能入乎？在乎屈己下意，巽順相承，使之身正事治而已。剛陽之臣事柔弱之君，義亦相近。

此言「幹母之蠱」，務要委曲巽順以幹之也。蓋子幹母蠱，易流於專斷而失於順承，剛多有所拂戾，柔必有所不堪，不可固執之以爲正，必須屈己下意，巽順將承，方能使之身得其正，而事得於理也。

蠱之九三，以陽處剛而不中，剛之過也，故小有悔。然在巽體，不爲無順。順，事親之本也。又居得正，故无大咎。然有小悔，已非善事親也。

此言幹父之蠱，不可過剛，亦當以承順爲主也。蓋承順，事親之本也。九三過剛不中，未免有拂戾之嫌，然巽體得正，巽則可以制其剛，正則可以救其不中，有過而不過之意，雖小有悔而无大咎也。然善事親者，柔聲下氣，愉色婉容，毫無拂戾之意。今過剛而有小悔，則於事親之道未得爲盡善者也。

正倫理，篤恩義，家人之道也。

齊家之道，在篤恩義，然必以正倫理爲本。尊卑上下，名分所以定也。既正其名分，又篤以恩誼，則上下之情方浹洽，故家之六順：父慈、子孝、兄友、弟恭、夫和、妻柔。如是則父父子子、兄兄弟弟、夫夫婦婦而家道正，反是爲逆。順則興，逆則替，必然之理也。故正家之道在正倫理，則足以震懾乎衆志，而禮法不至於瀆亂。又篤恩義則足以固結乎人心，而情義不至於乖離，此家道所以能長久而足法也。

人之處家，在骨肉父子之間，大率以情勝禮，以恩奪義。惟剛立之人，則能不以私愛失其正理，故家人卦大要以剛爲善。

此言齊家以剛爲善，即「嚴君」之謂也。一家之人，必有威嚴之君主以正其内外，然後禮法行而人不敢越。不但父能正身率物爲嚴君，即母能正身内助亦爲嚴君。蓋以剛立之人，方能不以私愛失其正理，若太柔弱，則必姑息縱弛，而以情勝禮、恩奪義矣。

家人上九爻辭，謂治家當有威嚴，而夫子又復戒云，當先嚴其身也。威嚴不先行於己，則人怨而不服。

此言治家威嚴，當先嚴其身也。凡身之所行，若視聽言動，皆在禮法之中；身之所接，若人倫庶物，皆在道義之内。如是則身無不正，儼然人望而畏之矣。故治家以正倫理爲先，未有不本之於身者。

歸妹九二，守其幽貞，未失夫婦常正之道。世人以媟狎爲常，故以貞靜爲變常，不知乃常久之道也。

此言夫婦常正之道，當以幽貞爲貴也。能守其幽貞，則相敬如賓，可以久處。若媟狎，則玩侮不敬，而乖離從此生矣，安能常久乎？

世人多慎於擇壻，而忽於擇婦。其實壻易見，婦難知，所係甚重，豈可忽哉！

古人有言婦者，家之所由廢興也，豈可忽而不擇？但擇婦難於擇壻耳。男女訂婚，大約十歲上下便須留意，不得過遲，過遲則難選擇。選擇當始自舊親，以及通家故舊與里中名德故舊之門，切不可有所貪慕，攀附非偶。更要緊者，必擇孝弟之家、世世有行仁義者，則婦之性行，亦大略可知矣。

人無父母，生日當倍悲痛，更安忍置酒張樂以爲樂？若具慶者可矣。具慶，謂父母俱存。

汪星溪曰：生日悲痛，此天理人情之實也。伊川之戒，欲人存天理耳。人當耆老，不蒙具慶，此日銜恤罔極，自是悲痛莫禁。禮當齋戒，設奠於寢，或陳祭於祠，侵晨仰戴高天厚地，禮叩萬靈，靜攝以居，淡然一切。若鄰族應酬，命子弟宴欵之；知交欲臨，則佈誠豫謝之；兒婦有壺觴之奉，則於前一夕飲啜，或次日聽申家人婦子之情。不矯名，亦不忤俗，是爲善得伊川禮意也。

問：行狀云：「盡性至命，必本於孝弟。」不識孝弟何以能盡性至命也？曰：後人便將性命別作一般事說了。性命、孝弟，只是一統底事，就孝弟中便可盡性至命。如洒掃應對與盡性至命，亦是一統底事，無有本末，無有精粗，却被後來人言性命者，別作一般高遠說。故舉孝弟，是於人切近者言之。然今時非無孝弟之人，而不能盡性至命者，由之而不知也。

伊川先生所作明道先生行狀。

此言人能盡孝弟之道，便可以盡性至命也。試思性命孝弟如何是一統底事？人自孩提來，便知愛親，有此真愛，便名之曰「孝」。稍長，便知敬兄，有此真敬，便名之曰「弟」。孟子曰：「親親，仁也。敬長，義也。」又曰：「仁之實，事親是也。義之實，從兄是也。」仁義即性命也。自天所賦而言，謂之命；自人所受而言，謂之性。其實一也。故曰：「性命、孝弟，只是一統底事，就孝弟中便可盡性至命。」如舜之孝、王季之友，便是盡性至命底樣子。且天命之性即理也，天下無理外之事，亦無事外之理。即其末，而本已存；即其粗，而精實具。本末精粗，原無二致，故伊川又曰：「洒掃應對與盡性至命，亦是一統底事。」然今時非無孝弟之人，而不能盡性至命者，不知性、不知命，即孟子所謂「行之而不著焉，習矣而不察焉」。終身由之，而不知其道者衆也。

問：第五倫視其子之疾與兄子之疾不同，自謂之私，如何？曰：不待安寢與不安寢，只不起與十起，便是私也。父子之愛本是公，才著些心做，便是私也。又問：視己子與兄子有間否？曰：聖人立法，曰「兄弟之子猶子也」，是欲視之猶子也。又問：天性自有輕重，疑若有間然？曰：只爲今人以私心看了。孔子曰：「父子之道，天性也。」此只就孝上説，故言父子天性。若君臣、兄弟、賓主、朋友之類，亦豈不是天性？只爲今人小看，却不推其本所由來故爾。己之子與兄之子，所爭幾何？是同出於父者也。只爲兄弟異形，故以兄弟爲手足。人多以異形故，親己之子異於兄弟之子，甚不是也。又問：孔子以公冶長不及南容，故以兄之子妻南容，以己之子妻公冶長，何也？曰：此亦以己之私心看聖人也。凡人避嫌者，皆内不足也。聖人自至公，何更避嫌？凡嫁女，各量其才而求配，或兄之子不甚美，必擇其相稱者爲之配，己之子美，必擇其才美者爲之配，豈更避嫌耶？若孔子事，或是年不相若，或時有先後，皆不可知。以孔子爲避嫌，則大不是。如避嫌事，賢者且不爲，況聖人乎？

此言事事物物各有自然之理，著不得一毫意見，參不得一毫人爲，纔著一毫意見、人爲，便是私也。父子之愛本至公，何消著意安排？即視兄弟之子猶己子，亦是天性，以其同出於父者也，何得有間？蓋聖人所爲，至公無私，純乎天理流行，有何嫌之可避？凡避嫌者，皆内有不足。聖人内無不足，故不爲避嫌之事也。但聖人應事接物，皆在禮法中行耳。

問：孀婦於理似不可取，如何？曰：然。凡取以配身也。若取失節者以配身，是己失節也。又問：或有孤孀貧窮無託者，可再嫁否？曰：只是後世怕寒餓死，故有是說。然餓死事極小，失節事極大。

此言孀婦宜守節，再醮則失節矣。若再醮之婦，取以配身，即是己之失節，自愛者宜所不爲。或以寡婦不安其室，以貧窮餓死爲辭，不知人生皆有死，守節而至餓死，事極小，若怕餓死而失節，則無人道矣，何顏立於天地之間乎？故門内婦有不安其室以去者，不許復返；如女子適人更二夫者，絶之；會典「再醮之婦所生子，雖貴，母不得受封」，皆以「失節事極大」之故也。

病卧於床，委之庸醫，比之不慈不孝。事親者亦不可不知醫。

此言病卧於床，當託良醫，方能識病用藥，可以痊愈，若庸俗之醫，不知經絡臟腑，不識病症，必至誤用藥而傷人。故親病而委之庸醫，比之不孝；祖病而委之庸醫〔一〕，比之不慈。事父母者，豈可不留心於醫乎？知醫則不爲庸醫所誤矣。

程子葬父，使周恭叔主客。客欲酒，恭叔以告。先生曰：勿陷人於惡。

此言會葬之禮不宜飲酒也。世俗喪家設酒宴客，而客亦恬不爲怪，是未知程子「陷人於惡」之戒也。若如程子之言，即凡親賓弔奠會葬者，但當蔬食。此在喪家與親友，各宜以禮自處，以禮處人。不然，則程子所謂「陷人於惡」矣。或以其祭奠之物須於其家可也。

買乳婢多不得已，或不能自乳，必使人。然食己子而殺人之子，非道。必不得已，用二子乳食三子，足備他虞。或乳母之子病且死，則不爲害，又不爲己子殺人之子，但有所費。若不幸致誤其子，害孰大焉？

此因用乳母而慮及害乳母之子，真所謂「幼吾幼以及人之幼」，仁者之心也。貧家多自乳，富則用二子乳食三子爲善，即有所費，亦不可吝惜也。

先公太中諱珦，字伯温，前後五得任子，以均諸父子孫。嫁遣孤女，必盡其力，所得俸錢，分贍親戚之貧者。伯母劉氏寡居，公奉養甚至。其女之夫死，公迎從女兄以歸，教養其子，均於子姪。既而女兄之女又寡，公懼女兄之悲思，又取甥女以歸嫁之。時小官禄薄，克己爲義，人以爲難。公慈恕而剛斷，平居與幼賤處，惟恐有傷其意，至於犯義理，則不假也。左右使令之人，無日不察其饑飽寒燠。娶侯氏。侯夫人事舅姑以孝謹稱，與先公相待如賓客。先公賴其内助，禮敬尤至。而夫人謙順自牧，雖小事未嘗專，必禀而後行。仁恕寬厚，撫愛諸庶，不異己出。從叔幼孤，夫人存視，常均己子。治家有法，不嚴而整。不喜笞朴奴婢，視小臧獲如兒女，男僕曰臧，女僕曰獲。諸子或加呵責，必戒之曰：「貴賤雖殊，人則一也。汝如是大時，能爲此事否？」先公凡有所怒，必爲之寬解，唯諸兒有過，則不掩也。常曰：「子之所以不肖者，由母蔽其過，而父不知也。」夫人男子六人，所存惟二，其愛慈可謂至矣，然於教之之道，不少假也。纔數歲，行而或蹐，家人走前扶抱，恐其驚啼，夫人未嘗不呵責曰：「汝若安徐，寧至蹐乎？」飲食常置之坐側。嘗食絮羹，既叱止之，曰：「幼求稱欲，長當何如？」絮羹，調羹也。禮不絮羹，爲其詳於味也。雖使令輩，不得以惡言罵之。故頤兄弟平生於飲食衣服無所擇，不能惡言罵人，非性然也，教之使然也。與人爭忿，雖直不右，曰：「患其不能屈，不患其不能伸。」及稍長，常使從善師友游，雖居貧，或欲延客，則喜而爲之具。夫人七八歲時，誦古詩曰：「女子不夜出，夜出秉明燭。」自是日暮則不復出房閤。既長，好文而不爲辭章，見世之婦女以文章筆札傳於人者，則深以爲非。

此記齊家父母之懿範也。程大中先生以陽剛中正而主乎外，正身率物，爲嚴父；侯夫人以柔順中正而主乎内，正身内助，爲嚴母。此之謂「家人有嚴君」焉。男正位乎外，女正位乎内，而家道正矣。有此模範，所以教出明道、伊川兩夫子，以續孔孟之正傳也。

凡有家者，皆當以大中先生、侯夫人爲法焉。

橫渠先生嘗曰：事親奉祭，豈可使人爲之？

此言事父母、奉祭祀，皆當親爲之。若事父母使人代爲，則飲食起居，必不能曲意承歡，一一合宜，非孝也；奉祭祀而使人代爲，則儀文雖具，而誠心未盡，必不能感通神明，非敬也。故必親爲，而孝敬之心始盡。

舜之事親，有不悦者，爲父頑母嚚，不近人情。若中人之性，其愛惡略無害理，姑必順之。事親以順爲主，非其不得已者，固不可輕爲矯拂也。親之故舊所喜者，當極力招致，以悦其親。凡於父母賓客之奉，必極力營辦，亦不計家之有無。然爲養，又須使不知其勉强勞苦，苟使見其爲而不易，則亦不安矣。

此所謂養志以悦其親也。舜盡事親之道，宜得親之悦矣，猶有不悦者，爲其頑嚚不近人情也。若中人之愛惡不害理，必宜委曲順之，故極力招致，極力營辦，不計家之有無，務以悦親爲事。但家之有無，父母豈不知之？若使父母見其勉强勞苦，則必不安。故養志者，雖勉强勞苦，必多方委曲，不使父母知，以圖親心之安。親心安，則悦矣。

斯干詩言：「兄及弟矣，式相好矣，無相猶矣。」言兄弟宜相好，不要相學。猶，似也。人情大抵患在施之不見報則輟，故恩不能終。不要相學，己施之而已。

此言兄弟宜各盡其道，不要學其不好處也。朱子曰：「如兄能愛其弟，弟卻不恭其兄，兄豈可學弟之不恭，而遂忘其愛？但當盡其愛而已。如弟能恭其兄，兄卻不愛其弟，弟豈可學兄之不愛，而遂忘其恭？但當盡其恭而已。」故「式相好，無相猶」之詩，横渠甚喜其言之有味而釋之也。張楊園曰：「世人嘗言一人不能獨好，意欲歸惡兄弟也。即此一言不好，情形盡見，果能一人獨好，同父母之人，安有不好者乎？」總之，道宜各盡，不要相學，乃永保相好之方也。

「人不爲周南、召南，其猶正牆面而立。」常深思此言，誠是，不從此行，甚隔著事，向前推不去。蓋至親至近，莫甚於此，故須從此始。

此言家道必學周南、召南，方知造端之重也。蓋夫婦，人倫之至親至密者也，不於此致謹，則私欲行於玩狎之地，而舉足成礙矣。故居敬之實功，在夫婦裏面做出去，有周南、召南之風，以之事父兄、處朋友，皆易爲力。若不從此行，甚隔著事，向前推不去。故必從事於二南，正是造端第一著要緊處。果於此通透，則人情物理無不通透，家國天下，自然打作一節，無不可行矣。

婢僕始至者，本懷勉勉敬心，若到所提掇更謹則加謹，慢則棄其本心，便習以成性。故仕者入治朝則德日進，入亂朝則德日退，只觀在上者有可學無可學爾。

此言御婢僕之法。婢僕就役於人者，當其始至，本懷勉勉敬心，似可久服役者。然必常提掇，方能更加勸謹。提掇者，常常警策教誨之，寬嚴得中，恩威相濟，庶幾不棄其本心。若怠慢縱弛，則喪其本懷矣。故張子以仕者入治朝則德日進，入亂朝則德日退爲比，全在用婢僕者知所提掇耳。

晦菴先生曰：道之在天下，其實原於天命之性，而行於君臣、父子、兄弟、夫婦、朋友之間。

一家之中，父子、兄弟、夫婦各盡其道，則父慈子孝，兄愛弟敬，夫和妻柔，成一禮義之家矣。

父子兄弟爲天屬而以人合者，居其三焉：夫婦者，天屬之所由以續者也；君臣者，天屬之所賴以全者也；朋友者，天屬之所賴以正者也。是則所以紀綱人道，建立人極，不可一日而偏廢。

五者所以綱紀人道、建立人極，爲學不於此用力，則爲無人倫之人，尚得謂之人乎哉？每日所接之人，皆五倫中人；所爲之事，皆五倫中事。聖人，人倫之至者，只是於五倫中事無一不盡其道而已。

人之所以有此身者，受形於母，而資始於父。雖有强暴之人，見子則憐，至於繈褓之兒，見父則笑。果何爲而然哉？

要把此身與父母之身看做一箇，則天性至情，相親相愛，出於自然，而人性之善也可知矣。

古之君子，思所以顯其親者，惟立身揚名之爲足恃。是以不求諸人而求諸己，不務其外而務其内。

求諸己、務其内，乃立身揚名之實也。實勝而名自揚於後世，名在則身在，身在則親顯矣。故足恃也。

答陳膚仲曰：承以家務叢委，妨於學問爲憂，此固無可奈何。然只此便是用工實地，但每事看得道理，不令容易放過。更於其間見得平日病痛，痛加剪除，則爲學之道，何以加此？若起一脱去之心，生一排遣之念，則事理卻成兩截，讀書亦無用處矣。

爲學讀書，原要明理應事，故家務叢委，便是用工實地。人能於家務件件順理而行，則家道正矣。痛加剪除病痛，即省身克己實功，豈可以叢委爲憂而欲脱去耶？

答胡伯逢曰：男女居室，人事之至近，而道行乎其間，此君子之道所以費而隱也。然幽暗之中、衽席之上，人或褻而慢之，則天命有所不行矣，此君子之道所以造端乎夫婦之微密，而語其極，則察乎天地之高深也。然非知幾慎獨之君子，其孰能體之？易首於乾坤而中於恒咸，禮謹大昏而詩以二南爲正始之道，其以此與？知言亦曰「道存乎飲食男女之事，而溺其流者，不知其精」，又曰「接而知有禮焉，交而知有道焉，惟敬者能守而不失耳」，亦此意也。

夫婦居室，乃生生化化之源，天命之性於是乎成，率性之道於是乎起，天下之至顯者，實根於至微也。所以君子必誠必敬，禮樂起於衽席，實綱紀之首，王化之端也。且「誠」之一字發於乾之九三，「敬」之一字發於坤之六二。誠敬，乾坤之道，即夫婦之道也，故君子主敬存誠之功，只在夫婦居室之間做起。尤緊要者，在慎獨。此處不慎，則天命有所不行，而君臣、父子、兄弟、朋友都無處覓根芽矣。胡文定公與子書曰：「治心脩身，以飲食男女爲切要。從古聖賢自這裏做工夫，其可忽乎？」正與知言數句互相警惕。

夫婦情意密而易於陷溺，不於此致謹，則私欲行於狎玩之地，自欺於人不知之境。倘知造端之重，隱微之際，戒謹恐懼，則是工夫從裏面做出。以之事父兄、處朋友，皆易爲力而有功矣。

大雅抑之七章曰：「相在爾室，尚不愧於屋漏。無日不顯，莫予云覯。神之格思，不可度思，矧可斁思。」此即在夫婦居室之間，做戒慎恐懼工夫也。學者於此致謹，果能不愧屋漏，則相莊如賓，不但人欽，而鬼神亦欽之矣。且夫婦貴乎同德一心，以狎玩而失之，以莊敬而得之；以狎玩而離之，以莊敬而同之。於此不欺，乃真不欺；於此不狎，乃真不狎。有志於正家者，必要於此加工也。

孔明擇婦，正得醜女，奉身調度，人所不堪，彼其正大之氣、經綸之蘊，固已得於天資。然竊意其智慮之所以日精明、威望之所以日隆重者，則寡欲養心之助爲多。

孔明樹三代以下五倫之的，莫善於造端之功。雖得醜女爲夫婦，有寡欲養心之助。然觀其平日「澹泊明志，寧静致遠」家書，而閨門衽席之間，必軌於正，而謹慎不愧屋漏者，此其所以爲人龍也夫！

或言：父子欲其親，君臣欲其義。曰：非是欲其如此。蓋有父子，便自然有親；有君臣，便自然有義。

幾諫只是漸漸細密。諫不要峻暴，硬要闌截。

父子相隱，天理人情之至也。

父子之道，天性也。父必愛其子，子必愛其父。親親至情，發於自然，故父有過，則柔聲下氣，漸漸細密以諫。而在外則父爲子隱，子爲父隱，不求爲直而直在其中，順乎天理，曲盡人情也。

問：人不幸處繼母異兄弟不相容，當如何？曰：從古來自有那樣子，公看舜如何？只是「爲人子，止於孝」。

余隱之云：仲子之兄非不友，孰使之避？仲子之母非不慈，孰使之離？曰：政使不慈不友，亦無避去之理。觀舜之爲法於天下者，則知之矣。

舜是處繼母異兄弟不相容第一箇樣子，視繼母如生母，視異母弟如同胞弟，初不相容，後感化之，極相愛，豈有不慈不友而遂避去之理乎？舜之心只知「爲人子，止於孝」，所以可法可傳也。

問：父母之於子，有無窮憐愛，欲其聰明成立，此之謂誠心耶？曰：父母愛其子，正也，愛之無窮，而必欲其如何，則非矣。此天理人欲之間正當審决。

父母有愛其子弟之心者，當爲求明師良友，使之究義理之指歸，而習爲孝弟馴謹之行，以誠其身而已。禄爵之不至，名譽之不聞，非所憂也。

父母愛子能盡其心者，只當隆師親友，教之明義理，以開發其聰明。又教之孝弟馴謹，使其成立。此順天理之事，可以必得者也。若必欲其禄爵名譽之如何，則是人欲之私，不可必得者也。故爲父母者須當審决焉。

兄弟之恩，異形同氣。死生苦樂，無適而不相須。

兄弟設有不幸，鬩狠於内，然有外侮，則同心禦之矣。雖有良朋，豈能有所助乎？富辰曰：「兄弟雖有小忿，不廢懿親。」

此言兄弟至親之道，宜篤恩好，苦樂同受。即不幸而有鬩牆之變，亦必外禦其侮，愈見異形同氣之義。不比朋友，雖有小忿，當即消釋之也。

夫婦，人倫之至親至密者也。人之所爲，蓋有不可告其父兄，而悉以告其妻者。人事之至近，而道行乎其中。

陰陽和而後雨澤降，如夫婦和而後家道成，故爲夫婦者，當黽勉以同心，而不宜至於有怒。

有非，非婦人也。有善，非婦人也。蓋女子以順爲正，無非足矣。有善，則亦非其吉祥可願之事也。惟酒食是議，而無遺父母之憂，則可矣。易曰：「無攸遂，在中饋，貞吉。」而孟子之母亦曰：「婦人之禮，精五飯，羃酒漿，養舅姑，縫衣裳而已矣。」故有閨門之修，而無境外之志。

夫婦至親至密，宜和好同心以治家務，故夫愛婦之能内助，而婦愛夫之能刑家。夫婦各盡其道，而家道始成。且婦人只主中饋之事，故詩曰「無非無儀，惟酒食是議，無父母遺罹。」孟母之言，亦同此意。必如此，而後稱賢内助也。

問：妻有七出，卻是正當道理，非權也？曰：然。

妻賢，則家由此而盛。使妻而有不孝、淫、妬、長舌、盜竊諸惡行，又有不生子者、有惡疾者，則不可以承宗祧而繼後世，家道必至於衰，故七出之條，亦是正當道理，非權也。朱子以爲然，則七出無可疑矣。

問：欽夫嘗定諸禮可行者，乃除冠禮不載。問之，云：「難行。」某答之云：「古禮，惟冠禮最易行。如昏禮，須兩家皆好，禮方得行。喪禮，臨時哀痛中，少有心力及之。祭禮，則終獻之儀，煩多長久。皆是難行。看冠禮，比他禮卻最易行。」

禮本簡當，故好禮者謂其易行。而世俗之人，目恭敬爲拘束，病儀文爲煩數，在諸禮多廢，而冠尤甚。有志復古者，當自冠禮先之，庶幾昏喪以下，可以次而舉矣。

問：冠、昏之禮，如欲行之，易曉其言，乃爲有益。如三加之辭，出門之戒，若只以古語告之，彼將謂何？曰：只以今之俗語告之，使之易曉乃佳。

屠義英曰：古三加及命字祝辭，本爲雅妙，若冠者未能通曉，反無以示儆勵期祝之意，不若本其旨義，衍爲明白通俗之語。且因人而別，如儒生則期以遠大，農商則勉以勤儉，而孝友忠信之戒則通用之，似於啓導爲切。云昏禮、出門之戒，亦以俗語告之。

問：程氏昏儀與温公儀如何？曰：迎婦以前，温公的是；婦入門以後，程儀是。温公儀親迎只拜妻之父，兩拜便受婦以行，卻是；程儀偏見妻之黨，則不是。温公儀入門便廟見，不是；程儀未廟見，卻是。又曰：親迎不見妻父母者，婦未見舅姑也。入門不見舅姑者，未成婦也。伊川先生云：「婦至次日見舅姑，三日廟見。」

曰：古人納幣五兩，只五匹耳，恐太簡。曰：計繁簡，則是以利言矣。且吾儕無望於復古，則風俗更教誰變？

叔器問：昏禮，温公儀婦先拜夫，程儀夫先拜婦。或以爲妻者，齊也，當齊拜。何者爲是？曰：古者，婦人與男子爲禮，皆俠拜，每拜以二爲禮。昏禮，婦先二拜，夫答一拜。婦又二拜，夫又答一拜。冠禮，雖見母，母亦俠拜。

丘文莊輯家禮儀節曰：濬按：古昏禮有六，家禮略去問名、納吉、請期，止用納采、納幣、親迎，以從簡省。今擬以問名併入納采，而以納吉、請期併入納幣，以備六禮之目。然惟於書辭之間略及其名而已，其實無所增益也。

君子將營宫室，先立祠堂於正寢之東，爲四龕以奉先世神主。旁親無後者，以其班祔，置祭田，具祭器。主人晨謁於大門之内，出入必告。至正、朔、望則參，俗節則獻以時食，有事則告。

籩豆、簠簋之器，乃古人所用，故當時祭享皆用之。今以燕器代祭器，常饌代俎肉，楮錢代幣帛，是亦以平生所用，是謂從宜也。

高彙旃曰：按晁氏云：紙錢始於殷長史，漢以來里俗稍以紙寓瘞錢，至唐王璵乃用於祠祭。今儒家以爲釋氏法，於喪祭皆屏去。古人祭用玉幣，後來易以錢。至唐玄宗惑於王璵之説，而鬼神之事繁，錢不繼，璵作紙錢易之。唐禮書載范傳正言，惟顔魯公、張司業家祭不用紙錢，故衣冠效之。○祀天神則焚幣，祀人鬼則瘞幣，人家祭祀焚幣，於禮無稽，焚真衣，亦無意義，只是焚黄。○朱子家廟之祭，亦云「紙錢當幣帛亦未安」。唐人重佛，謂楮錢資於冥途，殊荒唐。宜用素紙代幣帛，且以明潔。○舊時帝王家小祭，亦用紙錢。明洪武十一年六月，諭禮部：祭用紙錢，出於近代，殊爲不經，命去之。彼時士夫亦不用紙錢。今俗焚紙錢，誣罔不經。朱子「楮錢代幣帛」之説，獻之而已，非焚也。焚之於地，其褻尤甚。每日天下民間所焚，不知費幾許財力於灰燼之中，明理者不可不痛革也。

祭祀須用宗子法。

藍田呂氏曰：「凡祭，皆宗子主之。宗子，謂父之嫡長子主父之祭，祖之世長孫主祖之祭，曾祖之世長孫主曾祖之祭，高祖之世長孫主高祖之祭。」又曰：「宗子爲士，庶子爲大夫，以上牲祭於宗子之家。故今議宗子主其祭，而用其支子命數所得之禮。」或曰今卿大夫皆起自庶士，而世嫡長未必皆貴且賢，且與祭者皆尊行，而世嫡又多卑幼，此宗法所以難行也。愚謂復古君子有能慨然立世嫡爲宗子，或愚而貧，必教之育之，歲時以主祀事，未始不可行。但以尊者、長者之命，而相以賢者，亦睦族之一道也。

兄弟異居，廟初不異，只合兄祭，而弟與執事，或以物助之爲宜。若相去遠者，則兄家設主，弟不立主，只於祭時旋設位，以紙榜標記，逐位祭畢焚之。如此似亦得禮之變。又曰：禮文品物，亦當少損，或但一獻無祝可也。

凡祭主，於愛敬之誠而已。貧則稱家之有無，疾則量觔骨而行之，財力可及者，自當如儀。

朔旦家廟用酒果，望日用茶。重午、中元、九日之類，皆名俗節。大祭每位用四味，請出木主；俗節只就家廟，止二味。朔旦俗節，酒止一上，斟一杯。

喪禮自葬以前，皆謂之奠，其禮甚簡，蓋哀不能文。而於死者，未忍遽以鬼神之禮事之也。自虞以後，方謂之祭，故禮家又謂奠爲喪祭，而虞爲吉祭，蓋漸趨於吉也。

古人居喪，皆與平日絶異，故宗廟之祭雖廢，而幽明之間，兩無憾焉。今人居喪，平日所爲皆不廢，而獨廢此一事，恐亦有未安。

答曾光祖曰：家間頃年居喪，於四時正祭，則不敢舉，而俗節薦享，則以墨衰行之，蓋正祭三獻受胙，非居喪所可行，而俗節則惟普同一獻，不讀祝不受胙也。遷主，禮經所説不一，亦無端的儀制，竊恐當以大祥前一日祭。當遷之主，告而遷之，然後次日撤几筵，奉新主入廟，似亦稍合人情也。又曰：祔與遷自是兩事，卒哭而祔，且從温公之説，蓋是告祖父以將遷他廟，告新死者以將入祖廟之意。已祭，則主復於寢也。至三年喪畢，則又祫祭，而遷祖父之主入他廟，奉新死者之主入祖廟也。

喪禮須從儀禮爲正。

儀禮一書，詳審精密。朱子脩儀禮經傳通解三十五卷，垂成而歿。臨歿，以底本囑勉齋黄氏踵而成之。勉齋續補喪、祭之禮，甚精密。復古君子，凡喪禮當以文公家禮與儀禮參酌用之，則盡善矣。

古者葬地擇日，皆決於卜筮。今人不曉古法，且從俗擇之可也。

葬地擇日，以安親之體魄，則不可以不擇，然亦不可過於拘忌。若以子孫受蔭爲主，則必太拘忌，而溺於世俗堪輿陰陽家之説，因循等待，葬無日矣。古者葬必以禮，天子七月而葬，諸侯五月而葬，卿大夫三月而葬，士、庶人踰月而葬。今文公家禮亦限期三月而葬，則葬地擇日，皆在三月之内。以遵禮爲主，不必拘於山向年月之利不利可也。

祭以西爲上，葬時亦當如此。

汪星溪曰：佑按司馬温公云「祭以西爲上者，神道尚右故也」，故家禮高、曾、祖禰之位，以次而東。近世儒者多遵家禮，惟祠堂叙列位次則有不同者。浦江義門鄭氏列爲五位，以其始基之祖爲大宗居中，其右第一位則高祖考，第二位曾祖考，第三位祖考，第四位考，其左四位，則高、曾、祖、考四世之妣也。晚近又有爲五龕者，以始祖考妣居中爲一龕，其右高祖考妣爲一龕，其左曾祖考妣爲一龕，又右祖考妣爲一龕，左考妣爲一龕。丘文莊俱有條議，謂列始祖於中爲僭，高祖鄰於祖妣爲嫌，故擬列龕祠堂，板以限隔，若大出主，祭於寢，則遵家禮以右爲上之制，庶幾禮俗兩得云。佑祠堂位次叙列如時制，四仲薦於正寢，初遵西上攸行〔二〕，重以戾俗遺譏，後乃設高祖考妣位於正中，考東妣西，南面。

設曾祖考妣位於堂東，西面。設祖考妣位於堂西，東面，少降。設考妣位於曾祖位下，西面，少退。每考妣位設二椅一卓而合之，卓下置茅沙，行之有年。近見南北同志祭四代多與佑同者，惟違西上制。

按喪禮「凡喪，父在父爲主」，則父存，子無主喪之禮也。又曰「父没，兄弟同居，各主其喪」，註云：「各爲妻、子之喪爲主也。」則是凡妻之喪夫，自爲主也。以子爲喪主，未安。

曾擇之問：三年喪而復有朞喪者，當服朞喪之服以臨其喪，卒事則反初服。或者以爲方服重，不當改輕服。不知如何？曰：或者之説非是。

卒哭之禮，近世以百日爲期。蓋自開元失之，今從周制，葬後三虞，而後卒哭，得之矣。

李晦叔問：程氏祭儀謂凡配止以正妻一人，或奉祀之人是再娶所生，即以所生母配。

曰：程先生此説恐誤。唐會要中有論，凡是嫡母，無先後，皆當並祔合祭。

竇文卿問：子之所生母死，題主當何稱？祭於何所？祔於何所？曰：妣者，媲也。避嫡母，止稱亡母以别之可也。伊川云「祭於私室」。

問：夫在，妻之神主宜書何人奉祀？曰：旁註「施於所尊」，以下則不必書也。

問祧主，曰：天子諸侯有太廟夾室，則祧主藏於其中。今士人家無此，祧主無可置處。

禮記說「藏於兩階間」，今不得已，只埋於墓所。

問改葬，曰：須告廟，而後告墓，方啓墓以葬，葬畢，奠而歸，又告，廟哭，而後畢事。

問：改葬緦，鄭玄以終緦之月數而除，王肅以葬畢便除，如何？曰：禮宜從厚，當如鄭氏。問：鄭氏以只有三年服者改葬，服緦三月，非三年服者，弔服加麻，葬畢除之否？曰：然。

忌日祭，只祭一位。是日孝子不飲酒食肉，不聽樂，素服以居，夕寢於外。

伊川言祖父母喪，須是不赴舉。法令雖無明文，看來爲士者當如此。

今國家法爲所生父母皆心喪三年，此意甚好。

喪葬之時，只當以素食待客，祭饌葷食只可分與僕從。

出妻入廟，決然不可，無可疑者。爲子孫者，只令歲時就其家之廟拜之，若相去遠，則設位望拜可也。

朋友之喪，古經但云「朋友，麻」，則如弔服而加麻絰耳，然不言日數。至於祭奠，則温公說「聞親戚之喪者，但當爲位哭之，不當設祭，以其神靈不在此也」。此其大概如此。亦當以其厚薄長少而爲之節，難以一定論也。

自天地言之，只是一箇氣。自一身言之，我之氣即祖先之氣，亦只是一箇氣。所以才感必應。

祖考與子孫同是一氣，故可感格天地，與人亦同是一氣，豈不可以感格乎？但在乎人之誠敬至不至耳。若至誠至敬，可以格祖考，亦可以格天地，故君子終日乾乾，對越在天，不敢有一息之間斷也。

一家之主，則一家之鬼神屬焉。諸侯守一國，則一國鬼神屬焉。天子有天下，則天下鬼神屬焉。看來爲天子者，這箇神明是多少大，如何有些子差忒得？若縱欲無度，天上許多星辰，地下許多山川，如何不變怪？

古來聖帝明王，兢兢業業，極其恭敬，不敢有些子差忒，所以天清地寧，百神呵護也。

先生閒居，未明而起，深衣幅巾方履，拜於家廟以及先聖。退坐書室，几案必正，書籍器用必整。其飲食也，羹食行列有定位，匙箸舉措有定所。倦而休也，瞑目端坐；休而起也，整步徐行。中夜而寢，既寢而寤，則擁衾而坐，或至達旦。其色莊，其言厲，其行舒而恭，其坐端而直。威儀容止之則，自少至老，祁寒盛暑，造次顛沛，未嘗有須臾之離也。

此一條摘黃勉齋所作朱子行狀中語，蓋畫出聖賢模樣以示人。看來只是一箇「敬」

字。星溪欲謚朱子爲「敬聖先師」，正爲此也。

薛敬軒先生曰：男女之欲，天下之至情。聖人能通其情，故家道正而人倫明。○家人卦初九曰：「閑有家，悔亡。」九三曰：「家人嗃嗃，悔厲，吉。」上九曰：「有孚威如，吉。」大率治家過嚴，雖非中而吉。○家人卦，治天下之本備焉。○太史公言漢武帝譴死鉤弋夫人與凡有子之嬪御，爲能杜絶後來之女亂。是則然矣，亦非仁者之心也。誠使家法嚴、倫理明，則後世之女亂，非所憂也。如文王之脩身、齊家以及天下，欲使萬物皆得其所，何至不仁如是乎？○人之子孫，富貴貧賤，莫不各有一定之命。世之人不明諸此，往往於仕宦中昧冒禮法，取不義之財，欲爲子孫計，殊不知子孫誠有寶貴之命，今雖無立錐之地以遺之，他日之富貴將自至，使其無富貴之命，雖積金如山，亦將蕩然不能保矣。況不義而入者，又有悖出之禍乎？如宋之吕文穆、范文正諸公，咸以寒微致位將相，富貴兩極，曷嘗有賴於先世之遺財乎？然則取不義之財欲爲子孫計者，惑之甚矣。○富貴利達在天，無可求之理；德業學術在人，有可求之道。誠欲厚其子孫，以可求者教之，善矣。欲以不可求者厚之，豈非愚之甚耶！○文中子曰：僮僕稱恩，可以從政矣。○待左右當嚴而惠。○便辟側媚小童，最能順人志意，使人不覺傾向，幾至心不能持，自非明理、剛持有守之君子，鮮不爲所移者。以是知古人比頑童之訓，其慮深矣。○錦衣玉食，古人謂「惟辟可以有此」，以其功在天下，而分所當然也。世有一介之士，得志一時，即侈用無節，甚至袒衣皆綾綺之類，宜其顛覆之無日，此余有目覩其事者，可以爲貪侈之戒。○婦人女子之言不可聽，余見仁宦之人多有以是取敗者，不可不以爲戒。○節儉朴素，人之美德。奢侈華麗，人之大惡。

胡敬齋先生曰：夫婦，人倫之首，至教之端，人事之至切近者。君子之脩身、齊家，造端乎此。故孔子録詩，録正風於始，所以勸也；又録變風，所以戒也。○陰不能獨立，必依乎陽，故女以男爲家。陽不能獨生，必資乎陰，故男以女爲室。○天子是天下之君，乃天下之主；諸侯是一國之君，乃一國之主，故有奪宗奪嫡之禮。卿大夫雖貴，非君也，故宗子爲士，庶子爲大夫，只以上牲祭於宗子之家，是不敢奪宗奪嫡。○祖廟所以安藏祖考，神主不可不立。古者禮不下庶人，非是禁之使不立廟。庶人貧賤，不能具禮也。古者田地居址，皆君上所制，僅可營生藏身，故祖廟難立，但薦於寢。今之富家，田地基址朝廷無限制，多者數百畝，固當割田以奉先，推財以立廟。○葬可以無槨，無螻蟻之地則可。江南多蟻，必須槨。依家禮用灰隔尤妙。貧甚不能具者，用石灰炭末三四石，用小石子或石屑和拌以周棺可也。不然，必爲螻蟻所食。

羅整菴先生曰：曾子問：「昏禮，既納幣，有吉日，而壻之父母死，已葬，使人致命女氏曰：『某之子有父母之喪，不得嗣爲兄弟。』女氏許諾而弗敢嫁，禮也。壻免喪，女之父母使人請，壻弗取而后嫁之，禮也。女之父母死，壻亦如之。」陳澔集説謂：「壻祥禫之後，女之父母使人請壻成昏，壻終守前説而不取，而后此女嫁於他族。若女免喪，壻之父母使人請，女家不許，壻然後別娶。」此於義理人情皆説不通，何其謬也！安有婚姻之約既定，直以喪故，需之三年之久，乃從而改嫁與別娶耶？蓋弗取、弗許者，免喪之初，不忍遽爾從吉，故辭其請，亦所謂禮辭也。其後必再有往復，昏禮乃成。聖人雖未嘗言，固可以義推也。澔之集説，未爲無功於禮，但小小疎失，時復有之。然害理傷教，莫此爲甚。○喪禮之廢，莫甚於近世，更不忍言其所以異於平人者，僅衰麻之在身爾，况復有墨其衰以營營家計者？

高景逸先生曰：孝弟二字，終日味之不可窮，終身行之不可盡。下學上達在此。○言行最不可欺家人，故家人卦曰：「言有物，行有恒。」○君子存心只是仁禮，仁禮只是愛敬。法今傳後，只斯二者。斯二者即從孩提來，知愛知敬，莫知其所以然，聖人因之，故曰「因親教愛，因嚴教敬」，其教不肅而成，其政不嚴而治，所因者本也。愛親者不敢惡於人，敬親者不敢慢於人，天子以此得萬國之懽心，諸侯、卿、大夫、士、庶以此得一家之懽心，是以災害不生，禍亂不作，天下和平。道如此其大也，故曰「立愛惟親，立敬惟長」。先王所以治天下如運諸掌者，得其本也。世人致禍之道，其事非一，而其大端皆繇慢人惡人，故心不和平，災害並至，卒之虧體辱親，成大不孝。君子有終身之憂，則無一朝之患矣。○凡家之興，必有思艱之人始基之，而始基之人，其筋力必强，其志慮必堅忍，其神必旺於恒人，蓋天欲封殖其家，必封殖其始基之人，綿其年，使之歷祖父子孫間，周閱詳備，以垂不拔之業。○人謂家世累善，故發其子孫於科目，不知其家世累善，故不生不善人。生不善人，則科目者乃不善人藉而敗其家世，禍酷於不生科目也。○今人自孩提至成人，父母之教，師傅之誨，曾有出於富貴之外者乎？根心生色，不言而喻，此念已若天性，而真仁義反若矯揉，安望有起拔沉淪，能自覓求吾之所謂至富至貴者？○子弟若識名節之隄防，詩書之滋味，稼穡之艱難，便足爲賢子弟矣。○天地間感應事，未有神奇於孝行所感，如王氏之魚，孟氏之笋，姜氏之湧泉，其與造化酬酢，如呼吸桴鼓然。此何以故？夫天，人之始也，父母，人之本也，反其本，則反其始也。故益曰「惟德動天」，言孝也，非孝無本，不謂德也。宇宙中，天地生氣而已矣。向其所生者順之，悖其所生者逆之。順其氣則氣應之，故天地協應，鬼神効靈，無足怪也。況於天之福善，使其人壽而康，其子孫賢而達，又豈不可必乎？○忠孝之氣，直上清虚，如矢中的，於是知古忠臣孝子與造化呼吸應感者，殆以是也。○族必生賢者以紀綱之，勸其善，戒其不善，以相保相禪而不已。家之有譜，所以昭往示來，爲紀綱勸戒者也。○經曰「夫孝，始於事親，中於事君」，事君非必仕宦也。人人有君親之倫，則人人有君親之事，所以立身也。立身以示範，乃所以紀綱勸戒也，所以大其譜之用者也。○夫人之卒然而動，皆欲也；惕然而慮，皆理也。欲動而慮止，則得失之分，而安危、存亡、治亂之幾也。訓子孫者，總而示之曰「禮義」，提其要曰「慮」。慮以明諸心，禮義以守諸躬，自鄉黨自好而上至爲賢爲聖率由之。○昔朱子嘗取六經、四子中要義，約爲韻語，命曰性理吟，以訓其子芝老。金川車公名振者，受於其祖松坡公，松坡得之五河李先生，李得之雙峰饒先生，饒得之勉齋黄先生，黄則親承師授者也。學者於是編深味之，知聖人之學，其時行物生之機，躍然言意之表，而民彝物則之正，秩然矩度之中矣。○教子者，第一欲其養成德器，次之欲其熟讀經書。讀書則心静，心静則氣和；閒惰則心放，心放則氣散。二者之間相去遠矣。小兒之疾多在寒煖不調，飲食不節，今不歸咎於不調不節之故，概歸咎於讀書勤苦。故父母益成姑息，子弟益習頑惰。此惑不破，是廢學無成之兆也。夫學未有不勤而成功，師未有不嚴而教行。雖其教之初行，或有不宜於人情，至於習而安之，久而成功，則有不能忘者矣。○凡人之大患，生於有所不足。意所不足，生於有所不可。無所不可焉，斯無所不足矣，斯無所不樂矣。今人極力以營其口腹，而所得止於一飽。極力營其居處，而所安止几席之地。極力營苑囿，游觀止於歲時十一之托足耳，將焉用之？且天下之佳山水多矣，吾不能日涉也，取其足以寄吾之意而止。凡爲山水者一致也，則吾之於兹樓也可矣。雖然，

有所可則有所不可，是猶與物爲耦也。吾將由兹忘乎可，忘乎不可，則可樓者贅矣。可樓
記。○高氏家訓：吾人立身天地間，只思量作得一箇人，只第一義，餘事都没要緊。作人的
道理，不必多言，只看小學，便是依此作去，豈有差失？從古聰明睿智聖賢豪傑，只於此見
得透、下手蚤，所以其人千古萬古不可磨滅。聞此言不信，便是凡愚，所宜猛省。○作好
人，眼前覺得不便宜，總筭來是大便宜；作不好人，眼前覺得便宜，總筭來是大不便宜。千
古以來，成敗昭然，如何迷人尚不覺悟，真是可哀！吾爲子孫發此真切誠懇之語，不可草草
看過。○以孝弟爲本，以忠義爲主，以廉潔爲先，以誠實爲要。臨事讓人一步，自有餘地；
臨財放寬一分，自有餘味。○善須是積今日，積明日，積積便大。一念之差，一言之差，一
事之差，有因而喪身亡家者，豈可不畏也？○「愛人者，人恒愛之；敬人者，人恒敬之。」我
惡人，人亦惡我；我慢人，人亦慢我。此感應自然之理，切不可結怨於人。結怨於人，譬如
服毒，其毒日久必發，但有小大遲速不同耳。人家祖宗受人欺侮，其子孫傳説不忘，乘時遘
會，終須報之，彼我同然。出爾反爾，豈可不戒也？○言語最要謹慎，交游最要審擇，多説
一句，不如少説一句；多識一人，不如少識一人。若是賢友，愈多愈好，只恐人才難得，知
人實難耳。語云：「要作好人，須尋好友。引酵若酸，那得甜酒？」又云：「人生喪家亡身，言
語占了八分。」皆格言也。○見過所以求福，反己所以免禍，常見己過，常向吉中行矣。自

認爲是，人不好再開口矣，非是爲横逆之來，姑且自認不是。其實人非聖人，豈能盡善？人來加我，多是自取，但肯反己，道理自見。如此則吾心愈細密，臨事愈精詳，一番經歷，一番進益，省了幾多氣力，長了幾多見識。小人所以爲小人者，只見别人不是而已。○人家有體面崖岸之説大害事。家人惹事，直者置之，曲者治之而已。往往爲體面立崖岸，曲護其短，力直其事，此乃自傷體面，自毁崖岸也。長小人之志，生不測之變，多由於此。○世間惟財色二字最迷惑人，最敗壞人，故自妻妾而外，皆爲非己之色。淫人妻女，妻女淫人，夭壽折福，殃留子孫，皆有明驗顯報。少年當竭力保守，視身如白玉，一失脚即成粉碎；視此事如鴆毒，一入口即立死。須臾堅忍，終身受用；一念之差，萬劫莫贖。可畏哉！可畏哉！古人甚禍非幸之得，故「貨悖而入，亦悖而出」。吾見世人非分得財，非得財也，得禍也。積財愈多，積禍愈大，往往生出異常。不肖子孫作出無限醜事，資人笑語，層見疊出於耳目之前而不悟，悲夫！吾試静心思之，淨眼觀之，凡宫室、飲食、衣服、器用，受用得有數，朴素些有何不好，簡淡些有何不好？人心但從欲如流，往而不返耳。轉念之間，每日當省不省者甚多，日減一日，豈不瀟灑快活！但力持勤儉兩字，終身不取一毫非分之得，泰然自得，衾影無怍，不勝於穢濁之富百千萬倍耶？○士大夫居間得財之醜，不減於室女踰牆從人之羞。流俗滔滔恬不爲怪者，只是不曾立志要作人。若要作人，自知男女失節總是一般。

以上論齊家之道，總在人脩身以爲之本。今既讀書窮理以致其知，存養克治以勉於行，則身無不脩矣。至於齊家之道，復能體察諸先生之言，而反躬實踐，則必孝於父母，宜於兄弟，和於妻子，而爲一家之好樣。又能推廣此心，以爲一家之政，則必篤於睦婣任恤之行，敦行冠昏喪祭之禮。尊敬師傅，以教子孫，勤儉尚實，以理庶務，而家焉有不興隆者乎？夫家猶身也，元氣足則身健；亦猶國也，元氣足則國强。故善養身者，養一身之元氣；善治國者，培一國之元氣；善居家者，培一家之元氣。今如諸先生所言，父子篤，兄弟和，内外大小咸得其理，則是一家之元氣足矣，而家焉有不興隆者乎？何必更説成周，一家和氣，便是成周；何必更説唐虞，一家恭讓，便是唐虞。只在居家者識此一點「孝弟慈」之心推廣之耳。但古人爲家，惟尚禮義，故能有此。今人爲家，惟尚貨財，安得有此？殊不知貨財多寡有無，自有分定，非人之所能爲也。孔子曰：「富不可求，從吾所好。」今人何不專務禮義，而以貨財爲汲汲乎？讀諸先生論家道之訓言，亦可以憬然醒悟矣。

昔浦江義門鄭氏作家規共百六十八條，以孝弟爲先，以克己爲要。最切戒者，勿聽婦人言。嗚呼！盡齊家之旨矣。故先大父孔夙公舉親仁月，會於家塾，延汪星溪先生講脩身齊家一章，甚言偏之爲害。先大父云：「家庭間父子、兄弟、夫婦有多少不盡分處，當熟讀小學而力行之，則寡愆尤矣。」星溪先生深以爲然。今讀誠齋先生發明家道篇極透切，極詳備，與小學內、外二篇相爲表裏，學者苟奉爲指南之鍼、操舟之舵，其家有不齊者乎？敬跋此以爲同志勖。芳溪後學楊章祖謹識。

校勘記

〔一〕祖病而委之庸醫　據上下文義，「祖」似爲「子」之訛。四庫全書本御定小學集註卷五註正作「子有疾而委之庸醫」。

〔二〕初遵西上攸行　「攸」，疑當作「右」。

五子近思録發明卷七

出處

平巖葉氏曰：「此卷論出處之道。蓋身既脩，家既齊，則可以仕矣。然去就取舍，惟義之從，所當審處也。」愚按：出處之道，孔孟尚矣。進以禮，退以義，孔孟去就之家法也。程朱立朝在野，皆守孔孟家法。故此録論出處於身脩家齊之後，言人既爲聖賢之學，致知、存養、克治以脩其身、齊其家，則出而應世，爲行道也，非爲利禄也。出處乃做人立品之大節，豈可不守正以自重乎？周濂溪先生曰「志伊尹之所志，學顔子之所學」，出則有爲，處則有守，希賢之士當如此。若出無所爲，處無所守，所志所學何事？故士之出處，當知孔孟家法。孔孟之出處，惟以禮義爲權衡。禮義之所可，聖人未嘗不可；禮義之所不可，聖人未嘗可。故孔子仕止久速，皆當其可；孟子不見諸侯，至於諸侯卑禮厚幣以招賢者，則又未嘗不見。此得禮義之中正者也。凡爲士者，

皆當以孔孟爲法。而此卷所論，又得明禮精義之切要者，居恒玩索而有得焉，則進退去就，亦可以隨時變易，而合乎聖人之道矣。

伊川先生曰：賢者在下，豈可自進以求於君？苟自求之，必無能信用之理。古之人所以必待人君致敬盡禮而後往者，非欲自爲尊大，蓋其尊德樂道之心，不如是，不足與有爲也。

此程子釋蒙卦彖傳之意也。賢者之進，將以行其道也，豈可自進以求於君？必待人君有好賢之實心，然後可以進而有爲也。故凡在下位半邊人與上位半邊人交，窮半邊人與達半邊人交，貧賤半邊人與富貴半邊人交，非其真實輕身下之而往者，皆自進以求於君之類，安望其能相信而與有爲乎？

君子之需時也，安靜自守，志雖有須，而恬然若將終身焉，乃能用常也。雖不進而志動者，不能安其常也。

此程子釋需卦初九象傳之意也。賢者既不自進以求於君，則藏器於身，待時而動，此其常也。孔子對哀公曰：「儒有席上之珍以待聘，夙夜强學以待問，懷忠信以待舉，力行以待取，其自立有如此者。」儒行十六，而自立爲首。則其需時也，安靜自守，而後可以言自立，可以言用常。若不進而志亦動，則不能安其常矣，烏能自立哉？

比：「吉，原筮，元永貞，无咎。」傳曰：人相親比，必有其道，苟非其道，則有悔咎。故必推原占，決其可比者而比之，所比得元永貞，則无咎。元謂有君長之道，永謂可以常久，貞謂得正道。上之比下，必有此三者，下之從上，必求此三者，則无咎也。

此程子釋比卦之彖辭也。比，親輔也。人相親輔，必有其道。群然相比而無以爲主，苟且相比而不可久，邪媚相比而不由正，皆非其道也，安得无咎？故上之比下，下之從上，皆要再審。有元永貞之德，然後可以无咎爾。

履之初九曰：「素履，往无咎。」傳曰：夫人不能自安於貧賤之素，則其進也，乃貪躁而動，求去乎貧賤耳，非欲有爲也。既得其進，驕溢必矣，故往則有咎。賢者則安履其素，其處也樂，其進也將有爲也，故得其進則有爲而無不善。若欲貴之心與行道之心交戰於中，豈能安履其素乎？

此程子釋履卦初九之爻辭也。何謂素履？蓋發軔之初，方與物接，富貴之念未興，窮居之初心未變，故率其生平非仁無爲、非禮無行之素履。如是而往，是能安於貧賤者也。既非貪躁而動，則無驕溢之志，真所謂「達不離道」、「富貴不能淫」之大丈夫。得其進，則有爲而無不善，何咎之有？但患不能安履其素，則有咎耳。

大人於否之時，守其正節，不雜亂於小人之群類，身雖否而道之亨也。故曰：「大人否亨。」不以道而身亨，乃道否也。

此程子釋否卦六二之爻象也。葉平巖曰：身之否亨由乎時，道之否亨由乎我。大人者，身有否而道無否也。蓋否之時，小人群集，君子不入其黨，身則否矣；然直道而行，無所撓屈，道則亨也。

人之所隨，得正則遠邪，從非則失是，無兩從之理。隨之六二，苟係初則失五矣，故象曰「弗兼與也」，所以戒人從正當專一也。

此戒人從正當專一也。人之所隨，邪正不兩立。隨之六二：「係小子，失丈夫。」初陽在下，小子象；五陽在上，丈夫象。初陽在下而近，五陽在上爲二之正應而遠。六二陰柔，則見理不明，持守不固，又陰性躁急，不能自守苟且，惟近者是比，其勢不得不遺五矣。故人之所隨，不能兼與，人何不一於從正，而牽係於附近之邪乎？

君子所貴，世俗所羞；世俗所貴，君子所賤。故曰：「賁其趾，舍車而徒。」

君子與世俗之情每每相反。君子不以富貴在外之物爲榮，而以守節處義爲榮，故取舍審於義利出處，能見幾而作，以此自賁於下，寧舍非道之車，而安於合道之徒步也。

蠱之上九曰：「不事王侯，高尚其事。」象曰：「不事王侯，志可則也。」傳曰：士之自高尚，亦非一道。有懷抱道德，不偶於時，而高潔自守者；伊尹耕於莘野、太公釣於渭濱之時是也。有知止足之道，退而自保者；張良、疏廣之類是也。有量能度分，安於不求知者；徐孺子、申屠蟠之類是也。有清介自守，不屑天下之事，獨潔其身者。嚴陵、周黨之類是也。所處雖有得失小大之殊，皆自高尚其事者也。象所謂「志可則」者，進退合道者也。

此言賢人君子不偶於時，而高潔自守者也。四者雖處心有小大，處義有得失，然皆不臣事王侯，惟高尚吾身之事，尊德樂義，以隱居獨善而已。但蠱之上九有陽剛之才，超然斯世之外，象所謂其「志可則」者，蓋指懷抱道德，用舍惟時，進退以道，非潔身亂倫之徒，故其志可法則也。

遯者，陰之始長，君子知微，故當深戒。而聖人之意，未便遽已也，故有「與時行」、「小利貞」之教。艮下乾上爲遯。二陰初長，固所當戒，然乾剛在上，九五、六二中正而應，君子於此，猶可與時消息，不一於遯，雖未能大正，尚幸其小，有可正也。聖賢之於天下，雖知道之將廢，豈肯坐視其亂而不救？必區區致力於未極之間，强此之衰，艱彼之進，圖其暫安。苟得爲之，孔孟之所屑爲也，王允、謝安之於漢、晉是也。

此言君子知微，能遯以避小人之禍也。又言聖人之意未便遽已者，蓋聖人心同天地，視天下猶一家，不能一日忘也，故斯已而不遽已，知其不可爲而欲爲，以天下有道，某不與易也。强此之衰，扶君子之道未盡消；艱彼之進，抑小人之道未驟長。苟得爲之，孔孟之所屑爲也，但聖人見幾而作，不輕其去就耳。王允、謝安雖非聖人之徒，然值漢、晉之亂時，而猶欲維挽之，亦略得聖人之意者也。

明夷初九，事未顯而處甚艱，非見幾之明不能也。如是則世俗孰不疑怪？然君子不以世俗之見怪，而遲疑其行也。若俟衆人盡識，則傷已及而不能去矣。

此釋明夷卦初爻之義也。離下坤上爲明夷，離明坤地，明入地中，明而見傷之象。初九傷猶未顯，而爻之象曰：「君子于行，三日不食。有攸往，主人有言。」蓋知幾而去之速，處人之所難而不疑也。膰肉不至孔子行，醴酒不設穆生去，正合此爻之義。故孟子曰：「君子之所爲，衆人固不識也。」

晉之初六，在下而始進，豈遽能深見信於上？苟上未見信，則當安中自守，雍容寬裕，無急於求上之信也。苟欲信之心切，非汲汲以失其守，則悻悻以傷於義矣，故曰：「晉如摧如，貞吉，罔孚，裕，无咎。」然聖人又恐後之人不達寬裕之義，居位者廢職失守以爲裕，故特云「初六裕則无咎」者，始進未受命當職任故也。若有官守，不信於上而失其職，一日不可居也。然事非一概，久速唯時，亦容有爲之兆者。

此釋晉卦初六爻象之義，以明君子處進退之道也。初六以陰居下，應不中正，以陰則才不足以進，居下則地不足以進，應不中正則上又有擠排之者，故欲進見摧。若能守正，尊德樂義，盡其在我，自足見信於上，得遂其進而吉。設或雖守正而不爲上所信，亦當處以寬裕，而尊德樂義者自若焉，無急於求上之信，則進退不失其正而无咎，此君子處進退之道也。聖人又恐人不達寬裕之義，故曰「裕无咎」者，未受命也。此聖人垂教之深意，恐居位者怠慢不恭而失其職，故爲此言。若知幾君子，可久可速，不失其時，則無庸過慮矣。

不正而合，未有久而不離者也。合以正道，自無終暌之理。故賢者順理而安行，智者知幾而固守。

此言合以正道而後能久處也。順理而安行，知幾而固守，則必以正而合矣。以正而合，安有終暌之理乎？

君子當困窮之時，既盡其防慮之道而不得免，則命也，當推致其命以遂其志。知命之當然也，則窮塞禍患不以動其心，行吾義而已。苟不知命，則恐懼於險難，隕穫於窮戹，所守亡矣，安能遂其爲善之志乎？

此程子釋困卦大象之辭，以明君子處困之道也。象曰「君子以致命遂志」，蓋以君子生平所志在於行義，當困之時，吾志不得遂，而命之當然又不可免，則當推致其命以遂其行義之志。致命未必便死，只是己拚一死以伸吾志，而險難禍患有所不懼，是所欲有甚於生者，故不敢愛命，寧可殺身以成仁、舍生而取義也。

寒士之妻，弱國之臣，各安其正而已。苟擇勢而從，則惡之大者，不容於世矣。

此程子釋困卦九四傳也。處困之時，只是各安其正，不可擇勢而從。苟能堅苦以安其正，則勢終不足以勝理，終得相遇而有與也。

井之九三，渫治而不見食，乃人有才智而不見用，以不得行爲憂惻也。蓋剛而不中，故切於施爲，異乎「用之則行，舍之則藏」者矣。渫，不停汚也。

此程子釋井卦九三傳也。九三陽剛而處下卦之上，在井則已渫治而可食矣，如人有才智，當見用於世也。乃不幸而未離乎下，未爲時用，如井泉雖潔而不爲人之食。九三剛而不中，切於施爲，故以不得行爲憂惻，與聖賢視用舍爲行藏，泰然不以累其心者，大不同矣。朱子本義則以行惻指行路之人，言若九三自惻，則鄙矣。

革之六二，中正則無偏蔽，文明則盡事理，應上則得權勢，體順則無違悖。時可矣，位得矣，才足矣，處革之至善者也。必待上下之信，故「巳日乃革之」也。如二之才德，當進行其道，則吉而无咎也；不進則失可爲之時，爲有咎也。

此程子釋革卦九二爻辭傳也。凡希賢之士，欲出而有爲，必須量度才德時勢與所居之位，然後可進而有爲也。若無其德，不可爲也；有其德而無其才，不可爲也；有其才德而無其位，不可爲也；有其才德與位而無其勢，不可爲也；有其才德有其位與勢而時未至，猶不可爲也。今革之六二，居中得正無偏蔽之病，有其德矣。文明則盡事理，體順則無違悖，有其才矣。居中應上，有其位矣。應上則得權勢，有其勢矣。又遇變革之時，此處革之至善者也。然必待上下盡信而後革，故曰「巳日乃革之」，謹之至也。如是，出則有爲，進行其道，則吉而无咎也。若當此時而不進以行其道，豈非失時之人，其咎將安歸乎？

鼎之「有實」，乃人之有才業也。當慎所趨向，不慎所往，則亦陷於非義。故曰：「鼎有實，慎所之也。」

葉平巖曰：抱負才業，急於有爲，每不暇謹擇所向，則反爲才業累矣，如荀彧之類是也。

士之處高位，則有拯而無隨。在下位，則有當拯，有當隨，有拯之不得而後隨。

此程子釋艮卦六二傳。葉平巖曰：在上位者，當以正君定國爲己任，故有拯而無隨。在下位者，職守所在，是當拯也；職所不及，是當隨也。又有拯之不得而後隨者，如孔子嘗從大夫之列，故請討陳恒，然不在其位，則亦隨之而已。

「君子思不出其位」，位者，所處之分也。萬事各有其所，得其所則止而安。若當行而止，當速而久，或過或不及，皆出其位也，況踰分非據乎？人之止，難於久終，故節或移於晚，守或失於終，事或廢於久，人之所同患也。艮之上九，敦厚於終，止道之至善也。故曰：「敦艮吉。」

此程子釋艮卦象辭與上九爻辭傳也。艮爲山，兩山並立，有各止其所之象。天下萬事，各有其所位者，所處之分，止之所也。凡人至於出位者，由不能思也，思不出其位，則知其所當止，而得所止矣。苟當行而止，當速而久，或過或不及，皆爲出位，而非得所止者也。況踰分非據，更爲出位，安能得所止乎？且人之止，易於暫始，而難於久終，惟艮之上九有陽剛之德，故能止於久，終是能知此理，爲吾所當止，動靜各止其所，愈久不變，物莫能奪，有敦厚於艮之義，止道之至善也，故吉。

中孚之初九曰：「虞吉。」象曰：「志未變也。」傳曰：當信之始，志未有所從，而虞度所信，則得其正，是以吉也。志有所從，則是變動，虞之不得其正矣。

此程子教人相信之道也。虞，度也。相信之道，貴審之於初，當中孚之初，未有他志，能度其可信而信之，則足爲吾之倚仗而吉。若復有他志焉，則於其可信者不信，於其不可信者信之，則失其所度之正，非惟彼之心不樂乎我，而所信之人，亦不足爲吾之倚仗矣。

賢者惟知義而已，命在其中。中人以下，乃以命處義。如言「求之有道，得之有命，是求無益於得」。知命之不可求，故自處以不求。若賢者則求之以道，得之以義，不必言命。

此言賢者惟知義之當然，命不足道也。蓋命所以安中人，義所以責賢者，故賢者惟知義之是非可否，本乎天理，有當然之宜，去就取舍，決於義而已。命在其中，不必言也。中人以下，於義未能真知而安行，然知命之已定，則亦不敢越義以妄求，故曰「以命處義」。若賢者，惟義之與比，命何足道哉？

人之於患難，只有一箇處置，盡人謀之後，却須泰然處之。有人遇一事，則心心念念不肯捨，畢竟何益？若不會處置了放下，便是無義無命也。

葉平巖曰：人遇患難，但當審所以處之之道，所謂義也。若夫處置之後在己無闕，則亦安之而已，成敗利鈍亦無如之何，所謂命也。或遇事而不能處，是無義也；或處置了而不能放下，是無命也。

門人有居太學而欲歸應鄉舉者，問其故，曰：蔡人尠先上聲，少也。習戴記，決科之利也。先生曰：汝之是心，已不可入於堯舜之道矣。夫子貢之高識，曷嘗規規於貨利哉？特於豐約之間不能無留情耳。且貧富有命，彼乃留情於其間，多見其不信道也。故聖人謂之「不受命」。有志於道者，要當去此心而後可與語也。

此言人之應舉，不可有利心也。堯舜之道，純乎天理，而無一毫計度之私。玆以蔡人少習禮記，而欲歸鄉應舉，以圖决科之利，是不知得失有命，妄起計度之私。故伊川以爲此心不可入於堯舜之道，而等於子貢貨殖「不受命」。然則世之夤緣鑽刺、冒籍改經以圖决科之利者，亦可以竦然儆悟矣。

人苟有「朝聞道，夕死可矣」之志，則不肯一日安於所不安也。何止一日？須臾不能，如曾子易簀，須要如此乃安。人不能若此者，只爲不見實理。實理者，實見得是，實見得非。凡實理得之於心自別，若耳聞口道者，心實不見，若見得，必不肯安於所不安。人之一身，儘有所不肯爲，及至他事又不然。若士者，雖殺之使爲穿窬，必不爲，其他事未必然。至如執卷者，莫不知説禮義，又如王公大人，皆能言軒冕外物，及其臨利害，則不知就義理，却就富貴。如此者只是説得，不實見。及其蹈水火，則人皆避之，是實見得。須是有「見不善如探湯」之心，則自然别。昔曾經傷於虎者，他人語虎，則雖三尺童子，皆知虎之可畏，終不似曾經傷者神色懾懼，至誠畏之，是實見得也。得之於心，是謂有德，不待勉强。然學者則須勉强。古人有捐軀隕命者，若不實見得，則烏能如此？須是實見得生不重於義、生不安於死也。故有「殺身成仁」，只是成就一箇是而已。

此條反覆推明心有實見，然後不肯安於所不安也。實見得義理透徹，則只就義理而安之，必不爲富貴利害所移。今人於進退去就之際，游移不決，總是見理不明，察義不精。若實見得，舍生取義、殺身成仁，尚且毅然爲之，而况進退去就之際乎？

孟子辨舜、蹠之分，只在義利之間。言「間」者，謂相去不甚遠，所爭毫末爾。義與利，只是箇公與私也。纔出義，便以利言也。只那計較，便是爲有利害。若無利害，何用計較？利害者，天下之常情也。人皆知趨利而避害，聖人則更不論利害，惟看義當爲與不當爲，便是命在其中也。

張南軒曰：無所爲而爲之者，義也；有所爲而爲之者，利也。葉平巖曰：義之與利，始於毫釐之差，實則霄壤之判。有心於計較利害者，即是人欲之私，有所爲而爲者也；不論利害，惟義所在者，即是天理之公，無所爲而爲者也。聖人惟義之從，固不論利害。况義如是，則命亦當如是，又何趨避之有？

大凡儒者，未敢望深造於道，且只得所存正，分别善惡，識廉耻。如此等人多，亦須漸好。

趙景平問：「子罕言利」，所謂利者，何利？曰：不獨財利之利，凡有利心，便不可。如作一事，須尋自家穩便處，皆利心也。聖人以義爲利，義安處便爲利。如釋氏之學，皆本於利，故便不是。

易曰：「利者，義之和也。」事理得宜，處之而安，乃爲義之和，即所以爲利也。又曰：「利物足以和義。」若只尋自家穩便處，則不知利物矣，此自私自利之心也，安能和義乎？如釋氏之學，自私自利之尤者也。念經便欲求福，貪生便欲死時帶得去惡，物欲亂心便絶滅人倫，故利心多者，必至害義也。

問：邢恕久從先生，想都無知識，後來極狼狽。先生曰：謂之全無知則不可，只是義理不能勝利欲之心，便至如此也。邢恕事，見國史及語録。

謝湜自蜀之京師，過洛而見程子。子曰：爾將何之？曰：將試教官。子弗答。湜曰：何如？子曰：吾嘗買婢，欲試之，其母怒而弗許，曰：「吾女非可試者也。」今爾求爲人師而試之，必爲此媪笑也。湜遂不行。

先生在講筵，不曾請俸。諸公遂牒户部，問不支俸錢。户部索前任曆子，先生云：「某起自草萊，無前任曆子。」遂令户部自爲出券曆。又不爲妻求封。范純甫問其故，先生曰：某當時起自草萊，三辭，然後受命，豈有今日乃爲妻求封之理？問：今人陳乞恩例，義當然否？人皆以爲本分，不爲害。先生曰：只爲而今士大夫道得箇乞字慣，卻動不動又是乞也。因問：陳乞封父祖如何？先生曰：此事體又别。再三請益，但云：其説甚長，待别時説。

此言請俸求封與陳乞恩例之非也。先生元祐初以大臣薦除校書郎，三辭不聽，除崇政殿説書，未幾除侍講。舊例，初入京官時，用下狀出給料錢曆，先生不請，意謂朝廷起我，便當廩人繼粟，庖人繼肉也。封親與封妻，事體不同。顯榮其親，亦人子之至情，謂之不當求，則不可，謂之當求，則先生特召與常人異，故難爲言也。或云若是應舉得官，便只當以常調自處，雖陳乞封蔭可也。朱子曰：「此自今常人言之如此可也，然朝廷待士，卻不當如此。伊川所以難言之也。」但云「其説甚長」，其意謂要當從科舉法都變了，乃爲正耳。

漢策賢良，猶是人舉之，如公孫弘者，猶强起之，乃就對。至如後世賢良，乃自求舉爾。

若果有曰：我心只望廷對，欲直言天下事，則亦可尚已。若志富貴，則得志便驕縱，失志則便放曠與悲愁而已。

此言賢良自求舉之非也。西漢公孫弘，姦詐人也。武帝初即位，招賢良文學之士，是時公孫弘以賢良徵爲博士，使匈奴，還報不合意，乃移病免歸。元光五年，復徵賢良文學，菑川國復推上弘，弘謝曰：「前已嘗西用，不能，罷，願更選。」國人固推弘〔一〕。此「强起之，乃就對」之説也。後世賢良自求舉，其志在富貴耳，誰望廷對直言天下事耶？所以得志便驕縱，失志則便放曠與悲愁也。

伊川先生曰：人多説某不教人習舉業，某何嘗不教人習舉業也？人若不習舉業而望及第，卻是責天理而不脩人事。但舉業既可以及第卽已，若更去上面盡力求必得之道，是惑也。

此言望及第而習舉業，即是脩人事也。然舉業可以及第，亦要有本領工夫。一在多讀書，一在身體力行，非徒讀時文就算得修人事也。若只在時文裏做工夫，求必得之道，則惑矣。

問：家貧親老，應舉求仕，不免有得失之累，何修可以免此？伊川先生曰：此只是志不勝氣，若志勝，自無此累。家貧親老，須用禄仕，然「得之不得爲有命」。曰：在己固可，爲親奈何？曰：爲己爲親，也只是一事。若不得，其如命何？孔子曰：「不知命，無以爲君子。」人苟不知命，見患難必避，遇得喪必動，見利必趨，其何以爲君子？

此言志能勝氣，則得失置之度外，安於義命，不爲貧累也。顔子家貧親老，在陋巷中與聖人斟酌四代禮樂，何常求禄仕耶？且生而貧，命也。生而貧必要求禄仕以養親，不知命者矣。故君子安於義理，則命不足道也。

或謂科舉事業奪人之功，是不然。且一月之中，十日爲舉業，餘日足可爲學。然人不志於此，必志於彼。故科舉之事，不患妨功，惟患奪志。

此言舉業奪志之患大也。朱子曰：科舉亦不害爲學，但今人把心不定，所以爲害。纔以得失爲心，理會文字，意思都别了。又曰：科舉特一事耳，自家工夫到了，那邊自輕。馮少墟曰：人未有不艷慕舉人進士之名者，不知當顧名思義。要知人與士，其品在我；舉與進，其權在人。故人只要着實立志，做人做士，到仰不媿俯不怍地位，則縱不得舉，何媿於人？縱不得進，何負於士？如此立志，則雖終日做舉業，亦不能奪也。

横渠先生曰：世禄之榮，王者所以録有功，尊有德，愛之厚之，示恩遇之不窮也。爲人後者，所宜樂職勸功，以服勤事任，長廉遠利，以似述世風。而近代公卿子孫，方且下比布衣，工聲病，售有司。不知求仕非義，而反羞循理爲不能；不知蔭襲爲榮，而反以虚名爲善繼。誠何心哉！

此言世家子弟不務實學者也。進士詩賦之學，求工詩律，有四聲八病之説。既有蔭襲世禄，則當循理以勤職事，何必下比布衣，工聲病，以求售於有司乎？求仕非義，謂投牒覓舉之類。不知求仕非義，而反羞循理爲無能，此名利之心勝於義理也。

葉平巖曰：人之歆動乎勢位者，皆有待於彼也。惟不藉其力而利其所有，則己自重，而彼自輕。

不資其力而利其有，則能忘人之勢。

人多言安於貧賤，其實只是計窮力屈才短，不能營畫耳。若稍動得，恐未肯安之。須是誠知義理之樂於利欲也乃能。

此言真知義理之可樂，然後能安於貧賤也。朱子曰：人須是讀書洞見此理，知得不求富貴，只是本分，求着便是罪過。不惟不可有求之之迹，亦不可有求之之心也。

天下事，大患只是畏人非笑。不養車馬，食麤衣惡，居貧賤，皆恐人非笑。不知當生則生，當死則死，今日萬鍾，明日棄之，今日富貴，明日饑餓亦不恤，惟義所在。

此言識得義之可貴，則不畏人非笑也。畏人非笑，不養車馬，食麤衣惡，此是俗心腸、低見識耳。若知義之所在，則死生去就有所不顧，豈以居貧賤而畏人非笑哉？

晦菴先生曰：士大夫出處辭受，非獨其身之事而已。其所處之得失，乃關風俗之盛衰，故尤不可以不審。

朱子嘗言聖賢之出處，關時運之盛衰，乃天命之所爲，非人力之可及。此條則言所處之得失，關風俗之盛衰，尤不可以不審。然則士大夫一身，關繫最重，轉移風俗，挽回時運，全在出處辭受之際，必須量度禮義而審處之，方合乎聖賢之道也。

進以禮，揖讓辭遜；退以義，果決斷割。

此言難進而易退也。禮以揖讓爲本，故一官之拜，必抗章而力辭。義以果決爲主，故一語不合，則當奉身而退矣。

觀聖人出處，須看他至誠懇切處及灑然無累處。

聖人出處，可以仕則仕，可以止則止，可以久則久，可以速則速，一毫不肯執着，又一毫不肯假借。至誠懇切處在此，灑然無累處亦在此。

人有些狂狷，方可望聖人。思狂狷，以狂狷尚可爲，若鄉愿則無説矣。今之人，纔説這人不識時之類，便有些好處；纔説這人圓熟識體之類，便無可觀矣。

此言人寧爲狂狷，斷不可爲鄉愿也。狂狷皆流俗污世所不滿之人，而鄉愿則同流合污，闇然媚世，惟恐得罪一人。故説這人不識時之類，即是狂狷之徒，便有些好處；若説這人圓熟識體之類，即是鄉愿一流人，便無可觀矣。末世入仕途者，非闇然媚世之習，不足以博令名而取高位，故宦途中之賊德者，鄉愿居其半焉。

科舉之習，前賢所不免，但循理安命，不追時好，則心地恬愉，自無怵迫之累。

非是科舉累人，自是人累科舉。讀聖賢書，據吾所見而爲文以應之，得失利害置之度外，雖終日應舉，亦不累人。

以科舉爲爲親而不爲爲己之學，只是無志。以舉業爲妨實學，不知曾妨飲食否，只是無志也。

此言科舉不累人，只是人無志耳。聖賢之學與科舉之學原不相妨，就舉業體貼到自己身心上便可以爲聖賢。但做舉業者，講書作文，談忠孝，説仁義，豈不句句是道理？只當閒話説過，不知自反，故無益耳。若以爲己之學發揮於文辭，便是好舉業，以舉業體驗於躬行，便是爲己之學。原不相妨，不累人，只是人無必爲聖賢之志耳。

纔出門去事君，這身便不是自家底了。貪生怕死，何所不至？

君子量而後入，不入而後量。

此言以身事君，則見危授命，便不得貪生怕死矣。明哲保身者，危邦不入可也。仕則無可去之義，故量而後入者，惟君子能之。

近臣以謇諤爲體，遠臣以廉退恬靜爲體。

今人只爲不見天理本原，而有汲汲以就功名之心，故其議論見識，往往卑陋，多方遷就，下梢頭只成就一箇私意，更有甚好處？

天下事誰被你算得盡？今人須要計較到有利無害處，所以人欲愈熾，而義理愈滅。

見得天理本原，則出而應天下之事，只是順理而行，自不必計較利害之私矣。

不合而去，則雖吾道不得施於時而猶在，是異時猶可有爲。不合而苟焉以就之，不惟吾道不得行於今，亦無可望於後矣。

事有不當耐者，豈可全學耐事？其弊至於苟賤不廉。風俗不好，直道而行便有窒礙，然在吾人分上，只論得一箇是與不是，此外利害得喪，不足言也。

念得一箇是與不是，明明白白，則不容有一毫含糊，不容有一毫游移假借，是則行，不是則止，不合而去則去，不可苟就。事有不當耐者則不可耐，直道而行，有窒礙，决不可貶道以隨俗，只行吾之是處而已。久之，天理純熟，則事事是，處處是矣。

凡是名利之地，退步便安穩，只管向前便危險。事勢定是如此。

今人遇小小利害便生趨避計較之心，古人刀鋸在前，鼎鑊在後，視之如無物者，只緣見得這道理，不見那刀鋸鼎鑊。

人若着些利害便不免開口告人，卻與不學之人何異？向見李先生說：若大段排遣不去，只思古人所遭患難，有大不可堪者，持以自比，則亦可以少安矣。始者甚卑其說，以爲何至如此，後來臨事，卻覺有得力處，不可忽也。

患難之際，正當有以自處，不至大段爲彼所動，乃見學力。

問「既明且哲，以保其身」。曰：明哲只是見得道理分明，順理而行，自然災害不及其身，非趨利避害、偷以全軀之謂也。今人以邪心看了，先占取便宜，必至於孔光之徒而後已，如楊子雲說「明哲煌煌，旁燭無疆，遜於不虞，以保天命」，便是占便宜說話，所以一生被這幾句誤。古人到舍生取義處，不如此說。

今世人多道東漢名節無補於事，某謂三代而下，惟東漢人才大義根於心，利害生死不變其操。未說公卿大臣，且如當時郡守懲治宦官親戚，雖前者既爲所治，而來者復蹈其迹，誅殛竄戮，項背相望，略無所創。今士大夫顧惜畏懼，何望其如此？平居暇日，琢磨淬礪，緩急之際，尚不免於退縮，况游談聚議，習爲軟熟，卒然有警，何以得其仗節死義乎？大抵不顧義理，只計較利害，皆奴婢之態耳。

先生當孝宗初年嘗兩進絶和議、抑佞倖之戒，言既不行，雖擢用，狎至不敢就，出處之義，凛然有不可易。提點江西刑獄，促奏事，有要之於路，以正心誠意爲上所厭聞，戒以勿言者。先生曰：「吾平生所學，止此四字，敢回互而欺吾君乎？」先生在孝宗朝，凡陛對者三，上封事者一，皆忠誠懇惻，至今讀者，猶爲涕下，孝宗亦開懷容納。然所言皆痛詆大臣近習，主眷愈厚而疾者愈深，是以一日不能安其身於朝廷之上。

先生平居惓惓，無一念不在於國，聞時政之闕失，則戚然有不豫之色，語及國勢之未振，則感慨以至泣下。然謹難進之禮，則一官之拜，必抗章而力辭；勵易退之節，則一語不合，必奉身而亟去。其事君也，不貶道以求售；其愛民也，不狥欲以苟安。故與世動輒齟齬，自筮仕以至屬纊，五十年間，歷仕四朝，仕於外者僅九考，立於朝者，四十日而已。

右採勉齋黄氏所撰朱子行狀中語。朱子之出處，善學孔子者也，故仕止久速，各當其可，進退去就，惟義之從。雖仕於外者僅九考，立於朝者僅四十日，然其忠誠懇惻，即在平居，無一念不在於國，真有萬物一體之懷，未嘗一日不與民同患也，但不肯貶道以求售耳。蓋寧道之不行，而不輕其去就，宛然尼山家法，即宋之孔子也。

薛敬軒先生曰：進將有爲，退必自修。君子出處，惟此二事。○人有以自樂，則窮通爲一。○人之出處，當安於義命，不安於義命者妄也。○修德行義之外，當一聽於天。○君子思不出其位，分定故也。○易言「貞吉」，守正未有不吉者。○素履最吉，以其不爲物誘，而率其所履者也。○君子之顯晦屈伸，隨時而已，故否時則儉德辟難，人不得以禄位榮之。○安往而非事，安往而非道，人臣當即所遇以爲其事，則道無不安矣。苟不能安於所遇，在此念彼，則不能以道自處矣。○君子窮以義，達以義，窮達皆天理也；小人窮以利，達以利，窮達皆人欲也。○有「鳳凰翔於千仞」之氣象，則不爲區區聲利所動矣。○知進退存亡而不失其正者，子房庶幾焉。○朱子超然遠引，當時小人方欲以利禄輕重之，是何異鴟鴞得腐鼠而嚇鵷鸞也。○南宋之君，大抵無剛明者，雖朱子之賢不能用，群奸得志，終至僨國，豈非後世之鑑乎！○朱子楚詞集註成於晚年，所感者深矣。○元劉靖修不屑就，其意微矣。○伊川爲講官，以三代之主望其君，從與否則在彼而已，其肯自貶其道以狥之哉？○伊川、晦菴爲講官時，姑取以備故事、資口耳而已。二子即以真知力行望其君，宜其不合也。○學者之所講明踐履，仕者之所表倡推明，皆當以三綱五常爲本，舍此則學非所學，仕非所仕矣。○「色斯舉矣，翔而後集」，大而出處，小而交接，皆當見幾而作也。○「天下有山，遯；君子以遠小人，不惡而嚴」。天高去而不留，山卑下而常止，有懸絶不相及之勢。君子猶天也，小人猶山也，君子以莊敬自持，則小人自不能近，故取此象。○孔子周流四方，欲行其道於天下，豈不如長沮、桀溺之徒知道之終不能行？但聖人仁民之心，即天地生物之心，天地不以窮冬大寒而已其生物之心，聖人亦豈以時世衰亂而已其行道之心乎？○

行或使之，止或尼之，行止非人所能也，天也。順乎天，則心自泰然矣。○盆成括小有才，而不知君子之大道，適足以殺其身。蓋人知大道，則明於進退存亡、吉凶消長之理，必不至於輕率逞才妄爲，以取禍也。○顔子簞瓢陋巷，不改其樂，使達而在上，則有天下而不與矣。○魯齋召之未嘗不往，往則未嘗不辭，善學孔子者也。○消息盈虛，造化自然之理。聖人知之，故順之而吉；衆人不知，故逆之而凶。○舉止不可不慎其幾，一毫之差，悔不可追。○若實見得，雖生死猶不可易，况取舍之間乎？○雖富累千金，而心爲物役，寒冰焦火，猶不樂也。顔子雖簞瓢陋巷之窶，而舉天下之物不足以動其中，俯仰無愧，胸次洒然，樂可知矣。○人自得者深，則不慕乎外矣。○人未己知，不可急求其知；人未己合，不可急與之合。○挺持自守者，必君子；攀援附和者，必小人。○進退出處，只當居易俟命。○道之行否，關乎氣運之盛衰。孔、孟皆歸之天而不尤人，理當如此。○聖賢以義制心，得志與天下由之，不得志，獨行其道，出處進退，富貴貧賤，視之如一，初不少動其心。○朱子曰：「爲科舉之文者，亦能言廉，亦能言義，及其所行，則不廉不義者多矣。」蓋惟從事於紙上之虛文，而不知反求諸身心之實也。欲習舉業者，讀聖賢之書，必行聖賢之道，以其充積者，發而爲義理之文，以應科目，他日行其學於有位之時，必名實相符，不至如朱子之所誚。○科目進身者，有一第之後，四書、本經悉置而不觀，則身心事業，從可知矣。○聖人不怨天不尤人，心地多少洒落自在。常人纔與人不合即尤人，纔不得於天即怨天，其心忿忮勞擾，無一時之寧泰，與聖人之心，何啻霄壤！○敬軒在内閣時，見曹、石用事，嘆曰：「君子見幾而作，豈俟終日？」遂引疾致仕。石亨素敬先生，欲爲請敕主鄉里教事，資以爲養。先生曰：「昔元世祖賜許魯齋敕令歸設教，魯齋歸懸屋梁，及卒發視，乃敕也。今設教以爲己，曷若不辭官爲愈乎？」即日就道，至直沽，饑不能舉火，神色自若，曰：「我道固亨也。」

胡敬齋先生曰：道理只是這箇道理，功名事業是偶然。○見得道理明白，利禄便不敢苟取。養得此心純熟，利禄自不肯苟取。○此理吾固有之物，棄而不求，富貴身外之物，求之不已，是不知内外輕重之等也。○古之聖賢，只要盡此道理，事業則隨所遇，富貴貧賤不足道。○古人以禮義立身，以財養身，但當以義制利，不以利害義。故程子只以營衣食無害，惟利禄之誘最害心。然衣食亦要合義，不可苟。○今人爲利而仕，便不正當了，縱有小小功業，亦不濟事。凡處事只要循理，不可先計較利。○才不勝不可居其位，職不稱不可食其禄。○聖賢生於治世，有治世事業，生於亂世，有亂世事業。事業雖殊，其道則一。○人要做事業，亦是私意。君子之學，只是明理應事。事當爲處，則汲汲爲之不倦；不當爲處，則截然不爲。故禹、稷憂而顔子樂也。○士君子只當守道安貧，以待君上之求，不當自求進，求進則尤失其道矣。○道不行，百世無善治；學不傳，千載無真儒。然欲道之行、治之善，非真儒不能。○學至於誠，身便有獲乎上之理，只在所遇如何。○内有所得，不藉於外，故富貴貧賤皆不足以動其心。以爲君子不欲富貴，則逆人情，只是以義爲主。○古之君子，世無道則隱，一則道不可行，二則亦所以免禍。○隨時不是隨俗，今人錯認以隨俗爲隨時。古人是因那時節，便做那時事，無不當其可。如堯舜當那時，便揖讓；湯武當那時，便征伐；孔子當周末，又傳道垂訓。皆隨時，非隨俗也。○只正己而已，人之從違用舍，皆不可必。苟以人之從違用舍爲累，則失其所守必矣。○非義而富貴，不若守道而貧賤。○天下事，必君臣相遇而後可以有爲，上者如湯之於伊尹、高宗之於傅説、文王之於太公，次者如桓公之於管仲、燕昭之於樂毅、高祖之於子房、先主之於孔明，皆君臣相知，相契之深。○君子與小人勢不兩立，互爲消長，此治亂所由分。君人者，所當精察明辨以進退之。出仕者亦當自守，不可誤入小人之黨。與小人爲黨，終必敗也。○君臣不以道合而以功利相濟者，鮮能保其終。○獨立不懼，遯世無悶，非大過人者不能也。○汲黯在朝，淮南寢謀；温公爲相，金人不敢擾邊。賢人之勢重如此。○朱子曰：「公卿以下士爲難，士以不自失爲貴。」○才枉己便不能正人。○今人自置身於卑污苟賤之中，却要去外面求貴。○天下人才要聖人出來得位收拾，隨其所長而用之。苟無聖人在上裁而用之，則清高者多隱逸，才智者多趨功名，曠大者多入異端。○聖人有憂世之心，無忿世之心。蓋世道既衰，上無明主，聖人在下，只得隨時盡心拯救，不可忿世而長往也。○今人不去學自守，先要學隨時，所以苟且不立。○張思叔因讀孟子「志士不忘在溝壑，勇士不忘喪其元」有所感，遂肯發憤。蓋思叔家貧，須如此，然後貧賤富貴不足以累其心，方立得志住。死生重於貧富，彼死生且不易其志，貧富又何足較哉？宜乎思叔有所感動奮發也。○利者，人之所欲也，不可專，專則有害義者。人心之同然也，自不肯專，聖賢以義爲利也。又曰：利者，義之和也。故利莫大於義，害莫甚於利。○難不貴苟免，功不貴幸成。○先生隱居，樂道不求榮進，鶉衣簞食，有自得之趣。

羅整菴先生曰：有志於道者，必透得富貴、功名兩關，然後可得而入。不然，則身在此，道在彼，重藩密障以間乎其中，其相去日益遠矣。夫爲其事，必有其功，有其實，其名自附。聖賢非無功名，但其所爲皆理之當然而不容已者，非有所爲而爲之也。至於富貴，不以其道得之且不處，矧從而求之乎？苟此心日逐逐於利名而亟談道德，以爲觀聽之美，殆難免乎謝上蔡「鸚鵡」之譏矣。○人物之生，本同一氣，惻隱之心，無所不通。故親親而仁民，仁民而愛物，皆理之當然，自有不容已者，非人爲之使然也。君子之仕也，行其義也，行吾義即所以盡吾仁。彼溺於富貴而忘返者，固無足論，偏守一節以爲高者，亦未足與言仁義之道也。○不仕固無義，然事之可否，身之去就，莫不有義存焉。先儒之論，可謂明且盡矣。矧求之聖門，具有成法，爲其學者，或乃忽焉而不顧，將别有所見耶？○整菴先生每訓諸子，必曰：「勢位非一家物，須要看得破。」仲子謁選，未嘗通書故舊，瀕行，酌卮酒，訓之曰：「前程有分定，惟安義命便是。」○先生辭冢宰之命不赴，人謂有「鳳凰翔於千仞」氣象。

高景逸先生曰：古人奉天命以周旋，不敢褻而棄之者，如士人得一第，天即以君民命之矣。仕宦而不於兩者起念，非天所命也。世間弊敗，皆由此念不真。○人心之欲無窮，而富貴之溺人爲甚，故士無富貴之志，而後天下之事無不可爲。○道之行也樂而憂，何者？兼善難也。道之廢也憂而樂，何者？獨善易也。○世論異同總兩忘可也，觀理之是非可也。遯世者守上一語，用世者守下一語可也。○聖門高弟，如由、求之徒，皆欲以所長用於世。至狂點不然，春風沂水之趣，飄然於事物之表，夫子有慨於中，「吾與」之嘆，其致思遠矣。夫夫子嘗使開也仕，至其平日所稱許，則無以加於顔、曾、閔。是三子者，視諸侯大夫之門若將浼焉，然而聖人不聞一言以挽其獨往之志，豈其視三子在漆雕氏之後乎？其後由之纓，求之斂，爲瑕於千古，而三子者，不以其闕經世之用爲虧於聖人之學。然則自聖人而下，天之厚三子至矣。夫龍逢、比干勵皎皎之忠，子胥、屈原鬱憤憤之志，其流至於東漢諸賢，欲以市井草莽之議成一代之事實，究也身與國俱無裨焉。於是馮道、胡廣之流，峩冠大紳，高位厚禄，藉口於委蛇用世之説，掃節義而盡滅之。故隱淪之士，寧蹈東海，一丘一釐，誦詩讀書，猶得以追遊先王之餘化，以盡其天年，而其法言法行，不失爲後世之師範。夫自聖人而下，自非大賢之才而汲汲於經世之功名者，皆代大匠斲也。嗟乎！仕宦之足以奪人志、敗人守也久矣，故君子以處爲常，而遇合無心焉。夫其處也，無可以爲處，則顔、曾、閔子之不爲荷蕢丈人也者幾希。○某縱觀千古，如傳記所稱隱逸諸賢尚矣，即陶靖節，非皭然不滓之人豪乎！然推見至隱寂寞無聊之意，猶不能不自遣於篇什之間。夫其有所遣之者，未盡有以化之也。韓退之亦議醉鄉之徒尚藉麴蘗之托，謂猶未能平其心，以爲若顔氏子操瓢與簞、曾參歌聲若出金石，斯何所事托而逃焉！是其言至矣。然宰相之書，竊恐醉鄉諸公不免听然掩口，以此知窮達之際，賢者猶難之。夫以由、光義至高，聖人不道也。至荷蕢丈人之流，聖人又若汲汲乎欲挽其趨而易之，彼其人豈非塗泥軒冕、塵芥金玉者與？胡以弗取也？孟子曰：「人有不爲也，而後可以有爲。」是故有天下而不與者，乃可以托天下，豈與夫不屑富貴之爲高己哉？○孫拱陽有言：自來無五年不明之邪正，無十年不定之是非。雖久速隨世道升降，不可若是其幾，而要之千古，無不明不定之是非邪正也。○薛以身之言曰：天生英儁，決不欲其斤斤結裹自家，閨閫簡柙，祇賢落魄爾。曰：脚跟站定，眼界放開，靜躁濃淡間，正人鬼分胎處。曰：道德功名，文章氣節，自介然無欲始。又曰：學不窺性靈，任是皎皎不污，終歸一節。但世風靡矣，不憂著節太奇，而憂混同一色。托大道無名以濟其私，則中庸之說誣之也。又作真正銘曰：「學尚乎真，真則可久。學尚乎正，正則可守。真而不正，所見皆苟。正而不真，終非己有。君親忠孝，兄弟恭友。禔身以廉，處衆以厚。良朋切劘，要於白首。鄉里謗怨，莫之出口。毋謂冥冥，内省滋疚。勿謂瑣瑣，細行匪偶。讀書學道，係所禀受。精神有餘，窮位極趣。智識寡昧，秉拙省咎。殊途同歸，勞逸難狃。世我用兮，不薄五斗。世不我用，倘佯五柳。無貴無賤，無榮無朽。殞節逢時，今生諒否。必真必正，夙所自剖。寄語同心，各慎厥後。」○人能外形骸，以理自勝，無處不可自得。○天啓中，與友人書云：世事雖甚亂，吾輩正可乘此絶無滋味之時，作絶有滋味之事。何者？身無世道之責矣，可謝一切紛擾之累矣。蕭然一身，取資何幾？兩間甚廓，可以自容；千古甚長，何以不媿？滋味寧有窮乎？○又與友人書云：世界如棋局，人才如黑白子，勝負不常，在吾輩則以不常者爲常，故勝不爲喜，負不爲戚，客散棋收，勝負安在哉？常者在此不在彼也，與其得罪千古。無寧取譏一時，困窮之中，洗心滌慮，爲大歸之計而已。○丈夫坎壈在一時，精神在千古，今人謂身後名，此何足道？直是一點靈光可對天地，即與天地俱無盡也。吾輩保此無價之珍而已。○山中人百念俱灰，所不能灰者，「世道人心」四字，得同志凛然維之而已。○先生謂用行曰：當今之世，乃擾攘之秋，只可閉門静修。若要在世路上走，必須一雙好眼睛，雖殺身也要成得一箇仁纔好。不然，徒死無益，直如草木耳。余觀三國時人才最多，而成名者却少，惟孔明高卧隆中，直待先主三顧方出，是何等識見。其他，曹操之下有荀彧等，袁紹之下有田豐等，孫權之下有周瑜、陸遜等，彼雖云盡忠，各爲其主，不過成就了賊做耳。人生真險矣哉！無他，其要在不知春秋之大義耳。由是觀之，春秋、綱目二書，學者决不可不讀。

以上總論出處之道，可謂詳且備矣。其大旨以士君子懷抱道德爲重，不以官爵軒冕爲榮；以行義經世爲謨，不以營利肥家爲務。故伊川先生首以安靜自守，需時而動，勉人不可自進以求於君。若自求之，必無能信用之理。蓋人相親比，必有其道，寧可安履其素，守其正節，不雜亂於小人之群。即不事王侯，志可則者，不過進退合道而已。惟大聖人，仕止久速，無可無不可。若學聖人者，須在止與速一邊得力，然後敢言無可無不可。不然學未到「磨不磷，涅不淄」處，而輕談磨涅，鮮不磷且淄矣。夫人幼而學，壯而行，行之者，行其義也。知此，則知仕止久速，無往非道；用行舍藏，無往非學。視用舍爲寒暑風雨之序，視行藏爲出作入息之常。仕者安得以仕爲可，以隱爲不可？隱者安得以隱爲可，以仕爲不可哉？但乞墦之富貴，恬不知恥爲可怪耳。即以文詞名位自高，而貪鄙之行有不異常人者，斯亦不足貴也已。學者須是有一介不苟的節操，纔得有壁立萬仞的氣象，不徒以義命自安，視富貴如浮雲，「人不知而不愠」，「遯世不見，知而不悔」，

「遯世無悶，不見是而無悶」。如此輩人，出則有爲，處則有守，方不愧爲學聖賢之學也。至於科舉之習，賢者不能免，但既業舉，便須入場，亦人事宜耳。若期在必得，以自窘辱，則大惑矣。故君子窮達，一聽於天，得失置之度外，然非實見得義理之樂勝於利欲者不能。朱子説「科舉做了狀元，可惜輸了這邊工夫」，其見卓矣。熊澴川説「做官奪人志」，亦是就輓近而論。若在三代以上，惟有得志行道而已，何奪之與有？旨哉言乎！

或問：「得志與民由之，不得志獨行其道。夫仕以行道，隱以明道，今不得志而曰行道，何也？且曰行便説不得獨，曰獨便説不得行。」馮少墟曰：「行道謂在山林中獨力擔當，與人講學是亦行其道也，不專在仕途纔行得道。」又曰：「行其道是講學獨，不是離過人獨做，只是不靠君相之命，不靠師友之倡率，各人獨自要做，故曰獨耳。」又曰：「孔子講學於春秋，孟子講學於戰國，當時還有非之者，依靠得誰？故曰獨行其道。請看風急天寒夜，誰是當門定脚人？由是觀之，聖賢之道，出處事雖不同，其心一而已矣。」

跋

出處，大節也。處有爲處，出有爲出，孔子言「用行舍藏」，孟子言「幼學壯行」，必處則有守，出則有爲，然後爲儒者求志達道、内聖外王之學。家頑叟嘗嘆今世學者最好止做得「見善如不及，見不善如探湯」兩句工夫，至問求志不知志箇甚，達道不知達箇甚，用行行箇甚麽，舍藏藏箇甚麽，天下無真儒，所以無善治。兹卷討究出處，體用詳備，七政聚箕斗。是書出，真儒之蒿矢也。乙酉年閏四月十九日，汪三省又識。

校勘記

〔一〕國人固推弘 「人」，原作「又」，各本同。據中華書局標點本漢書卷五八公孫弘傳改。

五子近思録發明卷八

治道

平巖葉氏曰：「此卷論治道。蓋明乎出處之義，則於治道之綱領，不可不求講明之。一旦得時行道，則舉而措之耳。」愚按：治天下之道，吾儒分内事也。使不預求講明，則不知帝王作君作師之大任，所以欲明明德於天下者何爲。故出處之義既明，則治道不可不講。然欲講明治道，須知天之明命，有生之所同得，非有我之得私也。是以君子之心，廓然大公，其視天下，無一物而非吾心之所當愛，無一事而非吾職之所當爲。雖或勢在匹夫之賤，所以堯舜其君，堯舜其民者，未嘗不在吾之分内也。學者有如此心胸，則規模廣大，私吝之心自消，推而行之，豈有一民不被其澤，一物不得其所哉？此儒者之學，必至參天地，贊化育，然後爲功用之全也。故此録論出處後，即論治道。有志之士，尚當勉力以成善治，興教化，美風俗，三代可復也。

濂溪先生曰：治天下有本，身之謂也；治天下有則，家之謂也。本必端，端本，誠心而已矣；則必善，善則，和親而已矣。家難而天下易，家親而天下疎也。家人離，必起於婦人，故睽次家人，以「二女同居」，而其「志不同行」也。堯所以釐降二女於嬀汭，舜可禪乎？吾兹試矣。是治天下觀於家，治家觀身而已矣。身端，心誠之謂也；誠心，復其不善之動而已矣。不善之動，妄也；妄復則无妄矣，无妄則誠矣。故无妄次復，而曰「先王以茂對時，育萬物」，深哉！

此言治天下以脩身爲本也。吴敬菴曰：天下雖大，而治之有要。以身爲之根本，以家爲之法則也。本必欲其端，端本之道，在誠其心，而身可正矣。則必欲其善，善則之道，在和其親，而家可齊矣。夫治天下，必以正家爲先。何也？蓋家難齊，而天下易治。以家親，則私恩掩義，天下疎，則公道易行故也。家人以女貞爲利，其情義乖離，必起於婦人之嫌隙，故睽卦次於家人之後，其象離、兑皆陰卦，離火炎上，而兑澤潤下，以人事言，是二女同居而異志也。蓋女子陰柔之質，多私善疑，故其志不同行也。堯所以治裝下嫁二女於嬀水之北者，將以大位禪舜，未知可否，而以此試之也。觀其能刑于二女，則家之難治者已齊，而天下之治易易矣，是治天下必先觀於家也。然家之本在身，故治家又觀於身。心者又身之主也，身之所以端，由其心之誠也。誠心之方，在復其不善之動以爲善而已。不善之動，乃私僞之妄也。妄既復於善，則无妄矣。无妄則實理不虧，而心誠矣。故无妄次復，而曰「先王以茂對時，育萬物」，蓋惟先王至誠无妄，故能盛大其順時育物之功，則天下無不治矣。大象之言，其意深哉！

明道先生言於神宗曰：得天理之正，極人倫之至者，堯舜之道也。用其私心，依仁義之偏者，霸者之事也。王道如砥，本乎人情，出乎禮義，若履大路而行，無復回曲。霸者崎嶇反側於曲逕之中，而卒不可與入堯舜之道。故誠心而王，則王矣；假之而霸，則霸矣。二者其道不同，在審其初而已。易所謂「差若毫釐，繆以千里」者，其初不可不審也。惟陛下稽先聖之言，察人事之理，知堯舜之道備於己，反身而誠之，推之以及四海，則萬世幸甚。

此言治天下當行堯舜之道也。堯舜之治天下，純乎天理，而無一毫私心，故盡人倫之至，無非仁義之實，真如履坦平大路而行，與霸者之事有霄壤之隔。又皆備於己，而誠於身，推而行之，以保四海，則爲王道矣。人何不審其初，而反入於崎嶇曲徑之中乎？此程子所以至誠懇切爲神宗言也。

伊川先生曰：當世之務，所尤先者有三：一曰立志，二曰責任，三曰求賢。今雖納嘉謀、陳善算，非君志先立，其能聽而用之乎？君欲用之，非責任宰輔，其孰承而行之乎？君相協心，非賢者任職，其能施於天下乎？此三者，本也；制於事者，用也。三者之中，復以立志爲本。所謂立志者，至誠一心，以道自任，以聖人之訓爲可必信，先王之治爲可必行，不狃滯於近規，不遷惑於衆口，必期致天下如三代之世也。

此程子以根本切要之治道告君也。三者皆致治之本，而立志又責任、求賢之本，然責任宰輔，又求賢之本。人主果能立志以責任宰輔，則君相同德一心矣。又與宰輔求天下之賢才而用之，則衆職得人，庶政咸修矣。期致天下如三代之世，何難之有？此三者全體大用俱備，政事千條萬緒，無不包括於其中，但患人主狃滯於近規，遷惑於衆口，無必爲之志耳。不亦甚可惜乎！

比之九五曰：「顯比，王用三驅，失前禽。」傳曰：人君比天下之道，當顯明其比道而已。如誠意以待物、恕己以及人，發政施仁，使天下蒙其惠澤，是人君親比天下之道也。如是，天下孰不親比於上？若乃暴其小仁，違道干譽，欲以求天下之比，其道亦已狹矣，其能得天下之比乎？王者顯明其比道，天下自然來比。來者撫之，固不煦煦然求比於物。若田之三驅，禽之去者，從而不追，來者則取之也。此王道之大，所以其民皞皞而莫知爲之者也。非惟人君比天下之道如此，大率人之相比莫不然。以臣於君言之，竭其忠誠、致其才力，乃顯其比君之道也。用之與否，在君而已，不可阿諛逢迎，求其比己也。在朋友亦然，脩身誠意以待之，親己與否，在人而已，不可巧言令色，曲從苟合，以求人之比己也。於鄉黨親戚，於衆人，莫不皆然，「三驅，失前禽」之義也。

此言王者比天下之道，顯其比而無私也。人君顯明其比道，天下自然豫附，如積誠實之意以待物，推愛己之心以及人。但知盡吾教養臨涖之道，而不以私恩小惠求百姓之我親，公平正大，群心自然來比。若天子不合圍，開一面之网，來者不拒，去者不追，上之人不求，必得王道之公也。

古之時，公卿大夫而下，位各稱其德，終身居之，得其分也。位未稱德，則君舉而進之。士脩其學，學至而君求之。皆非有預於己也。農工商賈，勤其事而所享有限。故皆有定志，而天下之心可一。後世自庶士至於公卿，日志於尊榮，農工商賈，日志於富侈，億兆之心，交鶩於利，天下紛然，如之何其可一也？欲其不亂，難矣！

此言人君必度德授官，勤事食力，使人有定志，而後天下無不治也。若上之人不度其德而制爵位，則庶士以至於公卿日志於尊榮，不明其分而立品節，則農工商賈日志於富侈。貴賤競趨而心欲無窮，此亂之所由生也。

泰之九二曰：「包荒，用馮河。」傳曰：人情安肆，則政舒緩，而法度廢弛，庶事無節。治之之道，必有包含荒穢之量，則其施爲寬裕詳密，弊革事理，而人安之。若無含弘之度，有忿疾之心，則無深遠之慮，有暴擾之患。深弊未去，而近患已生矣，故在「包荒」也。自古泰治之世，必漸至於衰替，蓋由狃習安逸，因循而然。自非剛斷之君、英烈之輔，不能挺特奮發以革其弊也，故曰「用馮河」。或疑上云「包荒」，則是包含寬容，此云「用馮河」，則是奮發改革，似相反也。不知以含容之量，施剛果之用，乃聖賢之爲也。

此言治泰之道，貴乎包容荒穢，而又果斷剛决也。葉平巖曰：「有含容之量，則剛果不至於疎迫。有剛果之用，則含容不至於委靡。二者相資，而後治泰之道可成。」此聖賢之作爲也。

觀：「盥而不薦，有孚顒若。」傳曰：君子居上，爲天下之表儀，必極其莊敬，如始盥之初，勿使誠意少散，如既薦之後，則天下莫不盡其孚誠，顒然瞻仰之矣。

此言爲人上者必極其莊敬嚴肅，然後天下之人莫不誠信其上，顒然仰望而畏之也。

凡天下至於一國一家，至於萬事，所以不和合者，皆由有間也，無間則合矣。以至天地之生，萬物之成，皆合而後能遂，凡未合者，皆爲有間也。若君臣、父子、親戚、朋友之間，有離貳怨隙者，蓋讒邪間於其間也。去其間隔而合之，則無不和且治矣。噬嗑者，治天下之大用也。

此言治天下之大用，必去其讒邪間隔者，而後情義相通，可以和合也。何以去之？非至明不能辨其奸，非大勇無以致其決也。

大畜之六五曰：「豶豕之牙，吉。」傳曰：物有總攝，事有機會，聖人操得其要，則視億兆之心猶一心。道之斯行，止之則戢，故不勞而治，其用若「豶豕之牙」也。豕剛躁之物，若强制其牙，則用力勞而不能止，若豶去其勢，則牙雖存而剛躁自止。君子法「豶豕」之義，知天下之惡不可以力制也。則察其機，持其要，塞絶其本原，故不假刑法嚴峻，而惡自止也。且如止盜，民有欲心，見利則動，苟不知教，而迫於饑寒，雖刑殺日施，其能勝億兆利欲之心乎？聖人則知所以止之之道，不尚威刑而脩政教，使之有農桑之業，知廉恥之道，雖「賞之不竊」矣。

此言聖人之制强暴，察其機要而治其本原，則不勞而人自服也。若在上者不知止惡之方，嚴刑以敵民欲，則雖用力，勞而猶無功爾。

解：「利西南，無所往，其來復吉，有攸往，夙吉。」傳曰：西南坤方，坤之體廣大平易。當天下之難方解，人始離艱苦，不可復以煩苛嚴急治之，當濟以寬大簡易，乃其宜也。既解其難而安平無事矣，是「無所往」也。則當修復治道，正紀綱，明法度，進復先代明王之治，是「來復」也，謂反正理也。自古聖王救難定亂，其始未暇遽爲也，既安定，則爲可久可繼之治。自漢以來，亂既除，則不復有爲，姑隨時維持而已，故不能成善治，蓋不知「來復」之義也。「有攸往，夙吉」，謂尚有當解之事，則早爲之乃吉也。當解而未盡者，不早去，則將復盛；事之復生者，不早爲，則將漸大。故夙則吉也。

此言天下之難方解，則宜與民休息也。然大難既解，雖已安平無事，而振作紀綱，修復治道，以爲久安長治之計，亦不容因循姑待而遂已也。當解而未盡者，不早去則將復盛。如唐張柬之等不殺武三思，及其勢復盛，乃欲除之，則亦晚矣。

夫有物必有則，父止於慈，子止於孝，君止於仁，臣止於敬，萬物庶事，莫不各有其所。得其所則安，失其所則悖。聖人所以能使天下順治，非能爲物作則也，唯止之各於其所而已。

此言聖人治天下，惟使萬物萬事各得其所也。天下事事物物，莫不有天然之則，則者事理當然之極，即至善之所在也。聖人事事止於至善，故事事各得其所，即是物物各當其則。此所謂「因物付物」，而已無與焉。

兑説而能貞，是以上順天理，下應人心，説道之至正至善者也。若夫「違道以干百姓之譽」者，苟説之道，違道不順天，干譽非應人，苟取一時之説耳，非君子之正道。君子之道，其説於民，如天地之施，感之於心而説服無斁。

此言君子説於民之道，順乎天而應乎人者也，故爲至善之正道。夫道出於天，若違道，則非順天；譽出於人，若干譽，則非應人。此謂「苟説之道」，君子不爲也。

天下之事，不進則退，無一定之理。濟之終不進而止矣，無常止也。衰亂至矣，蓋其道已窮極也。聖人至此奈何？曰惟聖人爲能通其變於未窮，不使至於極，堯舜是也，故有終而無亂。

此言聖人之常道有盛而無衰者也。夫盛止必衰，天下之常勢，故既濟象曰「終止則亂，其道窮也」。常人苟安於既濟，勢必至於衰亂，惟聖人至此則通變於未窮，故有終而無亂。學堯舜之道者，得其通變之心法，則天下可以常治而不亂，并可以撥亂世而反之正，以義理挽回氣數故也。

爲民立君，所以養之也。養民之道，在愛其力。民力足則生養遂，生養遂則教化行而風俗美，故爲政以民力爲重也。春秋凡用民力必書，其所興作不時害義，固爲罪也，雖時且義必書，見勞民爲重事也。後之人君知此義，則知慎重於用民力矣。然有用民力之大而不書者，爲教之意深矣。僖公修泮宮、復閟宮，非不用民力也，然而不書。二者，復古興廢之大事，爲國之先務，如是而用民力，乃所當用也。人君知此義，知爲政之先後輕重矣。

此言人君養民之道，當知慎重於用民力也。春秋凡用民力必書，慎重之意可知矣。春秋書不時者，如隱公七年「夏，城中丘」之類；書時者，如桓十六年「冬，城向」之類；書不義者，如莊二十三年「丹桓宮楹」之類；書義者，如莊元年「築王姬之館」之類。有用民力之大而不書者。修泮宮所以教育賢才，復閟宮所以尊事祖先。二者皆爲國先務，以是而用民力，故無議焉。人君知此義，則用民力不敢不慎重矣。

治身齊家以至平天下者，治之道也。建立治綱，分正百職，順天時以制事，至於創制立度，盡天下之事者，治之法也。聖人治天下之道，唯此二端而已。

此言道爲出治之本，而法則輔治之具也。此二端雖相爲終始，不可以偏廢，然治民者不可徒恃其具，必先深探其本也。

明道先生曰：先王之世以道治天下，後世只是以法把持天下。

此言治天下必要以道爲主也。以道爲主，則所行者無非仁義之事，而治法即在其中。若徒把持法令以控馭天下，而無治道以爲之本，則法亦非先王之法。此後世之治所以不及唐虞三代也。

爲政須要有紀綱文章，先有司、鄉官讀法、平價、謹權量，皆不可闕也。人各親其親，然後能不獨親其親。仲弓曰：「焉知賢才而舉之？」子曰：「舉爾所知。爾所不知，人其舍諸？」便見仲弓與聖人用心之大小。推此義，則一心可以喪邦，一心可以興邦，只在公私之間爾。

此言聖人爲政，只是一片大公之心。蓋其心之所存所發，莫非真實無妄之理，而無一毫人欲之私，故廓然大公，物來順應。如立綱陳紀，文法章程，有司、鄉官之類，皆用大公之心爲之。又使人各親其親，各長其長，因天下之賢，以舉天下之賢。此心何等大公，故曰「一心可以興邦」，大公之謂也。

治道亦有從本而言，亦有從事而言。從本而言，惟是「格君心之非」，「正心以正朝廷，正朝廷以正百官」。若從事而言，不救則已，若須救之，必須變，大變則大益，小變則小益。

此言治本以「格君心之非」爲切要也。人君之心，萬幾之所受裁，萬化之所從出。故從古帝王，莫如堯舜，而「危微精一」之誡，不啻諄諄焉！惟大人爲能格君心之非，君心一正，而天下定矣。若就事而言，則必大變更一番，而後能救積弊、興大利也。然其切要所在，總以格君心爲本。

唐有天下，雖號治平，然亦有夷狄之風。三綱不正，無君臣父子夫婦，其原始於太宗也。故其後世子弟皆不可使，君不君，臣不臣。故藩鎮不賓，權臣跋扈，陵夷有五代之亂。

漢之治過於唐。漢大綱正，唐萬目舉，本朝大綱正，萬目亦未盡舉。

此言治天下必以正大綱爲主也。君臣父子夫婦之倫，爲治之大綱也；至於禮樂致刑制度文爲之具，則爲治之萬目也。唐虞三代之所以致大治者，大綱無不正，萬目無不舉也。漢唐宋之所以不能如唐虞三代之大治者，則以大綱之未盡正，萬目之未盡舉也。程子謂唐有天下，雖號治平，然亦有夷狄之風。蓋以太宗用智力劫持取天下，其於君臣父子之義有虧，閨門之間又有慙德，三綱皆已不正。是以後世子孫氣習相傳，綱常陵夷而不可止。玄宗使肅宗至靈武，則自立稱帝，使永王璘使江南則反。君臣之道不正，遂使藩鎮割據於外，閹豎擅專於内，馴致五季之極亂也。故求天下致治，必以大綱正爲要領焉。

教人者養其善心而惡自消，治民者導之敬讓而爭自息。

明道先生曰：必有關雎、麟趾之意，然後可行周官之法度。

此言徒法不能以自行，必要修身齊家以爲之本也。關雎詠文王妃姒氏有幽閒貞静之德，麟趾詠文王子孫宗族有仁愛忠厚之性，此文王身修家齊之效也。朱子曰：「自閨門衽席之微，積累至薰蒸洋溢，天下無一民一物不被其化，然後可以行周官之法度。不然，則爲王莽矣。」甚矣，治道不可不先端其本也！

「君仁莫不仁，君義莫不義」，天下之治亂，繫乎人君仁不仁耳。離是而非，則「生於其心」，必「害於其政」，豈待乎作之於外哉？昔者孟子三見齊王而不言事，門人疑之，孟子曰：「我先攻其邪心。」心既正，然後天下之事可從而理也。夫政事之失，用人之非，知者能更之，直者能諫之。然非心存焉，則一事之失，救而正之，後之失者，將不勝救矣。「格其非心」，使無不正，非大人其孰能之？

此言格君心之非，則萬事可從而理也。人君有一念私邪，必將害於其政，故大人正君之道，必先攻其邪心。心也者，帝王出治之大本，易曰：「正其心，萬事理。」「差之毫釐，失之千里。」故大人以格君心之非爲第一切要之先務。君心之非非一端，莫難强如怠心，莫難制如慾心，莫難降如驕心，莫難平如怒心，莫難抑如忌心，莫難開如惑心，莫難解如疑心，莫難正如偏心，故必隨其非而格之。格之之道，攻之以言難爲從，感之以德易爲化，故非大人莫之能。然欲格君心之非，先格自心之非，亦惟大人爲能之。故能格其非心，使無不正也。

橫渠先生曰：道千乘之國，不及禮樂刑政，而云「節用而愛人，使民以時」。言能如是則法行，不能如是則法不徒行。禮樂刑政，亦制數而已耳。

此則徒法不能以自行之意也。「節用愛人，使民以時」與「敬事而信」，五者乃治國之要，特論其所存而已，未及爲政也。然不如是，徒法何以自行乎？

法立而能守，則德可久、業可大。鄭聲、佞人，能使爲邦者喪其所守，故放遠之。

此言爲邦者勿喪其所守。鄭聲者，淫靡邪僻之音；佞人者，口給面諛之人。葉氏曰：二者蕩心之原，敗法亂紀之要，皆能使人喪其所守，故聖人放遠之。

橫渠先生答范巽之書曰：朝廷以道學、政術爲二事，此正自古之可憂者。巽之謂孔孟可作，將推其所得而施諸天下耶？將以其所不爲而强施之於天下與？大都君相以父母天下爲王道，不能推父母之心於百姓，謂之王道可乎？所謂父母之心，非徒見於言，必須視四海之民如己之子。設使四海之内皆爲己之子，則講治之術，必不爲秦漢之少恩，必不爲五霸之假名。巽之爲朝廷言，「人不足與適，政不足與間」，能使吾君愛天下之人如赤子，則治德必日新，人之進者必良士，帝王之道不必改途而成，學與政不殊心而得矣。

此言學術政術不可分而爲二也，分而爲二，則學與政皆非矣。孔孟之學術，即孔孟之事功。明德爲本，新民爲末，本末原是一貫。有全體必有大用，有天德然後可以行王道也。君相以父母天下爲王道，則愛百姓如赤子。制田里、薄賦斂以富之，興校學、明禮義以教之，必不爲秦漢之慘刻少恩，必不爲五霸之假義圖利。誠愛之心，懇惻切至，則治德日新，所任之人皆良士。今日之政術，即平日之學問，非有二心也。

晦菴先生曰：存祇懼之心以畏天，擴寬宏之度以盡下。不敢自是而欲人必己同，不循偏見而謂衆無足取，不甘受佞人而外敬正士，不狃於近利而昧於遠猷。

天無私覆，地無私載，日月無私照。王者奉三無私以勞於天下，則兼臨博愛，廓然大公，而天下之人莫不心悦而誠服。

先生言於孝宗曰：天下之事，千變萬化，其端無窮，而無一不本於人主之心。人主以渺然之身居深宫之中，其心之邪正，若不可得而窺，而其符驗之著於外者，常若十目所視，十手所指而不可掩。是以古先聖王，兢兢業業，持守此心，雖在紛華波蕩之中，幽獨得肆之地，而所以精之一之，克之復之，如對神明，如臨淵谷，未嘗敢有須臾之怠。然猶恐其隱微之間，或有差失而不自知也。是以建師保之官，以自開明；列諫諍之職，以自規正。而凡其飲食、酒漿、衣服、次舍、器用、財賄與夫宦官、宫妾之政，無一不領於冢宰之官，使其左右前後，一動一静，無不制以有司之法，而無纖芥之隙、瞬息之頃得一隱其毫髮之私。此先王之治，所以由内及外，自微至著，精粹純白，無少瑕翳，而其流風餘烈，猶可以爲後世法程也。

四海之廣，兆民至衆，人各有意欲行其私，而善爲治者，乃能總攝而整齊之，使之各循其理，而莫敢不如吾志之所欲者。則以先有紀綱以持之於上，而後有風俗以驅之於下也。何謂紀綱？辨賢否以定上下之分，核功罪以公賞罰之施也。何謂風俗？使人皆知善之可慕而必爲，皆知不善之可羞而必去也。

天下之紀綱不能以自立，必人主之心術公平正大，無偏黨反側之私，然後紀綱有所繫而立。君心不能以自正，必親賢臣，遠小人，講明義理之歸，閉塞私邪之路，然後可得而正。

此五條皆以人主之心爲致治之大本。欲正天下之大本，必親賢臣，遠小人，然後可得而正也。故人主兢兢業業，持守此心，而無須臾之怠，則大本正矣。大本既正，則廓然大公以臨天下，使四海兆民各循其理，而莫敢不如吾志之所欲。紀綱由此而立，風俗由此而美，天下安有不治者乎？

人主當務聰明之實，而不可求聰明之名。信任大臣，日與圖事，反覆辨論，以求至當之歸，此聰明之實也；偏聽左右，輕信其言，此聰明之名也。

成湯當放桀之初便說：「惟皇上帝，降衷於下民。若有恒性，克綏厥猷惟后。」武王伐紂時便說：「惟天地，萬物父母；惟人，萬物之靈。亶聰明，作元后，元后作民父母。」傅說告高宗便說：「明王奉若天道，樹后王君公，承以大夫師長。不惟逸豫，惟以亂民。惟天聰明，惟聖時憲。」見古聖賢朝夕只見那天在眼前。

此言君相存祗懼之心以畏天，故朝夕只見那天在眼前。「君子終日乾乾」，「對越在天」也。

天下萬事有大根本，而每事之中，又各有切要處。所謂大根本者，固無出於人主之心術。而所謂切要處，如任賢相，杜私門，則立政之要也；擇良吏，輕賦役，則養民之要也；公選將帥，不由近習，則治軍之要也；樂聞警誡，不喜道諛，則聽言用人之要也。然未有大本不立而可以與此者，此古之欲平天下者，所以汲汲於正心誠意以立其本也。若徒言正心而不識事物之要，或精覈事情而特昧根本之歸，則是腐儒迂闊之論，俗士功利之談，皆不足與論當世之務矣。

人君能守法度，不縱逸樂，則心正身脩，義理昭著，而於人之賢否，孰爲可任，孰爲可去，事之是非，孰爲可疑，孰爲不可疑，皆有以審其幾微，絶其蔽惑。故方寸之間，光輝明白，而於天下之事，孰爲道義之正而不可違，孰爲民心之公而不可咈，皆有以處之，不失其理，而毫髮私意不入於其間矣。

古先聖王所以立師傅之官，設賓友之位，置諫諍之職，凡以先後從臾，左右維持，惟恐此心頃刻之間或失其正而已。

須是自閨門袵席之微，積累到薰蒸洋溢，天下無一民一物不被其化，然後可以行周官之法度，不然則爲王莽矣。

婦人與奄人常相倚而爲奸，不可不并以爲戒。歐陽公嘗言「宦者之禍，甚於女寵」，其言尤爲親切。有國家者可不戒哉！

此言婦寺相倚爲奸，内臣不可使預政也。婦寺之職，均在中闈。婉順淑謹，婦之善者也；柔順忠篤，寺之善者也。婦不貴有能，則寺亦豈貴於有功哉！有功則寵，寵則驕，驕則横，雖欲無禍得乎！故宦者之禍甚於女寵，有國家者當思患而預防之也。

賈誼作保傅，其言曰：「天下之命，係於太子，太子之善，在於蚤諭教與選左右。教得而左右正，則太子正，太子正，則天下定矣。」此天下之至言，萬世不可易之定論也。

此言太子國之根本，不可不早教也。按三王之教世子，必以禮樂，但禮樂者，教之之具，而師傅者，教之之人，故立太傅、少傅以養之。養者，從容啓迪以養其本然之善，使之自然開悟也。然其道無他，不過父子君臣之大倫而已。太傅以審示言，謂修於身以示之也；少傅以審諭言，謂開説其義以曉之也。太傅、少傅所以教者雖同，然太傅以身教，少傅以言教，二者蓋互相發也。以一太子之身，而太傅在前，少傅在後，入有保，出有師，四人者，扶持而左右之，教安得不達，德安得不成哉？師者，教太子以事而喻諸德，謂教之以事親之事，則知孝之德，教之以事長之事，則知弟之德，天下無事外之德也。保則安護太子之身，輔之翼之，使歸諸道，耳目口體不以欲而動，即所謂道，天下無身外之道也。古者所謂「師保其職」蓋如此，此所以「教得而太子正，太子正則天下定矣」。此必然之理也。

欲圖大者當謹於微，欲正人主之心術，未有不以嚴恭寅畏爲先務，聲色貨利爲至戒，然後乃可爲者。

天下之事，非艱難多事之可憂，而宴安酖毒之可畏。政使功成治定，無一事之可爲，尚當朝兢夕惕，居安慮危，而不可以少怠。

天下國家之大務，莫大於䘏民。而䘏民之實在省賦，省賦之實在治軍。財者，人之所同好也，而我欲專其利，則民有不得其所者矣。大抵有國有家，所以生起禍亂，皆是從這裏來。自古國家傾覆之由，何嘗不起於盜賊？盜賊竊發之端，何嘗不生於饑餓？赤眉、黄巾、葛榮、黄巢之徒，其事已可見也。

胡敬齋曰：凡饑荒之時，在上者便當惻怛憂慮，以救民爲急，發倉廩以濟之，方可固結民心，不怨上思亂。○四民各有其業，則賊盜息。今之賊盜，多是游手無業之人爲之。○歷觀爲盜者，多是游民懶惰者爲之，强者爲强盜，弱者爲竊盜，故先王必禁游民，使之有業，勤勤爲先也。

仗節死義之士，當平居無事之時，誠若無所用者。然古之人君，所以必汲汲以求之者，蓋以如此之人，臨患難而能外死生，則其在平世必能輕爵禄；臨患難而能盡忠節，則其在平世必能不詭隨。平日無事之時，得而用之，則君心正於上，風俗美於下，足以逆折奸萌，潛消禍本，自然不至真有仗節死義之事也。惟其平日自恃安寧，便謂此等人才必無所用，而專取一種無道理、無學識、重爵禄、輕名義之人，以爲不務矯激，而尊寵之。是以紀綱必壞，風俗日偷，非常之禍伏於冥冥之中。而一旦發於意慮之所不及，平日所用之人，交臂降叛，而無一人可同患難，然後前日擯棄流落之人，始復不幸而著其忠義之節。以天寶之亂觀之，其將相貴戚近幸之臣，皆已頓顙賊庭，而起兵討賊，卒至於殺身滅族而不悔，如巡、遠、杲卿之流，則遠方下邑、人主不識其面目之人也。使明皇早得巡等而用之，豈不能銷患於未萌？巡等早見用於明皇，又何至爲仗節死義之舉哉！

人主以論相爲職，宰相以正君爲職。苟論相者求其適己而不求其正己，取其可愛而不取其可畏，則人主失其職矣。當正君者不以獻可替否爲事，而以趨和承意爲能，不以經世宰物爲心，而以容身固寵爲衡，則宰相失其職矣。

做宰相只要辦一片心、一雙眼。眼明則能識得賢不肖，心公則能進退得賢不肖。

天地之間有自然之理。凡陽必剛，剛必明，明則易知；凡陰必柔，柔必暗，暗則難測。故聖人作易，以陽爲君子，陰爲小人。竊推易説以觀天下之人，凡其光明正大、疏暢洞達，如青天白日，如高山大川，如雷霆之爲威、雨露之爲澤，如龍虎之爲猛而麟鳳之爲祥，磊磊落落，無纖芥可疑者，必君子也；而其依阿淟涊、回互隱伏，糾結如蛇蚓，瑣細如蟣蝨，如鬼蜮狐蠱，如盜賊咀咒，閃倏狡獪不可方物者，必小人也。君子、小人之極既定於内，則其形於外者，雖言談舉止之微，無不發見，而況於事業文章之際，尤所謂燦然者。彼小人者，雖曰難知，亦豈得而逃哉！

此教人觀人之法也。知人之難，堯舜以爲病，孔子亦有「聽方觀行」之戒，此特爲小人設耳。若皆君子，則何難之有哉？今思朱子之言，深有得於大易微旨，人主以是觀人，思過半矣。

朝廷要無黨，須分别得君子小人分明。若其不分黑白，不辨是非，而猥云無黨，是大亂之道也。

問：論治便當識體？曰：然。如作州縣，便合治告訐，除盜賊，勸農桑，抑末作；如立朝廷，便須開言路，通下情，消朋黨；如爲大吏，便須求賢才，去贓吏，除暴斂，均力役。這都是定格局，合如此做。如爲天子近臣，合當謇諤正直，又卻恬退寡默，及至處鄉里，合當閉門自守，躬廉退之節，又卻向要做事，便都傷了大體。

此言論治須要識體也。胡敬齋曰：如修德建極，化導臣民，精擇宰相，分建衆職者，人君之體也；致君澤民，精選人才，進賢退不肖者，宰相之體也；宣布君上德威，設立政條，分任有司，察民安否利害，以施勸懲黜陟，上司之體也；愛百姓，施惠澤，明教化，慎政刑，均賦役，理冤訟，此有司之體也。識得此體，又能各盡其職，則得爲治之大體矣。

答廖子晦曰：爲政以寛爲本者，謂其大體規模意思當如此耳。古人察理精密，持身整肅，無偷惰戲豫之時，故其政不待作威而自嚴，但其意則以愛人爲本耳。及其施之於政事，便須有綱紀文章，關防禁約，截然而不可犯，然後吾之所謂「寛」者，得以隨事及人，而無頽弊不舉之處。人之蒙惠於我者，亦得以通達明白，實受其賜而無間隔欺蔽之患。聖人説政以寛爲本，而今反欲其嚴，正如古樂以和爲主，而周子反欲其淡。蓋今之所謂「寛」者乃縱弛，所謂「和」者乃哇淫，非古之所謂「寛」與「和」，故必以是矯之，乃得其平耳。如其不然，則雖有愛人之心，而事無統紀，緩急先後、可否與奪之權皆不在己，於是奸豪得志，而善良之民，反不被其澤矣。

薛敬軒先生曰：聖人論治，有本有末。正心脩身，其本也；建制立法，其末也。○三綱五常，禮樂之本，萬事之原。○天地間至大者，莫過於三綱五常之道。帝王之爲治，聖賢之爲學者，不外乎是。○三綱五常之道，根於天命，而具於人心，歷萬世如一日。循之則爲順天理而治，悖之則爲戾天理而亂。自堯舜三代，歷漢唐以至宋，上下數千年，蓋可考其跡而驗其實也。○人倫明則禮樂興。○禮只是序，樂只是和，如君臣、父子、兄弟、夫婦、朋友，各得其分而不相侵越，所謂序也。序則禮立矣。君仁臣敬，父慈子孝，兄友弟恭，夫義婦聽，朋友有信，所謂和也。和則樂生焉。是則人倫，禮樂之本。人倫不序不和，則禮樂何自而興哉？○古稱唐太宗語及禮樂，房杜有媿，論者因謂房杜無制作之才。余謂非特房杜有媿，蓋太宗有媿也。上有虞舜之德，則天叙、天秩明而上下和，由是伯夷、后夔得以推其序與和，形之度數，播之聲音，而爲禮樂。太宗之德，果如有虞之盛乎？天叙、天秩果明而上下和乎？不然，雖使伯夷、后夔生於其時，亦無如禮樂何矣，是又不得爲房杜病也。○或謂誠得大儒佐漢祖，以禮樂爲治，其效當不止如叔孫通制禮之小。竊謂漢祖以馬上得天下，不事詩書，治家則以私昵，爲治則以雜霸，於人倫之序與和者蔑如也。使有大儒生其時，果能變其已成之氣習，致君德如三代之隆耶？不然，則亦無如禮樂何也！○親親，仁也；敬長，義也。無他，達之天下也，故知「惟孝友於兄弟」，爲爲治之本。○聖人治天下，公而已。○公王道，私霸道。○孟子曰：「以力假仁者霸，以德行仁者王。」論王霸之分，莫切於此。○王霸之分，止在不謀利計功與謀利計功之分。○天地之所以大，日月之所以明，四時之所以運，鬼神之所以靈，是皆理之自然也。聖人體道無二，則與天地合其德矣；知周萬物，則與日月合其明矣；動静以時，則與四時合其序矣；屈伸以正，則與鬼神合其吉凶矣。是皆自然一致。聖人之心，即天地之心，聖人意之所爲，與天無毫髮之差爽，所謂「先天而天弗違」也；天理所在，聖人率而循之，無一息之差謬，所謂「後天而奉天時也」。○天無不包，地無不載，君子法之。○乾始能以美利利天下，不言所利大矣哉！如堯舜利世之功大矣，而其心則曷常自以爲大哉？使有一毫自大之心，則與乾始利天下不言所利不同，而非所以爲堯舜矣。○朱子曰：孔子只説「義之和」爲利，不去利上求利，只義之和處便是利。又曰：義者得宜之謂。處物得其宜，不逆萬物即所謂利。○許魯齋曰：吾道大公至正，以天下公道大義行之，故其法度森然，明以示人。○自古興亡治亂之幾，皆由於心之存亡。○天地上下同流，是乾道變化萬物。各得其所，是各正性命。○各安其分，而天下平矣。○唐虞三代之治，皆自聖人一心推之，無非順天理、因人心而立法。○三代之治本於道，漢唐之治詳於法。○政出於一，則治有所統，而民心信。○唐虞「百揆」之職，「揆」之一字，最有深意。政事可止可行，莫不揆度其宜。可則行，否則止，此所以政出於一，而下無廢事也。○爲政當有張弛。張而不弛，則過於嚴；弛而不張，則流於廢。一張一弛，爲政之中道也。○余讀泰、否卦辭，「内君子而外小人，君子道長，小人道消」爲泰；「内小人而外君子，小人道長，君子道消」爲否。因是以念諸葛武侯之言曰：「親賢臣，遠小人，此先漢所以興隆；親小人，遠賢臣，此後漢所以傾覆。」嗚呼！豈獨漢室也哉！歷觀數千載以來國家天下之治亂興亡，未有不原於此者。若武侯之言，可謂深得大易之旨。○臨卦當十二月陽剛浸長之時，而以來年八月陽消陰長爲戒，聖人之慮遠矣。○寒中有一半陽，暑中有一半陰，此造化相攙接處。故治不生於治而生於亂，亂不生於亂而生於治。○「披髮而祭於野」，伊川興辛有之嘆，非知幾之君子，孰能與於斯？○蠹生木中，枝葉從之顛仆。詩曰：「顛沛之揭，枝葉未有害，本實先撥。」故王者以治内爲本，内不治而末雖安，不足恃也。○周公告成王曰：「厥亦惟我周太王、王季，克自抑畏。」蓋「抑」乃檢束收斂之意，「畏」乃恐懼兢慎之意。豈惟王者當然，實爲學修省之至要也。○周公曰：「無皇曰：『今日耽樂』，乃非民攸訓。」至哉言乎！蓋人君者，天下之表儀。人君一日之耽樂，雖若不至於大害，然作於上，即應於下，上以耽樂縱，則下以耽樂從。是其爲訓於民，非言語之訓，乃以身訓之訓，宜其感應之機爲尤速也。益之告舜曰：「罔遊於逸，罔淫於樂。」皋陶告舜曰：「無教逸欲有邦。」皆此意也。豈非萬世之永鑒與？○詩曰：「不愆不忘，率由舊章。」孟子曰：「遵先王之法而過者，未之有也。」蓋祖宗更事多爲慮深，故立法周且密，後世率而循之，何失之有？○書載堯舜之行事，皆先德行而後事功。事功之大者，莫大於用人之一事。觀諸二典可見矣。○三代王佐事業皆本於道德，後世輔相事功多本於才氣。○人君之德，惟明爲先，書稱堯曰「欽明」，舜曰「文明」，禹曰「明明」，湯曰「克明」，文王曰「若日月之照臨」，皆言明也。明則在己之理欲判然，在人之邪正別白，處己處人，萬事皆得其當矣。○君德明爲本，居敬窮理則明矣。

胡敬齋先生曰：五倫，萬古不易之道；經界，萬古不易之利；人才，萬古爲治之本。

法度則可因時損益。○人倫正，則風化盛，天下治。○天下無道外之物，故政刑文章，皆須出於道。○「天高地下，萬物散殊，而禮制行矣。流而不息，合同而化，而樂興焉」，此禮樂之本意也。聖人制作，只是因其自然之理，曷常有一毫私意安排？禮樂既成，則所以節民之欲，感人之心，成人之德，乃自然之功用，故程子曰：「若達，便是堯舜氣象。」○在上者身修理明，則德望素著，不待政教號令，而民已歸服。況於設施之際，事得其宜，政教號令如雨露，又何民之不感悦畏服乎？○「皇極」訓「大中」，雖不甚害理，終不親切。惟朱子訓「皇」爲「君」，訓「極」爲「至極之義，標準之名」，然後見人君以一身爲天下法，王道根本在於此。此義至精至切，得箕子之旨矣。○天地只是一箇生物之心，聖人全天地之心，故仁民愛物，自不能已。○天地之情正大，聖人之情亦正大，故不爲「煦煦之仁，孑孑之義」。○聖賢之學只是修己，治國、平天下是從這裏出。○德化爲治之本，政事爲治之具，二者交致，而風化盛矣。風化盛，然後鼓舞群動，薰蒸淪浹，仁及一世。○爲治之道有二：脩身明德，以感發作，興其同然之善心，是頭一等事；處置得宜，是第二等事。二者不可廢一。○「不愧屋漏」，便能到得「不賞而民勸，不怒而民威於鈇鉞」，篤恭而天下平。○王道最易行，只要君身修，「皇極，建其有極」，王道根本。○王道只是公，霸道只是私。王道一於天理之公，一者，誠也，故其光明正大，上下與天地同流，而萬物各遂其性。霸道假公以濟其私。

假者，僞也，費盡智計，方能小補於世，雖不爲無功，乃功業之卑者，下此則姦雄小人。○天下古今，共此箇道理。大用之則大治，小用之則小治，小失之則小亂，大失之則大亂。誠者爲王，假者爲霸，竊者爲姦，未有捨此而能濟者。○立人之道，曰仁與義，甚事出得？雖是霸者，亦要假仁義，方做得事成。若背仁義，則敗亡至矣。○先儒言：「王道之外無坦途，舉皆荆棘；仁義之外無功利，舉皆禍殃。」此推其極而言也。○「奏格無言，時靡有争」，是故君子不賞而民勸，不怒而民威於鈇鉞；「不顯惟德，百辟其刑之」，是故君子篤恭，而天下平易。「盥而不薦，有孚顒若，下觀而化」，知此則知無爲而天下治。霸者之功誠小，區區才智不足道。此感而彼應者，心同此理也。處置得宜，而人心服者，亦心同此理也。秦漢以下，爲治者不過處置上做，不知上一截。既不知上一截，則下一截亦偶中耳，豈能盡得其宜？此先王之治所以難復也。○觀堯典，見得聖人作事只是公天下之心，無一毫私意。○論舜「無爲而治」，一則德盛而民化，二則得賢才以任衆職。自古爲治之道，不出乎脩德、任賢兩事爲要。○感應者爲治之本，所以能感應者理也，「無聲無臭」也，即所謂「一本」也，故曰「聲色之於以化民，末也」。善爲治者，脩身以化之，明善以教之，立政以正之，制刑以一之。○只得一箇首出庶物之人爲君，則天下治矣，君賢必能擇相。只得一箇才德兼全之人爲相，則賢才引類而進。庶職既修，則庶事治，庶民安，庶物阜矣。○作事雖要人才，然人才一半是天生出來，一半是聖人作興出來。如伊、傅、周、召是天生出來，如曰「愷悌君子，遐不作人」，「濟濟多士，文王以寧」，是聖人在位作興出來。○師保得其人，則君身修；宰相得其人，則百職舉。○「舉爾所知，爾所不知，人其舍諸」？聖人舉事，動得其要，此簡易之道。○宰相之職在於進賢退不肖，進賢退不肖在於能知人，知人在於脩身，脩身莫先於窮理，窮理者在於讀書論事，推究極處。○欲天下治，須得賢才，欲得賢才，須行推訪選舉法，其本在於君身修、君心明，欲君身修，在於學。○聖人作事，動循天理，動中機會。循天理則人心服而化，中機會則事當而易治。

羅整菴先生曰：圖治當先定規模，乃有持循積累之地。規模大則大成，規模小則小成，未有規模不定而能有成者也。然其間病源所在，不可不知。秉德二三，則規模不定；用人二三，則規模不定。苟無其病，於致治乎何有？○規模寬大，條理精詳，最爲難得。爲學如此，爲政亦如此，斯可謂真儒矣。○六經之道同歸，而禮樂之用爲急。然古禮古樂之亡也久矣，其遺文緒論僅有存者，學者又鮮能熟讀其書，深味其旨，鮮觀其會通，斟酌其可行之實，遂使先王之禮樂，曠千百年而不能復。其施用於當世者，類多出於穿鑿附會之私而已。可慨也夫！○漢武帝表章六經，而黄老之説遂熄，吾道有可行之兆矣。然終帝之世，未見其能有行，豈其力之不足哉？所不足者，關雎、麟趾之化爾。善乎汲黯之言曰：「内多欲而外施仁義，奈何欲效唐虞之治乎！」黯之學術不可知，然觀乎此言，非惟切中武帝之病，且深達爲治之本。○論治道，當以格君心爲本。若伊尹之輔太甲，周公之輔成王，皆能使其君出昏即明，克終厥德。商、周之業，賴以永延，何其盛也！後世非無賢相，隨事正救，亦多有可稱，考其全功，能庶幾乎伊、周者，殊未多見。蓋必有顔、孟之學術，然後伊、周之相業可希。然則作養人才又誠爲治之急務，欲本之正而急務之不知，猶臨河而泛舟楫，吾未見其能濟也已。

高景逸先生曰：三代而下，聖王不作，於是夫子出，而以六經治天下，決是非，定好惡，使天下曉然知如是爲經常之道。越志者欲有所肆焉，民得執常道以格之，故亂臣賊子不旋踵誅夷，生民之類，不至糜爛而無遺餘。是六經者，天之法律也，順之則生，逆之則死。天下所以治而無亂，亂而即治者，以六經在也。然漢、唐之間，儒者溺訓詁而傳六經之糟粕，佛氏言心性而亂六經之精微。傳其糟粕者，言理而不本之心；亂其精微者，言心而不本之理。一則窮深極微，而外於彝常日用；一則彝常日用，而不能知化窮神。於是六經又敝，而周、程、張、朱五夫子者出。五夫子出而後知六經者，「天理」二字而已。天理者，天然自有之理。天得之爲天，地得之爲地，人得之爲人者也。無所增於聖，無所減於凡，無所升於古，無所降於今者也。誠者誠此，敬者敬此，格物者格此明此，而後知俗儒之所蔽，佛氏之所亂，一膜而千里也。〇第一要務疏略云：人心至活，倏忽萬狀，未有無所事事而能懸空守之者，故必觀經書以求聖賢所以存心養性之道，或觀史鑑以求古今治亂興亡之原，君子小人立心行事之别，又必時召侍臣相與講説討論，以求治國平天下之要。如是則一日之間，此心常止於義理，人欲不得而乘之，此爲天下之大本。〇又陳王道之要疏略曰：舜治天下，至纖至悉，而孔子謂之「無爲」者，得臣分治，而不以己與之，但恭己以治之而已。〇又曰：「大哉！堯之爲君。」言堯之無意如天之無際，天下莫能窺其朕也。皇上用天下之才，本足以致天下之治，必使之能盡其職，故能盡其才。閣臣者，司王言之重者也，必票擬出於閣臣，則王言重；部院者，治天下之事者也，必事權出於部院，則主勢尊；臺諫者，明天下之是非者也，必是非明於臺諫，則聰明闢。〇又務學之要疏略曰：帝王之德，惟明而已。堯舜之聖，在明其峻德。德者何也？人之心也。心本明，又須人自明之。放於外則不明，復於身則明；着於欲則不明，循於理則明；動於氣則不明，安於止則明；荒於怠則不明，居於敬則明；騖於動則不明，主於靜則明。陛下讀聖賢書，知無一字不言心，無一字不言心之明，而津津有味焉。如大學既講於經筵，即此書反覆玩味，「明明德於天下」，裕如矣。推而廣之，宋臣真德秀大學衍義、先臣丘濬大學衍義補，不可不讀也，而帝王心法治法，無不具備矣。〇學問通不得百姓日用，便不是學問，所以孟子説箇「反經」二字，極有意味。這「反經」二字，乃孟子七篇文字收拾處。所謂「反」者，反其初也；反其初者，反其性也；反其性者，反其善也；反其善者，反其仁義也；反其仁義者，反其孝弟也；反其孝弟者，反其愛敬也。何人不有父母，何人不有長上，何人不有此孩提之愛敬？反到此同然處，則人人興起矣，故曰「經正則庶民興」。

以上總論治道。大抵以脩身爲本，以知人安民爲要，然知人又安民之要，而脩身則知人安民之大本也。人主果能脩身以知人，知人以安民，内聖外王之能事畢矣。諸先生又論帝王之治天下本於道，帝王治天下之道本於心。心者身之主，而正心又脩身之大本也。雖然，欲正天下之大本，必要務天下之大學。有其學，然後能正其心；有其心，然後能致其治。有其治，然後能保其位。故治也者，帝王保位之良法；心也者，帝王出治之大本；而學也者，又帝王正心之要道也。古先聖王知其然，其所以精一此學，維持此心者，無不致也。自漢而唐，自唐而宋，自宋而明，其間英君誼辟，非不欲致治於唐虞三代，志士仁人，非不欲致君爲二帝三王，然廖廖千餘載，未有一二庶幾乎此者，皆以未嘗實用其力於大學，而大本不立故也。若有能實用其力於大學，以正天下之大本，則天理日明，人欲日消，進復唐虞三代之治，何難之有哉？且大學之道，已經文公朱子章句、或問極力闡明，人主留心此書，反覆玩味，「明明德於天下」，裕如矣。是學也，即堯、舜、禹、湯、文、武之所學者也。其目有八，而各有其要：平天下之要在於脩身，脩身之要在於正心誠意，正心誠意之要在於致知格物。宋儒真西山衍其義以進告於君。齊家之要有四：曰重妃匹，嚴内治，定國本，教戚屬。脩身之要有二：曰謹言行，正威儀。誠意正心之要有二：曰崇敬畏，戒逸欲。致知格物之要有四：曰明道術，辨人材，審治體，察民情。明儒丘瓊山復爲衍義補以進告於君，治國平天下之要有十二：曰正朝廷，正百官，固邦本，制國用，明禮樂，秩祭祀，崇教化，簡規制，慎刑憲，嚴武備，守邊圉，成化功。真西山之書，主於理而不出乎身家之外，故其所衍之義大而簡；丘瓊山之書，主於事而有以包乎天下之大，故所衍之義細而詳。合二書言之，一全其體，一大其用，誠千聖之心傳，百王之治統，而萬世君師天下者之律令格例也。爲人君者，深明大學之旨，實體諸躬，以清出治之源；爲人臣者，深明大學之旨，實體諸躬，以盡正君之法。君臣相遇以有爲，則所謂「正其心，萬事理」，而躋後世於唐虞三代，不難矣。

跋

治道之要，九先生詳哉其言之矣。二帝、三王之不作，皋、夔、伊、傅、周、召之不再，後之言治，皆苟而已。識者悼古先王之禮樂曠千百年而不能復，不知人倫者禮樂之本，人倫不序不和，禮樂何自而興？·漢、唐以來，豁達大度推漢高，知人善任莫如唐太宗，宜可以復禮樂矣。論者咎叔孫通非議禮之人，魯兩生所以不至，房、杜無制作之才，語禮樂所以抱媿。詎知高祖、太宗於父子、兄弟、夫婦之間，慙德多矣。「天序」、「天秩」何在？·無關雎、麟趾之意，其如禮樂何哉？·乙酉年閏四月二十一日汪三省識。

五子近思録發明卷九

治法

平巖葉氏曰：「此卷論治法。蓋治本雖立，而治具不容缺。禮樂刑政有一之未備，未足以成極治之功也。」愚按：古先聖王以道治天下，而法即在其中。蓋聖人無一事不從道理中出，如禮樂刑政，雖曰聖人治天下之大法，然皆因天理、順人情而爲之防範禁制，即道也。後世道不明，禮樂刑政與道判而爲二，故禮樂廢而刑政倚於一偏。今欲講明治法，以成極治之功，則當遵先王之法。詩曰：「不愆不忘，率由舊章。」孟子曰：「遵先王之法而過者，未之有也。」第道者出治之本，法者輔治之具。凡事有則，循其則，即理也，裁而制之，則爲法度，法度立，則弊可革，然行之則在得人，久或弊生，又可變而通之，以適於宜。故道爲萬古不易之道，而法則可隨時斟酌損益也，此聖人大用所在。立法之後，須以公守之，以仁行之。中者立法之本，信者行法之要，神而明

之，全在乎人耳。故朱子編次治道，後即繼之以治法，學者宜盡心焉。

濂溪先生曰：古聖王制禮法，修教化，三綱正，九疇叙，百姓大和，萬物咸若，乃作樂以宣八風之氣，以平天下之情。宣，所以達其理之分。平，所以節其和之流。故樂聲淡而不傷，和而不淫，入其耳，感其心，莫不淡且和焉。淡則欲心平，和則躁心釋。淡者禮之發，和者樂之爲，先淡後和，亦主静之意也。然古聖賢之論樂，曰和而已。此所謂淡，蓋以今樂形之，而後見其本於莊敬齊肅之意耳。優柔平中，德之盛也；天下化中，治之至也。是謂道配天地，古之極也。欲心平，故平中；躁心釋，故優柔。言聖人作樂功化之盛如此。或云「化中」當作「化成」。後世禮法不修，政刑苛紊，縱欲敗度，下民困苦。謂古樂不足聽也，代變新聲，妖淫愁怨，導欲增悲，不能自止。故有賊君棄父，輕生敗倫，不可禁者矣。縱欲敗度，故其聲不淡而妖淫；政苛民困，故其聲不和而愁怨。妖淫故導欲，而至於輕生敗倫；愁怨故增悲，而至於賊君棄父。嗚呼！樂者，古以平心，今以助欲；古以宣化，今以長怨。古今之異，淡與不淡、和與不和而已。不復古禮，不變今樂，而欲至治者，遠哉！復古禮，然後可以變今樂。

此言古者聖王制禮作樂以成至治，而後世廢禮新聲之爲害也。吴敬菴曰：聖王制禮法以防民，修教化以善俗，而人道三綱得其正，洪範九疇得其叙，所謂理也。於是百姓之心無不和，萬物之情無不順，所謂和也。乃制律審音而作樂，以宣八風之氣，而調其陰陽，以平天下之情，而消其渣滓。此聖王作樂之本意也。故樂聲恬淡而無所哀傷，理中有和也；和樂而不至淫溢，和不失理也。此樂聲之善也。故聽之者，入於耳而感其心，莫不如樂聲之淡且和焉。淡則欲心平而無邪僻，和則躁心釋而無乖爭，可見其感人之深也。躁心釋而優柔，欲心平而平中，此民德之盛也。天下之民，皆化而得其中，則治之至也。是謂「道配天地，覆載無疆」，古聖王之極致也。樂之功化，其盛如此。至於後世，禮法不修，而縱欲敗度，失其理矣，政刑苛紊，使下民困苦，失其和矣，何以爲作樂之本乎？乃謂古樂無繁音促節以悦人耳，隨代更作，變爲新聲，乃不淡而妖淫，不和而愁怨，其聲之不善如此。妖淫則導人之欲，愁怨則增人之悲，皆使其不能自已，其感人之不善如此。故有因悲怨而賊君棄父，由淫欲而輕生敗倫，肆爲大惡，不可禁矣。皆新樂之爲害也。嗚呼！樂者，古以聲淡而平人之心，今以妖淫不淡而助人之欲；古以聲和而宣朝廷之化，今以悲愁不和而長聽者之怨。古今得失，相去一何遠哉！當思有以變之乃可。然禮先樂後，必復古禮，變今樂，始足爲治。若其不然，而求至於治者，不可得矣。

明道先生言於朝曰：治天下以正風俗、得賢才爲本。宜先禮命近侍賢儒及百執事，悉心推訪有德業充備、足爲師表者，其次有篤志好學、材良行修者，延聘敦遣，萃於京師，俾朝夕相與講明正學。其道必本於人倫，明乎物理。大而人倫，微而物理，皆道之體也。其教自小學灑掃應對以往，修其孝悌忠信，周旋禮樂。其所以誘掖激厲、漸摩成就之道，皆有節序。誘掖，引而進之。激勵，作而興之。漸摩則有漸，成就則周足。其要在於擇善脩身，至於化成天下。自鄉人而可至於聖人之道，擇善者，致知、格物也。修身者，誠意、正心、脩身也。化成天下者，齊家、治國、平天下也。鄉人，鄉里之常人，孟子曰「我猶未免爲鄉里人」是也。其學行皆中於是者爲成德。取材識明達可進於善者，使日受其業。所學所行中乎是者，謂擇善脩身，足以成化天下，蓋成德之士也。則又取夫材識明達可與適道者，使受學於成德之人。擇其學明德尊者，爲太學之師，次以分教天下之學。教成使爲學官，推教法於天下。擇士入學，縣升之州，州賓興於太學，太學聚而教之，歲論其賢者能者於朝。此仿周禮鄉大夫賓興、司馬論士之制。凡選士之法，皆以性行端潔、居家孝悌、有廉耻禮遜、通明學業、曉達治道者。以此選士，則通於理而適於用，本於身而及於天下，其與後世以文詞記誦取士者有間矣。

此言學校立教、擇師、選士之法。蓋朝廷欲得賢才，以正風俗，成善治，必須興學校、明禮義以教之。設太學則必立太學之師，設州縣學則必立州縣學之師。使學師不得其人，則亦不能造就賢才，以待國家之用也。故明道論學制、擇師、選士之法甚善，且簡易明白，復古得賢，如反掌間，但可惜當年未施行耳。何以言之？其擇師之法，莫善於命儒臣推訪天下之賢才，朝廷以禮延聘，地方官以禮敦送，聚集京師，講明正學。其道必本於人倫，明乎物理，此正學之宗旨也。其教有小學以成其始，有大學以成其終，此正學之次第也。小學自灑掃應對以至周旋禮樂，誘掖激勵，所以成就之者，有先後之序。大學自格物致知以至平天下，鄉人可以學至聖人，皆有必然之道。其學行皆中於是者爲成德，則尊之爲師，擇取材識明達者，使受其教。及學之既成，上者使教國學，其次以分教天下州縣之學，則掌教者俱得其人，而師道立矣。其選士之法，莫善於以德行爲主。先擇士之英俊可造者入學，由縣學而升於州學，由州學而賓興於太學，太學又聚而教之。其道亦必本於人倫，明乎物理，自灑掃應對至於義精仁熟，漸摩誘掖，循循有序。三載之後，學成材就，司成次其優劣等第，彙送於吏部。吏部量其材之大小、學之淺深而授之秩，然必以性行端潔，居家孝弟，有廉恥禮讓爲主，又必通明學業，曉達治道，有體有用，可以從政臨民。如此選士，豈有不得賢能者哉？以此賢能之士而居民上，以正風俗，豈有不得其正者哉？此治天下之要務，故朱子以爲明道此論「最爲有本，讀之未嘗不慨然發嘆也」。有志復古者，宜思傚法焉。

明道先生論十事：一曰師傅。古者自天子達於庶人，必須師友以成就其德業。今師傅之職不脩，友臣之義未著，所以尊德樂善之風未成。二曰六官。天地四時之官，歷二帝、三王，未之或改。今官秩淆亂，職業廢弛，太平之治所以未至。三曰經界。制民常産，使之厚生，則經界不可不正，井田不可不均。今富者跨州縣而莫之止，貧者流離餓殍而莫之恤，幸民雖多而衣食不足者，蓋無紀極。生齒日益繁而不爲之制，則衣食日蹙，轉死日多。四曰鄉黨。古者政教始於鄉里，其法起於比、閭、族、黨，州縣鄰遂以相聯屬，統治故民，相安而親睦，刑法鮮犯，廉恥易格。五曰貢士。庠序所以明人倫、化成天下。今師學廢而道德不一，鄉射亡而禮義不興。貢士不本於鄉里，而行實不脩。秀民不養於學校，而人材多廢。六曰兵役。古者府史胥徒受禄公上，而兵農未始判也。今驕兵耗匱國力，禁衛之外，不漸歸之農，則將貽深慮。府史胥徒之役，毒遍天下，不更其制，則未免大患。七曰民食。古者民有九年之食。今天下耕之者少，食之者衆，地力不盡，人功不勤。固宜漸從古制，均田務農，公私交爲儲粟之法，以爲凶歲之備。八曰四民。古者，四民各有常職，而農者十居八九，故衣食易給。今京師浮民數逾百萬，此在酌古變今，均多恤寡，漸爲之業，以救之耳。九曰山澤。聖人理物，山虞澤衡，各有常禁，故萬物阜豐，而財用不乏。今五官不修，六府不治，用之不節，取之不時，惟修虞衡之職，使長養之，則有變通長久之勢。十曰分數。古者冠、昏、喪、祭、車服、器用，等差分别，莫敢踰僭，故財用易給，而民有常心。今禮制不足以檢飭人情，名數不足以旌别貴賤，奸詐攘奪，人人求厭其欲，此爭亂之道也。其言曰：無古今，無治亂，如生民之理有窮，則聖王之法可改。後世能盡其道，則大治；或用其偏，則小康。此歷代彰灼著明之效也。苟或徒知泥古，而不能施之於今，姑欲狥名而遂廢其實，此則陋儒之見，何足以論治道哉？然倘謂今人之情皆已異於古，先王之迹不可復於今，趣便目前，不務高遠，則亦恐非大有爲之論，而未足以濟當今之極弊也。

胡敬齋曰：明道所論十事，條理詳備，先王之法盡於此矣。當時若能用之，從容乎三代之治。又曰：明道十事，他便是要舉一世而甄陶之。此只是大綱目，若下手做時，想又精密。又曰：今人多言古道不可行於今，此乃見道不明，狥俗苟且之論。古今之道一也，豈有可行於古不可行於今？但古今風氣，淳漓不同，人事煩簡有異，其制度文爲，不無隨時斟酌而損益之。若道之極乎天地、具於人心者，豈有異哉？不能因時損益以通其變者，正爲道不明也。孔子所謂「百世可知」者，豈欺後世哉！故明道十事，皆言非有古今之異者也。

伊川先生上疏曰：三代之時，人君必有師、傅、保之官。師，道之教訓；傅，傅之德義；保，保其身體。後世作事無本，知求治而不知正君，知規過而不知養德。傅德義之道，固已疎矣；保身體之法，復無聞焉。臣以爲傅德義者，在乎防見聞之非，節嗜好之過；保身體者，在乎適起居之宜，存畏慎之心。今既不設保、傅之官，則此責皆在經筵。欲乞皇帝在宫中言動服食，皆使經筵官知之。有剪桐之戲，則隨事箴規；違持養之方，則應時諫止。

史記：周成王與叔虞戲，削桐葉爲珪，曰：「以此封若。」史佚曰：「天子無戲言。」遂請封叔虞於唐。

此言師、傅、保之官，以正君養德爲本。今既不設保、傅之官，則此責皆在經筵也。

薛敬軒曰：伊川經筵疏皆格心之論。三代以下爲人臣者，但論政事人才而已，未有直從本原，如程子之論也。伊川遺書有云：「某嘗進説，欲令人主一日之間，親賢士大夫之時多，親宦官宫人之時少，所以涵養氣質，薰陶德性。」竊思伊川爲經筵講官，以三代之哲王望其君，故其進説如此，蓋欲責講官而兼保、傅之任也。

伊川先生看詳三學條制云：舊制，公私試補，蓋無虚月。學校，禮義相先之地，而月使之爭，殊非教養之道。請改試爲課，有所未至，則學官召而教之，更不考定高下。制尊賢堂，以延天下道德之士，及置待賓、吏師齋，立檢察士人行檢等法。又云：自元豐後，設利誘之法，增國學解額至五百人，來者奔湊，捨父母之養，忘骨肉之愛，往來道路，旅寓他土，人心日偷，士風日薄。今欲量留一百人，餘四百人分在州郡解額窄處。自然士人各安鄉土，養其孝愛之心，息其奔趨流浪之志，風俗亦當稍厚。又云：三舍升補之法，皆案文責跡，有司之事，非庠序育才論秀之道。蓋朝廷授法必達乎下，長官守法而不得有爲，是以事成於下，而下得以制其上，此後世所以不治也。或曰長貳得人則善矣，或非其人，不若防閑詳密，可循守也。殊不知先王制法，待人而行，未聞立不得人之法也。苟長貳非人，不知教育之道，徒守虚文密法，果足以成人才乎？

此言學校養育賢才之法。夫學校爲賢才之藪，教化之基，而學術事功之根柢也。養育之法，必以德行爲本，以去利誘爲要。故伊川先生充崇政殿説書，同孫覺看詳國子監條制，以爲學校禮義相先之地，舊制每月公私試補，以文藝考定高下，是月月使之爭競也，殊非教養之道，請改試爲課。課者，稽其業之進否而已。其月課有未至者，則學官召本生而教之，更不考定其等第也。且按其文而不考其實，責其跡而不察其心，教之者非育才之道，取之者非掄秀之法。於是置尊賢堂，以延天下道德之士，置待賓齋，以延才能可賓敬者，置吏師齋，以延通於治道可爲吏之師法者。三者皆才德過人，首延禮之，使士人知所向慕。又鐫解額，以去利誘；減省案牘之文，以專委任；立檢察士人行誼名檢法，以厚風化之教；立觀光法，以處來學之士，使觀見國之盛德光輝也。如是者數十條，皆因時制之弊而裁酌之，猶未免於課文防檢，終是費力。如明道先生教養選舉法，講明正學，興起正教，只就本原上做起，極明白極簡易，得賢才以治天下，三代可復也。

明道先生行狀云：先生爲澤州晉城令，民以事至邑者，必告之以孝弟忠信，入所以事父兄，出所以事長上。度鄉村遠近爲伍保，使之力役相助，患難相恤，而姦僞無所容。凡孤煢殘廢者，責之親戚鄉黨，使無失所；行旅出於其途者，疾病皆有所養。諸鄉皆有校，暇時親至，召父老與之語；兒童所讀書，親爲正句讀；教者不善，則爲易置；擇子弟之秀者，聚而教之。鄉民爲社會，爲立科條，旌別善惡，使有勸有恥。

此言明道先生爲邑令之賢範也。河間劉氏曰：先生爲政，條教精密，而主之以誠心。爲令晉城三年，民被服先生之化，暴桀子弟，至有恥不犯。先生去官已十餘年，民有聚口衆而不析異者。問其所以，云「守程公之化」也。其誠心感人如此。

萃「王假有廟」，傳曰：群生至衆也，而可一其歸仰；人心莫知其鄉也，而能致其誠敬；鬼神之不可度也，而能致其來格。天下萃合人心、總攝衆志之道非一，其至大莫過於宗廟，故王者萃天下之道至於有廟，則萃道之至也。祭祀之報，本於人心，聖人制禮以成其德耳。故豺獺能祭，其性然也。

此言王者萃天下之道，莫過於宗廟也。葉氏曰：「群生向背不齊，惟於鬼神則歸仰無二；人心出入無時，惟奉鬼神則誠敬自盡。言人心之渙散，每萃於祭享也。鬼神，視之而弗見，聽之而弗聞，然齊明盛服以承祭祀，則洋洋如在，可致來格。言鬼神之遊散，亦每萃於宗廟也。」故王者至於有廟，則萃道之盛也。

古者戍役，再期而還。今年春暮行，明年夏代者至，復留備秋，至過十一月而歸。又明年仲春遣次戍者。每秋與冬初，兩番戍者皆在疆圉，乃今之防秋也。

此言疆圉防秋之法。獫狁畏暑耐寒，又秋氣折膠，則弓弩可用，故秋冬易爲侵害，必留戍以防之。

聖人無一事不順天時，故至日閉關。

人君一身，其動靜皆與天地相關，故聖人無一事不順天時。冬至一陽初復，陽氣甚微，故閉道路之關，使商旅不行，王公於是日亦不巡省，方國上下，皆安靜以養微陽也。

韓信多益辦，只是分數明。

此言統軍之有法也。葉氏曰：「分者，管轄階級之分；數者，行伍多寡之數。分數明則上下相臨，統紀不紊，所御者愈衆，而所操者常寡。」故多益辦也。

伊川先生曰：管轄人亦須有法，徒嚴不濟事。今帥千人，能使千人依時及節得飯喫，只如此者亦能有幾人？嘗謂軍中夜驚，亞夫堅卧不起。不起善矣，然猶夜驚何也？亦是未盡善。

此言統軍之法貴盡善也。漢景帝時，七國反，遣周亞夫將兵擊之。軍中夜驚，擾至帳下，亞夫堅卧帳中不起，有頃遂定。夫亞夫堅卧不起，知其無事也。然主將之心靜定，未能使軍中人皆靜定，而猶夜驚，故曰「未盡善」也。

管攝天下人心，收宗族，厚風俗，使人不忘本，須是明譜系，收世族，立宗子法。又曰：一年有一年工夫。

此管攝天下人不忘本之法也。一是明譜系，一是立宗子法。收宗族，厚風俗，莫善於此。周官有小史之職：「奠世系，辨昭穆」。當時有大宗、小宗之法，上治祖禰，下治子孫，旁治昆弟，而尊尊親親，合族之道行焉。人知此道，則必念其祖先，保其家世，兢兢禮法之中，而不敢縱肆以陷於刑辟，其勢然也。後世既無别姓定系之官，而宗法又不行，氏族之紛更在下，故無以遡其所由來，各以私意，擇古之貴顯動賢，昌焉而爲之後，是棄其祖而自誣。或舍己姓而從人，或鞠異姓以爲子，皆自絶本根，而波流雲散，莫有止極。是何異於飛空之鳥、走壙之獸，聚散無常，而人道或幾乎熄矣。故大亂之生，以無所統也。無統之由，以無所稽也。有以稽之而明其統，則惟族之有譜焉是賴，故程子以明譜系爲收宗族之要法也。至於立宗子法，尤善。古者諸侯之適子適孫，繼世爲君，其餘庶子不得禰其先君，因各自立爲本派之始祖，其子孫百世皆宗之，所謂大宗也。族人雖五世外，皆爲之齊衰三月。大宗之庶子又别爲小宗，而小宗有四：其繼高祖之適長子，則與三從兄弟爲宗；繼曾祖之適長子，則與再從兄弟爲宗；繼禰之適長子，則與親兄弟爲宗。蓋一身凡事四宗，與大宗爲五宗也。此法須行之以漸，持之以久。故程子自注云「一年有一年工夫」，無怠忽也。

宗子法壞，則人不自知來處，以至流轉四方，往往親未絶，不相識。今且試以一二巨公之家行之，其術要得拘守得，須是且如唐時立廟院，仍不得分割了祖業，使一人主之。立廟院，則人知所自出而不散；不分祖業，則人重其宗而不遷。

凡人家法，須月爲一會以合族。古人有花樹韋家宗會法，可取也。每有族人遠來，亦一爲之。吉凶嫁娶之類，更須相與爲禮，使骨肉之意常相通。骨肉日疎者，只爲不相見，情不相接爾。

冠婚喪祭，禮之大者，今人都不理會。豺獺皆知報本，今士大夫家多忽此，厚於奉養而薄於先祖，甚不可也。某嘗修六禮，大略家必有廟，庶人立影堂。○自「庶人」以下皆本註。廟必有主，高祖以上即當祧也。主式見文集。又云：今人以影祭，或一髭髮不相似，則所祭已是别人，大不便。月朔必薦新，薦後方食。時祭用仲月，止於高祖。旁親無後者，祭之别位。冬至祭始祖，冬至，陽之始也；始祖，厥初生民之祖也。無主，於廟中正位設一位，合考妣享之。立春祭先祖，立春，生物之始也。先祖，始祖而下，高祖而上，非一人也。亦無主，設兩位分享考妣。季秋祭禰，季秋，成物之時也。忌日遷主，祭於正寢。凡事死之禮，當厚於奉生者。人家能存得此等事數件，雖幼者可使漸知禮義。

卜其宅兆，宅，墓穴也。兆，塋域也。卜其地之美惡也。地美則神靈安，其子孫盛。然則曷謂地之美者？土色之光潤，草木之茂盛，乃其驗也。而拘忌者，惑以擇地之方位，決日之吉凶，甚者不以奉先爲計，而專以利後爲慮，尤非孝子安厝之用心也。惟五患者，不得不慎：須使異日不爲道路，不爲城郭，不爲溝池，不爲貴勢所奪，不爲耕犁所及。一本所謂「五患」者，溝渠，道路，避村落，遠井、窑。

南豐謝約齋曰：程子有「五患」，不得不慎。予今更有六戒：一戒僻遠，一戒舊穴，一戒術謀，一戒旁塚雜亂，一戒不試驗，一戒淺殯。能免五患，遵六戒則不遠矣。

正叔云：某家治喪不用浮圖。在洛亦有一二人家化之。浮圖，佛氏也。洛，水名，在河南。

此言治喪當遵儒禮，不作佛事也。伊川先生倡明理學，以禮義爲主。而浮圖棄禮滅義，專以禍福誑誘愚民，事事無理，喪中設道場供佛，作水陸大會，更爲無理。故程子闢異端邪説，不用浮圖也。世俗信浮圖誑誘，最難解釋其惑，而感化之。凡有喪事，無不供佛飯僧，念經拜懺，有不爲者，則恐致鄉人非議。殊不知流俗溺於僧佛，是不讀書之人。若讀聖賢之書，講明生死之理，則必遵禮以卻俗，不爲邪説所惑矣。故當日在洛地從程子之教者亦化之，不用浮圖焉。今之儒者治喪，當以程子爲法，若能不用浮圖，則必有化之者，不然則爲程子之罪人矣。

今無宗子，故朝廷無世臣。若立宗子法，則人知尊祖重本。人既重本，則朝廷之勢自尊。古者子弟從父兄，今父兄從子弟，由不知本也。且如漢高祖欲下沛時，只是以帛書與沛父老，其父兄便能率子弟從之。又如相如使蜀，亦移書責父老，然後子弟皆聽其命而從之。只有一箇尊卑上下之分，然後順從而不亂也。若無法以聯屬之，安可？且立宗子法，亦是天理。譬如木必有從根直上一榦，亦必有旁枝；又如水雖遠，必有正源，亦必有分派處，自然之勢也。然又有旁枝達而爲榦者，故曰「古者天子建國，諸侯奪宗」云。

此言立宗子法之善也。古者宗子襲其世禄，故有世臣。人知尊祖而重本，上下相維，自然固結而不渙散，故朝廷之勢自尊。漢初去古未遠，猶有先王之遺俗，尊卑之分素定，所以上下順承而無違悖也。譬如木與水，直榦正源猶大宗也，旁枝分派猶小宗也。此所謂天理。又有旁枝達而爲榦者。蓋天子爲天下主，故得封建侯國，賜之土而命之胙。諸侯爲一國之主，雖非宗子，亦得移宗於己，建宗廟，爲祭主。故曰「天子建國，諸侯奪宗」云。

邢和叔叙明道先生事云：堯、舜、三代帝王之治，所以博大悠遠，上下與天地同流者，先生固已默而識之。至於興造禮樂、制度文爲，下至行師用兵戰陣之法，無所不講，皆造其極。外之夷狄情狀，山川道路之險易，邊鄙防戍、城寨斥候控帶之要，靡不究知。壘土居民曰城，木柵處兵曰寨。斥，遠也。候，伺也，謂遠伺敵人。控，制禦也。帶，圍護也。其吏事操決，文法簿書，又皆精密詳練。若先生可謂通儒全才矣。

介甫言律是八分書，是他見得。

朱子曰：律是刑統。歷代相傳，至周世宗命竇儀注解，名曰刑統，與古法相近，故曰「八分書」。又曰：律所以明法禁非，亦有助於教化，但於根本上少有欠缺耳。是他見得，蓋許之之詞。

横渠先生曰：兵謀師律，聖人不得已而用之，其術見三王方策，歷代簡書。惟志士仁人，爲能識其遠者大者，素求預備而不敢忽忘。

胡敬齋曰：兵者，聖人不得已而用之，爲誅暴禁亂，弔民伐罪而設。主之須是仁義之人，智勇可用於暫時，亦利害相半。又曰：兵以仁義爲本，當先嚴紀律，設謀制勝最後。蓋「好謀而成，師出以律，雖聖人用兵，無謀則必敗，無律則必亂」。故兵雖主之以仁義，亦須法律謀議俱全，方可用也。

肉刑於今世死刑中取之，亦足寬民之死。過此，當念其散之之久。

葉平巖曰：「肉刑有五：刻顙曰墨辟，截鼻曰劓辟，刖足曰剕辟，淫刑曰宮辟，死刑曰大辟。至漢文帝始罷鼻劓、剕、宮之刑，或曰宮刑不廢。今欲取死刑情輕者，用肉刑以代之。外此當念民心離散之久，必明禮義教化以維持之，不但省刑以緩死也。」

呂與叔撰横渠先生行狀曰：先生慨然有意三代之治，論治人先務，未始不以經界爲急。嘗曰：「仁政必自經界始。貧富不均，教養無法，雖欲言治，皆苟而已。世之病難行者，未始不以亟奪富人之田爲辭。然茲法之行，悦之者衆，苟處之有術，期以數年，不刑一人而可復。」所病者特上之人未行耳，乃言曰：「縱不能行之天下，猶可驗之一鄉。」方與學者議古之法，共買田一方，畫爲數井，上不失公家之賦役，退以其私正經界，分宅里，立斂法，廣儲蓄，興學校，成禮俗，救災恤患，敦本抑末，足以推先王之遺法，明當今之可行。此皆有志未就。

此言井田必可行，而張子欲驗之一鄉也。雖張子有志未就，然要人民殷富，國賦不乏，須分田置井，務農重穀，輕省傜役，使民得以盡力耕耨。去冗食之官與坐食之兵，在上者躬行節儉，限貴賤之等，變奢靡之俗，然後儲積可廣，雖遇凶年，民無饑困矣。甚矣分田置井之有利於民也。但未遇聖王得人任職，舉井田而行之耳。

橫渠先生爲雲巖令，政事大抵以敦本善俗爲先。每以月吉具酒食，召鄉人高年會縣庭，親爲勸酬，使人知養老事長之義。因問民疾苦，及告所以訓戒子弟之意。

此橫渠先生作令德政，可以爲後世作令之式也。令乃子民之官，所係最重。橫渠愛民如子，每月吉具酒食，與高年鄉人會縣庭，親爲勸酬之事。以誠感化鄉民孝弟之心，民焉有不興起者乎？

橫渠先生曰：古者「有東宮，有西宮，有南宮，有北宮，異宮而同財」，此禮亦可行。古人慮遠，目下雖似相疎，其實如此乃能久相親。蓋數十百口之家，自是飲食衣服難爲得一。又異宮乃容子得伸其私，所以「避子之私也，子不私其父，則不成爲子」。古之人曲盡人情。必也同宮，有叔父、伯父，則爲子者何以獨厚於其父，爲父者又烏得而當之？父子異宮，爲命士以上，愈貴則愈嚴。

治天下不由井田，終無由得平。周道止是均平。

此言井田之法只是均平也。胡敬齋曰：唐太宗口分授田，遂致貞觀之治。若聖王得人任職，舉井田而行，畫成區數，隨高低長短闊狹，每區以百畝爲率，每畝以百步爲率，分上中下三等。上等八口九口〔一〕，中者七口六口，下者五口。未至五口，或過乎九口，别行區處。或曰：田之數不可益，人之生無窮，只恐將來人多田少，養不給，如何？曰：天地間氣，只生得天地間許多人，既生之，必能養之。將海内之田區畫已定，籍記天下人口之數而加減之，只要均平，不拘多少，多則每區十人亦可，少則每區四五人亦可。當以田爲母，而區畫已有定數，以人爲子，而增減以受之。若井田之法不行，田地多被富豪有智謀者，用銀穀買而兼併之，愚民常少衣食，何得均平乎？且富者有所恃，而易於爲惡；貧者失所養，而不暇爲善。教養之法俱廢，雖欲言治，皆苟且而已。

井田卒歸於封建乃定。

胡敬齋曰：封建乃古聖人擇賢以分治，公天下之心也。使生民各有主，主各愛其民，上下維持，以圖久安至善之法。天子又有慶讓、錫命、征討之法以統御之，及天子無道，然後乃敢從恣吞併，然亦不敢不自愛其民也。若不愛其民，則衆不爲用。故中才之人，亦知愛其民，以固邦本。惟昏愚之甚，然後肆其虐。又必有仁賢勇智，起而救之，湯、武是也。其曰「兼弱攻昧，取亂侮亡」，則虐民者，必更立賢主以養其民。周衰，聖王不作，無有能伐暴救民者。及吞併已盡，秦以天下爲己私，乃立郡縣以爲治，此亦勢使然也。蓋以秦之昏暴，固不能行先王之政，雖行封建，未必得人以主其國、養其民，民必不服，國必生亂，借使能服，亦以土地人民自私，因秦之暴而叛焉。故曰：「苟非其人，道不虚行。」德必如禹、湯、文、武，方能行之。又必得仁厚有德爲諸侯，方能君國子民，以承天子休命。論者以爲封建不可復，誣矣。但郡縣得人，亦可爲治，固不必封建也。又曰：有公天下之心，方做得公天下之事，封建諸侯與之分治是也。秦始皇以私心得天下，以天下爲己之私物，豈做得封建事？又慮封建之後，諸侯各專其土地人民，難以制馭，與李斯尋得一箇建郡縣底法度來行，如以身使臂，以臂使指，無不聽順，免尾大不掉之患，以爲可以傳之無窮。故肆其惡，無所忌憚，不二世而亡。殊不知封建之法行，各國諸侯把持得緊，各愛其人民土地，猝難變動，因可夾輔王室。此法不行，故陳涉一起，蕩然無制。此固是秦無德，不行封建。使行，他亦不能得好人去做諸侯，諸侯背叛，他亦做不得天下主。故封建之壞，亦是世變，至此不得不壞；郡縣之設，亦是事勢，至此不得不設。但建國則根本固難變動，然統治之法，又不如郡縣易行，苟得其人，二法皆可也。又曰：封建諸侯，先儒以爲當復者，又有以爲不可復者。以爲可復者，使民各有主，以賴其愛養，區域周密，無天下土崩之患。以爲不可復者，恐世襲封爵，或多驕淫害民，或據有土地人民，天子難制，易爲亂叛。故無一定之論。愚嘗思之，惟孟子有言：「徒善不足以爲政，徒法不能以自行。」程子曰：「必有關雎、麟趾之意，然後可以行周官之法度。」則此法非聖王不能行之審矣。然井田之法，所制民産以養民，雖庸才之主，皆當勉力行之。故孟、程、張、朱，皆急於井田，緩於封建。或曰：設行封建，當依孟子言「百里」，當依周禮言「五百」、「三百」？曰：但當百里。曰：郡縣可行井田乎？曰：可。曰：王莽何以不能行？曰：王莽以小人竊君子之器，覆亡不暇，能行王政乎？又曰：後世以智力取天下，其治天下，乃把持制馭之術，未嘗有愛養斯民之誠心，如何行得封建。其所封子弟功臣，皆是箇享富貴之人，其害民叛上必矣。故後世封建，非理不可行，乃勢不可行。秦始皇、李斯言立諸侯是更樹兵，張子房説漢高德業事功俱不及周武王，如何封得大國後？是李斯、子房見得事勢透。又曰：古者以德足以感天下之心，功覆天下之民，斯爲天下所宗而爲天子，唐、虞、三代是也。至孔子，德雖足以感服天下之心，然無天子之薦，又無百里之地以爲因，故功德不及斯民，所以終爲匹夫。自秦而下，以强力姦計而得天下者甚多，此亦時勢不同也。蓋古者諸侯萬國，疆域嚴固，非首出庶物之人，豈能服萬國之心？故孟子以爲「無不仁而得天下者」。自秦立郡縣之後，無諸侯屏翰夾輔之勢，而奸雄往往以强力智計相角，又不遇聖王之興以收之，故智力勝者得之，亦勢然也。

晦庵先生曰：周禮天官兼嬪御、宦官、飲食之人，皆總之，則其於飲食男女之欲，所以制其君而成其德者至矣，豈復有後世宦官之弊？古者宰相之任如此。

宰相之職，在於進賢退不肖，在於能知人。爲宰相能搜訪天下賢才而用之，則人君前後左右皆正人，而所總領兼任者，皆能盡其職，君德自然日新又新，安有後世宦官之弊乎？

宰相擇長官，長官却擇其寮。今銓曹注擬，小官煩劇，而又不能擇賢，每道只令監司差除亦好。

某做時，且精選一箇吏部尚書，使得盡搜羅天下人才。諸部官長得自辟屬官，却要過中書。朝官次第闕人，却令侍從以下各舉一人、二人。只舉一二人，彼亦不敢以大段非才者進。

朝廷只當擇監司、太守，自餘職幕縣官，容他各辟所知，方可責成。天下須是放開做，使恢恢有餘地乃可。

胡敬齋曰：處天下事，須得其總要。如君擇相，相擇諸司之長，長擇其僚，自然得人。得人則天下事自理，此實理之自然，非强安排。如太極生兩儀，兩儀生四象，四象生八卦，以至生千生萬，道理是如此。聖人只依他這道理做，非聖人所造爲也。今天下大小官，俱擇自吏部，又如何有許多眼力？名姓且識不全，如何識得他心性才德？既不識他心性才德，只亂除他官職，豈不悮事？人君只好極擇天下第一人才全德備者爲相，又相與斟酌，擇六卿之長貳，使令宰相與六卿推擇諸道憲長，却令憲長推擇其可爲郡守者，憲長又與郡守推擇其可爲縣令者，申奏於朝，君相審擇其實而受其職。長貳既定，其餘寮屬小官，命其各舉所知，隨材擬職，郡縣申按察，按察申朝廷，依其所舉而授之職，如此則自然得人。或曰：容其自擇寮屬，其法固善，若或長官容私，舉其所愛則如何？曰：不然。表端則影正。君相既賢，則所擇六卿、憲長必賢。憲長既賢，則郡守縣令，其有不賢者乎？長貳既賢，又豈肯容私以除不賢者爲寮屬乎？

每路只須置一刺史，正其名曰按察使，令舉刺州縣官吏。其下却置判官數員以佐之，如轉運、刑獄、農田之類，而刺史總之。稍重諸判官之權，判官有事欲奏聞，則刺史爲之發奏，刺史不肯發，許判官徑申御史臺，以分刺史之權。豈不簡徑省事，而無煩擾耗蠹之弊乎？

胡敬齋曰：按察司乃郡縣之綱紀，綱紀既振，則衆目畢張。察有司之賢否而進退之，則綱紀振矣；修政條而分任有司，則衆目張矣。又曰：朝廷建立治道，委之郡縣，若郡縣得人，則政自治，民自安。又立按察官以統御之，察其賢否而進退之，審其功罪而勸懲之，則事體歸一，自然簡易順治。或三年一次，欽差御史朝官，以旌敕按察，戒諭省視之可也，不必使侵按察之權。又曰：凡正官須要才德兼全方可，爲佐貳官可截長補短用。凡長貳官，必須命於朝，僚屬則令長官自擇。六部則一正三副，命於朝。監司則一正二副，郡則一正一副，命於朝。邑則惟正官命於朝，其餘僚屬，大者薦聞，小者自辟。如此則君相事亦簡，亦不患不得人。蓋君子小人，各從其類。長貳君子，必不肯用小人爲僚屬。

學校之政，不患法制之不立，而患理義之不足以悦其心。夫理義不足以悦其心，而區區於法制之末以防之，是猶決湍水注之千仞之壑，而徐翳蕭葦以捍其衝流，必不勝矣。

今科舉之弊極矣。鄉舉里選之法是第一義，今不能行，只就科舉法中與之區處。

某嘗欲作一科舉法，以易、詩、書爲一類，三禮爲一類，春秋三傳爲一類。每科舉後，便曉示後舉於某經某史命題，使人心有所定止，專心看一經一史。不過數舉，則經史皆通。經義須變其虛浮之格，只直述大意。今科舉所取文字，多是輕浮不明白，著實最可憂者。不是説秀才做文字不好，這事大關世變。東晉之末，其文一切含胡，是非都没理會。

胡敬齋曰：古者鄉舉里選法，非但可以爲朝廷得人，又可盡教養激厲漸摩之道。閭族鄉黨，既勵於德行道藝，則風俗安有不厚，教化安有不興，人才何患無成？朝廷必得人爲治也。古人以德行道藝教人，即以此取士，又從鄉里教起，故取士用鄉舉里選之法。漢猶近古，用孝廉科、賢良方正科舉士，是尚德行；用茂才科、經義科舉士，是兼才學。此儘好，但不若周禮賓興之盡善。後世純用文辭取士，空言無實。進士是隋煬帝做起，殿試是則天武后做起。○明道先生曰：「古者政教始於鄉里，故欲復族黨比閭之法。」朱子曰：「古人比閭之法，真箇能行禮以帥之，民都是教了底。如一大圳水，分數小圳去，無不流通後世。有聖賢作，必須法古，從底做起始得。」○以文辭取士，不過空言無實，豈能得人？不若推訪論薦，乃能盡衆人公道，其得人必勝於文詞科。必欲教養推選人才，使無遺逸，須如周禮司徒、明道學校劄子。○明道學校養士劄子就本原上做，故末自正。朱子私議從時弊上救便難。○明道教養選舉法簡易明白，復古得賢如反掌。伊川學制則因時制而裁酌之，未免於課卷文字。朱子貢舉議則欲救一時之弊，然終是費力。蓋半夾界事最難做，須得君相有力量，一依先王之法，斟酌而行之，自然不費力。○朱子曰：「上之人曾不思量，時文一件，學者自是著急，何用更要教？設學校，却好教他理會本分事業。」○朱子又曰：「今教官只教人做科舉時文。若科舉時文，他心心念念要爭功名，若不教他，你道他自做不做，何待設官置吏，費廩禄教他做也。須是當職底人，怕人不識義理，須是要教人識些。如今全無此意。」○朝廷以文章取士，故士子亦心心念念，日夜去擬題目，作文字，故學官皆閒了。設若朝廷以德行才能取士，則人必皆奮勵，以進其才，修其德，又何患人才不興，風俗不美？故乾綱一振，萬類皆從，人存政舉，又何難哉？

孟子論王道，以「制民産」爲先。今井地之制未能遽講，莫若令逐州逐縣各具民田一畝，歲入幾何，輸税幾何，非泛科率又幾何，州縣一歲所收金穀總計幾何，諸色支費總計幾何，有餘者歸之何許，不足者何所取之。俟其畢集，然後選忠厚通練之士數人，類會考究，而大均節之，有餘者取，不足者與，務使州縣貧富不至甚相懸，則民力之慘舒，亦不至大相絶矣。

天下制度無全利而無害底，但看利害分數如何。

今日民困，正緣屯兵費重。只有屯田可減民力。

胡敬齋曰：古者三時務農，一時講武，此聖王寓兵於農之良法。今既不行此法，亦當行屯田法，以免坐食之費。今百官禄薄，百姓窮困，皆因養食之兵。屯田宜在近便處立屯，如戍兵就在近邊之地耕屯，郡兵就在近郡之地耕屯。每一兵撥田一區，其入可食六七口。免其糧税，使自食其穀，又可以養父母妻子。春夏秋則就在屯所，少暇小習戰法，冬則入邊城，大講武備。其田皆官府措置。如此則非惟可以免坐食之患，又免漕運，則國自富，民自足矣。

漢世宗室，惟天子之子則裂地而王之，其王之子則嫡者一人繼王，庶子皆封侯。侯惟嫡子繼侯，而其諸子則皆無封，故數世之後，皆與庶人無異。其勢無以自給，則不免躬農畝之事，如光武少年自販米是也。

先生爲治，所至必以興學校、明教化爲先。中進士第，主泉州同安簿，莅職勤敏，纖悉必親。職兼學事，選邑秀民充子弟員，訪求名士以爲表率，日與講説聖賢修己治人之道。後差發遣南康軍事，懇惻愛民，如己隱憂，興利除害，惟恐不及。至姦豪侵擾細民、撓法害政者，懲之不少貸。由是豪强斂戢，里閭安静。數詣郡學，諸生質疑問難，誨誘不倦。知漳州，以習俗未知禮，採古喪葬嫁娶之儀，揭以示之，命父老解説以教子弟。禁僧尼之教，俗爲大變。

先生所居之鄉，每歲春夏之交，豪户閉糴牟利，細民發廩强奪，動相賊殺，幾至梃變。先生率鄉人置社倉，以賑貸之，米價不登，人得安業。後上其法於朝，諸路推行之。

朱子社倉之法甚善，但患里社中不能皆得人如朱子者以主之耳。當年崇安縣開糶，鄉有社倉一所，朱子請於府，得常平米六百石賑貸。夏受粟於倉，冬則加息計米以償。自後隨年斂散，小歉則蠲其息之半，大饑則盡蠲之。凡十有四年，得息米，造倉三間，及以元數六百石還府，以見儲米三千一百石，以爲社倉，不復收息，每石只收耗米三升。以是一鄉之間，雖遇凶年，人不缺食。後請以其法行之他處。此朱子爲鄉閭立此無窮之計，迄今各處遵行此法，甚有利於凶年之民也。

浙東大饑，命先生提舉常平茶鹽。先生拜命，即移書他郡，募米商蠲其征。及至，客舟已輻輳，日與僚屬鈎訪民隱，至廢寢食。分畫既定，案行所部，窮山長谷，靡所不到，拊問存恤，所活不可勝計。每出皆乘單車，屏徒從，一身所需，皆自齎以行，毫不及州縣。以故所歷雖廣，而人不知，郡縣官吏，憚其風采，倉皇驚懼，常若使者壓其境。由是所部肅然，而尤以戢盜、捕蝗、興水利爲急。

薛敬軒先生曰：爲政須通經有學術者。不學無術，雖有小能，不達大體，所爲不過胥吏法律之事耳。○法者輔治之具，當以教化爲先。舜命稷播百穀，即命契敷五教，繼以臯陶明五刑。食、教、刑三者相因，可見有虞爲治之序。○養民生，復民性，禁民非，治天下之三要。○爲政以愛民爲本，論事當「永終知敝」。○凡國家禮文制度、法律條例之類，皆能熟觀而深考之，則有以酬應世務，而不戾乎時宜。○法立貴乎必行，立而不行，徒爲虛文，適足以啓下人之玩而已。○立法之初，貴乎參酌事情，必輕重得宜，可行而無弊者，則播告之。既立之後，謹守無失，信如四時，堅如金石，則民知所畏而不敢犯矣。或立法之初，不能參酌事情，輕重不倫，遽施於下，既而見其有不可行者，復遂廢格。則後有良法，人將視爲不信之具矣，令何自而行，禁何自而止乎？○去弊當治其本，本未治而徒去其末，雖衆人之所暫快，而賢知之所深憂。○止末作，禁游民，所以敦財利之源；省妄費，去冗食，所以裕財利之用。○財出於民，費用廣則財不足〔二〕，財不足則賦斂重，賦斂重則民窮，民窮則力竭，力竭則本摇矣。○聖人惡異端，爲其陷人心，耗財用，貽害之大。○萬事差錯，只是是非顛倒。○聽言觀行，知人之良法。○疾惡之心固不可無，然當寬心緩思，可去與否，審度時宜而處之。○觀聖人之去小人，皆從容自在，若無事者。○内健則有必去之志，外説則無悻悻之色，决小人之善道也。○用人當取其長而舍其短，若求備於一人，則世無可用之才矣。○爲政以法律爲師，亦名言也。既知律己，又可治人。○治獄有四要：公、慈、明、剛。公則不偏，慈則不刻，明則能照，剛則能斷。○法者，天討也。玩法，所以玩天也。○春秋最重民力，凡有興作，大小必書，聖人仁民之意深矣。○帝王之治天下，德爲本，政爲具，刑以輔之。○物之相比，莫過水與地。故先王建萬國，親諸侯，取其義。他物相比猶有間，惟水與地無間。○法未有久而無弊者。周之封建，初則藩屏王室，翼戴天子，未嘗不善也。至於春秋之間，則有尾大不掉之勢，而周因以微。秦矯其失，罷侯置守，又以孤立無助而亡。漢又懲秦失，遂大封同姓，至景帝有七國之變。武帝下推恩之令，諸侯王削弱，而王莽又得奮其奸。魏仍漢末之失，宗室疎遠，而晉得以竊其國。晉監魏亡，分封大廣，而骨肉自殘，五胡因之以亂華。由是觀之，法雖善，久必有弊，要在隨時以審其勢之輕重以救之，勿使至於偏甚，則善之善者也。○武以「止」、「戈」爲文，是用兵乃聖人之不得已也。觀三代之行師可見矣。○今之守令，或以積勞而陞，或以遴選而除，爲民擇人之法，亦已詳矣。夫何尚有罷懦貪墨、不稱其職者多歟？監司有御史、有按察、有巡撫大臣，吏有不職者，皆得以去之，夫何人尚冒法不知警畏，而巧文以苟免者衆歟？○救荒必考於古而宜於今，用兵必得其正而禁夫暴，皆用世之學所當講也。○爲官最宜尊重，下所瞻仰，一發言不當，殊愧之。○至誠以感人，猶有不服，況設詐以行之乎？○爲官者切不可厭煩惡事，坐視民之冤抑，一切不理，曰「我務省事」，則民不得其死者多矣。可不戒哉？

胡敬齋先生曰：君道在養民，井田不可不復古；教民之道在學，故學當復古；兵民既分，食者衆，生者寡，故寓兵之法當復古。三者復古，其餘則隨時斟酌，以適宜可也。○天下之田地，足以供天下之衣食；天下之山澤，足以供天下之財用。但力要勤，用要節，取要時而已。○盜賊之生，皆因民無恒產與教化不行而致。既游手無業，又無禮義以維持其心，至饑寒所逼，鮮不爲盜。故孔子言「庶」、「富」、「教」。○天下之衣食盡出於農，工商不過相資而已。故程子舉先王之法，合當八九分人爲農，一二分人爲工商。今以數計之，工商居半，又有待哺之兵，及僧道尼、巫尸祝、富盛之家，皆不耕而食。機織本女子之事，今機匠以男爲之。耕者少，食者多，天下如何不饑困？宜自百官士人之外，止將一分人作工商，以通器用貨財有無，其餘盡驅之於農。既盡生財之道，又免坐食之費，四海必將殷富矣。○古者民有九年之食，則水旱凶災無患，是謂太平。今無一年之食，多只喫得半年，又去稱貸，這半年食始能接新穀，若有水旱，便難存活。○要天下富足，須要使人人去耕，又要使人人有田耕。今天下不耕，而食多於耕者，如何人不貧窮？○天下之民所以貧困者，雖因井田不建，然亦非一端。或因賦歛重，或力役繁，或用度奢侈，或游手者多，或水旱蟲蝗，或坐食者衆。今工商多而農少，亦貧困之一端也。○天下只有公私義利兩端。周官泉府買貨之滯於民者，及民之急於用，則出而責之，皆所以救民。其心公，其事義。後世有市易、和買，皆私利於己。古有平糴，穀賤則糴之以厚農，穀貴則以原價糶之以救民，皆公而義。後世則至於和糴强配，皆私而利。○欲天下治，須得賢才，欲得賢才，須行推訪選舉法。其本在於君身修，君心明。欲君身修，在於學。○得賢之道，須如周禮賓興、明道選舉，方無所遺。其次莫如搜訪薦舉，如舜舉於歷山，伊尹舉於莘野，傅説舉於巖下，太公舉於渭濱，孔明舉於南陽，皆因求訪薦舉而得。蓋不世出之才，道高名重，苟訪求之，無不可得。但恐才德未著者，須用賓興、選舉法，方可無遺。非但無遺，又有作興掖勵之實，使賢才日盛。今之科舉，非徒不能得賢，反廢人進修之實。或謂程明道、朱文公皆出於科第，豈可不爲得人？曰：使科舉果可得賢，則程朱爲狀元矣。○天下人才，風教繫於朝廷。當今以科舉文辭取士，多少英俊豪邁壓從那邊去，此風浸久益盛。隋煬帝開此端，王教不行，多由於此。○今之科舉文字，乃取富貴之具，與脩己治人之道無干涉。○朝廷不以德行取士，天下學校，根本先壞了。非惟不能成人才，又壞人才。吾在紹興與朱綎説，今之秀才有六七分天資，及入學校年久，又壞了一半，只有二三分天資。綖以爲然。○今學校之政，全無可觀。教養之法已廢，間有些好人出來，皆是天資自美。若不入德行一科，學校全整理不得。○朱子稱周宣幹有一言極好：「朝廷若要恢復中原，須要罷三十年科舉始得」。看來科舉空言，真無益於事，徒壞學者心術，喪學者精神。不如實選人才，人有所感激，濟得事。○今以文辭科舉取士，日誘月化，人皆趨於利禄，逐末趨利，風俗焉得不薄？人才焉得不喪？小小人才，鮮有不沉没者。既不以德行取士，不若罷去學官生員，罷去科舉，只行薦舉法。令在朝大臣及各道郡縣，采訪賢才而薦舉之，朝廷君相，裁量而用之，則天下之人皆欲奮勵，以自進於才德。豈不勝於今之學校，設官員生徒，終日只去採截題目，綴爲浮辭，以希富貴，而於身心全不知檢，德行全不知勵。○今天下第一無用是老、釋，第二無用是俗儒所作詩對與時文。如農工商賈，皆有用處，皆有益於世。如農之耕，天下賴其養；工之技，天下賴其器用；商雖末，亦要他通貨財。如老、釋與俗儒，在天下非但無用，又害了人心。昔見一俗儒作詩賀人壽，過數日，其人將去糊窗壁，此儒嘆惱。吾曰：「也只好糊窗子，更好作何用？」詩以理性情，文以載道義，又何咎焉？乃不去身心性情上理會，所以無用也。○或問：「如何盡知得天下之賢？」朱子曰：「只消用一箇好人作相，自然推排出來。有一好人作臺諫，不好人自住不得。」○朱子曰：「今盡力養兵，兵常有不足之患。自兵農既分之後，計其所費，則是無日不養兵也。」愚謂若寓兵之法不行，且與屯田法，可省坐食之費。○兵、刑皆聖人不得已而用之。德政未孚，頑暴未化，只得著如此處置。故二者皆極其矜恤戒慎。○兵與釋、老，哺食吾民，三者皆當歸之於農。務農講武，並行而不相悖。○王介甫保甲法非不善，但小人爲官，虐害百姓，訓練頻數，有違農時，騷然成擾，民不堪苦。若得人行之，因農隙田狩以講武事，有何不可？○兵不可妄動，必誅暴伐罪乃可出。故三代以前，出師皆有誓，所以聲明所討之罪，以一我三軍之心，曉我三軍之意，齊其號令，嚴其紀律。彼之君民既知己罪，則氣自喪，心自離。故仁義之兵，理不可敵。後世多忿慾之兵，無辭可執，或有辭可執者，亦因天理不明，不能剖破奸雄亂賊之心事罪惡，以昭告軍民遠邇，以壯我師之氣，以服敵人之心。是以苦於戰鬭，而不足以正天下。○古之聖王，心同天地，其生物之心，敵國皆知之。雖或誅暴禁亂，不得已而興師，彼之人民皆心服，誰肯與我爲敵？此是箇大兵法，人不識，只有孟子識得透。○黄石公素書，始終只是一箇私。或曰：素書先説道德仁義禮，如何謂之私？曰：道德仁義禮非私，石公以私見窺之，私意用之，故私。然所窺所用，非真道德仁義禮也。○感化者，聖王爲治之本。刑賞者，聖王勸懲之具、馭衆之柄也。天下之大，生人之衆，雖遠近賢愚不等，然莫不本於一理。聖人在上，盡此理於己，安有不感化者哉？然善者爵而賞之，惡者威而刑之，亦此一理中之散而萬殊者。聖人豈有意爲之哉？理之當然也。然刑當乎理，衆莫不懲；賞當乎理，衆莫不勸。故此又爲馭衆之柄也。○人君不務學，便以禮樂制度爲瑣碎不足爲，而欲徑趨功利。殊不知天生聖人，代天以施教化，聖人制禮樂，代天以成教化。是天假手聖人，故天不言而萬物安；聖人假手於禮樂，故已不勞而教化行。○天高地下，萬物散殊，而禮制行矣。蓋尊卑、上下、貴賤等級，以至儀章度數，皆有一定不易之理，不過假聖人之手而制作之〔三〕，便成箇禮，天下後世遵而行之。其實不制作之時，此禮之體已具也。○「闢四門，明四目，達四聰」，此舜爲治手段，後世所當法也。然搜揚賢才而用之，則四門闢矣。得賢明忠直之士，而寄以耳目，廣詢博訪，以來直言極諫，則四聰達，四目明矣。○損上益下曰益，損下益上曰損。周禮泉府買貨之滯於民者，欲有益於民也。王安石行市易法、青苗錢，是欲益上損下也。故周公行益道，安石行損道。

羅整菴先生曰：作養人材，必由於學校。今學校之教，純用經術，亦云善矣。但以科舉取士，學者往往先詞藻而後身心，此人才之所以不如古也。若因今之學校，取程子教養選舉之法，推而行之，人才事業遠追商、周之盛，宜有可冀。所謂「堯、舜之智」，「急先務」，其不在兹乎，其不在兹乎？○作人才，厚風俗，非復鄉舉里選之法不可。科舉取士，惟尚辭華，不復考其實行。其所得者，非無忠厚正直之士，任重致遠之才，然而頑嚚鄙薄、蕩無繩檢者，由之而進，亦不少也。官吏既多若人，風俗何由歸厚？治不古若，無足怪也。誠使鄉舉里選之法行，則人人皆務脩飭，居家有善行，居鄉有令名，則居官必有善政。其於化民成俗，豈不端有可望者哉？○取士之法，宜有變通。士行修，然後民德歸厚。治安之本，無切於此。○爲治者常患於乏才，才固未嘗乏也，顧求之未得其方爾。蓋必各舉所知，然後天下之才畢見於用。孔子告仲弓云：「舉爾所知。爾所不知，人其舍諸？」此各舉所知之義也。今舉賢之路殊狹，未仕者既莫得而舉，已任者自藩臬以至郡邑，以一道計之，其人亦不少矣，而其賢否率取決於一二人之言。以此而欲求盡天下之才，其可得乎？非有以變而通之，乏才之歎，何能免也？○制度立，然後可以阜俗而豐財。今天下財用日窘，風俗日敝，皆由制度隳廢而然也。故自衣服、飲食、宫室、輿馬，以至於冠、婚、喪、祭，必須貴賤有等。上下有别，則物無妄費而財可豐，人無妄取而俗可阜，此理之不易者也。然法之不行，自上犯之，「君子之德風，小人之德草」，是在朝廷而已矣。○井田勢不可復，限田勢未易行。天下之田，雖未能盡均，然亦當求所以處之之術。不然，養民之職，無時而舉矣。今自兩淮南北，西極漢、沔，大率土曠人稀，地有遺利，而江、浙之民，特爲蕃庶，往往無田可耕。於此有以處之，其所濟亦不少矣。「以佚道使民，雖勞不怨」，學道愛人之君子，豈無念及於此者乎？然漢之晁錯，得行其策於塞下，宋之陳靖，不得行其説於京西，此則係乎上之人明與斷何如爾。○唐府兵之法，最爲近古。范文正公嘗議欲興復，而爲衆説所持。道之廢興，信乎其有命也。愚於此頗嘗究心。竊以此法之行，灼然有利而無害，揆之人情事勢，亦無不可行之理。顧其脉絡之相聯屬者，非一處，條目之相管攝者，非一端。變通之宜，要當臨時裁酌，非一言所能盡也。然須推廣其制，通行於天下，使郡邑無處無備，緩急斯有所恃以無虞，其老弱無用坐食之兵，皆歸之農，自然國用日舒，民力日裕。此灼然之利，非簸弄筆舌之空談也。○法有當變者，不可不變，即無由致治。然欲變法，須是得人。誠使知道者多，尚德者衆，無彼無己，惟善是從，則於法之當變也，相與議之必精，既變也，相與守之必固，近則爲數十年之利，遠則數百年之利，亦可致也。以天下之大，知道者安敢以爲無人？誠得其人以爲之表率，薰陶鼓舞，自然月異而歲不同，近則五年，遠則十年，真才必然接踵而出矣。且談道與議法，兩不相悖，而實相資，三五年間，亦何事之不可舉耶？

高景逸先生申嚴憲約疏略曰：「天下之治，端本澄源，必自上而率下，奉法守職，必自下而奉上。故朝廷膏澤，至州縣始致之民。州縣者，奉法守職之權輿也。州縣之賢者，視君爲天，不敢欺也，視民爲子，不忍傷也。奉法脩職，出於心所不容已，非有所爲也。其次則有所慕而勉於爲善，有所畏而不敢爲惡。其下則不知職業爲何事，法度爲何物，恣其欲而已，是民之賊也。爲政者拔才賢，除民賊，約中人。天下惟中人爲多，約之於法，皆不失爲賢者。太守，約州縣者也；司道，約府州縣者也；撫按，無所不約。約之使人人守法，如農之有畔而無越思，則天下治矣。」條約凡五十六款，見全書。○天地生才，自足一世之用。世之用人，常不盡一人之才，無怪臨事動稱乏才也。○軍國浩費，不過屯田、鹽法、錢鈔等事，行之得宜耳。宋仁宗用師西夏，詔「自乘輿、服御及宮掖所需，務從簡約。若吏兵禄賜，毋得輒行裁減」。治朝生財如此。○「懋遷有無化居」，即大禹救荒之法。如劉晏等善理財者，不脱有無轉輸。但民間轉輸易，而官府難，何者？官府謀國之心，不能如大户謀利之真也。○秉文一方，以至公爲本，亦以加意於一方賢者之後爲公，尤以已故者爲急，此公字方用得大。何者？扶陽抑陰，實參贊化育事，起念在世道人心，故爲大公也。即今庶民稍有福分者，用度匱乏，必絶處逢生，出自意外。豈聖天子而患無財？今日之禍，半由鑛税。鑛税貨竭，干戈禍息，蓋悖入悖出，財散民聚之定理也。況又可使聖天子知國用艱難，加意節省乎？至於精求天下心計之臣，熟講屯鹽錢鈔之務，假各省撫臣以便宜，使隨地生財，每年協助，但求可任之人，不立一定之法，法從人行，不因法弊矣。○與胡撫臺書曰：吴中重役，糧長爲甚。然常、鎮二府，原與蘇、松不同。蘇、松官户之田，浮於民户，民户懼役，爭詭入官户，避役者益多，受役者益少，勢極重而不得不變。常、鎮民户之田，浮於官户，可役者既多，受役者累少，上下原自相安。向年均蘇、松之役，并及常、鎮敝府，自役官户以來，但見其害，不見其利。何者？官户受役，勢不得不托之親戚家人，親戚家人豈能盡體主人之意，小户輸糧，嘖有怨讟，其勢然也。今以役官户，不若加役米，加役米則畝畝出米，不必清花詭，人人出米，不必役官户。官户多出役米，是無役而有役也；富民多得役米，是有役而無役也。一時傳播，萬口稱便。優免不役之田，盡出貼役，故民間以爲最公最平之事也。若令各郡縣約糧長，每年所費多寡，加派役米多寡，但是役米既行之處，既免官户之役。役米處處得行，則糧長處處無累；官户處處得免，則小民處處無累。永賴之澤也。

以上總論治法。濂溪先生以禮樂刑政爲致治之法，而禮樂爲先務也。然必復古禮，變今樂，然後可以成善治。明道先生學校選舉之法與所論十事，信能見諸施行，可復三代之治。伊川先生以學校爲養育人才要務，而經筵進講尤爲養成君德之所，蓋欲責在講官兼保、傅之職。從本原上立法，即孟子所謂「格君心之非，一正君而國定矣」之旨也。横渠先生以經界爲治民先務，謂教養無法，何以言治？故以復井田爲均平之大法。朱子更得其總要，謂人君只當擇宰相，宰相擇諸司之長，長擇其僚，自然得人，得人則百職舉矣。須是放開做，使綽綽有餘地乃可。至於明道爲晉城令，横渠爲雲巖令，朱子爲同安簿，皆誠心化民成俗，事事可爲法程也。若夫薛、胡、羅、高之論，則又參酌古今人情事變，更加切實詳備。先王之良法美意猶存，未盡泯滅也，但未遇知道之君相舉而行之耳。

學者有志於經世，宜於此究心焉。○或問：敬齋有云「要人民殷富，須分田授井，務農重穀」。今井田不能復古，更有何法可以使民富足乎？余應之曰：開墾荒田，盡力溝洫，民可使富也。吾聞河南、淮北，荒田六千萬畝，近京東西，水澇新蕪之沃土，又不知幾千萬畝。若設法耕本，招募貧民開墾耕種，使菽粟如水火。西北有一石之入，即東南省數石之輸，西北有數百萬石之入，即東南省數百萬石之輸。耕廣則穀賤，穀賤則民富，此理之必然也。且西北之田，荒蕪不能耕種，以無水也。若修溝洫以蓄水，則水利興，不愁乾旱矣。昔周定王以前溝洫之制，行千餘年，從無河患，則脩溝洫正所以治水。田無不墾，水無不治，又每年增數百萬石之糧米，民豈有不殷富者乎？此天下之大利，即寓分田授井之意於其中可也。

校勘記

〔一〕上等八口九口　「上」，原作「土」，據聚錦堂本、雲南書局本改。

〔二〕費用廣則財不足　「則」，原作「財」，據聚錦堂本、雲南書局本及薛瑄讀書録卷九改。

〔三〕不過假聖人之手而制作之　「手」，原作「子」，據聚錦堂本、雲南書局本改。

五子近思録發明卷十

臨政處事

平巖葉氏曰：「此卷論臨政處事。蓋明乎治道而通乎治法，則施於有政矣。凡居官任職，事上撫下，待同列，選賢才，處世之道具焉。」愚按：居官任職，則設施措置不能不與物接，故不能無事。然有一事必有一理，而其所以爲事之理，故已具於性分之內，但要人有廓然大公之心，事來惟順理以應之而已。若厭其煩擾，欲絶而去之，則陷於佛、老之空寂；若不察其理之當然，以機變爲足以應事，則又流於商鞅、儀、秦智謀之末，爲小人之歸矣。故處事不用智計，不容一毫私意，只循天理而行，便是儒者氣象，便是王道。第思事上撫下，待同列，選賢才，無非天理所在。苟不審於幾微，失於省察，則又恐陷於人欲之私而不自知，及事後自覺其非，悔之晚矣。故必於事物初接、本心萌動之際，謹察精辨，孰爲天理，孰爲人欲，使善惡是非，公私義利，判然於前。然後從其善而去其惡，行其是而止其非，擴其公而遏其私，正其義而不謀其利。如此既久，則義理益精，自無過與不及之差矣。故朱子於論治法之後，即教人以居官處事之方焉。

伊川先生上疏曰：夫鐘，怒而擊之則武，悲而擊之則哀，誠意之感而入也。告於人亦如是，古人所以齋戒而告君也。臣前後兩得進講，未嘗敢不宿齋預戒，潛思存誠，覬感動於上心。若使營營於職事，紛紛其思慮，待至上前，然後善其辭說，徒以頰舌感人，不亦淺乎？

此言人臣告君，當以誠意感動上心也。夫咫尺天顏，不能以至誠感孚，徒騰口說，何益乎？故伊川先生以「宿齋預戒，潛思存誠」爲進講之要道。或問：「伊川未進講已前，還有間斷否？」朱子曰：「尋常未嘗不誠，臨見君時，又加意耳，如孔子『沐浴而告哀公』是也。」

伊川答人示奏稾書云：觀公之意，專以畏亂爲主。頤欲公以愛民爲先，力言百姓饑且死，丐朝廷哀憐，因懼將爲寇亂，可也。不惟告君之體當如是，事勢亦宜爾。公方求財以活人，祈之以仁愛，則當輕財而重民；懼之以利害，則將恃財以自保。古之時，得丘民則得天下。後世以兵制民，以財聚衆，聚財者能守，保民者爲迂。惟當以誠意感動，覬其有不忍之心而已。

此言告君之言得體，則可以感動君心而救民也。孟子曰「人皆有不忍人之心」，若以民饑且死之情狀告君，則惻隱哀憐之心感動而發，必輕倉廩府庫之財，以救民爲急務矣。若以民饑將亂爲可慮，則人主忿疾憂懼之心勝，必聚財養兵以防亂，不顧百姓之饑死矣。故告君之言，要知先後輕重，達義理，識事勢，方可以救民。不然，不但不能救民之急，反害之也。

明道爲邑，及民之事，多衆人所謂法所拘者，然爲之未嘗大戾於法，衆亦不甚駭。謂之得伸其志則不可，求小補，則過今之爲政者遠矣。人雖異之，不至指爲狂也。至謂之狂，則大駭矣。盡誠爲之，不容而後去，又何嫌乎？

此言明道先生處事之得法也。明道察理精，涵養熟，故不動聲色，而天下之事自治。如法令有未便於民者，衆人爲之，未免拘礙。惟先生從容裁處，不大戾當時之法，而有益於民，人雖異之，亦不至於駭。蓋其存心廓然大公，而區處有方，故能物來順應，變通合宜也。

明道先生曰：一命之士，苟存心於愛物，於人必有所濟。

此言居官以愛民爲念，則雖最小之官，亦有實惠於人也。若一命之士，果存心於愛民，亦可以爲民解忿息爭，亦可以爲民興利除害，於人必有所濟也。一命且然，而况居大位以實心行實政者乎？但患爲官者無愛民之實心，則不見其有濟耳。

伊川先生曰：君子觀天水違行之象，知人情有爭訟之道。故凡所作事，必謀其始，絶訟端於事之始，則訟無由生矣。謀始之義廣矣，若慎交結、明契券之類是也。

此言做事謀始，則可以絶訟端也。天在上而左旋，水在下而東注，違行也，象人彼此相違，訟之由也。君子作事謀始，揆天理，度人情，使無違拂，乃所以弭訟也。交結、契券，皆生訟之端，必慎必明，則訟端絶矣。

師之九二，爲師之主，恃專則失爲下之道，不專則無成功之理，故得中爲吉。凡師之道，威和並至則吉也。

此言在師中爲將，以得中爲吉也。九二有剛中之德，恩威並行，剛柔相濟，故爲良將，有制勝之才，可以立功。然又不敢恃專以失爲下之道，是能隨其時位以得中者也。

世儒有論魯祀周公以天子禮樂，以爲周公能爲人臣不能爲之功，則可用人臣不得用之禮樂，是不知人臣之道也。夫居周公之位，則爲周公之事，由其位而能爲者，皆所當爲也。周公乃盡其職耳。

此言人臣居其位則爲其事，乃盡其職分之所當爲也。成王幼，周公攝政，有大勳勞，亦是人臣之道，爲所當爲，非有加於職分之外也。周公没，成王思周公大勳勞，錫魯以天子之禮樂，使祀周公焉。故程子曰成王之賜〔一〕，伯禽之受，皆非也。而或者不察，謂周公能爲人臣不能爲之功，則可用人臣不得用之禮樂。故伊川先生謂世儒此論，「是不知人臣之道也」。周公不過盡其職耳，非有加於職分之外也，何得僭用天子之禮樂以祀之乎？

大有之九三曰：「公用亨於天子，小人弗克。」伊川易傳曰：三當大有之時，居諸侯之位，有其富盛，必用亨通於天子，謂以其有爲天子之有也，乃人臣之常義也。若小人處之，則專其富有以爲私，不知公已奉上之道，故曰「小人弗克」也。

此言人臣之常義，不可專其富有以爲私也。凡公侯之富盛，皆當朝覲貢獻，以盡奉上之道，以其有爲天子之有也。若自有其有，不知所以奉上之道，則非人臣之常義矣。

人心所從，多所親愛者也。常人之情，愛之則見其是，惡之則見其非。故妻孥之言，雖失而多從；所憎之言，雖善爲惡也。苟以親愛而隨之，則是私情所與，豈合正理？故隨之初九，出門而交，則「有功」也。

此言人之從違，多蔽於好惡之私，而失其是非之正。故所隨是正人，則有輔仁之益而吉，若一於偏主則不廣，而無由有功。故必出門以交，凡是正人皆隨之，則兼集衆善，事業可就而有功矣。

隨九五之象曰：「孚于嘉吉，位正中也。」伊川易傳曰：隨以得中爲善，隨之所防者過也。蓋心所悦隨，則不知其過矣。

此言隨以得中爲善也。位正中，九五之善也。惟己之正中，故能信於人之正中，此隨之善也。若心有所悦而隨，則恐過於繫累而不自知矣。必以得中爲善，「孚于嘉」之謂也。

坎之六四曰：「樽酒，簋貳，用缶，納約自牖終，无咎。」伊川易傳曰：此言人臣以忠信善道結於君心，必自其所明處，乃能入也。人心有所蔽，有所通，通者明處也，當就其明處而告之，求信則易也，故云「納約自牖」。能如是，則雖艱險之時，終得无咎也。且如君心蔽於荒樂，唯其蔽也故爾，雖力詆其荒樂之非，如其不省何？必於所不蔽之事，推而及之，則能悟其心矣。自古能諫其君者，未有不因其所明者也。故訐直强勁者，率多取忤；而温厚明辨者，其説多行。非惟告於君者如此，爲教者亦然。夫教必就人之所長，所長者，心之所明也。從其心之所明而入，然後推及其餘，孟子所謂「成德」、「達財」是也。

此言積忠誠以動主心，當因其明而開導之，則易於聽信也。一樽之酒，二簋之食，復以瓦缶爲器，質樸之極也，所謂「忠信善道」也。牖者，室之所以通明也。蓋忠信者，納約之本。使積忠信之忱，而不因其明處納焉，則未免扞格而難入矣。故古之善諫其君者，其氣温厚和平，其理明白辨析，人君亦易感悟聽從，此「納約自牖」之所以終無咎也。善教者亦然，善化導其民者亦然。

恒之初六曰：「浚恒，貞凶。」象曰：「浚恒之凶，始求深也。」傳曰：初六居下，而四爲正應。四以剛居高，又爲二三所隔，應初之志，異乎常矣。而初乃求望之深，是知常而不知變也。世之責望故素而至悔咎者，皆「浚恒」者也。

此言知常而不知變者也。初與四爲正應，理之常也。然初六居下則位卑，在初則交淺，應爻震動無常，情不下接，又隔於二三兩爻，應初之意，異乎常矣。凡此皆勢有所不可深求者，然惟智者能知時識勢。初柔暗，既不能度勢，又居巽下，入之深也，故深以常理求之。言欲其聽，施欲其報，必竭其忠，必盡其懽，故爲「浚恒」。在我雖所求以正，然拂情逆勢，怨隙易生，故曰「貞凶，无攸利」，言無益而有害也。

遯之九三曰：「係遯，有疾厲；畜臣妾，吉。」傳曰：係戀之私恩，懷小人女子之道也。故以畜養臣妾則吉。然君子之待小人，亦不如是也。

此言遯貴決而速，不可係戀也。係遯者，有所顧戀，如維係之，使不得遯也。疾，非身之病，其行之疵，名節有虧是也。厲，有中傷之危也。「畜臣妾，吉」，言他無所用，以係戀之私恩，惟用於畜養僕妾，則得其心而吉也。此非教其畜臣妾，明言其不可大事耳。君子之待小人，苟所當去，則當果斷決去之，亦不可以係戀而姑息也。

睽之象曰：「君子以同而異。」傳曰：聖賢之處世，在人理之常，莫不大同，於世俗所同者，則有時而獨異。不能大同者，亂常拂理之人也；不能獨異者，隨俗習非之人也。要在同而能異耳。

葉平巖曰：「聖賢之所爲，惟順乎理而已，豈顧夫世俗之同異哉？故循乎天理之常者，聖賢安得不與人同？出於流俗之變者，聖賢安得不與人異？」「同而能異，則不拂乎人理之常，而亦不狥乎習俗之變，惟理之從耳。然其所以爲異者，乃所以成其大同也，是亦一事而已。」

睽之初九，當睽之時，雖同德者相與，然小人乖異者至衆，若棄絶之，不幾盡天下以仇君子乎？如此則失含弘之義，致凶咎之道也，又安能化不善而使之合乎？故必「見惡人則无咎」也。古之聖王，所以能化姦凶爲善良，革仇敵爲臣民者，由弗絶也。

此言當睽之時，雖乖異者，不可棄絶也。無同德相應，則孤立無與，不可以行。若有同德者相應，則睽不終睽，可以共濟艱危矣。然當睽之時，乖異者衆，必須有含弘之量，包容荒穢，而弗棄絶之。則開其自新之路，而啓其從善之機，雖不善者可化而爲善，乖異者亦不至爲仇敵。故惡人非君子所樂見，然有時而見惡人以避咎，如孔子之於陽貨是也。

睽之九二，當睽之時，君心未合，賢臣在下，竭力盡誠，期使之信合而已。至誠以感動之，盡力以扶持之，明義理以致其知，杜蔽惑以誠其意，如是宛轉以求其合也。「遇」非枉道逢迎也，「巷」非邪僻由徑也。故象曰：「遇主於巷，未失道也。」

此言居睽之時，乖戾不合，必委曲相求，而後得會遇也。蓋二五正應，宜相遇者，但以時方睽違，而君臣不合耳。故臣必外竭其力，内盡其誠，以求信合也。内竭其誠以感動君心，外盡其力以扶持國政，此盡其在我者也。推明義理，使君之知無不致，杜塞蔽惑，使君之意無不誠，此啓其君者也。如是委曲宛轉以求合，所謂「遇主於巷」也。「遇主於巷」，亦理之當然。苟遇不以直，而至於枉道逢迎，巷不以正，而至於邪僻曲徑。苟求其合，而至於邪枉，則又非「遇主於巷」之道矣。故象曰「遇主於巷，未失道者」，言本其正應，非有邪也，雖委曲而不爲過也。

損之九二曰：「弗損益之。」伊川易傳曰：不自損其剛貞，則能益其上，乃益之也；若失其剛貞而用柔説，適足以損之而已。世之愚者，有雖無邪心，而惟知竭力順上爲忠者，蓋不知「弗損益之」之義也。

此言剛中自守，不肯妄進，乃所以益上也。爲人臣者，最是柔悦詭隨、阿諛順旨之人，無益而有損。惟自守不妄進，宜若無益於上者，然由是而啓時君尊德樂義之心，止士大夫奔競之習，其益於上也不小，是弗損乃所以益之也。故桐江一線，扶漢九鼎，節義之有益於人國也，固如此。

益之初九曰：「利用爲大作，元吉，无咎。」象曰：「元吉，无咎，下不厚事也。」伊川易傳曰：在下者本不當處厚事。厚事，重大之事也。以爲在上所任，所以當大事，必能濟大事，而致元吉，乃爲无咎。能致元吉，則在上者任之爲知人，己當之爲勝任，不然，則上下皆有咎也。

此言受上之益者，欲圖報效，須用大有作爲，又必克濟其事而大善，上下乃可无咎也。謂之大事者，非其職分所當爲，而事關國家生民大利病者，建白於上，以身任之是也。若職所當爲，雖大事，亦其常分耳，不可謂之大作也。大作便是任厚事，此是自家討做的。居下不當任厚事，任厚事已有越分之嫌，若所作又不善，其咎大矣，故必大善，庶可塞咎耳。世之居下受恩，不勝感激，而輕於自試以致敗事者，其咎大矣，皆由不知此義也。

革而無甚益，猶可悔也，况反害乎？古人所以重改作也。

此言居官不可輕易改作也。凡革便有悔，人未信也。人情樂於因循，憚於更改。當革之初，鮮有不以爲病己者，及改革之後，勞事過而逸事來，宿弊革而新利興，然後民信而樂之也。若事之變更無甚益而反有害，豈可輕於改作哉？

漸之九三曰：「利禦寇。」伊川易傳曰：君子之與小人比也，自守以正。豈惟君子自完其己而已乎？亦使小人得不陷於非義。是以順道相保，禦止其惡也。

此言順道相保，以止其惡也。順謂與人同心協力。以其過剛，故能與衆同心戮力，交相保守也。蓋漸之九三，上下皆陰，是君子與小人同列相比也。君子以守正而不失其身，小人亦以近正而不敢爲惡。以順道而相保禦，故能止其惡也。

旅之初六曰：「旅瑣瑣，斯其所取災。」伊川易傳曰：志卑之人，既處旅困，鄙猥瑣細，無所不至，乃其所以致悔辱、取災咎也。

此教人處旅困之道不可瑣瑣也。旅之瑣瑣，其志局促猥陋而窮，所以取災咎。若志意高明，略細故，存大體，斯免悔咎矣。

在旅而過剛自高，致困災之道也。

此言處旅不可過剛自高也。處旅以柔順謙下爲先，若過剛則暴戾自高，則不能下人。處旅如是，必致困災。

兑之上六曰：「引兑。」象曰：「未光也。」伊川易傳曰：說既極矣，又引而長之，雖説之之心不已，而事理已過，實無所説。事之盛則有光輝，既極而强引之長，其無意味甚矣，豈有光也？

兑之上六，説之極也。悦極而復引之事，則是專務説人，巧爲逢迎，無所不至，非君子光大之道也。

中孚之象曰：「君子以議獄緩死。」伊川易傳曰：君子之於議獄，盡其忠而已；於決死，極其惻而已。天下之事，無所不盡其忠，而議獄緩死，最其大者也。

此言至誠惻怛爲民之意。夫獄議而緩之，未必便免於死。然君子至誠惻怛，一段欽恤之心則如此耳。所謂求其生而不得，則死者與我俱無憾也，非中孚而能如是乎？

事有時而當過，所以從宜，然豈可甚過也？如過恭、過哀、過儉，大過則不可，所以小過爲順乎宜也。能順乎宜，所以大吉。

此言事貴從宜，可以小過，而不可以甚過也。如行可小過乎恭，而不可甚過，至於足恭；喪可小過乎哀，而不可甚過，至於滅性；用可小過乎儉，而不可甚過，至於隘陋也。合於時宜，於理爲順，雖小過於常，奚傷乎？

防小人之道，正己爲先。

葉平巖曰：「待小人之道，先當正己。己一於正，則彼雖姦詐，將無間可乘矣。其他防患之道，皆當以正己爲先。」熊環川曰：「小人成群，斯足憂矣。憂之如何？兢兢寡過而已。惟正己，方能寡過。亦惟寡過，方能正己。」此君子防小人之要道也。

周公至公不私，進退以道，無利欲之蔽。其處己也，夔夔然存恭畏之心；其存誠也，蕩蕩焉無顧慮之意。所以雖在危疑之地，而不失其聖也。詩曰：「公孫碩膚，赤舄几几。」夔夔，戒謹卑順之貌。存誠者，自信之篤也。蕩蕩，明白坦平之義。几几，進退安重貌。

此言聖人無欲，而又存恭畏之心，所以不失其聖，而「赤舄几几」也。

採察求訪，使臣之大務。

此言使臣之職，以採察民隱、求訪賢才爲大務。所以皇華之詩，君教使臣曰：「每懷靡及，諏謀度詢，必咨於周。」蓋以採察、求訪二事爲重，故廣詢博訪以補其不及，而盡其職也。

明道先生與吴師禮談介甫之學錯處，謂師禮曰：爲我盡達諸介甫，我亦未敢自以爲是。如有説，願往復。此天下公理，無彼我。果能明辨，不有益於介甫，則必有益於我。

此教人待同列論事之道也。明道先生以忠誠懇至之心待同列，而詞氣和平，絶無一毫好勝自是之意，所以介甫亦言感賢誠意，甚服明道先生也。

天祺在司竹，常愛用一卒長，及將代，自見其人盗筍皮，遂治之無少貸。罪已正，待之復如初，略不介意。其德量如此。

此言待卒長之道。溺愛者，則不能治之無少貸；遷怒者，則不能待之復如初。此一事足見天祺德量之大，亦見其喜怒中節處，隨材器，使功過不相掩也。

因論「口將言而囁嚅」云：若合開口時，要他頭也須開口。須是「聽其言也厲」。

此明道先生教人發言也。囁嚅是欲言而不敢開口之態，故先生云「若合開口，即要他頭也須開口，如荊軻於樊於期事是也」。朱子曰：「合開口者，亦曰理之所當言。樊於期事，非理所得言，特取其事之難言而猶言之耳。」若理明義直，内無不足，則出於口者，自然剛決，不可回撓，安有囁嚅之態？故先生又曰「須是『聽其言也厲』」，合開口時，即據理言之也。

須是就事上學。蠱「振民育德」，然有所知後，方能如此。何必讀書，然後爲學？

此言就事上學者，以明君子之學，原爲明理應事，若讀書而不能應事，則讀書爲無用矣，故教人就事上學。葉平巖曰：「『振民育德』，修己治人之事也。然必知之至而後行之至，無非學也。豈但讀書而謂之學哉？子路亦嘗有是言，而夫子斥之何也？蓋爲學之道，固不專於讀書，必以讀書爲窮理之本。子羔既未及爲學，而遽使之以仕爲學，則非特失知行之序，而且廢窮理之大端。臨事錯繆，安能各當其則哉？程子之教，故以讀書窮理爲先務，然不就事而學，則捨簡策之外，凡應事接物之際，不知所以用力，其學之間斷多矣。二者之言，各有在也。」

先生見一學者忙迫，問其故，曰：「欲了幾處人事。」曰：「某非不欲周旋人事者，曷常似賢急迫。」

此言急迫了事之不可也。先生應事從容，故教學者不可忙迫。蓋事雖多，爲之必有序；事雖急，應之必有節。未聞可以急遽苟且而處之者，故話不可騁快説，事不可騁快爲。且道世間甚事不因忙後錯了，若肯做涵養工夫，則應事從容矣。

安定之門人，往往知稽古愛民矣，則於爲政也何有？

此言爲政貴預植其本也。安定之教，以明體適用爲主，故置經義、治事二齋以教之。居經義齋者，讀書窮理，有稽古之功；居治事齋者，存心濟世，有愛民之具。本立而道生，以之爲政，特舉而措之耳，何難之有？蓋伊川先生深信安定之門人，如劉彝、錢藻、孫覺、范純仁、錢公輔輩，皆知稽古愛民，故稱其如此，非譽之也。

門人有曰：吾與人居，視其有過而不告，則於心有所不安；告之而人不受，則奈何？曰：與之處而不告其過，非忠也。要使誠意之交通，在於未言之前，則言出而人信矣。又曰：責善之道，要使誠有餘而言不足，則於人有益，而在我者，無自辱矣。

此教人責善之道，要使誠意素孚，則信在言前。又要使誠意多於言語，則在彼有感悟之益，在我無煩瀆之辱。此忠告善道之所以使人改過遷善也。

職事不可以巧免。

居官務盡職分之所當爲，豈可自私？用智以圖規避，即幸巧免於一時，終必攻發於後日，是自求禍也。故居官溺職，固爲不可，而用智計巧免，尤不可也。

「居是邦，不非其大夫」，此理最好。

此言居是邦，不可輕易議論人也。蓋言欲謹，以不及人過失爲第一義，不非其大夫尤爲要緊。故伊川先生稱此理最好也。

「克勤小物」最難。

書曰：「不矜細行，終累大德。」故矜細行最得力，而勤小物更難。不忽於小，謹之至也。

欲當大任，須是篤實。

篤實則踐履誠確，而不涉於虚妄；篤實則力量深厚，而謀慮精密。此是大勇，故可以當大任也。

凡爲人言者，理勝則事明，氣忿則招怫。

葉平巖曰：「理勝而氣平，則人易曉而聽亦順。或者理雖明而挾忿氣以勝之，則反致扞格矣。」故凡爲人言者，貴乎事理通達而心氣和平，乃爲善言，而不招怫於人也。

居今之時，不安今之法令，非義也。若論爲治，不爲則已，如復爲之，須於今之法度内處得其當，方爲合義。若須更改而後爲，則何義之有？

此言由今之法而處得其宜，斯爲合義也。中庸曰：「今天下車同軌，書同文，行同倫。」則居今之時而不守今之法令，非義也。故夫子曰：「今用之，吾從周。」但於今之法度内而處之得當，斯爲善守法耳。若率意改作而後爲，則失不倍之義矣。

今之監司，多不與州縣一體，監司專欲伺察，州縣專欲掩蔽。不若推誠心與之共治，有所不逮，可教者教之，可督者督之。至於不聽，擇其甚者去一二，使足以警衆可也。

伊川先生曰：人惡多事，或人憫之。世事雖多，盡是人事。人事不教人做，更責誰做？

此言人不可有厭事之意也。宇宙内事，皆吾分内事，豈可厭其煩擾，欲絶而去之耶？故人事雖多，皆人所當爲，但須省察當理與不當理耳。

感慨殺身者易，從容就義者難。

葉平巖曰：「一時感慨，至於殺身而不顧，此匹夫匹婦猶或能之。若夫從容就義，死得其所，自非義精仁熟者，莫之能也。中庸曰『白刃可蹈，中庸不可能』是也。」張南軒曰：「君子不避難，亦不入於難，惟當夫理而已。於所不當避而避，固私也。於所不當預而預，乃勇於就難，是亦私而已。如曾子、子思之避寇不避寇，三仁之或死或不死，皆從容乎義之所當然。」則無一毫私意也。

人或勸先生以加禮近貴，先生曰：何不見責以盡禮，而責之以加禮？禮盡則已，豈有加也。

禮貴得中，責以盡禮，則恐其不及，責以加禮，則過乎中矣。故曰「禮盡則已，豈有加也」。

或問：簿，佐令者也。簿所欲爲，令或不從，奈何？曰：當以誠意動之。今令與簿不和，只是爭私意。令是邑之長，若能以事父兄之道事之，過則歸己，善則惟恐不歸於令，積此誠意，豈有不動得人？

此言誠能動物，爲居官事長之道。孟子曰：「至誠而不動者，未之有也。不誠，未有能動者也。」故居官事長，以誠爲本。如過不歸己而欲委罪於人，善則歸己以求名位，則是爭私意，非誠也。吴思菴曰：令是一邑之長，如父兄然。誠能推事親事兄之道也以事官長，無一毫苟且。至於事有過失，則曰「佐理不職」，而過則歸己；事有得宜，則曰「令之所主，非我所得爲也」，而歸之於彼。積此誠意，久而不已，則雖難事之令，亦爲我所感動矣。

問：人於議論，多欲直己，無含容之氣，是氣不平否？曰：固是氣不平，亦是量狹。人量隨識長，亦有人識高而量不長者，是識實未至也。大凡别事，人都强得，惟識量不可强。今人有斗筲之量，有釜斛之量，有鐘鼎之量，有江河之量。江河之量亦大矣，然有涯，有涯亦有時而滿，惟天地之量則無滿。故聖人者，天地之量也。聖人之量，道也；常人之有量者，天資也。天資有量須有限，大抵六尺之軀，力量只如此，雖欲不滿，不可得也。如鄧艾位三公，年七十，處得甚好，及因下蜀有功，便動了。謝安聞謝玄破苻堅，對客圍棋，報至不喜，及歸，折屐齒，强終不得也。更如人大醉後益恭謹者，只益恭謹便是動了，雖與放肆者不同，其爲酒所動一也。又如貴公子位益高，益卑謙，只卑謙便是動了，雖與驕傲者不同，其爲位所動一也。然惟知道者，量自然宏大，不勉强而成。今人有所見卑下者，無他，亦是識量不足也。

此言識與量之不可强也。識淺則量窄，識高則量大。識可學而長，則量亦可學而長。常人之有量者天資也，天資者氣禀也。氣禀則有涯，惟聖人之量，道也。道本無外，故聖人之量無涯，與天地同其大也。常人有能發憤勤學以通乎道，極其至，則亦可以及於聖人無涯之量也。蓋聖人之心純乎道，故其量自然宏大，雖窮居陋巷而不加損，禄以天下而不加益，舉世譽之而不加勸，舉世非之而不加愠也。人能學以致其道，則其識量亦如是，不爲一切外物所動矣。

人纔有意於爲公，便是私心。昔有人典選，其子弟係係，該也。磨勘，皆不爲理，此乃是私心。人多言古時用直，不避嫌得。後世用此不得，自是無人，豈是無時？

此言公直之道，無古今之異，不必避嫌也。葉平巖曰：「公者，天理之自然。有意爲之，則計較安排，即是私意。」「選舉，朝廷之選舉也，進退之權，實非己之所得。而有子弟該磨勘而不爲理，蓋避私嫌，而不知如此是以選舉爲己之私恩，乃是私意也。於此可以識大公之道矣。」「苟能以至公之心，行至公之事，何嫌之避，何時而不可行乎？」因言少師典舉、明道薦才事，皆是「以至公之心，行至公之道」也。

君實嘗問先生云：欲除一人給事中，誰可爲者？先生曰：初若泛論人才却可，今既如此，頤雖有其人，何可言？君實曰：「出於公口，入於光耳，又何害？」先生終不言。

葉平巖曰：「泛論人材則無不可，若擇人任職乃宰相之事，非在下位者所可與矣。此制義之方也。」愚按：先生終不言，必有故也。若以至公之心，行至公之道，即薦舉一人亦無害，但恐不得其人耳。

先生云：韓持國服義最不可得。一日，頤與持國、范夷叟泛舟於潁昌西湖，須臾，客將去，有一官員上書謁見大資。頤將爲有甚急切公事，乃是求知己。頤云：「大資居位，却不求人，乃使人倒來求己，是甚道理？」夷叟云：「只爲正叔太執。求薦章，常事也。」頤云：「不然，只爲曾有不求者不與，來求者與之，遂致人如此。」持國便服。

此言在上位者當勤於求賢，不當使人倒來求知也。以守正不求人薦爲賢，上書求知則失己，使人反來求知則失士矣。

先生因言：今日供職，只第一件便做他底不得。吏人押申轉運司狀，頤不曾簽。國子監自係臺省，臺省係朝廷官。外司有事，合行申狀，豈有臺省倒申外司之理？只爲從前人只計較利害，不計較事體，直得恁地。須看聖人欲正名處，見得到名不正時，便至禮樂不興，是自然住不得。

此言臺省無倒申外司之理。春秋書法，王人雖微，序於諸侯之上，尊王也。外司有事，合行申狀於臺省，事體方順理，名分亦得其正。若名分不正，則施之於政事者，顛倒而無序，乖戾而不和，禮樂何以興乎？此自然必至之勢。故先生言「今日供職，此一件便做不得」也。

學者不可不通世務。天下事譬如一家，非我爲則彼爲，非甲爲則乙爲。

學者做格物致知工夫，原爲天下之事皆吾職分之所當爲，雖或勢在匹夫之賤，而所以致君澤民者，亦未嘗不在其分内也，故不可以不通世務。通得天下之事方是學，一朝得位，舉而行之耳。

「人無遠慮，必有近憂」，思慮當在事外。

此言思慮當在事外，所以備豫而彌憂也。蘇氏謂「慮不在千里之外，則患在几席之下」。饒氏謂「慮不及千百年之遠，則患在旦夕之近」。其意皆要慮在事外，無論地之遠近，時之遠近，能遠慮則備豫，而近憂可彌也。

聖人之責人也常緩，便見只欲事正，無顯人過惡之意。

伊川先生云：今之守令，唯「制民之産」一事不得爲，其他在法度中甚有可爲者，患人不爲耳。

「制民之産」，謂井田、貢助之法不得爲。其他在法度中，如募民開墾荒田地，修溝洫，興水利，則大有可爲者，但患無實心任事之人耳。

明道先生作縣，凡坐處皆書「視民如傷」四字，常曰：顥常愧此四字。

伊川每見人論前輩之短，則曰：汝輩且取他長處。

前輩長處最多，人能虛心取法，集衆長以爲善，則受益無窮矣。其短處萬不可論，即常人之短亦不可談，而況前輩乎？

劉安禮云：王荆公執政，議法改令，言者攻之甚力。明道先生嘗被旨赴中堂議事，荆公方怒言者，厲色待之。先生徐曰：「天下之事非一家私議，願公平氣以聽。」荆公爲之媿屈。

此言詞氣和平，而使人氣消也。王安石參知政事，創制新法，中外皆言其不便，安石氣忿厲色以待言者。明道先生從容一言，而安石媿屈。蓋明道以誠心感人，詞氣和平，有以窺破其私己之見。故安石忿厲之氣，不覺頓釋而愧屈也。

劉安禮問臨民，明道曰：使民各得輸其情。問御吏，曰：正己以格物。

此言臨民、御吏之道。夫做官者，過於作威，則民情不得上達，而寃屈不得伸矣。惟平易近人，使民各得輸其情，不但民無冤抑，而地方之利弊無不悉知，處事必當於理，而民心無不悦服。然非實心愛民者不能也。故朱子曰：「平易近人，爲政之平。若夫御吏，非徒事乎刑罰之嚴，亦非全恃防察勸懲之得法，必須先正其身，則明德足以畏服吏之心志，而後可以正人之不正也。且正己則誠能動物，而明亦足以燭奸，可以格頑化梗，如表端而影自正也。」

橫渠先生曰：凡人爲上則易，爲下則難。然不能爲下，亦未能使下，不盡其情僞也。

大抵使人，常在其前，己嘗爲之，則能使人。

此言使人當先知事人之道也。夫己未嘗事人，則使人之際，必不能盡其情僞。故夫子曰：「所求乎臣以事君，未能也。」若能以責念責己，則能爲下，亦能爲上矣。

今水臨萬仞之山，要下即下，無復凝滯之在前，惟知有義理而已，則復何回避？所以心通。

坎「維心亨」，故「行有尚」。外雖積險，苟處之心亨不疑，則雖難必濟，而「往有功也」。

此以坎象而言心體也。坎卦上下皆險，故曰「積險」。二五以剛居中，故外雖有積險，其中心自亨通，而無一毫疑懼也。心亨通而無疑懼，則可以濟險矣。心何以亨通？

惟知有義理，信之篤，行之決，而無疑懼凝滯也。如水臨萬仞之山，要下即下，無復凝滯之在前，沛然莫之能禦，所以其心亨通也。

人所以不能行己者，於其所難者則惰，其異俗者，雖易而羞縮。惟心弘則不顧人之非笑，所趨義理耳，視天下莫能移其道。然爲之，人亦未必怪。正以在己者義理不勝，惰與羞縮之病，消則有長，不消則病常在，意思齷齪，無由作事。在古氣節之士，冒死以有爲，於義未必中，然非有志概者莫能，况吾於義理已明，何爲不爲？

此言惰與羞縮之害事也。怠惰與羞縮，皆氣餒之故。人能持其志，明於義理，則心弘大而氣壯，自無怠惰羞縮之患，故能爲人之所不能爲，仰不愧，俯不怍，可以使人悦服也。

姤初六：「羸豕孚蹢躅。」豕方羸時，力未能動，然至誠在於蹢躅，得伸則伸矣。如李德裕處置閹宦，徒知其帖息威伏，而忽於志不忘逞，照察少不至，則失其幾也。

此言幾微之間所當深察，不可忽也。姤之初六，一陰始生，其勢必盛，如羸弱之豕，必蹢躅而進。君子宜深爲之備，不可以其微而忽之也。如唐武宗時，李德裕爲相，君臣契合，莫能間之。宦寺之徒，帖息畏伏，誠若無能爲者，而不知其志在求逞，如羸豕之必於蹢躅。德裕未曾深察而預防之，後來繼嗣重事，卒定於宦者之手，而德裕逐矣。故事之幾微，居官臨政者，不可不深察也。

晦庵先生曰：只有一箇正其誼不謀其利，明其道不計其功。公平正大行將去，其濟不濟，天也。古人做得成者，不是他有智，只是偶然。其他費心費力，用智用數，牢籠計較，都不濟事，都是枉了。

此言正誼、明道二語，居官處事者當恪遵也。道理只是這箇道理，功名事業是偶然。若由智數經營得，大有英雄善揣摩，究竟毫無益，徒費心力，可惜也。

誠以天下之事爲己任，則當自格君心之非始。欲格君心，則當自身始。

此言欲格君心之非，先格自心之非也。熊澴川曰：「引君當道，當思自家之道何在；成就君德，當思自家之德何在。」故君子不可以不修身，必如此立心，方可以任天下之事也。

修身事君，初非兩事，不可作兩般看。

古之君子，居大臣之任者，其於天下之事，知之不惑，任之有餘，則汲汲乎乘時而勇爲之。知有所未明，力有所不足，則咨訪講求以進其知，拔援汲引以求其助，如救火追亡，不敢少緩。上不敢愚其君，以爲不足與言仁義；下不敢鄙其民，以爲不足以興教化；中不敢薄其士大夫，以爲不足共成事功。屹然中立，無一毫私情之累，而惟知爲其職之所當爲。夫是以志足以行道，道足以濟時，而於大臣之責，可以無愧。

此言大臣之任事：明足以燭理，故知之不惑；理足以勝私，故任之有餘；氣足以配道義，故能汲汲乎乘時而勇爲之也。

於天下之事有可否，則斷以至公，而勿牽於内顧偏聽之私。於天下之議有從違，則開以誠心，而勿惧以陽開陰闔之計。則庶乎德業盛大，表裏光明，中外遠邇，心悦誠服。

至公無私，至誠無僞，何事不可以爲，何人不心服？

人才衰少，風俗頹壞之時，士有一善，即當扶接導誘，以就其器業。

此言造就人才，正所以挽回風俗之要務也。

與其得小人，不若得愚人。温公晚年更歷之，多爲此説。

小人爲惡，千條萬端，其可惡者，不但娼嫉一事而已。仁人不深惡乎彼，而獨深惡乎此者，以其有害於善人，使民不得被其澤，而流禍之長，及於後世而未已也。

自古小人所以敗亂國家，豈皆凶惡猛鷙，有可畏之威而後能之？但有患失之心，便自無所不至。

此言小人之可惡。夫善人，天地之紀也，小人多方摧折，必不使容於天地之間。故仁人深惡之，以其妨賢病國，使民不得被其澤也。故曰病國之罪，十世不宥；妨賢之罪，百世不宥。

答張敬夫曰：所疑小人不可共事，固然。然堯不誅四凶，伊尹五就桀，孔子仕於季孫，惟聖人有此作用，而明道或庶幾焉。觀其所在爲政而上下響應，論新法而荆公不怒，同列異意者亦稱其賢。此等事類，非常人所及，所謂元豐大臣當與共事，蓋實見其可而有是言，非傳聞之誤也。然力量未至此，而欲學之，則誤矣。

此言聖人待小人之道。蓋有含弘之量，包容荒穢，寬裕温柔，而無疾之已甚之心，故小人感其誠，而亦不敢大爲奸惡也。若力量未至此者，寧學君子之自守，非法不道，非禮不動，方正矜莊，凜不可犯，小人自然望之儼然而不敢近矣。不然則恐雜於小人之群，而不自知也。

今天下事只礙箇失人情，便都做不得。蓋事理只有一箇是非，今朝廷之上不能辨別這是非。如宰相固不欲逆上意，上亦不欲忤宰相意，今聚天下之不敢言是非者在朝廷，又擇其不敢言之甚者爲臺諫。習以成風，如何做得事？

天下事只有一箇是非。是是天理，非是人欲，是便知其爲是，非便知其爲非，是便行，非便止，認得一些不差。朝廷之上，宰相與上直言之，宰相未言者，臺諫直言之，如此方做得事。若恐怕失人情，即怕得罪人，一味含糊混淆，是非不得明白，如何做得事耶？

今日有一般議論，只云不要矯激，遂至凡事回互，都揀偎風躲箭處立地，却笑人慷慨奮發，以爲必陷於矯激之禍。此風更不可長。固是矯激者非，只是不做矯激底心，亦是私意。大凡只看道理合做與不合做耳。如合做，豈可避矯激之名而不爲？

先生愛説「恰好」二字，云「凡事自有恰好處」。

天下事須論一箇是不是後，却又論其中節與不中節。天下只有一是一非，是者須還他是，非者須還他非，方是自然之平。若不分邪正，不别是非，而但欲其平，决無可平之理。此元祐之調停、元符之建中所以敗也。

凡事只論道理當做與不當做，當做之事便是，不當做之事便非。而事之當做者，又要論中節不中節，其中節處，便是「恰好」之謂也。事事恰好，那有不平之理？事事恰好，即中庸所謂「時中」。彼矯激者，固非時中之道，即調停者，亦非時中之道也。時中之君子，不矯激，亦不調停，惟知有義理而已。

爲守令，第一便是民事爲重，其次便是軍政。今人都不理會。

要理會民事與軍政，須要制田里，薄賦歛，使民有常産而不失其時，則百姓富足矣。又要聯保甲，時簡教，使民有勇而知方，則戎事備飭矣。此守令職分之所當爲也。

平易近民，爲政之本。

居上克寬，蓋有政教法度，而行之以寬，非廢弛之謂也。今人説寬政，多是事事不管，某竊謂壞了這寬。

號令既明，刑罰亦不可弛，苟不嚴刑罰，則所謂號令者，徒挂牆壁耳。與其不道以梗吾治，曷若懲其一以戒其百？與其覈實檢察於其終〔二〕，曷若嚴其始而使之毋犯？

此言寬嚴貴得乎中也。平易近民，可謂寬矣。然居上者事事不管，則政教法度，必至於廢弛，故刑罰又不得不嚴。恩威並行，寬嚴得中，方是居上臨下之道也。

凡天下疲癃殘疾、惸獨鰥寡，皆吾兄弟顛連而無告者也。君子之爲政，要主張這等人。

此言仁人爲政，必先及無告之人也。地方勢宦富豪，每每凌虐欺負這等人。故君子爲政，必要爲之主張，方能伸愬冤屈也。

今人獄事，只理會要從厚，不知不問是非善惡，只務從厚，豈不長奸惠惡？大凡事付之無心，因其所犯，考其情實，輕重厚薄，付之當然可也。

不問其是非曲直，而待之如一，則是善者常不得伸，而惡者反幸而免，以此爲平，乃大不平。

官無大小，凡事只是一箇公。若公做得來也精采，便是小官，人也望風畏服，若不公，便是宰相，做來做去，只没下梢。

此言至公之使人畏服也。若果能至公無私，凡事審察其是非曲直而判斷之，治獄考其輕重厚薄，而付之當然，不但做得來精采，人亦服其公平，亦頌其厚德，雖是小官，無不望風畏服也。若不公，便是宰相，人亦不服而議論之矣。

當官廉謹，是吾輩本分事，不待多説。然細微處亦須照管，不可忽略，因循怠惰。又云自治既不苟，更能事上以禮，接物以誠，臨民以寬，馭吏以法，而簿書期會之間，亦無所不用其敬焉，則庶乎其少過矣。

狀牒煩多，須集屬官同堂商量分判，自無壅滯。此非獨爲長官者省事，而屬官亦各得自效。兼是簿尉等初官，使之決獄聽訟得熟，是亦教誨之也。

聽訟只與他研窮道理，分别是非曲直，自然訟少。若厭其多，不與分别，愈見事多。

凡聽訟必先論其尊卑、上下、長幼、親疎之分，而後聽其曲直之詞。

做守令，如胥吏沈滯公事，邀求於人，其弊百端。須嚴立程限，決要如期，他限日到，自然邀索不得。

大抵做官，須令自家常閒，吏胥常忙方得。若自家被文字叢了，討頭不見，吏胥便來作弊。

當官須有旁通曆，逐日公事開項，逐一記録，了即勾之，未了即教了，方不廢事。

頃在同安，見官户富家典買田業，不肯受業，操有餘之勢力，以困破賣家計狼狽之人，殊使人扼腕。每縣中有送來整理者，必了於一日之中。蓋不如此，則村民有宿食廢業之患，而市人富家得以持久困之，使不敢伸理，此最弊之大者。

催税之法，頃見崇安趙宰俵由子分爲幾限，令百姓依限來納，甚無擾。及過隆興，見帥司令諸邑催税，而責以十限。縣但委之吏手，恣其乞覓。或以少不滿千，欲作一頓輸納，吏以違限拒之，每限要分外用錢，擾不可言。所以做官難，要通四方風俗情僞。

天下事所以終做不成，只是壞於懶與私而已。只如經界就行，也安得盡無弊？然十分弊也須革去九分，所餘者一分半分而已。今人却情願受十分重弊，才有一人理會，便去搜剔那半分一分弊來瑕疵之，以爲决不可行。都是這般見識。分明只有箇天下國家，無一人肯把做自家物事看。

先生謂天下國家要把來做自家物事看，則徹始徹終思量經營一番。譬如大匠爲巨室，須盡拆毁重做，方可以致百世太平，方可以復唐、虞、三代，若竭力修補，無益也。有公天下之心，方做得公天下之事，若有一毫私心即做不得，有一毫懶意亦做不得。必須不憚勤勞之人方做得，一勤天下無難事也。

賑濟之策，初且大綱，一細碎便生病。屯田亦然，且理會大處。自古救荒只有兩説。一是感召和氣，以致豐穰。其次只有儲蓄之計，若待他饑餓時理會，更有何策？

救荒之政，蠲除賑貸，固當汲汲於其始，而撫存休養，尤在謹之於其終。賑濟無奇策，不如講水利，到賑濟時成甚事？又曰下手得早，亦得便宜。

講水利在修溝洫。天下皆溝洫，則天下皆容水之地，天下皆修溝洫，則天下皆治水之人。田無不墾，則水無不治。古聖王「濬畎澮距川」，治水力田，無二道也。是一費而兩利也。昔周定王以前溝洫制行，而千餘年從無水患，此可見矣。故丘瓊山云：「井地之制雖不可行，而溝洫之制則不可廢。」此確論也，講水利者宜究心焉。

先生有踏荒詩云：「阡陌縱横不可尋，死傷狼籍正悲吟。若知赤子原無罪，合有人間父母心。」

救荒因時制事，魏禧有先事之策：重農；立義倉，造木櫃，置神廟，聽人助穀，凡祝壽祈禱俱出義穀；制穀贖罪；豫糴，教別種；嚴游民之禁。此皆先時急做，不言所利而利甚大。有當事之策：留請上供之米，借庫銀轉糴，捐俸勸賑，興作利民之務，勸富室興土木，均糴，嚴閉糴之法，重强糴之刑，不降米穀之價，多置給米之地，慎擇給米之人，編户丁牌，定城鄉分給之法，不時巡訪，暫省衙門役期，清獄禁訟，脩街道，收棄子，多置空所以處流民而嚴其法。有事後之策：施粥，施藥，葬殍。此三策，皆因時制事而有益於救民者也，臨政者不可不知。

凡事須是小心寅畏，仔細體察，思量到人所思量不到處，防備到人所防備不到處，方得無事。

臨事須是分毫莫放過。如某當官，或有一相識親戚之類，越用分明，不肯放過。

會做事底人，必先度事勢，有必可做之理，方去做，不能則謹守常法。

爲政如無大利害，不必議更張。議更張則所更之事未成，必鬨然成擾，卒未已也。

古之名將能立功名者，皆是謹重周密，乃能有成。如吴漢、朱然，終日欽欽，常如對陣。須學這樣底方可。今人率負才，以英雄自待，以至恃氣傲物，不能謹嚴，卒至於敗而已。要做大功名底，越要謹密，未聞麤魯闊略而能有成者。

孝宗即位，詔求直言。先生因上封事，首言陛下毓德之初，不過諷誦文詞，比年以來，頗留意老、釋。記誦詞藻，非所以探本原而出治道；虚無寂滅，非所以貫本末而立大中。

帝王之學，必先格物致知，以極夫事物之變，使義理所存，纖悉畢照，則自然意誠心正，而可以應天下之務。次言修攘在先定計，定計在罷和議。次言四海利病，係斯民之休戚，斯民之休戚，係守令之賢否。監司者守令之綱，朝廷者監司之本。欲斯民之得其所本原之地，亦在朝廷而已。今之監司，姦贓狼藉，肆虐以病民者，莫非宰執、臺諫之親舊賓客，陛下無自知之耳。

人君果能聽朱子之言，窮理以致其知，反躬以踐其實，不爲老、釋所惑，不爲詞藻所炫，則本原之地，如赤日之照臨，如北斗之旋轉，只消選擇一箇休休有容之宰相，則天下賢能盡出而爲所用，監司守令皆得人任職矣。又與宰相商擇一箇剛明正直之人爲臺諫，則天下之監司守令不肖者皆黜矣。如此臨政處事，豈有一民不被其澤，一物不得其所哉！惜乎當年孝宗未能用其言而力行之耳！

明年，復召入對。其一，言陛下舉措之間，動涉疑貳，聽納之際，未免蔽欺，由不講乎大學之道，而未嘗隨事以觀理，即理以應事。其二，言非戰無以復讎，非守無以制勝。末言古先聖王所以制御彝狄之道，其本不在乎威强而在德業，其備不在邊境而在乎朝廷，其具不在兵食而在乎紀綱。

淳熙七年，詔監司郡守條具民間利病。先生時在南康，上疏言：立紀綱在正君心，正君心在親賢臣、遠小人。今宰相、臺省，師傅、賓友，諫諍之臣，皆失其職，而陛下所與親密謀議者，不過一二近習之臣。此一二小人者，上則蠱惑陛下之心志，使陛下不信先王之大道，而説於功利之卑説，不樂莊士之讜言，而安於私謺之鄙態，下則招集士大夫之嗜利無耻者，文武彙分，各入其門，所喜則陰爲引援，擢至清顯；所惡則密行訾毁，公肆擠排。交通貨賂，則所盜者，皆陛下之財；命卿置將，則所竊者皆陛下之柄。陛下所謂宰相、師傅、賓友、諫諍之臣，或反出入其門牆，承望其風旨。其幸能自立者，亦不過齪齪自守，而未嘗敢一言以斥之。其甚畏公論者，乃略能輕逐其徒黨之一二，既不能深有所傷，而終亦不敢明言，以擣其囊槖窟穴之所在。勢成威立，中外靡然向之，使陛下之號令黜陟不復出於朝廷，而出於此一二人之門，名爲陛下之獨斷，而實此一二人者陰執其柄。蓋其所壞，非獨陛下之紀綱，乃并與陛下所以立紀綱者而壞之。

八年，易提舉淛東常平茶鹽事，乞奏事之任。入對，言今日近習之勢日重，士大夫之勢日輕。重者既挾其重以竊陛下之權，輕者又借力於所重以爲竊位固寵之計。中外相應，更濟其私，日往月來，浸淫耗蝕，使陛下之德業日隳，綱紀日壞，邪佞充塞，貨賂公行，兵愁民怨，盜賊間作，災異數見，饑饉荐臻。群小相挺，人人皆得滿其所欲，惟有陛下了無所得，而國家顧乃獨受其弊。

十五年，除提點江西刑獄事。入奏，極論天理人欲之界，云願陛下自今以往，一念之萌，則必謹而察之：此爲天理耶？爲人欲耶？果天理也，則敬以擴之，而不使其少有壅閼；果人欲也，則敬以克之，而不使其少有凝滯。推而至於言語動作之間，用人處事之際，無不以是裁之，則聖心洞然，中外融徹，無一毫之私欲得以介乎其間，而天下之事將惟所欲爲，無不如志矣。

又具封事，極言近習交通將帥，共爲欺蔽。此輩但當使之守門傳命，供掃除之役，不當假借崇長，使得逞邪媚、作淫巧於内，以蕩上心，立門庭、招權勢於外，以累聖政。至於選任大臣，常不得剛明公正之人，而反容鄙夫之竊位者。直以一念之間，未能祛其私邪之蔽，而燕私之好，便嬖之流，不能盡由於法度。若用剛明公正之人以爲輔相，則恐其有以妨吾之事，害吾之人而不得肆。是以選掄之際，常先排擯此等，寘之度外，而後取凡疲懦軟熟、平日不敢直言正色之人而揣摩之，又於其中得其至庸極陋、决可保其不至於有所妨者，然後舉而加之於位。是以除書未出，而物色先定，姓名未顯，而中外已逆知其决非天下之第一流矣。

又言綱紀不正於上，是以風俗頹敗於下，大率習爲軟美之態，依阿之言，而以不分是非、不辨曲直爲得計。下之事上，固不敢少忤其意；上之御下，亦不敢稍拂其情。惟其私意之所在，則千塗萬轍，經營計較，必得而後已。甚者以金珠爲脯醢，以契券爲詩文，宰相可啗則啗宰相，近習可通則通近習。惟得之求，無復廉耻。一有剛毅正直、守道循理之士出乎其間，則群譏衆排，指爲「道學」，而加以矯激之罪。十數年來，以此二字禁錮天下之賢人君子，排擯詆辱，必使無所容而後已。此豈治世之事，而尚復忍言之哉！

此朱子極言近習小人欺君竊柄之情狀，最惡剛毅正直之人，而專取柔佞詭隨之輩，以致朝廷綱紀大壞，風俗頽弊，而國勢遂不能復振。真正君救世之忠言。有志經世者，必須反此，而後可以轉亂爲治也。

薛敬軒先生曰：君父，人之大倫，只當竭誠敬，盡所以事之之道，其合與否，有所不恤也。苟慮其不合，枉道以求之，則所失者多矣。交朋友、事官長皆然。○恭而不近於諛，和而不至於流，事上處衆之道。不欺君，不賣法，不害民，此作官持己之三要。○丙吉深厚不伐，張安世謹慎周密，皆可爲人臣之法。丙吉爲相，尚寬大，好禮讓，不親小事，人以爲知大體。○相業自大學、經學中來者深，自史學、俗學中來者淺。要見古人之相業，伊、傅之書宜熟讀。○後世非無救時之相，只是規模淺。○相業有格心之學，則其規模宏遠矣。○韓魏公、范文正公諸公，皆一片忠誠爲國之心，故其事業顯著，而名譽孚動於天下後世之人。○私意小智，自持其身，而欲事業名譽比擬前賢，難矣哉！○爲君所委任者，當以誠報，不可一事欺之。○聖人之忠厚不可勝言，如以微罪去魯，不顯其君相之過，此可觀聖人之氣象矣。孟子去齊，不言齊之失，其亦善學孔子者歟！○不欺君，自不欺心始。○正以處心，廉以律己，忠以事君，恭以事長，信以接物，寬以待下，敬以處事，此居官之七要也。○處己接物，事上使下，皆當以敬爲主。○一命之士，苟存心於愛物，必有所濟。蓋天下事，莫非分所當爲，凡事苟可用力者，無不盡心其間，則民之受惠者多矣。○「視民如傷」，當銘諸心。○深以刻薄爲戒，每事當存忠厚。○和而敬，敬而和，處衆之道。○爲官者切不可厭煩惡事，苟視民之冤抑一切不理，曰「我務省事」，則不得其死者多矣，可不戒哉！○作官一事不可苟。○民至愚，而神不可欺也，惟至誠足以動之。○愛民而民不親者，皆愛之不至也。書曰「如保赤子」，誠能以保赤子之心愛民，則民豈有不親者哉？○治人常有操縱人不得而怨之。○情可矜，雖從寬惠，又當使之不知其寬可也。○爲政，通下情爲急。○以其能治不能，以其賢治不賢，設官之本意，不過如此。有假官威剥民以自奉者，果何心哉！○廉而不公者，只是人欲之私。○固不可假公法以報私讎，亦不可假公法以報私德。○昔人謂律是八分書，蓋律之條目，莫非防範人欲，扶翼天理，故謂之八分書。○人之所爲，不犯律條即爲義，犯之即爲非義，則律爲八分書可見。○惟寬可以容人，惟厚可以載物。○應事接物，惟在時中。○事纔入手，便當思其發脱。○事已往，不追最妙。○凡慎動，當先慎其幾於心，次當慎言、慎行、慎作事，皆慎動也。○作事謹其始，所以慮其終，所謂「永終知敝」是也。不能謹始慮終，乘快作事，後或難收拾，則必有悔矣。○惟正足以服人。○清心省事，居官守身之要。○沉静詳密者能立事，浮躁忽略者反此。○作事只是求心安而已，然須理明，則知其安者安之，理有未明，則以不當安者爲安矣。○伊尹曰「接下思恭」，豈惟人君當然哉？有官君子於臨衆處事之際，所當極其恭敬，而不可有一毫傲忽之心。不惟臨衆處事爲然，退食宴息之時，亦當致其嚴肅，而不可有頃刻褻慢之態。臨政持己，内外一於恭敬，則動静無違，人欲消而天理明矣。○盆成括小有才，而不知君子之大道，適足以殺其身。蓋人知大道，則明於進退存亡、吉凶消長之理，必不至於輕率逞才妄爲以取禍也。○李景讓母鄭氏曰：「士不勤而禄，猶災其身。」雖婦人之言，亦可以爲居官怠職者之戒。○處大事不可大厲聲色，付之當然可也。○不觀諸陰陽乎，其化皆以漸而不驟。人之處事如是，則鮮失矣。○處事識爲先，斷次之。○事來不問大小，即當揆之以義。○識量大，則毁譽欣戚，不足以動其中。○必能忍人不能忍之觸忤，斯能爲人不能爲之事功。○近看得處事有二法：知以别可否，義以决取舍，斯無過舉矣。○處事當沉重詳細堅正，不可輕浮忽略，故易多言「利艱貞」。蓋艱貞則不敢輕忽，而必以其正，所以吉也。○只順理便是行道。○處事不可令人喜，亦不可令人怒。○事貴審處，古人謂「天下甚事不因忙後錯了」，真名言也。○事合義，雖大不懼；不合義，雖小當謹。○處事當詳審安重，爲之以艱難，斷之以果决，事了則當若無事者。不可以處得其當，而有自得之心，若然，則反爲所累矣。○大事小事，即平平處之，更不見於言，尤妙。○處事，大宜心平氣和。○處事最當熟思緩處，熟思則得其情，緩處則得其當。○安重深沉者能處大事，輕浮粗率者不能。○誠意孚於未言之前，則言出而人信之。○作事快心，必慎其悔。蓋消息循環，自然之理，持之有道，則雖亢而非滿矣。○人須有容乃大，古謂山藪藏疾，川澤納污，瑾瑜揜瑕，有容之謂也。○覺人詐而不形於言，有餘味。○戒太察，太察則無含弘之氣象。○接物大宜含弘，如行曠野而有展步之地。不然太狹，無以自容矣。○處事不可使人知恩。○欲人悅己，則人有惡己者矣。○定見明，自信篤，可以處大事。○忍所不能忍，容所不能容，惟識量過人者能之。○只令在己者處得是，何恤浮言？○乾以易知，坤以簡能。乾坤只是自然，故易簡。人能順自然之理，則易簡者可默識矣。○積誠而人不感者，未之有也。○機事不密則害成，易之大戒也。○不爲衆譽而加喜，不爲衆毀而加戚，其過人遠矣。○待人當寬而有節。○集衆人之耳目爲一己之耳目。○以誠感人者，人亦以誠應；以詐御人者，人亦以詐應。○凡所爲，當下即求合理，勿曰今日姑如此，明日改之。一事苟，其餘無不苟矣。○法立而行，則人不玩。○臨屬官，公事外，不可泛及他事。○左右之言，不可輕信，必審其實。○小人不可與盡言。○待小人嚴而和，所謂「不惡而嚴」也。○分外之事，一毫不可與。○立得脚定，須寬和以處之。○不知言，無以知人。蓋知言則理明，於人之賢否無遯情，如鑑之照物。○接人言貴簡，不可一語冗長。○待左右當嚴而惠。○一字不可輕與人，一言不可輕許人，一笑不可輕假人。○貴斷制撇脱。○少欲則心静，心静則事簡。○簡者，非厭事繁而求簡也，但爲所當爲，而不爲所不當爲耳。○事未至，先無一物在心，則事至應之不錯。若事未至，先有三端兩緒在心，則先自撓雜矣，應事安得不錯乎。○文中子曰：「童僕稱恩，可以從政矣。」○又曰：「古之從仕者養人，今之從仕者養己。」切中後世禄仕之病。○内健則有必去之志，外悦則無悻悻之色，决小人之善道也。○「隨風，巽」，風有漸次柔入之義，君子法其象，亦當丁寧其命於再三以行事，則入人深，而人易從矣。○張南軒「無所爲而爲之」之言，其義甚大。蓋無所爲而爲者，皆天理；有所爲而爲者，皆人欲。如日用間大事小事，只道義合當如此做，做了心下平平，如無事一般，便是無所爲而爲。若有一毫求知求利之意，雖做十分中理，十分事業，總是人欲之私，與聖人之心絶不相似。○聖賢成大事業者，從戰戰兢兢之小心來。○唐郭子儀竭忠誠以事君，故君心無所疑，以厚德不露圭角處小人，故讒邪不能害。

○節儉朴素，人之美德；奢侈華麗，人之大惡。○嘗見人尋常事處置得宜者，數數爲人言之，陋亦甚矣。古人功滿天地，德冠人群，視之若無者，分定故也。○見事貴乎理明，處事貴乎心公。理不明，則不能辨别是非；心不公，則不能裁度可否。惟理明心公，則於事無所疑惑，而處得其當矣。○世之廉者有三：有見理明而不妄取者，有尚名節而不苟取者，有畏法律保禄位而不敢取者。見理明而不妄取，無所爲而然，上也。尚名節而不苟取，狷介之士，其次也。畏法律保禄位而不敢取，則勉强而然，斯又爲次也。○去弊當治其本，本未治而徒去其末，雖衆人之所暫快，而賢知之所深慮。○治獄有四要：公、慈、明、剛。公則不偏，慈則不刻，明則能照，剛則能斷。○如治小人，寬平自在，從容以處之。事已則絶口不言，則小人無所聞以發其怒矣。○處人之難處者，正不必厲聲色，與之辨是非，較長短，惟謹於自修，愈謙愈約，彼將自服。不服者，妄人也，又何校焉！

胡敬齋先生曰：天下縱有難處之事，若順理處之，不計較利害，則本心亦自泰然。若不以義理爲主，則遇難處之事，越難處矣。○人不能處事，只是不能窮理。理明，天下無難處之事矣。化民全要身修。○只「不愧屋漏」，則是吾之職分已盡。若夫富貴貧賤禍福，皆當處之以義，不可累吾心也。○智計之人，多不能保其身者，其智易窮也。何以易窮？以非天地間正理也。明哲保身是正理，非智計也。○處事不用智計，只循天理，便是儒者氣象。○三代以下事業，皆出於才智，有暗合道理處，是天資之美。○呂東萊謂「有事是而心非者」，然論其極，則内外一致，本末一事，未有心非而事是者。苟林父、伯宗，不能陳示天理之當然，不過謂謀利計功之私，謂之是可乎？五霸假仁義，事雖似是，然謂之假，則不是矣。○泥古則闊於事情，狥俗則傷於苟簡。二者皆非天理時中。○恃才者最是人之大病，不惟敗事，必不能保身。舍己從人，方做得天下事。○不可以私意喜一人，不可以私意怒一人。○順理處事，能使人心自服。○才之善者即是德，德之備者必有才。○看盡天下事，只要不失其本心。心爲主，事爲客，以主待客，則我不勞而事治，蓋處之各得其所也。程子曰：「己立後自能了得天下萬事。」○天下事要心去處，身去行，然「物各付物」，則無事矣。何謂「物各付物」？順理處便是。○脩己後，自能教人，能治人，此合内外之道。○才不勝不可居其位，職不稱不可食其禄。○人到義理貫通處，處事自有要。○處事應物不可狥己偏好，須省察當爲與不當爲，當理與不當理。○事物皆是理，不順理處不得事，上面生些計較便不好。○事事有一定道理，須要見得明，養得熟，應酬之際方無滯礙。○聖賢處事每斷之以義，不顧利害；智謀之士專計利害，不顧義理。然義理者，人心之同然。聖賢制事以義，故人心自然歸仰。智謀之士多失人心，以致禍害。○被雜事昏擾者，心役於物也。苟能立己，事雖多當整，整不亂。○事事推尋義理以處之，非惟事治，學益進，德益修。○事雖要審處，然亦不可揣度過了。事雖要聽從他人説，亦不可爲人所惑亂，擇須精，行須果。○義以制事者，義有剛毅果斷之意，以之制事，則不牽於私意。○處事之法，正己爲先，順理以行之，人之從違，不可必也。不可趨時好，然順理處，天且不違，況於人乎？故行有不得，皆反求諸己。○吉凶者，得失之象也。凡天下之事，得其理則吉，失其理則凶。六十四卦、三百八十四爻皆然。雖否、困、蹇、剥之時，苟處之有道，在我亦有吉亨之理。○人之身皆天理所爲，舍了理，如何做得人，如何處得事？○萬事有根本總領，根本總領不正，其餘俱不可正。○天下之事，不是自己理明身脩，决做不得。○格君心者，須分邪正，明義利，辯王霸。使君心曉然知王道之當行，不安於霸功之小，庶可與之有爲。○朱子在孝宗時，又與程子時不同。程子之時只要脩舉先王之政，南宋時大段弱削，若不復讎討罪，則三綱不振，人心沮喪，而國非國矣。故脩德用賢，練兵舉義，此處做得起，國勢可振，王道可行。○楊龜山言王荆公「離内外，判心跡，使道常無用於天下」，此最説出荆公學術偏處。○宰相以不蔽賢、不忌功爲賢，故曰「其心休休焉」。○處小人不可一向疾惡之，須先以善養之，養之不格，然後從而處置之。○古人作事從本上作，所以簡要。如曰「舉直錯諸枉」，能使枉者直，是甚簡要。後人作事無不受多少煩苦，費盡力作事不得。○未有官不得人而害不及民者。

羅整菴先生曰：世道升降，繫於人不繫於天。誠使吾人顧惜廉耻之心，勝於營求富貴之念，三代之盛，未有不可復者。○文王之民，無凍餒之老，是五十者鮮不衣帛，七十者鮮不食肉也。今之槁項黄馘輩，歲得一布袍，朝夕得一盂蔬食，苟延殘喘，爲幸已多，何衣帛食肉之敢望耶？少壯之民，窘於衣食者常八九，饑寒困苦之狀，殆不可勝述。中間〔三〕。○二歲計租，給或稍有贏餘，貪官污吏又從而侵削之，受役公門不過一再，而衣食之資，有不蕩然者鮮矣。此皆有目者之所共見，誠可哀也。仁人君子，能不思所以拯之之策耶？○處事所謂無意者，無私意爾。自日用應酬之常，以至彌綸參贊之大，凡其設施運用，斟酌裁制，莫非意也。云胡可無，惟一切循其理之當然而已，無預焉，斯則所謂無意也已。○忠告善道，非惟友道當然，人臣之進言於君，其道亦無以易此。故矯激二字，所宜深戒。夫矯則非忠，激則未善，欲求感格難矣。然激出於忠誠猶可，如或出於計數，雖幸而有濟，其如勿欺之戒何哉？○嘗自一邑觀之，爲政者苟非其人，民輒生慢易之心，雖嚴刑峻法無益也。一旦得賢者而臨之，民心即翕然歸向，其賢不肖，亦不必久而後信。但一嚬笑、一舉措之間，民固已窺而得之。風聲之流，不疾而速，其向背之情，自有不約而同者，乃感應之常理也。故君子之守，脩其身而天下平；大臣之業，一正君而國定。知遠之近，知風之自，知微之顯，斯可以爲政矣。政與德無二道也。○凡事皆有漸，其漸方萌，是即所謂「幾」也。《易》曰「知幾其神乎」。

高景逸先生曰：夫士卑居，悒悒不得志，謂不能一日居得爲之位，爲其所欲爲，是不過慕富貴耳，非實有爲者也。人有必爲之心，天下未嘗無可爲之事，未嘗爲之，而輒自阻抑者多矣。○天下事，敗於邪見之小人、無見之庸人、偏見之君子。○不可專取人之才，當以忠信爲本。自古君子爲小人所惑，皆是取其才。小人未有無才者。○天下事皆當顧日後，不當狥目前。惟救荒只宜顧目前，不當慮日後。何者？民既無食，近患已在目前，遠憂豈在日後耶？○人生作令，率爾放過，真是寶山空回。一生令名，百世血食，方寸有無窮之慊，子孫有無窮之報，不過三年中，一念自持而已。○損冗兵百，可養壯士十。平時養壯士十，臨事可得精兵百。○趙儕鶴先生居銓曹，孜孜矻矻，繫心海内賢人君子，推轂遷除，蓋無虚日，機要所關，身不得爲，必倡率同志爲之，所訪必擇其人，所聞必考其自。癸巳，司内計，先黜其姻一人，而當路私人無一得免，國論大快。其言曰：「君子在救民，不能救民，筭不得帳。」○黄仰齋守嘉郡，自奉惟蔬腐。日蚤起，坐堂，皇門無守者，即窮鄉下邑，婦女豎稚，皆得自達，胥隸無敢呵阻。監司兩院檄至，即纖悉事不可意，輒封之還監司。使者嚴憚公，不啻如其屬。士大夫登公堂，亦凛凛無敢爲居間者。○歐陽宜諸守毘陵，到任，五縣設供帳，盡撤還之，自製布幃瓦器，日費錢不滿百文。積公用千金，復龍城書院故址，爲先賢祠，祀一郡鄉賢，自延陵季子以下六十九人，考其行事，人著爲傳，頒布士庶，使知仰止。每以春秋，集五邑紳衿於祠中，講學問政，凡農桑、水利、人才、賦役，無不咨究，而於激濁揚清，抑强扶弱，尤惓惓焉。

以上總論臨政處事。諸先生言雖不同，而主意則一。蓋以事無大小，不用智計，不容一毫私意，但順理以處之，便是王道，而其要旨，在於審幾微。故丘瓊山大學衍義補一百六十卷，前補一卷審幾微，首言「謹理欲之初分」，次言「察事幾之萌動」，次言「防姦萌之漸長」，次言「炳治亂之幾先」。以爲善爲天下國家者，謹於微而已矣。謹微之道，在於能思。是以欲興一言，作一事，取一物，用一人，必於未行之先，欲作之始，揆之於心，反復紬繹，至再至三。慮其有意外之變，恐其有必至之憂，如何而處之則可以盡善，如何而處之則可以無弊，如何而處之則可以善後而久遠，皆於念慮初萌之先，事幾未著之始，思之必極其熟，處之必極其審，然後行之。如此，則不至於倒行逆施，而收萬全之功矣。苟爲不然，率意妄行，徒取一時之快，而不爲異日之圖，一旦馴致於覆敗禍亂，無可奈何之地，雖聖人亦將奈之何哉！是故君子之行事也，欲防微而杜漸，必熟思而審處，此居官處事之要道也。至於程子心法，則在乎「因物付物」，與夫隨時變易以從道。張子惟知有義理，則「習坎而心亨」。朱子只有一箇「正其誼不謀其利，明其道不计其功」，「公平正大行將去，其濟不濟天也」。薛敬軒處事貴斷制撇脱，胡敬齋處事只循天理，不用智計。羅整菴之顧惜廉耻，高景逸之志在救民，皆是心爲主，事爲客，以主待客，則我不勞而事治，蓋處之各得其所也。此皆切要至理，遵而行之，便是儒者事業，與彼機變智謀之輩，有雲泥之隔矣，學者宜思辨焉。

校勘記

〔一〕故程子曰成王之賜　「程」，原作「孔」，各本同。按，下語出自二程遺書卷一一：「成王之賜，伯禽之受，皆不能無過。」今據二程遺書改。

〔二〕與其覈實檢察於其終　「覈」，原作「覆」，據朱子語類卷一〇八改。

〔三〕中間　據上下文義，疑此二字爲衍文。

五子近思録發明卷十一

教人之道

平巖葉氏曰：「此卷論教人之道。蓋君子進則推斯道以覺天下，退則明斯道以淑其徒，所謂得英才而教育之，即『新民』之事也。」愚按：天地間惟有此道，人生天地間，惟有此學。地無邊腹，時無古今，人無窮達，官無文武，無不可學，無不可爲賢爲聖。故曰人性皆善，人皆可以爲堯舜，第患無提撕警覺之人耳。如有人焉，提撕警覺，呼寐者而使之寤，雖至顓蒙，未有不醒然悟、遽然覺者也。故君子進則推斯道以覺天下，伊、傅、周、召之事功是也；退則明斯道以淑其徒，孔、曾、思、孟之事功是也。而教人之事功更大。天下英才，一半是天生，一半是教成。苟得一世明睿之才，而以所樂乎己者教而養之，則斯道之傳，得之者衆，而天下後世將無不被其澤矣，豈僅一時澤加於民之事功而已哉！但教人之道，亦有成法。「子以四教，文、行、忠、信」，有師儒之責者，自當以孔聖爲法，因材而篤，循循善誘。故朱子於居官處事之後，而以教人之道繼之。明乎聖賢之心無所偏倚，出則以行道爲主，處則以教人爲第一義也。然皆推己以及人，故葉氏曰「即『新民』之事」，學者宜盡心焉。

濂溪先生曰：剛善，爲義，爲直，爲斷，爲嚴毅，爲幹固；惡，爲猛，爲隘，爲强梁。柔善，爲慈，爲順，爲巽；惡，爲懦弱，爲無斷，爲邪佞。朱子曰：氣稟剛柔固陰陽之大分，而其中又各有善惡之分焉。惡者固爲非正，而善者亦未必皆得乎中也。惟中也者，和也，中節也，天下之達道也，聖人之事也。朱子曰：此以得性之正而言也。然其以和爲中，與中庸不合，蓋就已發無過不及者言之，如書所謂「允執厥中」者也。〇「中庸」之中，兼中和之義。若不識此理，則周子之言，更解不得。「中也者，和也」，別人不敢恁地說。「君子而時中」，便是恁地看。故聖人立教，俾人自易其惡，自至其中而止矣。朱子曰：「易其惡」，則剛柔皆善，有嚴毅慈順之德，而無强梁懦弱之病矣。「至其中」，則其或爲嚴毅，或爲慈順也，又皆中節，而無太過不及之偏矣。

此言教人以變化氣質爲先也。張子曰：爲學大益，在自求變化氣質。朱子曰：知其所偏而欲勝之，在吾日用之間，屢省而痛懲之耳，豈他人所得而與於其間哉？吴敬菴曰：「欲使天下皆善，在於師以教之而已。」蓋天之理無不善，而人所稟氣質之性有不齊，於是剛柔既分，而善惡又異，有兼得剛柔之善而無過不及者爲中，此其氣質清明純粹，而有以全其天理者至矣。析而言之，剛之善者，爲直而不屈也，義能裁制也，斷而明决也，嚴峻而强毅也，幹事而堅固也；其惡者，爲猛而暴遽也，隘而不能容也，强梁而不順理也。柔之善者，爲慈而惠愛也，順而温和也，巽而謙退也；其惡者，爲懦弱而不能自立也，無斷而多疑也，奸邪而諛佞也。夫惡者固非正，而善者亦未必得事理之當然，惟無過不及之中，亦即無所乖戾之和也，發而皆中節者也，天下所共由之達道也，是聖人之能事也。故聖人以在我之中而立修道之教，使人變化氣質，全盡天理。然實用其力，豈他人所能與哉？在於自易其剛柔之惡，而一歸於善，自至其無過不及之中，而發皆中節，如是而已矣。此師道之所以立也。

伊川先生曰：古人生子，能食能言而教之。大學之法，以豫爲先。人之幼也，知思未有所主，便當以格言至論，日陳於前，雖未曉知，且當薰聒，使盈耳充腹，久自安習，若固有之，雖以他言惑之，不能入也。若爲之不豫，及乎稍長，私意偏好生於内，衆口辯言鑠於外，欲其純完，不可得也。

此言教之貴早也。學記曰：「禁於未發之謂豫。」胡雲峰解「童牛之牿」曰：「『祭天地之牛，角繭栗』，童則未有角，其天全矣，此時牿之，禁於未發者也。」故古者子生，能食則教之以右手，能言則教之唯諾。至於養蒙以正，日日以格言至論教之，充腹皆「以豫爲先」之意，所謂「少成若天性，習慣如自然」是也。若教之不早，及其稍長，内爲物欲所陷溺，外爲習俗所漸染，欲其心德之無偏駁，難矣。

觀之上九曰：「觀其生，君子无咎。」象曰：「觀其生，志未平也。」傳曰：君子雖不在位，然以人觀其德，用爲儀法，故當自慎省，觀其所生，常不失於君子，則人不失所望而化之矣。不可以不在於位故，安然放意，無所事也。

此言君子以身教也。上九爲無位之地，然當觀之時，高而在上，是世之師表，國人所矜式者。故「觀其生」，只就一身之視聽言動、應事接物處常自慎省，自觀其得失，常不違乎君子之道，則人有所觀瞻，不失所望，而用爲法則。若以爲不在於位而輕意肆志，則不足以爲人之矜式矣。

聖人之道如天然，與衆人之識甚殊邈也。門人弟子既親炙，而後益知其高遠。既若不以可及，則趨望之心怠矣。故聖人之教，常俯而就之。事上臨喪，不敢不勉，君子之常行。

不困於酒，尤其近也。而以己處之者，不獨使夫資之下者勉思企及，而才之高者亦不敢易乎近矣。

此言聖人設教，當俯而就之，以誘進中人也。蓋道不離乎日用人倫事物之間，固衆人之所能知能行者也。但在聖人，不待思勉而自然從容中道耳。常人則必百倍其功，勉思企及，始可以言近道也。故聖人循循善誘，因人之資以設教，不使之徒見高遠而自沮，亦使才之高者不敢忽乎近也。

明道先生曰：憂子弟之輕俊者，只教以經學念書，不得令作文字。子弟凡百玩好皆奪志。至於書札，於儒者事最近，然一向好著，亦自喪志。如王、虞、顔、柳輩，誠爲好人則有之，曾見有善書者知道否？平生精力，一用於此，非惟徒廢時日，於道便有妨處，足知喪志也。

此言教子弟以立志求道爲切務，不得令作文字，以長其浮華之習，奪其求道之志也。蓋子弟之輕浮俊秀者，憚拘束而好馳騁，若使作文字，則得以用其才氣，而長其浮華之習，心愈放而離道愈遠矣，此最可憂者也。故明道先生教人「只教以經學念書」，窮究義理，稽考聖賢之成法，則可以收放心、養德性，而於道知所向，不得使作文字，恐奪其求道之志也。又言凡百玩好，如書、畫、琴、棋之類，皆易奪其求道之志。至於習字作簡，乃儒者之一藝，若專攻於此，不但荒廢時日，有礙於學問，而志局於此，於道亦有妨也。如王羲之、虞世南、顔真卿、柳公權，皆工書札，亦各有風節，表見當世，然終不足以知道，故先生教人以立志求道爲切務也。

胡安定在湖州，置治道齋，學者有欲明治道者，講之於中，如治民、治兵、水利、算數之類。嘗言劉彝善治水利，後累爲政，皆興水利有功。

此言教人當明治道以適於用也。蓋治道即經濟實學，如治民則有政教設施之方，治兵則有戰陣部伍之法，水利則有江河渠堰之利，算數則有律曆九章之數，皆當隨各人聰明材質，預先講明，庶幾臨事應變，方有實用。故胡安定特置治道齋，以此教人。及劉彝治水利有功，皆平日講明之力也。

凡立言，欲含蓄意思，不使知德者厭、無德者惑。

此言立説垂世以教人，欲句句有意味也。蓋有德之言，和順積中，英華發外，其含蓄意思使人探討不盡，愈咀嚼愈有味。若造道之言，則恐太説盡，反無意味。故程子教人立言，必以含蓄意思爲妙。有含蓄，則知德者玩其意而不厭、無德者守其説而不惑矣。

教人未見意趣，必不樂學。欲且教之歌舞，如古詩三百篇，皆古人作之。如關雎之類，正家之始，故用之鄉人，用之邦國，日使人聞之。此等詩，其言簡奥，今人未易曉。别欲作詩，略言教童子洒掃、應對、事長之節，令朝夕歌之，似當有助。

此言教人貴有以興起好學之心，但人未見意趣，無所興起，奚肯好學？故古人教童子歌詩學樂，舞勺舞、象舞，無非欲見意趣，使人興起其好學之心也。故伊川先生有「教之歌舞，使見意趣」之説。又慮古詩三百篇，言簡約而意深奥，别欲作詩，略言教童子洒掃、應對、事長之節，然其詩未作也。朱子嘗取六經、四書中要義，約爲韻語，名曰性理吟，以訓其子。唱歎之間，理趣躍如，即程子「别欲作詩」之意。而吾師胡匏更先生，復補作洒掃、應對、事長諸詩，名曰蒙養詩教，俾童子朝夕歌之，常有形於舞蹈，興起好學之心。然則程子所謂「見意趣」者，即先王教胄舞象之遺意。凡有志於教人者，不可不留心看性理吟與蒙養詩教也。

子厚以禮教學者最善，使學者先有所據守。

此言教人立於禮也。葉氏曰：禮以恭敬辭遜爲本，而有節文度數之詳，學者從事乎此，則日用言動之間，皆有依據持守之地矣。

語學者以所見未到之理，不惟所聞不深徹，反將理低看了。

此言教人不可驟語以未到之理也。聖人教人不躐等，因其高下而告語之，故曰「當其可之謂時」。若語以所見未到之理，則不當其可矣，又將理低看了，安望其尊所聞乎？

舞、射便見人誠。古之教人，莫非使之成己。自洒掃應對上，便可到聖人事。

此言教人以誠實，便是教人做聖人。聖人之所以爲聖者，不過全此實理而已。誠者，所以成己也。故教人舞，所以導其和；教人射，所以正其志。若不以誠心爲之，何能舞、射皆中節乎？即洒掃應對，無非教之以誠，誠之至，便可以爲聖人也。

自「幼子常視無誑」以上，便是教以聖人事。視，與示同。

易曰：「蒙養以正，聖功也。」古人自幼學做聖人，全賴教之以正。幼子欺誑，便壞胚了，故教之毋欺誑。毋誑，所以誠也。惟聖人无妄，故自幼常示毋誑，便是教以聖人事。

今人全不知此理，所以「蒙養弗端」也。

「先傳」、「後倦」，君子教人有序。先傳以小者近者，而後教以大者遠者，非是先傳以近小，而後不教以遠大也。

此言君子教人有序，等不可躐也。夫事有大小，理惟一致，俱要理會。但小者近而易知，大者遠而難見，須是先從小者近者理會起，方漸而至於遠者大者。非以其先而傳之，非以其後而倦教也。故君子教人有序，不可圖速效，捨近小而竟趨遠大也。

伊川先生曰：說書必非古意，轉使人薄。學者須是潛心積慮，優游涵養，使之自得。今一日說盡，只是教得薄。至如漢時說下帷講誦，猶未必說書。

此言道理貴潛心玩索，不可一日說盡也。蓋一日說盡無遺義，只作一場話說，轉使聽之者看得理薄了。故教人者，先發其端，使人繹思，然後詳與之說，即聖人「不憤不啓，不悱不發」之意也。

古者八歲入小學，十五入大學，擇其才可教者聚之，不肖者復之農畝。蓋士農不易業，既入學則不治農，然後士農判。在學之養，若士大夫之子，則不慮無養，雖庶人之子，既入學則亦必有養。古之士者，自十五入學，至四十方仕，中間自有二十五年學，又無利可趨，則所志可知，須去趨善，便自此成德。後之人，自童稚間已有汲汲趨利之意，何由得向善？故古人必使四十而仕，然後志定。只營衣食却無害，惟利禄之誘最害人。本註云：人有養，便方定志於學。

此言士有定志，方得趨善以成德也。葉氏曰：先王設教，養之周而行之久，士有定志，專於修己，而緩於干禄，故能一意趨善，卒於成德。後世反是。只營衣食者，求於力分之内，未足以奪志，故無害。若誘於利禄，則所學皆非爲己，而根本已撥矣，故害最甚。

天下有多少才，只爲道不明於天下，故不得有所成就。且古者「興於詩，立於禮，成於樂」，如今人怎生會得？古人於詩，如今人歌曲一般，雖閭巷童稚，皆習聞其説而曉其義，故能興起於詩。後世老師宿儒，尚不能曉其義，怎生責得學者，是不得「興於詩」也。古禮既廢，人倫不明，以至治家皆無法度，是不得「立於禮」也。古人有歌詠以養其性情，聲音以養其耳目，舞蹈以養其血脉，今皆無之，是不得「成於樂」也。古之成材也易，今之成材也難。

此言古今成材之難易。但程子因事變而歎傷，學者當因其尚存者而深考之，不可以自畫也。西山真氏曰：「自周衰，禮樂崩壞，然禮書尚有存者，制度文爲，尚可考尋，樂書則盡闕不存。後之爲禮者，既不合先王之制，而樂尤甚焉。今世所用，大抵鄭衛之音，雜以戎翟之聲而已，適足以蕩人心、壞風俗，何能有補乎？然禮樂之制雖亡，而禮樂之理則在。故樂記謂『致禮以治身，致樂以治心〔一〕。外貌斯須不莊不敬，而慢易之心入之矣；中心斯須不和不樂，則鄙詐之心入之矣』。莊敬者，禮之本也。和樂者，樂之本也。學者誠能以莊敬治其身，和樂養其心，則於禮樂之本得之矣，亦足以立身而成德也。三百篇之詩，雖云難曉，今諸老先生發明其義，了然可知。如能反復涵泳，真可以感發興起〔二〕，則所謂『興於詩』者，亦未嘗不存也。」雲峰胡氏曰：「無程子之說，後世不知所以成材之難。無真氏之說，後世遂真以成材爲難矣。況詩自性情中流出，非吾心外物。天高地下，合同而化，天地間自然之禮樂。禮是敬，樂是和，亦非吾心外物也。」愚謂學者果能依西山、雲峰之說而用功焉，則成材亦不難矣。

孔子教人「不憤不啓，不悱不發」。蓋不待憤悱而發，則知之不固；待憤悱而後發，則沛然矣。學者須是深思之，思而不得，然後爲他說便好。初學者須是且爲他說，不然，非獨他不曉，亦止人好問之心也。

此言教不可輕，正欲學者勉爲受教之地也。蓋憤是不知此理而不安於不知，故發憤求知；悱是將知此理而知猶未徹，故在口中半吞半吐，不得説破。憤者意全未開，故啓以開其意；悱者意稍開，但詞未達，故發以達其詞。「不啓」、「不發」，正欲使之憤悱，以受吾啓發，非以啓發之無益而反生其疑也。但不待憤悱而遽啓發之，則未嘗深思，其受之也必淺，既無所得，則其聽之也若亡。待憤悱而後發，則深思力窮而倏然有得，必沛然而通達矣。若夫誘進初學，則又不必待其憤悱，而先要爲他講解也。

横渠先生曰：「恭敬、樽節、退讓以明禮」，仁之至也，愛道之極也。己不勉明，則人無從倡，道無從弘，教無從成矣。

此張子以禮教學者，要人勉而明之也。曲禮曰：「君子恭敬、樽節、退讓以明禮。」鄭氏曰：「樽，猶趨也。」謂趨就乎節約也。恭敬者，禮之本；樽節、退讓者，禮之文。君子從事乎此，則視聽言動之間，天理流行，人欲消盡，而心德全矣，是仁之至也。恭敬則無慢忽，樽節則無驕溢，退讓則無怨争，是皆所以盡仁愛之道者也。蓋人必以禮而倡率，道必以禮而弘大，教必以禮而成就，勉明則全在乎己耳。若己不勉明斯禮，則人何從倡，道何從弘，教何從成乎？甚矣，禮之不可不勉明也。

學記曰：「進而不顧其安，使人不由其誠，教人不盡其材。」其安、其誠、其材，皆謂受教者。人未安之，又進之；未喻之，又告之，徒使人生此節目。不盡材，不顧安，不由誠，皆是施之妄也。教人至難，必盡人之材，乃不誤人。觀可及處，然後告之。聖人之教，直若庖丁之解牛，皆知其隙，刃投餘地，無全牛矣。人之才足以有爲，但以其不由於誠，則不盡其才。若曰勉率而爲之，則豈有由誠哉？

此言教人必要盡人之材也。夫「進而不顧其安，使人不由其誠」，皆凌節躐等，不當其可而施之，安能盡人之材乎？惟聖人教人，隨材施教，各當其可，如庖丁解牛，洞見間隙，目無全牛，方能盡人之材，而各有成就也。大抵人才之才，皆足以有爲，但徒使人勉率爲之而無誠心，則雖材所可爲者，亦不能盡之矣。朱子曰：「嘗見橫渠簡與人，謂其子日來誦書不熟，宜教他熟誦，盡其誠與材。」由此觀之，人能專心致志，用百倍之功爲之，使書成誦透熟，則是盡其誠與材也。

古之小兒，便能敬事。長者與之提攜，則兩手奉長者之手；問之，掩口而對。蓋稍不敬事，便不忠信。故教小兒，且先安詳恭敬。

此言教小兒先要安詳恭敬，所以防其驕惰之根也。安謂安靜而不輕躁，詳謂詳審而不麤率，恭則端莊而形於外，敬則畏懼而存於中。習此四者不失，則可以收其放心而養其德性，安得有驕惰之事乎？不驕惰則能敬事長者。長者與之提攜，即知捧長者之手，長者問之，則知掩口而對。此教小兒必以安詳恭敬爲先。

孟子曰：「人不足與適也，政不足與間也，唯大人爲能格君心之非。」非惟君心，至於朋游學者之際，彼雖議論異同，未欲深較。惟整理其心，使歸之正，豈小補哉！

朱子曰：「大人格君心之非，此是精神意氣自有感格處，然亦須有箇開導底道理，不但默默而已。伊川解『遇主於巷』，云『至誠以感動之，盡力以扶持之，明理義以致其知，杜蔽惑以誠其意』，正此意也。」今張子以此意用之於朋游學者之際，極得感乎朋友之道，雖議論異同，不欲與之深辨。然整理其心，使歸之正，其挽回補救之功，受益無窮，關係甚大，非道全德備之大人不能也。

人教小童，亦可取益，絆己不出入，一益也；授人數數，已亦了此文義，二益也；對之必正衣冠，尊瞻視，三益也；常以因己而壞人之才爲之憂，則不敢惰，四益也。

此言教童子有四益，非認真訓蒙者不知也。養蒙之功，乃爲聖爲賢的基址，其責任甚重故師範要端莊，先做聖賢，然後可以當蒙師之任。第一益，可以拘束身心；第二益，可以曉徹文義；第三益，是存養工夫；第四益，是省察工夫。人能知此四益，而以養正爲己任，則師道立而賢才出，善人多矣。

晦菴先生曰：後生初學且看小學書，是做人底樣子。

此朱子教人第一步工夫也。小學書畫出聖賢模樣以示人，全是主敬之方，後生初學熟讀此書成誦，盡其誠與材，則聖賢根基從此立矣。

教道後進，須是嚴毅，然亦須有以興起開發之，徒拘束之，亦不濟事。

此即程子教人要見意趣之旨也。學者最怕太拘束，惟嚴以督之，寬以養之，又有誘掖獎勵之方以興起開發之，則彼日遷善而不知爲之者矣。

劉元城有言「子弟寧可終歲不讀書，不可一日近小人」。此言極有味。

甚言小人之不可近也。一日近小人，則終歲所讀之書，不足以勝之，何也？小人如蛇蠍，近之則爲彼所害矣。故賢子弟避小人如畏蛇蠍。然非歷過者不知，所以朱子贊其言之極有味也。

後生且教他依本子認得訓詁、文義分明爲急，自此反復不厭，日久月深，自然心與理熟，有得力處。今人多是躐等妄作，誑誤後生，輾轉相欺，其實都曉不得也。

此言教後生當以訓詁、文義爲急。認得訓詁分明，則可以名義理；認得文義分明，則可以求聖賢立言之本旨。久之心與理熟，而中心喜悦，其進自不能已矣。故後生讀書窮理，當以讀朱註爲入門第一要功，不於此熟讀精思者，難與講學也。

聖人教人爲學，非使人綴緝語言，造作文辭，但爲科名爵禄之計，須是格物致知，誠意正心修身，而推之以至於齊家治國，可以平治天下，方是正當學問。

此言正當學問當以大學八條目爲要規。須知聖賢之書，決不是教人專學作文字求取富貴，乃是教天下萬世做人的方法。今人都不曾依大學八條目反到自己身上來做，所以書自書，我自我，都不相關，都無意味。今遵朱子之意，先做了小學工夫，然後做大學工夫，立定主意，先從格物致知做起，一面思索體認，一面反躬實踐，使意誠、心正、身修，而推之以至於齊家、治國、平天下，則做人不患不到聖人、賢人地位也。

答孫仁甫曰：夫人無英氣，固安於卑陋而不足以語上；其或有之，而無以制之，則又反爲所使，而不肯遜志於學。此學者之通患也。所以古人設教，自灑掃、應對、進退之節，禮、樂、射、御、書、數之文，必皆使之抑心下首，以從事於其間而不敢忽，然後可以消磨其飛揚倔强之氣，而爲入德之階。今既皆無此矣，則唯有讀書一事，尚可以爲攝伏身心之助，然不循序而致謹焉，則亦未有益也。故今爲賢者計，且當就日用間致其下學之功。讀書窮理，則細立課程，耐煩着實，而勿求速解；操存持守，則隨時隨處省覺收斂，而毋計近功。如此積累，做得三五年工夫，庶幾心意漸馴，根本粗立，而有可據之地。不然，終恐徒爲此氣所使，而不得有所就也。

此言人有英氣而又遜志於學，其所就不可量也。夫英氣最害事，然肯遜志於學，讀書必能耐煩着實，而勿求速解；存心必能省覺收斂，而毋計近功。積累工夫三五年，則意定本立，將來成就必大。若不如此循序致謹，則雖有英氣，何益之有？

與魏應仲曰：所讀經文，切要反復精詳，方能漸見旨趣。誦之宜舒緩不迫，令字字分明。更須端莊正坐，如對聖賢，則心定而義理易究。不可貪多務廣，涉獵鹵莽，纔看過了，便謂已通。小有疑處，即便思索[三]，思索不通，即置小册子，逐一抄記，以時省閱。切不可含糊護短，恥於資問，而終身受此黯暗以自欺也。起居坐立，務要端莊，不可傾倚，恐至昏怠。出入步趨，務要凝重，不可剽輕，以害德性。以謙遜自牧，以和敬待人。凡事切須謹飭，無故不須出入，少説閒話，恐廢光陰，勿觀雜書，恐分精力。早晚頻自點檢所習之業，每旬休日，將一旬内書温習數過，勿令心少有放逸，則自然漸近道理，講習易明矣。

此在書齋中讀書存心之法。人能依此做工夫，則放心自收，而經書義理，亦易明白矣。

與長子受之曰：早晚受業請益，隨衆例不得怠慢。日間思索有疑，用册子隨手劄記，候見質問，不得放過。所聞誨語，歸安下處，思省要切之言，逐日劄記。不得自擅出入，與人往還。初到，問先生，有合見者見之，不合見則不必往。人來相見，亦啓稟，然後往報之，此外不得出入一步。居處須是恭敬，不得倨肆惰慢；言語須要諦當，不得戲笑諠譁。凡事謙恭，不得尚氣凌人，自取恥辱。不得飲酒，荒思廢業。亦恐言語差錯，失己忤人，尤當深戒。不可言人過惡及説人家長短是非。有來告者，亦勿酬答。交游之間，尤當審擇，雖是同學，亦不可無親疏之辨，皆當請於先生，聽其所教。大凡敦厚忠信，能攻吾過者，益友也。其諂諛輕薄，傲慢褻狎，導人爲惡者，損友也。推此求之，亦自合見得五七分，更問以審之，百無所失矣。但恐志趣卑凡，不能克己從善，則益者不期疏而日遠，損者不期近而日親。此須痛加檢點而矯革之，不可荏苒漸習，自趨小人之域。如此，則雖有賢師長，亦無救拔自家處矣。見人嘉言善行，則敬慕而紀録之。見人好文字勝己者，則借來熟看，或傳録之而資問之，思與之齊而後已。以上數條，切宜謹守。其所未及，亦可據此推廣。大抵只是勤謹二字。循之而上，有無限好事，吾雖未敢言，而竊爲汝願之；反之而下，有無限不好事，吾雖不欲言，而未免爲汝憂之。

此朱子訓子從學帖中撮要語也。其末幅有云：「汝若好學，在家足可讀書作文，講明義理，不待遠離膝下，千里從師。汝既不能如此，即是自不好，已無可望之理。然今遣汝者，恐汝在家汩於俗務，不得專意。又父子之間，不欲晝夜督責，及無朋友聞見，故令汝一行。汝若到彼，能奮然勇爲，力改故習，一味勤謹，則吾猶有望焉。不然，則徒爾勞費，只與在家一般。他日歸來，又只是在家伎倆人物，不知汝何面目歸見父母、親戚、鄉黨、故舊耶？念之念之！『毋忝爾所生』，在此一行，千萬努力！」愚思朱子教子，叮嚀諄切如此，讀之令人警惕，不敢不勉。凡千里從師者，皆當佩服此帖也。

古人上下之分雖嚴，然待臣僕如子弟，待子弟如臣僕。伯玉之使，孔子與之坐；陶淵明籃輿，用其子與門人；子路之負米，子貢之埋馬，夫子之釣弋，有若之三踊於魯大夫之庭，冉有用干却齊以入其軍，而樊須雖少，能用命也。古之人，執干戈，衛社稷，窮耕稼陶漁之事，後世驕侈日甚，反以臣子之職爲恥。此風日變，不可復也。士君子知爲學者漸率其子弟，庶幾可少變乎？〔四〕

此言待子弟當如臣僕，以挽回驕侈之風，全在士君子知學者漸率其子弟，以盡臣子之職耳。

古人小學只教之以事，便自養得他心，不知不覺自好了。如今全失了小學工夫，要補填實難，只得教人且把敬爲主，收歛身心方可。

此朱子以「敬」之一字填補小學工夫也。收歛身心，只是一箇敬。不主敬而欲收放心，東追西捉，愈見費力，縱使捉得住，亦是箇死物事。其虛靈不昧，所以具衆理，應萬事，俱不能矣。惟整齊嚴肅，主一無適，則隨動隨靜，自然收歛不放。心既不放，則內有主，自然神明不測，體用不虧，而通達萬變也。故「敬」之一字，可以包得小學。敬是徹上徹下工夫，小學、大學皆不可無也。

聖人教人，大概只是說「孝弟忠信」日用常行底語。人能就上面做將去，則心之放者自收，心之昏者自著。如「心」、「性」等字，到子思、孟子，方說得詳。

此言聖人教人所言皆易知易能，人以爲淺近，不知聖人所以爲萬世宗師者，正在此。堯舜之道，不過孝弟。乾卦言「君子進德修業」，直上達天德，不過這箇忠信，天來大事，只在日用常行，但人不肯就上面做將去耳。即子思、孟子說「心」、「性」字極詳，人以爲微妙究竟。子思說「庸德之行」，推之以至其極，亦只是舜之大孝，武王、周公之達孝。孟子道「性善」，亦指孩提知愛知敬以證之。以此知孔子集列聖之大成，而爲萬事宗節者，其高處、微妙處正在此也。

夫子說「非禮勿視、聽、言、動」，「出門如見大賓，使民如承大祭」，「言忠信，行篤敬」；孟子又說「求放心、存心、養性」；大學又教人「格、誠、正」；程子又發明一「敬」字。各自觀之，似乎參錯不齊，千頭萬緒，其實只一理，只就一處下工夫，則餘者皆兼攝在裏許。聖賢之道如一室，雖門户不同，從一處行來都入得，但恐不下功夫爾。

此朱子教人最切要語也。人若就一處着實下功夫，則餘者皆兼攝在裏許，亦省許多氣力。

嘗問學者曰：公今在此坐，是主靜，是窮理？久之未對，曰：便是公不曾做工夫，若不是主靜，便是窮理，只有此二者。既不主靜，又不窮理，便是心無所用，閒坐而已。如此做工夫，豈有長進之理？

此言用心不可使一刻閒也。涵養本原，思索義理，兩件工夫要着實下手做，則無一刻閒坐矣。朱子嘗教人半日靜坐，半日讀書，如此一二年，無不長進者。果能依此做工夫，何待一二年？即做數月不間斷，便有日異而月不同之進益也。

科舉文字固不可廢，然近年翻弄得鬼恠百出，都無誠實正當意思，一味穿穴，旁支曲徑，以爲新奇，此是今日莫大之弊。今欲革之，莫若取三十年前渾厚純正、明白俊偉之文，誦以爲法。此亦正人心、作士氣之一事也。

此言科舉文字當法前輩渾厚純正俊偉之文也。俗下文字尚新奇，正朱子所謂「翻弄得鬼恠百出」者也，人心安得不壞，士氣安得不卑靡乎？故朱子欲正人心、作士氣，必以三十年前渾厚純正、明白俊偉之文爲法，亦挽回風氣之一緊要事也。

先生教人以大學、語、孟、中庸爲入道之序，而後及諸經。以爲不先乎大學，則無以提綱挈領而盡語、孟之精微，不參之語、孟，則無以融會貫通而極中庸之旨趣，然不會其極於中庸，則又無以建立大本，經綸大經，而讀天下之書，論天下之事。其於讀書也，必使之辨其音釋，正其章句，玩其詞，求其義，研精覃思，以究其所難知，平心易氣，以聽其所自得。然爲己務實，辨別義利，毋自欺，謹獨之戒，未嘗不三致意焉。

此言朱子教人入道之序也。先讀大學以定其規模，次讀論語以立其根本，次讀孟子以觀其發越，次讀中庸以求古人之微妙處。若理會得此四書，何書不可讀，何理不可究，何事不可處？只怕人不下功夫，雖多讀古人書無益。書只是明得道理，却要人做出書中所說聖賢工夫來。如爲己務實，辨別義利，毋自欺，謹獨之戒，皆是做聖賢工夫。故朱子諄諄切切，教人反躬實踐也。

白鹿洞規曰：父子有親，君臣有義，夫婦有別，長幼有序，朋友有信。右五教之目，堯舜使契爲司徒，「敬敷五教」，即此是也。學者學此而已，而其所以學道之序，亦有五焉，其别如左。博學之，審問之，慎思之，明辨之，篤行之。右爲學之序。學、問、思、辨四者，所以窮理也。若夫篤行之事，則自修身以至於處事接物，亦各有要，其别如左。言忠信，行篤敬。懲忿窒慾，遷善改過。右修身之要。正其誼不謀其利，明其道不計其功。右處世之道。己所不欲，勿施於人。行有不得，反求諸己。右接物之要。

此規詳而有體，約而有章，行之萬世而無弊者也。朱子每臨講，必以是爲惓惓焉。蓋謂古昔聖賢，所以教人爲學之意，莫非使之講明義理，以修其身，然後推以及人，非徒欲其務記覽，爲詞章以釣聲名、取利禄而已。教人之意，具存於經，苟知其理之當然，而責其身必然，則夫思慮云爲之際，其所以戒慎恐懼者必嚴矣。丘瓊山先生曰：「朱子此規，雖爲學者而設，然聖賢之所以爲聖賢，及其所以爲學與所以施教者，皆不外乎此也，所謂『知其理之當然，而責其身以必然』。凡爲學者，皆以是而責諸己；施教者，皆以是而求諸人。人人皆然，則道明而行矣，天下豈有不平也哉！」

薛敬軒先生曰：聖人多教人以下學人事。○聖賢立教，明白懇切，直欲天下萬世之人，皆入於聖賢之域。○聖賢立教垂世之意，但要欲人復其性而已。○聖人未嘗以理之本原語人。○古者詩、書、禮、樂多就事上教人，而窮理亦就物上窮究，故所學精粗本末兼該而無弊。後世或論理太高，學者踐履未盡粗近，而議論已極精深，故未免有弊。○聖賢教人，皆略啓其端，使學者深思而自得之，如夫子所謂「不憤不啓，不悱不發」，孟子所謂「引而不發，躍如也」，程子曰「易傳只說得七八分，待人自去體究」，朱子釋「顔樂」章曰「今亦不敢妄爲之說」。如此之類甚多。聖賢之心，非不欲一言而使學者盡得其義，其實道體深妙，有非一言所能盡者，而言之輕，適足以使聽之者易，彼必不能深思而自得也。故必略啓其端，使彼深思而自得之，則守之固而不忘矣。後之人有於聖賢引而不發者，極論其底蘊，使學者一見之頃，即謂吾已盡領其妙，而不復致思。其實不能真得於心，而徒增口語之譁耳。以是知聖賢立教，爲慮甚遠，而有益於學者甚大。○語人以所及者當，語人所不及者妄。○觀孔門諸弟子之言，從容和毅，皆彷佛夫子之氣象，乃聖教涵煦而然也。○看聖門教法，只是有序，無序便差。聖人教人，只是文行忠信，未嘗極論高遠。○教人言理太高，使人無可依據。○教人不以小學大學，爲學不由小學大學，皆非教非學也。○教人之法，至程朱而復明。○聖人無行而不示人以至理，理即作止語默之則也。人多以言語觀聖人，而不察其天理流行之實，故聖人無行而不示人者，皆天理流行之實也。天理只是仁、義、禮、智、信，散而爲萬善，當於聖人作止語默之間，一一默識，其何事是仁，何事是義，何事是禮、智、信，無不了然於心而無疑，庶可以知聖人所以爲聖矣。○朱子曰：「聖人作止語默，無非教也。」蓋作與語是動，動即太極之用，所以行也；止與默是靜，靜即太極之體，所以立也。用之行，中與仁是也；體之立，正與義是也。作止語默，皆太極之道，所謂「無非教也」。○聖人一身動靜，無非仁、義、禮、智之德，充乎中而發乎外，其示人可謂無隱矣。○夫子四教，忠、信爲文、行之本。○聖人發無言之教以示學者，當求聖人之道於一身，動靜、應事、接物之間，不可專求聖人之道於言語文字之際也。○聖人只教人求仁，蓋人之性雖有四，而仁無不統。能求仁而克盡己私，復還天理，則四者之性無不全，而天下之萬善，豈復有加於此哉？○孔子多教人學詩，觀中庸引詩居多，則其有得於詩者深矣。○聖人雖教人不倦，亦未嘗輕以大本大原語人，觀論語問答處可見。○孔子教人多就事上用功，鮮有指出本原者，至孟子，則指出本原矣。○聖人教人百行萬善，性以貫之。○以名在期人，不若以德業勉人。

胡敬齋先生曰：孔門之教只是求仁，而堯舜事業盡在此。○仁是生理之具於吾心者，故孔門之教以求仁爲要。○孔門教人，便是要使人有諸己。○孔門之教，惟博文、約禮二事。博文是讀書窮理事，不如此則無以明諸心；約禮是操持力行事，不如此，無以有諸己。○孔子教人忠信篤敬，程子教人整齊嚴肅，若着實做得，自然心安體舒，道理明瑩。今人多是無頭腦之學。○忠信篤敬，是孔門第一等工夫。非禮勿視、聽、言、動也，靠就這裏做去，熟處便是仁。○仁是人身至親切道理，非忠信篤敬不能保而有之，故孔子先教人忠信篤敬。○忠信篤敬，則隨動隨靜，心自存，理自明。○孟子才高，在心性源頭處理會，曰「存心養性」，曰「求放心」、「擴充四端」之類。其曰「操」、曰「存」、曰「養」、曰「求」、曰「擴充」，孟子工夫便在此下手，非有孟子天資，便無可依據。故孔子只教人忠信篤敬、博文約禮，便有依據持循，而心性工夫亦無不盡矣。河洛之教，實祖孔子，故主敬主一，齊莊嚴肅，整衣冠，齊容貌，格物窮理，益詳益盡，學者亦不患無依據下手處矣。○程朱開聖學門庭，只主敬窮理，便教學者有入處。○今人才氣高者，便入異端去。自小學之教不行，學者無基本，大學之教不行，無進步處。皆以虛靜存心，懸空求道，故有此病。古人存心之法，具於小學；入道之門，由於大學。○昔在南康，何太守言當今秀才難教。某對曰：「只有兩箇人教不得他。」問是誰，曰：「自棄、自暴者。」○白鹿洞續規六條：正趨向以立其志，主誠敬以存其心，博窮事理以盡致知之方，審察幾微以爲應事之要，克治力行以盡成己之道，推己及物以廣成物之功。○聖人設教，無非因人固有之理而品節之，使由是而學焉，則德無不明，身無不修矣。今之學者，才氣高則馳騖於空無佽妙之域，明敏者類以該博爲尚、名利爲心。又其下者，不過務於詩句浮辭，以媚世取容而已，未嘗知有聖賢之學也。夫聖賢之學，得之於己，可以成善治，美風俗，興教化，三代可復也。或者以爲聖人之道，高遠難至，非後學之所敢及。殊不知有生之類，其性本同，但聖人不爲物欲所昏耳。今學者誠能存養省察，使本心常明，物欲不行，則天性自全，聖人可學而至矣。聖人豈隱其易者，反使人由於艱難阻絶之域哉？又有以爲道學固美，但非世俗所尚，不利行耳。殊不知日用之間，無非此道之流行，近自灑掃應對、事親接物之間，推而至於仁民愛物，無所用而不周，無所施而不利，特由教養無方，人自不察耳。○古之學者，必以修身爲本。脩身之道，必以窮理爲先。理明身脩，則推之天下國家，無不順治。今之學者，務必用功於此，虚心一意，絶其雜慮，而於聖賢之書，熟讀、精思、明辨，反之於身而力行之。又於日用之間，凡一事一物，必精察其理，一動一静，必實踐其跡。則所學在我，而於酬應之際，以天下之理，處天下之事，必沛然矣。又何古人之不可學哉！且諸君以爲今人之性與古人之性同乎異乎？今人之心與古人之心同乎，異乎？苟異矣，不敢强諸君，若吾之心、吾之性不異於古人，又何古人之不可學哉？○今人只將聖賢之書資口語作文章，與自己身心全無干涉。○明道先生曰古者政教始於鄉里，故欲復族、黨、比、閭之法。朱子曰：古人比閭之法，真箇能行禮以帥之，民都是教了底，如一大圳水分數小圳去，無不流通。後世有聖賢作，必須法古，從底做起始得。○朱子曰：上之人曾不思量，時文一件，學者自是着急，何用更要教？設學校却好教他理會本分事業，怕人不識義理，要教人識些。○周子令程子尋仲尼、顔子樂處，所樂何事，要求見仲尼、顔子人欲淨盡、天理渾然處，故有此樂。朱子恐人只去望空尋樂，不知天理之實，必流於異端，故又教以博文約禮之誨，以至欲罷不能，而竭其才。今人不去此處做工夫，妄去自己身上尋樂，故猖狂不實，自號「尋樂子」者有之。

羅整菴先生曰：論語首篇，首以「學」爲言，然未嘗明言所學者何事。蓋當時門弟子皆已知所從事，不待言也，但要加「時習」之功爾。自今觀之，「子以四教：文、行、忠、信」，夫子之所以教，非學者之所學乎？是知學文修行，皆要時時習之，而忠信其本，尤不可須臾失焉者也。註所謂「效先覺之所爲」，亦不出四者之外，若如陸象山之說，只一箇「求放心」便了，然則聖門之學與釋氏又何異乎？

高景逸先生曰：朱夫子之言，俱是用上說，使人可知可行。孔子教人，亦只是說用，所謂「吾無行而不與二三子者」。孔子後，孟子方說出「心」、「性」。孟子後，秦漢學者俱在訓詁上求，更不知性命爲何物。至宋，周、程夫子出，纔提出性命到微妙矣，朱夫子出，不得不從躬行實踐上說。若知得孟子之言，便知孔子句句精妙，若知得朱子之言，便知周、程語語着實。然聖人之言，終是渾融無跡，只看夫子告子張曰「言忠信，行篤敬」，又曰「立則見其參於前也，在輿則見其倚於衡也，夫然後行」。可見此箇又在行之先。○古人當小學時，蓋已六藝備焉。及其長也，既得以應世利用，又得以專志於身心性命之精微，故上之不流於空疎，下之不徒守其糟粕。○何以使天下治？曰人才。何以育才？曰庠序之教。何以使庠序之教天下奉之若著蔡，循循焉嚮於道也？曰在是非著而勸懲者深。古者令民五家爲比，其教始於比長，「閭胥聚衆讀法，書其敬敏任恤，而掌其比觵撻罰之事」，蓋已昭然導之向矣。至於州長，以歲時考其德行道藝而勸之，糾其過惡而戒之，行成，而後卿大夫以登於王。蓋勸戒森嚴，故民聽不惑。其必爲善也，如水之寒，而火之熱；必不爲惡也，如騶虞之不殺，竊脂之不穀，豈獨其性然哉？所由來者豫矣。夫有善惡而後有是非，有是非而後有賞罰，有賞罰而後有勸懲。上之人躬明德以示之，又嚴勸懲以一之，若之何士不務於道而天下不安治且久也。今也不然，士幼而誦聖賢之書十倍於古，乃其父兄所責成、師友之勸勉，止於一第而已。入官之後，俯仰以隨俗，積金拓產，以裕其子孫而已。簿書期會之餘，計俸待遷，歎老嗟卑而已。上之則詩文酒奕以自娛，仙佉釋空以休老而已。天下滔滔，不復知禮義爲何物也。鄉飲酒以尚齒而崇德也，祠鄉賢以褒往而勸來也，或非其人，而人不以爲榮。士之以行黜也，卿大夫以墨敗也，恬焉安之，而人不以爲辱。閭巷之間，是其同己，不必出於善，非其殊己，不必出於惡，恕於責小人，而苛於求君子，庶民瞀惑，而人不以爲信。至號爲儒者，禮義之心不能勝其嗜欲，恐天下叢而議其後，則皆習爲無善無惡之說以自便，以含糊爲長厚，以退避爲明哲，言行不足訓於天下。於是道德滅裂，而人不以爲貴，幾何不胥而亂也。然則如之何？曰：救今之弊，則復古之法而止也。德行廢而任詞章，既失其本矣。昔之詞章，猶不敢叛經而亂傳也，今則傳註廢，而士之説經以意矣。説經以意，無不可行意也。意以亂指，指以從邪，浸淫潰决，將六籍之正皆爲奸言之文，是非益謬背，而不知所底矣。復之如何？在學必以孔、孟、程、朱爲宗，士必以孝、弟、忠、廉爲貴，如此之謂是，不如此之謂非。德行由是，詞章由是，比閭之論議達於朝廷之舉錯由是。賞罰明而勸懲著，耳目一而志慮專，學如是而止也。嗚呼！所以行之者難矣。○朱夫子曰：「爲善最樂，讀書便佳。」只此二句知其味，便是天下大福人。少年欲知爲善，又必由讀書。朱子又曰：「關了門，閉了户，把截四路頭，正讀書時也。」何謂「四路頭」？人心紛擾，要長要短，皆是路頭，須自一切斷絶。養心莫善於寡欲，件件看破，都没要緊，件件寡去，寡之又寡，以至於無，則此心空明靈妙，人品自高，文章自妙，此爲善讀書之本。○事變無窮，義理至密，苟非精察之於己，博取之於人，未有能善其後者。○古之人大過人者無他，好先王之道，無世俗之欲而已。是故一介取與，視若泰山，萬鍾千駟，等之鴻毛，惟其中有深嗜者，故物莫能奪也。○别來加工，何如静坐收攝浮蕩精神，舉動守聖賢法戒。「貨色」二字，落脚便成禽獸。貧儒少年，從此清楚，方有根基可望。舉動不苟，則虚明中無悔尤之擾，静處益得力。靜處收攝寧定，則事至物來，方能審擇是非，不迷所向。兩者合一交資，而尤以靜定爲本。每日如此用功，不患人品不成。意念高遠，襟懷灑落，加以讀書精專，不必求工，文字自無不工之理。所業既工，科第自在其中，又何必營營於得失，自累其虛明，使彼此兩失哉？此鄙人近來灼見，決不誤諸兄，千萬加察。三千里外，遥思往日相與之雅，愛莫能助，惟此言可贈耳。○文中子曰：「命者，召之在前，命之在後。」凡吾所得於天，皆命於所召之後，數之不易者也。凡吾所修諸己，皆召於所命之前，理之自造者也。人見其所命者數不可易，不見其所召者由我而造，輒以爲善者無福，不知自感自應，固循環無端也。夫子曰：「伯夷、叔齊，餓於首陽之下，民到於今稱之。」聖人豈貴身後虛名哉？伯夷、叔齊死之日則生之日也。聖人以實爲名，後世以名爲虛，果如後世所謂名而已也。古今忠臣義士，精爽表表於兩間者何物耶？○夫理者何也？天也。善則祥，不善則殃者也。而天者何也？心也。善則安，不善則不安者也。天下有爲不善而安焉者，非其爲說以自解，必其習之久而不覺也。君子之爲善，循理也，畏天也，求自慊其心也，自然而不容也。

以上總論教人之道。濂溪先生得唐虞教人正脈，故從氣質偏處變化，而曰自易其惡，自至其中。蓋舜命夔教胄子，温以療直，栗以療寬，無虐以療剛，無傲以療簡，此唐虞變化氣質醫案也。中庸言博學、審問、慎思、明辨、篤行，至於百倍其功，皆是變化氣質神方，故曰「果能此道矣，雖愚必明，雖柔必强」。明道先生教人則以立志求道，有用於世爲切務，最患學作文字以奪其求道之志。伊川先生教人則以主敬入手，而致知、力行以終之，然必使人先見意趣，興起其好學之心也。張子則以禮教學者，使學者先有所據守。朱子教人則以小學、大學二書爲定本，而約之於白鹿洞規。故五先生教人之法，直接孔孟，而朱子尤集大成，所以造就門人弟子，皆彬彬郁郁，爲賢人君子，有用於世也。周子謂「師道立則善人多，善人多則朝廷正而天下治」，洵不誣矣。至於薛、胡、羅、高四先生所論教人之法，皆能羽翼五先生，而使孔孟之道尚存一綫於不墜，其功大矣。蓋天地立君，而又立師，君以立政，師以立教。故周易乾、坤之後，繼之以屯、蒙。屯，君道也；蒙，師道也。屯曰「君子以經綸」，蒙曰「君子以果行育德」。故古之聖人，興學校，育人才，必以德行爲先，周禮以「六德」、「六行」教萬民是也。其在今日，則小學、近思録二書，不可一日不講也。小學、近思録，乃德行全備之書，果之育之，不可只作一場話説，須督之力行，將此二書切己體察，然後可讀四子、六經、諸史，然後可以出而有爲，以適於用也。嗚呼！知此者蓋亦鮮矣。然欲天下治平，必要儲人才，欲儲人才，必要重學校。以德行教人，讀歷代之史，觀其人才之盛衰，而其世可知也，觀其學校之興廢，而人才可知也。有世道人心之責者，豈可不自勉而强爲人師也哉？

跋

古今無時無地不生才，而人才或盛或衰，或顯或乏，由教人之道有至有不至也。師道立，教之之法詳，則人才項背相望，達材成德，流風餘韻，立懦廉頑，是教之爲道至亟也。兹卷五子論教，直接孔孟家法，而上遡教胄宗傳。明四先生，程朱嫡嗣，累黍不差。後之學者，可以篤信而師承之矣。乙酉年七月處暑日汪三省識。

校勘記

〔一〕故樂記謂致禮以治身致樂以治心　二「致」字原均作「至」，據禮記樂記改。

〔二〕真可以感發興起　四庫全書本真德秀西山文集卷三一問興立成：「如能反覆涵泳，直可以感發其性情，則所謂興於詩者，亦未嘗不存也。」疑「興起」當爲「性情」之誤。

〔三〕即便思索　「便」，晦庵集卷三九作「更」，疑是。

〔四〕士君子知爲學者漸率其子弟庶幾可少變乎　朱子語類卷一三作「士君子知此，爲學者言之，以漸率其子弟，庶幾可少變乎？」

五子近思録發明卷十二

警戒改過

平巖葉氏曰：「此卷論警戒之道。修己治人，常存警省之意，不然，則私欲易萌，善日消而惡日積矣。」愚按：古之帝王聖賢，無不常存警戒之意，雖以舜之大聖，南面恭己，安有可戒之事？而益猶以「怠荒」戒，皐陶以「逸欲」戒，禹以「傲虐」戒，豈憂其有是而豫防之耶？抑知其無是而姑爲是言以儆之也。蓋以「人心惟危」，稍不敬畏，便流於逸豫而不自知，所謂「惟聖罔念作狂」是也。故唐、虞、三代之君臣，有正心誠意之功者，無不崇敬畏，戒逸欲，交相儆，皆於豐亨豫盛之日，惟恐私慾易萌、盤樂怠傲以自求禍也。而孔門傳授心法，亦只是「戒慎恐懼」與「謹獨」而已。此修己治人之要道，不可須臾離也。後世君臣，不知警省之意者，往往「怠勝敬、欲勝義」，以至善日消而惡日積，人欲横流，天理滅絶，喪敗國家者多矣。然後知「生於憂患，而死於安樂」，其言洵

不誣也。故修己治人之道，雖大聖大賢，亦必以怠荒逸欲爲戒，學者豈可不時時省察，而使人欲之萌潛滋暗長於隱微之中乎？

濂溪先生曰：仲由喜聞過，令名無窮焉。今人有過，不喜人規，如護疾而忌醫，寧滅其身而無悟也。噫！

此言知警戒者必以改過爲先也。過不改而能修己治人者，未之有也。吴敬菴曰：子路天資剛果，勇於自修，人告以有過，則喜其得聞而改之，故夫子許其升堂，孟子稱之並於舜、禹，令名至今無窮焉。夫過之害德，猶疾之害身也，有過而得人規之則可改，猶疾而得醫藥之則可瘳也。今人有過則文，不喜人規，寧喪其德，如諱疾忌醫，寧滅其身而終不悟也。噫！豈不大可哀哉？

伊川先生曰：德善日積，則福禄日臻。德踰於禄，則雖盛而非滿。自古隆盛，未有不失道而喪敗者也。

此言人事可維持天運也。天之福人，必相其德之厚薄，修德不已，則福禄亦不已。故德踰於禄，則雖盛而非滿，修德稍有間斷，則福禄亦間斷矣。君子夙夜戒懼，只是積德積善，不患福禄之不臻，惟患德善之未積。若德善未積，則所享者雖薄且不能勝，況於隆盛乎。隆盛之喪敗，必自無德者致之也。苟知警戒而汲汲修德積善以維持之，又可以挽回天運，不至於喪敗也。

人之於豫樂，心悦之，故遲遲，遂至於耽戀不能已也。豫之六二，以中正自守，其介如石，其去之速，不俟終日，故貞正而吉也。處豫不可安且久也，久則溺矣。如二可謂「見幾而作」者也。蓋中正，故其守堅，而能辨之早、去之速也。

此言處豫不可安且久也。安則必至於耽戀，久則必至於昏蔽，溺於豫矣。惟豫之六二中正自守，不溺於豫，安静無欲，堅確不移，爲介于石。凡人溺於富貴逸樂之中，其心遂爲昏蔽，而昧於吉凶禍福之幾。六二不溺於豫，心静生明，安而能慮，故不俟終日，於吉凶之未來而幾先動者，即能早見而豫圖之。凡處豫之道能如是，則不至於安且久矣。

人君致危亡之道非一，而以豫爲多。

以逸豫致危亡者多，則人君當以逸豫爲戒，猛省振拔，不可溺於豫也。

聖人爲戒，必於方盛之時。方其盛而不知戒，故狃安富則驕侈生，樂舒肆則紀綱壞，忘禍亂則釁孽萌，是以浸淫不知亂之至也。

此言聖人爲戒於早，可以保其長盛也。蓋消長循環，天運之常。故方盛之時，實將衰之漸。然在聖人，必豫爲之備，處之盡善，必不以爲天運之自然，而付之無可如何也。故不敢狃於安富，則驕侈不生；不敢樂於舒肆，則紀綱不壞；不敢忘其禍亂，則釁孽不萌。此聖人思患預防之道，能盡其道，可以長治而不亂，亦可以撥亂而使之治也。苟不能然者，則反是。

復之六三，以陰躁處動之極，復之頻數而不能固者也。復貴安固，頻復頻失，不安於復也。復善而屢失，危之道也。聖人開其遷善之道，與其復而危其屢失，故云「厲无咎」。不可以頻失而戒其復也。頻失則爲危，屢復何咎？過在失而不在復也。

復之六三，以陰居陽，不中不正，是立心制行不善之人，又處動極，有躁妄無常之病，故復善不固，頻失頻復。聖人危其頻失，故曰「厲」以警之；幸其頻復，故曰「无咎」以勸之。所謂「開其遷善之道」，以其能復，猶有可取者也。

此條本註云劉質夫曰：「頻復不已，遂至迷復。」蓋上六陰柔，非能復之資，又居復之終，故爲昏迷不復〔一〕。「迷復」與「不遠復」相反，初不遠而復，迷則遠而不復，昏迷之極，凶之道也。若頻復頻失而不止，久則玩溺而不能復，必至上九之「迷復」矣。所謂「怙終弗悛」，「人欲肆而天理滅」者，禍豈小哉？

伊川先生曰：睽極則咈戾而難合，剛極則躁暴而不詳，明極則過察而多疑。睽之上九，有九三之正應，實不孤，而其才性如此，自睽孤也。如人雖有親黨，而多自疑猜，妄生乖離，雖處骨肉親黨之間，而常孤獨也。

睽卦上爻與三爻相應，本不孤也。三不幸爲二陽所制，不能來合而上，又以剛處明極、睽極之地，是自猜狠而乖離，何往而不睽孤哉？故待人處事，不可過明，過明則多自疑猜。又不可過剛，過剛則妄生乖離。苟如此，則雖處骨肉親黨之間，而常孤獨也。

解之六三曰：「負且乘，致寇至，貞吝。」伊川易傳曰：小人而竊盛位，雖勉爲正事，而氣質卑下，本非在上之物，終可吝也。若能大正，則如何？曰：大正非陰柔所能也。若能之，則是化爲君子矣。

此條言人當自量才德，不可據非其分也。蓋負者，無德小人勞力之事也；乘者，有德君子所御之器也。以小人而乘君子之器，則據其分，雖勉爲正事，而才德不稱，可羞吝也。若能發憤變化陰柔氣質而爲陽剛，則是小人而化爲君子，有才有德，雖大正亦可能也，何吝之有？

益之上九曰：「莫益之，或擊之。」傳曰：理者天下之至公，利者衆人所同欲。苟公其心，不失其正理，則與衆同利，無侵於人，人亦欲與之。若切於好利，蔽於自私，求自益以損於人，則人亦與之力爭。故莫肯益之，而有擊奪之者矣。

此戒人立心不可自私，常求益己也。葉平巖曰：「在上者，推至公之理而與衆同其利，則衆亦與之同其利。苟懷自私之心，而惟知利己，則人亦各欲利其己，而奪其所利矣。」蓋利者，衆人所同欲也。專欲益己，則昏蔽而忘義理，侵奪而致仇怨，故无益之者，而或攻擊之矣。若存心如是，即當速改也。

艮之九三曰：「艮其限，列其夤，厲薰心。」伊川易傳曰：夫止道貴乎得宜。行止不能以時，而定於一，其堅强如此，則處世乖戾，與物睽絶，其危甚矣。人之固止一隅，而舉世莫與宜者，則艱蹇忿畏，焚撓其中，豈有安裕之理？「厲薰心」，謂不安之勢薰爍其中也。

此言止道貴乎得宜，不可拘執膠固也。事之在天下，時行時止，不可執，猶限之在人，或屈或伸，不可艮者也。限，身上下之際，即腰胯也。若「艮其限」，則是拘執膠固，於不可止者而止之。此身不得屈伸，而上下判隔，所以處世乖戾，與物睽絶，而舉世莫與宜者。如「列其夤」一般，能無憂思内結，危而不安，如火之薰爍其心乎？

大率以説而動，安有不失正者？

此戒守正君子不可以説而動也。以説而動，則不由禮義之正，而惟情所向，是不用父母之命，媒妁之言。「鑽穴隙相窺，踰墻相從」者，其失正也大矣，豈可不深戒哉！

男女有尊卑之序，夫婦有倡隨之禮，此常理也。若狥情肆欲，唯説是動，男牽欲而失其剛，婦狃説而忘其順，則凶而無所利矣。

此言惟説是動，則狥情肆欲，失其常理，必至於凶而無所利。故君子重以爲戒，而必謹其獨也。

雖舜之聖，且畏巧言令色，説之惑人易入而可懼也如此。

此言巧言令色，易以惑人，不可不戒也。蓋陰柔小人，工爲媚悦，内則蠱壞人之心術，外則虧喪人之行業，不可親近而聽信之也。雖舜之大聖，且畏巧言令色，況其下焉者乎？

治水，天下之大任也。非其至公之心，能捨己從人，盡天下之議，則不能成其功，豈「方命圮族」者所能乎？鯀雖九年而功弗成，然其所治，固非他人所及也。惟其功有叙，故其自任益强，咈戾圮類益甚，公議隔而人心離矣。是其惡益顯，而功卒不可成也。

此言「方命圮族」之不能成功當大任者，宜深以爲戒也。葉平巖曰：「方，不順也。命，天理也。圮族，敗類也。夫任天下之大事者，非一人之私智所能集，要必合天下之謀而後可也。苟上不順乎天理，下不依乎群情，恃其才智，任己而行，烏能有濟？」此所以公議隔而得失莫聞，人心離而事業莫與之共，其功卒不可成也。可不戒哉！

君子「敬以直内」。微生高所枉雖小，而害則大。

子曰：「孰謂微生高直？或乞醯焉，乞諸其鄰而與之。」程子謂「君子敬以直内」，不容有一毫之邪枉。微生高以無爲有，曲意狥人，安得爲直？其事雖小，害直甚大，故聖人譏之。

人有慾則無剛，剛則不屈於慾。

此言人貴乎剛，不可爲慾所屈也。謝上蔡曰：「剛與慾正相反。能勝物之謂剛，故常伸於萬物之上；爲物掩之謂慾，故常屈於萬物之下。」古來聖賢只完得一剛字，即孟子所謂「浩然之氣」也。慾乃不剛病根，豈可有一毫慾於心中以害天德之剛乎？

人之過也，各於其類。君子常失於厚，小人常失於薄。君子過於愛，小人傷於忍。

葉平巖曰：「君子、小人之分，在於仁與不仁而已矣。仁者之過，常在於厚與愛；不仁者之過，常在於薄與忍。」故人之存心，寧可過於厚與愛，不可過於薄與忍也。

明道先生曰：富貴驕人固不善，學問驕人，害亦不細。

此言君子不可以學問驕人也。蓋義理無窮，勤學好問猶恐不足，故謙以自牧，虛以受人，安敢有一毫驕矜之意？若有一毫驕人之意，不但學問不進，而傲慢喪德，招尤啓釁，皆從此起，故曰「害亦不細」。

人以料事爲明，便駸駸入逆詐、億、不信去也。

此言人貴先覺，不可以料事爲明也。孔子曰：「不逆詐，不億不信。抑亦先覺者，是賢乎！」朱子曰：「逆，未至而迎之也。億，未見而意之也。詐謂人欺己，不信謂人疑己」。若事未顯而逆料臆度之，未必得事之情實，而我漸入於逆詐、億、不信去矣。故必不逆不億，而於人之情僞，自然先覺，乃爲賢也。然非有居敬窮理之功，講學親賢之助，則此心虛靈之體，未免爲物所蔽，何能先覺？故人每以料事爲明，不知漸入於逆、億而不自知也。

人於外物奉身者事事要好，只有自家一箇身與心却不要好。苟得外面物好時，却不知道自家身與心却已先不好了也。

身與心好，外物奉身者不好也好；身與心不好，外物奉身者雖好也不好。世人於外物奉身者事事要好，只有自家一箇身與心却不要好，真所謂以小害大賤害貴者也，惑亦甚矣。

人於天理昏者，是只爲嗜慾亂著他。莊子言「其嗜慾深者，其天機淺」，此言却最是。

人心虚靈洞徹，天理渾然，只爲嗜慾亂著便昏了。故寡嗜慾，則天理漸明，寡之又寡，以至於無，則天理流行，而動静皆天機也。

伊川先生曰：閲機事之久，機心必生。蓋方其閲時，心必喜，既喜則如種下種子。

此言機事機心之不可有也。有機事者，必有機心，皆用智計變詐行事，必不順理，乃君子之所惡者也。閲之而喜，則必以爲乖巧矣。有此種子在心中，以機變爲足以應事，則必流於智謀之末，爲小人之歸矣。豈可不戒哉！

疑病者，未有事至時，先有疑端在心。周羅事者，周羅，俚語，猶兜攬也。先有周事之端在心。皆病也。

明足以燭理，安得有疑病？物來而順應，安得有周羅之病？蓋明理應事，則事當爲與不當爲，皆決之於理。今事未至，先有多疑喜事之端，則事至之時，必有不當疑而疑、不當攬而攬者矣。故欲治此病，必去其端，全在「居敬窮理」也。

較事大小，其弊爲枉尺直尋之病。

葉平巖曰:「事無大小,惟理是視。或者有苟成急就之意,謂道雖少屈而所伸者大,義雖微害而所利者博,則有冒而爲之者。原其初心,止於權大小,遂至枉尺直尋。其末流之弊,有不可勝言矣。」故君子之心,惟理是視,事之大小,不必較也。

小人、小丈夫,不合小了,他本不是惡。

孟子曰「人皆可以爲堯舜」,人原可大也。又曰「先立乎其大者,則小者不能奪也」,然後可以爲大也。人原可大,丈夫原可大,但不合自小之耳。然必志其大,然後可大。志其大則爲其大矣,豈可自小哉!

雖公天下事,若用私意爲之,便是私。

當理而無私心之謂仁。事既出於公,則是當於理矣,然用私意爲之便是私,此霸者之假仁也。故應事纔覺有私意便克去,即是大勇。

做官奪人志。

人有必爲聖賢之志,則雖做官不能奪之也。苟道未明,德未立,出而做官,未有不爲境遇事勢所遷移者。故程子以「奪志」爲戒，學者所當深省也。

驕是氣盈，吝是氣歉。人若吝時，於財上亦不足，於事上亦不足，凡百事皆不足，必有歉歉之色也。

此言矯吝之不可也。朱子謂：「驕吝雖有盈歉之殊，然其勢常相因。蓋驕者吝之枝葉，吝者驕之本根。故嘗驗之天下之人，未有驕而不吝、吝而不驕者也。」葉氏曰：「驕氣盈者，常覺其有餘；吝氣歉者，常覺其不足。惟君子所志者道，故無時而盈，亦無所不足。」

未知道者如醉人，方其醉時，無所不至，及其醒也，莫不媿耻。人之未知學者，自視以爲無缺，及既知學，反思前日所爲，則駭且懼矣。

邢恕云：「一日三點檢。」明道先生曰：「可哀也哉！其餘時理會甚事？」蓋倣「三省」之説錯了，可見不曾用功。又多逐人面上説一般話，明道責之，邢曰：「無可説。」明道曰：「無可説，便不得不説？」

曾子曰：「吾日三省吾身：爲人謀而不忠乎？與朋友交而不信乎？傳不習乎？」是曾子每日以此三事自檢其身。邢恕欲學曾子，乃云「一日三次檢點」，可見是不曾用功，故明道先生責之也。

横渠先生曰：學者捨禮義，則飽食終日，無所猷爲，與下民一致，所事不踰衣食之間、燕遊之樂耳。

此言禮義爲做人根本，不可一日無也。夫士君子之謀爲，只知有禮義而已矣，故藏修息遊，無非以禮義爲急務。若捨禮義而不爲，則終日所謀猷作爲者，不過急衣食、樂燕遊耳，豈不與下民一般意趣哉？張子此言，蓋欲學者立志爲上等之人，當汲汲孜孜於禮義也。

鄭衛之音悲哀，令人意思留連，又生怠惰之意，從而致驕淫之心。雖珍玩奇貨，其始感人也，亦不如是切，從而生無限嗜好。故孔子曰必放之，亦是聖人經歷過，但聖人能不爲物所移耳。

鄭衛之音，亂世之音也。其音悲哀，能摇蕩人之性情，使生怠惰而致驕淫，比之珍玩奇貨，惑人更甚，故必放之，即「非禮勿聽」之旨也。聖人經歷過，故知其爲害，不爲所移；在他人聽之，未有不喪其所守者，必須禁絶之。

孟子言「反經」，特於「鄉愿」之後者，以鄉愿大者不先立，心中初無作，一作「怍」。惟是左右看順人情不欲違，一生如此。

葉平巖曰：經，常也，古今不易之常道也。是是非非，必有定理，而好善惡惡，必有定見。今鄉愿浮沉俯仰，無所可否。蓋其義理不立，中無所主，惟務悦人，以是終身，乃亂常之尤者。君子「反經」，復其常道，則是非昭然，而鄉愿僞言僞行不得以惑之矣。

晦菴先生曰：士君子立身一敗，而萬事瓦裂，豈可不戒！

士君子立身，如精金美玉，如白璧無瑕，方爲可貴。若立身一敗，而萬事瓦裂，豈不可惜？故知「戰戰兢兢，如臨深淵，如履薄氷」之詩，滋味無窮。守身君子，不可一日不三復也。

開卷便有與聖賢不相似處〔二〕，豈可不自鞭策？

學者要鞭策與聖賢相似，須是未開卷時，着實做戒懼慎獨工夫。及開卷，又把聖賢言行反觀内省，方有可望。不然，則與聖賢天壤相隔，何能彷彿一二分乎？

凡是不可著箇「且」字，鮮有不害事。

高景逸云：「凡臨事，着一『苟』字便壞。自身享用，着一『苟』字便安。吾一生得此力。」愚謂自身享用肯著「苟」字，則臨事自不敢著個「且」字矣。

康節詩云「閒居慎莫説無妨」。蓋道無妨，便是有妨。要做好人，上面煞有等級，做不好人，則立地便至。只在把住、放行之間耳。

人能刻刻操存，則把得住矣。刻刻戒慎恐懼，則不敢説無妨矣。

纔有順適底意思，便是人欲。

每事求自家安利處，便不是義，便不可入堯舜之道，須勤勤提省於纖微毫忽之間，不得放過。

人須有廉耻，有耻則能有所不爲。今有一様人，不能安貧，其氣銷屈，以至立脚不住。

不知廉耻，亦何所不至？吕舍人詩曰：「逢人即有求，所以百事非。」某觀今人，因不能咬菜根，而至於違其本心者衆矣。可不戒哉！

窮須是忍，忍到熟處，自無戚戚之念矣。

儉德極好，凡事儉則鮮失。

楊綰用而大臣損音樂，減騶御，人豈可不養素自重耶？

只理會此身，其他都是閒物事。緣我這身是天造地設底，擔負許多道理，盡得這道理方成箇人，方可拄天踏地，方不負此生。若不盡得此理，只是空生空死，空具形骸，空喫了世間人飯。見得道理透，許多閒物事都没要緊，要做甚麽。

夫子乘桴之歎，獨稱子路之能從，而子路聞之，果以爲喜。且看此等處聖賢氣象是如何？世間許多紛紛擾擾，如百千蚊蚋鼓發狂鬧，何嘗入得他胸次耶？

向來一番前輩，少日粗有時望，晚來往往不滿人意，正坐講學不精，不見聖門廣大規模，少有所立，即自以爲事業止此，更不求長進。荆公所謂「末俗易高，險塗難盡」者，可念也。

今日士大夫，惟以苟且捱去爲事，上下相咻，以勿生事，不要十分分明理會，且恁鶻突。才理會分明，便做官不得。有人少負能聲，及少經挫抑，却悔其大惺惺了了，一切刓方爲圓，隨俗苟且，自道是年高見長。風俗如此，可畏可畏！

吾人所處，著箇「道理」二字，便是隨衆不得。事只有箇是非，只揀是處行將去，必欲回互得人人道好，豈有此理？然事之是非，久却自定。

大抵以學者而視天下之事，以爲己事之所當然而爲之，則雖甲兵、財穀、籩豆、有司之事，皆爲己也；以其可以求知於世而爲之，則雖割股、廬墓、敝車、羸馬，亦爲人耳。善乎張子敬夫之言曰：「爲己者，無所爲而然者也。」此其語意之深切，蓋有前賢所未發者。學者以是而日自省焉，則有以察乎善利之間，而無毫釐之差矣。

人固有終身爲善而自欺者，不特外面如此而裏面不如此者方爲自欺。蓋中心欲爲善而常有箇不肯底意思，便是自欺也。須是打疊得盡。

中心欲爲善而常有箇不肯底意思，非不知私欲之牽縛也，但不能實用其力，决去其私欲耳。須是打疊得盡，亦惟力拔其私欲之根而已矣。

謙之爲卦，不知天地人鬼何以皆好尚之。蓋太極中本無物，事業功勞，於我何有？觀天地生萬物而不言所利，可見矣。

改過貴勇，防患貴怯。

苟欲聞過，但當一一容受，不當復計其虛實，則事無大小，人皆樂告而無隱情矣。若切切計較，必與辨爭，非「告以有過，則喜」之意也。

凡日用間，知此一病而欲去之，則即此欲去之心，便是能去之藥。但當堅守，常自警覺，不必妄意推求，必欲舍此拙法而必求妙解也。又曰：知得如此是病，即便不如此是藥，若更問：何由得如此？則是騎驢覓驢，只成一場閒説話矣。

薛敬軒先生曰：嘗默念爲此七尺之軀，費却聖賢多少言語，於此而尚不能修其身，可謂自賊之甚矣。○因讀朱文公與子受之書，念之念之，「夙夜無忝所生」之言，不勝感發興起，中心惻然，必欲不爲一事之惡以忝先人。○人心有一息之怠，便與天地之化不相似。○吾於所爲之失，雖即知而改之，然不免再萌於心，因謂「有不善未嘗不知」易，「知之未嘗復行」難。○懈意一生，即爲自棄。○行有不得，皆當反求諸己。○許魯齋曰：責己者可以成人之善，責人者適以長己之惡。○聖賢之言，如法律條貫，循之則安，悖之則危。其有不然者，幸不幸耳。○習於見聞之久，則雖事之非者，亦莫覺其非矣。○纔舒放即當收斂，纔言語便思簡默。○「震來虩虩，笑言啞啞」，以安肆失之者衆矣。○欲事之合理誠難，但細微一一能謹，或少過舉矣。○聖人言學易而可以無大過，此非設言也。蓋必有己所獨得，而人不及知者焉。○曾子曰：「戰戰兢兢，如臨深淵，如履薄冰。」君子之守其身，可不謹乎？○人能於言動事爲之間不敢輕忽，而事事處置合宜，則浩然之氣自生矣。○天誠可畏，近而吾心、吾身、密室、顯地，無非天也，敢不畏乎？○許魯齋曰：「世間巧拙俱相半，不許區區智力爭。」此言當念。○挺持剛介之志常存，則有以起偷惰而勝人欲。一有頽靡不立之志，則甘爲小人，流於卑污之中，而不能振拔矣。○萬物各有定分，己不得一毫侵預之。○無深遠之慮，樂淺近之事者，恒人也。○凡事既濟，則其極必有悔，故大象曰：「思患而豫防之。」○班固外戚贊曰：「夫女寵之興，由至微而體至尊，窮富貴而不以功，此道家所畏，禍福之宗也。」余謂豈獨女寵爲然哉，小人無大功德而竊高位厚禄，亦若此而已。○老子「多藏必厚亡」之言極善。○天道福善禍淫，昭然可驗，間有不然者，幸不幸耳。○物惡太過，造化尚然，况人事乎？○錦衣玉食，古人謂「惟辟」可以有此，以其功在天下，而分所當然也。世有一介之士，得志一時，即侈用無節，宜其顛覆之無日。○富貴易至溺人，可不謹哉？○勢到七八分即已，如張弓然，過滿則折。○程子曰：「吾以狗欲傷生爲深耻。」學者體此，則可以保身矣。○斯須照管不至，則外好有潛勾竊引之私，不可不察。人欲如寇敵，專以窺吾之虛實，斯須防閑不密，則彼乘間而入矣。○敬以持己，謙以接人，可以寡過矣。○君子惟義是守，命有所不恤也。○治病不求其本，除弊不自其源，難矣。○遇横逆之來，當思古人所處有甚於此者，則知自寬矣。○「言行，君子之樞機」，可不慎乎？○必使一言不妄發，則庶乎寡過矣。○「未同而言」，古人所深耻。○不可因喜而磋過當爲之事，不可因「小人包承」而易其志。○不可乘喜而多言，不可乘快而易事。○人未己知，不可急求其知；人未己合，不可急與之合。○程子曰：「始比不以道，隙於終者多矣。」故結交貴乎謹始。○以勢交者，安得不終離？○星命家最悞人。君子得吉卜，固若常事，而不廢其修省之功。小人得吉卜，則曰「吾命素定矣，雖爲不義之事，可無傷也」。恃此而取敗者多矣。

胡敬齋先生曰：不可自恕。蓋恕者求仁之方，施於人之事也。若施於己，則自治不嚴，愉惰苟簡，進修必倦，改過必不勇。○古人云「宴安如酖毒」，甚可懼也。惟莊整嚴肅、戰兢惕厲可以勝之。○人有過，貴於能悔。悔而不改，徒悔而已，於己何益？改過最難，須著實做得操存省察工夫，使吾身心謹密，放僻之心不生，則大本堅固，過失隨覺而不行也。○若欲防患於豫，須以敬爲主，不使須臾慢忽，又觀書求義，浸灌此心悦懌，使過失不萌更妙。○人之大病有三：一曰麤惡，二曰輕浮，三曰昏弱。○才昏惰，義理自喪。○「戰戰兢兢」是不敢有些子放肆，「戒慎恐懼」是不敢有些子惰慢。○浮躁最害事，輕儇亦然，昏惰亦然。○「他山之石，可以攻玉」者，以其能生吾戒懼之心也。戒懼則德成，惰慢則德喪。○見善不能勇爲，見惡不能勇去，雖終身從事於學，無以有諸己。○學者須要豎得這身子起。○志不可放倒，身不可放弱。程子曰：懈意一生，便是自暴自棄。朱子曰：才悠悠，便是志不立。○君臣、父子、夫婦、長幼、朋友，以至於貴賤賢愚，皆有一定之分，乃天理之當然，故曰「天叙」、「天秩」。有一毫不盡處，便是不曾盡得天分；有一毫背戾處，便是逆天。至於死生，亦天分也。不安於死者，亦是不安天分，故曰「没，吾寧也」。當貧賤亦天分也，故曰「不以其道得之，不去也」。○人之所以爲人者，理也。苟不存得此理，只營營於利以養血肉之軀，豈不愚哉？○富盛之久者，自然驕奢淫惰，此盛之所以必衰。○心不安處便不可行，故論語言「多見闕殆，慎行其餘，則寡悔」。○雖昏亂之世，公論猶存，此見人性之善處，此見秉彝之不可泯處。○人之昏困，是氣也，持其志則昏自去。在敬〔二〕。

羅整菴先生曰：夫子言「君子喻於義，小人喻於利」。又言「君子上達，小人下達」。喻於義，斯上達矣；喻於利，斯下達矣。上達則進於聖賢，下達則其違禽獸也不遠矣。有人於此，或以禽獸斥之，未有能甘心受之者。至於義利之際，乃或不知所擇，果何説耶？舜命禹曰：「予違，汝弼；汝無面從，退有後言。」禹豈面從後言者耶？益之告舜，則以「違道」、「從欲」爲戒，禹則以「慢遊」、「傲虐」爲戒，皋陶則以「叢脞」爲戒，舜亦曷常有此數者之失耶？蓋其君臣相與，至誠懇切，惟欲各盡其道，而無毫髮之歉，故常致謹於未然之防。讀書者能識虞廷交相儆戒之心，斯可以事君矣。○人莫貴於自反，可以進德，可以寡怨，可以利用安身，其説已備於孔、曾、思、孟之書，但少見有能尊信者耳。若每每怨天尤人，而不知反求諸己，何但「出門即有礙」耶？

高景逸先生曰：見性斯見過，見過斯見性。○家中隨分應酬，尤悔日積，但徵色發聲之間，皆爲鍛煉琢磨之助，亦自得力。因知直方之功，動静一體而成。静中有毫髮私念攙和，便不能直；動中有毫髮世情粘帶，便不能方。愈直則愈方，愈方則愈直，妙處真不容言也。○極愛魏莊渠先生言：「吾輩若透名利關，人安能軒輊我？縱毁我、譽我萬方，我只消不見不聞，便都了却。我若是真金，儘教他做烈火，倘還有些渣滓，却藉他做洪爐，猛煎熬一過，添我多少精神。」此與行無忌憚而不恤人言者相霄壤。○丈夫處世，即甚壽考，不過百年。百年中除老穉之日，見於世者不過三十年。此三十年，可使其人重於泰、華，可使其人輕於鴻毛，是以君子慎之。○今日之怪事，皆往代之舊事。在我輩相戒爲不可爲者，皆諸公相勗爲不可不爲者也。其要在昧於天道，不信感應之理，取快一時，沉淪千古。哀哉！我輩只求不獲罪於天而已。○吾輩做自家人，修自家心，安得閒工夫向人分疏閒事也？「臧否」二字，亦每犯之，在末世是禍本，「善善長而惡惡短」，郭林宗所以免也。○自古人才，品局大小，只看心虚不虚，虚便能容，能容便大。虚之極，是舜之「舍己從人」。○周萊峰曰：「人之佞人，但欲人之悦己，而不知人之輕己；人之自誇，但欲人之知己，而不知人之笑己。輕而且笑，辱莫大焉，多言何益？」蔡虚齋密箴曰：「有道德者必不多言，有信義者必不多言，有才謀者必不多言。惟見夫細人、狂人、佞人乃多言耳。」余每有多言之病，當做一件大功課尅減。○見人一善，忘其百非，此待人之法也；終身行善，一言敗之，此持己之戒也。○宋薛奎在政府，謀議無所迎避，或時不得如志，歸輒嘆咤不食。家人曰：「何必乃爾？」奎曰：「吾仰慙古人，俯媿後世。」士大夫何可無此慙愧？○聖人見得事事無能，是「躬自厚」處；見得人人有善，是「薄責於人」處。○胡致堂曰：「事在勉强而已，意欲如是，少忍而思之，曰如是不善，終忍而不爲，斯善矣。意不欲如是，少思而克之，曰不如是不善，終克而爲之，斯善矣。此勉强之道也。意動即行，不復加思，其入於不善，如丸之下坂，孰能禦之？」此語於學者極有益。○有憤便有樂，不知手之舞之、足之蹈之。平日無憤無樂，只是悠悠。○每至夕陽，檢點一日所爲，若不切實鍛煉身心，便虚度一日。流光如駛，良可驚懼。○人要於身心不自在處究竟一箇著落，所謂「困心衡慮」也。若於此蹉過，便是「困而不學」。○先生謂友曰：愁苦處能放得下，便有進道之機。須是討出箇究竟纔放得下，所謂「窮至事物之理」也。自古聖賢豪傑，多從困苦中得力，人若從此逼迫出，便可向道。○孟子「囂囂」二字，不得入手，全無受用處。苟無囂然於湯聘的心腸，早有幡然而改行的行徑〔四〕，未有不爲富貴所魔者。○以柔心遜志，精探仁義道德之奥，以剛腸强力，戰勝紛華靡麗之交。○人生歲月，一年減一年；世間習染，一年增一年。以聖人之資，又「十五志學」，至七十始「從心」。今以常人之資，少却聖人一年志學，便多却世間一年習染，尚可泄泄耶！○小學及薛文清要言嘗嘗讀一過，人病不自覺，朋友亦安能盡言相規？讀此二書，百病自見。○夫人處濃釅之地，假境界扶翼其假精神，儘自過活得，遂終身迷失其寶藏而不知也。若天欲復其真性，必勞苦之，令其一無躲閃，自能求得真把柄處；必澹泊之，令其無一靠傍，自能求得真滋味。而後肩荷宇宙之事，建千古事業，爲千古人物。直是真性流行，非從局套點綴，始無負丈夫出世一番。○在朝廷則爲國家圖寔政，在郡邑則爲生民造實惠，在鄉黨必鎮靜養重，不與外事。至於大關係及不平之事，直任而不爲嫌，隨其所處，在在功業，豈必登玉堂金馬而後可有爲哉？

以上論警戒之道，反覆玩讀，令人精神振動，不啻汗流浹背也。蓋修己者不知警戒，則暗室多欺，愆過叢集；治人者不知警戒，則遺害無窮，災眚必至。故自古大聖大賢，皆以警懼之意自勉，亦以警懼之意勉人。而其要旨，則望人勇於改過也。凡人一言之過，則終日言皆輾轉而文此一言之過；一行之過，則終日行皆輾轉而文此一行之過。誰能見其過而悔悟即改之乎？然當其文過時，已明知自家不是處，但不肯自家認錯而改之耳。故欲寡其過而未能，的的是聖學真血脉。「盛德日新」之功，其要正在於此，而「見過自訟」者，聖人又大聲疾呼曰「已矣乎」！吾未見如迅雷一下使人猛省也。人果能猛省恐懼，則必自訟改之矣。蓋「言行者，君子之樞機」，可不謹乎？馮少墟曰：「聖賢學問雖多端，一言以蔽之，曰『謹言慎行』。只看世間謹言慎行的人，那一箇不爲人所敬愛，那一箇不獲福？放言肆行的人，那一箇不爲人所怠慢，那一箇不惹禍？故曰『愛人者，人恒愛之；敬人者，人恒敬之』。又曰『禍福無不自己求之者』。念及於此，敢不凛凛？」故君子貴内省，「内」字極重。外省不疚，不過無惡於人；内省不疚，纔能無惡於志。「外省不疚，無惡於人」，到底只做成箇鄉愿；「内省不疚，無惡於志」，纔是箇真君子。此警戒格言訓語，不可不置之座右而觸目以警心也。

校勘記

〔一〕故爲昏迷不復　「迷」，原作「述」，據聚錦堂本、雲南書局本改。

〔二〕開卷便有與聖賢不相似處　「開」，原作「問」，據朱子語類卷一〇、黄氏日抄卷三八引晦菴先生語類續集改。

〔三〕在敬　此二字居業録卷二無，疑爲衍文。

〔四〕早有幡然而改行的行徑　上「行」字，高子遺書卷五無，疑是。

五子近思録發明卷十三

辨别異端

平巖葉氏曰：「此卷辨異端。蓋君子之學雖已至，然異端之辨，尤不可以不明。苟於此有毫釐之未辨，則貽害於人心者甚矣。」愚按：正學既明，則異端不可以不辨。不辨則邪説横流，壞人心術，甚於洪水猛獸之災。辨則可以熄邪説而正人心。士君子生於斯世，以扶正道爲己任者，宜辨之弗明弗措也。蓋異端非聖人之道，而别爲一端，其始不過毫釐之差，其終奚啻千里之謬？熊澴川先生曰：吾儒存的是一點天真，異端存的是一種妄念。吾儒養的是一團義理，異端養的是一箇精魂。或明畔吾道，顯與爲敵；或陰亂吾實，陽竊其名。豈可不與之深辨而縱其惑世誣民哉！况乎佛、老之學，彌近理而大亂真，甚相似而絶不同。彌近理者，託乎理；大亂真者，全是欲將戒慎恐懼之心澌滅殆盡。苟非物格知至，理明義精者，安能與之較是非，計得失乎？故君子做居敬窮理工夫既久，則視異端妖妄之説陷溺人心，真是正路之蓁蕪，聖門之閉塞，必闢之而後可以入道也。朱子曰：「邪説惑衆，人人得而攻之，不必聖賢。猶春秋之法，亂臣賊子，人人得而誅之，不必士師。」故此卷所輯九先生之語，詞嚴義正，辨之極力。孟子曰：「予豈好辨哉？予不得已也！」學者宜深體焉。

明道先生曰：楊、墨之害，甚於申、韓；佛、老之害，甚於楊、墨。楊氏「爲我」疑於義；一本作「疑於仁」。墨氏「兼愛」疑於仁。一本作「疑於義」。申、韓則淺陋易見。故孟子只闢楊、墨，爲其惑世之甚也。佛、老其言近理，又非楊、墨之比，此所以爲害尤甚。楊、墨之害，亦經孟子闢之，所以廓如也。遺書。下同。

此辨别楊、墨、申、韓、佛、老之害，而佛、老爲害尤甚也。西山真氏曰：「楊朱自一身之外，截然弗卹，故其迹似乎義，然事君則致其身。楊朱但知愛身而不知致身之義，故無君。墨翟於親疎之間，無所不愛，故其迹似乎仁，然立愛必自親始。墨翟愛無差等，而視其至親，無異衆人，故無父。」孟子闢楊、墨，斥其無父無君，比之禽獸，爲其惑世之甚也。若申不害、韓非，皆以刑名法術干諸侯，取爵禄，不過爲功利謀耳，淺陋易見，不足闢也。至於佛、老之學，其害更甚於楊、墨者，以其言彌近理而大亂真也。老氏言道德，以虚無玄妙爲道德，不從日用常行處體察，適足滅其道德。佛氏言心性，以寂静空豁爲心性，而不知五常仁、義、禮、智、信，適足滅其心性。老氏雖虚無，然亦終不奈這道理實有何，故滅不盡。佛氏寂静打坐，只消一箇空字，把天下道理滅迹掃盡，此所以爲害尤甚。楊、墨無父無君，老、佛人倫物理滅盡，又非楊、墨之比。楊、墨經孟子闢之而遂息，佛、老經諸儒闢之而不息者，以人心陷溺於其言者深，所以害聖人之道爲尤甚也。

伊川先生曰：儒者潛心正道，不容有差，其始甚微，其終則不可救。如「師也過，商也不及」，於聖人中道，師只是過於厚些，商只是不及些。然而厚則漸至於「兼愛」，不及則便至於「爲我」。其過不及同出於儒者，其末遂至楊、墨。至如楊、墨，亦未至於無父無君，孟子推之便至於此，蓋其差必至於是也。師是子張名，商是子夏名。

此言學術流於異端，由於起手之差也。其始甚微，其終則不可救。如子張之過於中，子夏之不及，其末遂至於楊、墨，可畏也。胡敬齋先生曰：「入頭處最怕差，將來無救處。下手處又怕偏，將來偏到底。」故程子教人讀大學，云「學者必由是而學焉，則庶乎其不差矣」。又教人讀中庸，謂「此篇乃孔門傳授心法，子思恐其久而差也，故筆之於書，以授孟子」。學者果能依朱子讀此二書，則必不差於異端虚無寂滅之教，且有所據，以斥夫二家似是之非矣。

明道先生曰：道之外無物，物之外無道，是天地之間，無適而非道也。即父子而父子在所親，即君臣而君臣在所嚴，以至爲夫婦、爲長幼、爲朋友，無所爲而非道，此道所以不可須臾離也。然則毁人倫，去「四大」者，其戾於道也遠矣。故「君子之於天下也，無適也，無莫也，義之與比」。若有適有莫，則於道爲有間，非天地之全也。彼釋氏之學，於「敬以直内」，則有之矣；「義以方外」，則未之有也。故滯固者入於枯槁，疏通者歸於恣肆，此佛之教所以爲隘也。吾道則不然，「率性」而已。斯理也，聖人於易備言之。又曰：佛有一箇覺之理，可以「敬以直内」矣，然無「義以方外」。其「直内」者，要之其本，亦不是。釋氏以地、水、火、風爲四大，謂四大幻假而成人身，寂滅幻根，斷除一切。

此言率性之道，即在人倫日用之間，事物當行之理，故言無適而非道，所當操存省察，不可有須臾之離。君子所以無適莫，惟義之與比，順天理而盡人倫也。彼釋氏之學，以人倫爲幻迹，以人身爲幻身，不察事理之當然，而欲一切斷除掃滅之，則是逆天理而滅人倫，安得謂之悟道乎！雖佛有一箇覺之理，可以「敬以直内」矣，然無制事之義，則所謂覺者，猶無寸之尺，無星之秤，其直内之本亦非矣。且人惟患不能直内耳，内直則外必方，未有體而無用者。既無「義以方外」，又安有「敬以直内」乎？敬則中有主矣，釋氏中無主，謂之敬可乎？此所以滯固者入於枯槁，疏通者歸於恣肆。吾道則不然。程子曰：「此理，天命也。順而循之則道也，循此而修之，各得其分，則教也。自天命以至於教，我無加損焉。」有加損則非道矣。

釋氏本怖死生爲利，豈是公道？惟務上達而無下學，然則其上達處豈有是也？元不相連屬，但有間斷，非道也。孟子曰：「盡其心者，知其性也。」彼所謂識心見性是也，若存心養性一段事則無矣。彼固曰出家獨善，便於道體自不足。或曰：釋氏地獄之類，皆是爲下根之人設此怖，令爲善。先生曰：至誠貫天地，人尚有不化，豈有立僞教而人可化乎？以上明道語録。

此言釋氏畏死，學道出家獨善，皆是利己之私意也。夫氣聚則生，氣散則死，烏有死而復生，爲輪迴之理？吾儒視生死如旦暮，但盡其道，順受之而已。釋氏畏死，并願不生，别有一物在杳冥中，不生不滅，可以超脱輪迴之苦。此不知死生之説者也，豈是公道？乃專務上達而不肯下學。要之，下學既無矣，其上達又安有乎？道理原是徹上徹下，今不相連屬，有間斷，則不是道也。彼所謂「識心見性」，與孟子所謂「盡心知性」原不同。孟子之「盡心知性」，即大學之「物格知至」也。釋氏但見得自家一箇精神知覺在光明不昧中，遂指爲心性。不過恍惚之間，略見得心性影子，未曾見得裏面許多道理。即使有存養之功，亦只存養得心性影子。故釋氏説心，只説得一箇精魂，非是真識此心也。釋氏説性，只説得一箇人心形氣之私，未曾識得性命之正也。若識得性命之正，則知道在人倫、庶物、家庭中，有許多道理當盡，豈肯出家獨善耶？彼棄父母，離妻子，出家修行，則於三綱五常道理廢絶矣，安能獨善其身？若夫天堂地獄，利果福田等説，乃釋氏設此以誑怖愚俗，勸人爲善，非真有天堂地獄之事也。故明道先生曰：「至誠貫天地，人尚有不化，豈有立僞教而人可化乎？」不但人不可化，且相率而爲僞者矣，害莫大焉！所以吾儒之道，不出家而成教於國，與彼出家獨善之説，正相反也。

學者於釋氏之説，直須如淫聲美色以遠之，不爾則駸駸然入於其中矣。顔淵問爲邦，孔子既告之以二帝三王之事，而復戒以「放鄭聲，遠佞人」，曰：「鄭聲淫，佞人殆。」彼佞人者，是他一邊佞耳，然而於己則危，只是能使人移，故危也。至於禹之言曰：「何畏乎巧言令色？」直消言畏，只是須著如此戒慎，猶恐不免。釋氏之學，更不消言常戒。到自家自信後，便不能亂得。

此言釋氏之説易惑人，初學之士當屏遠之也。按釋氏之説近理，儘有高妙處，聳動得人。達摩西來，不信因果，而説淨智妙圓，直指人心，見性成佛。六祖慧能不會佛法，而説本來面目，教人存養高明，好新異者，多爲所惑。故程子曰：「直須如淫聲美色以遠之，不爾則駸駸然入於其中矣。」雖以顔子之賢，孔子告以四代禮樂，而猶戒以「放鄭聲，遠佞人」。蓋以佞人巧言令色，洵可畏也，於己亦甚危也。若於吾道信之篤，能辨其是非得失，則視其近理之言如冰炭之不相合，不必言常戒，亦不能亂我也。

所以謂萬物一體者，皆有此理，只爲從那裏來。「生生之謂易」，生則一時生，皆完此理。人則能推，物則氣昏推不得，不可道他物不與有也。人只爲自私，將自家軀殼上頭起意，故看得道理小了他底。放這身來，都在萬物中一例看，大小大快活。釋氏以不知此，去他身上起意思，奈何那身不得，故却厭惡，要得去盡根塵。爲心源不定，故要得如枯木死灰。然沒此理，要有此理，除是死也。釋氏其實是愛身，放不得，故説許多。譬如負版之蟲，已載不起，猶自更取物在身。又如抱石投河，以其重愈沉，終不道放下石頭，惟嫌重也。

此言釋氏妄生私見，思欲脱離生死，而不知萬物一體之理，本無事也。按萬物同得天地之氣以成形，同得天地之理以成性。但物得氣之偏塞而不能推耳，惟人爲萬物之靈，能知其理，推而行之，不從軀殼上起見，則此心渾然天理，真快活也。釋氏不知萬物一體之理，不知將此身放在萬物中一例看，於自己身上妄生私見，以耳目鼻舌身意爲幻根，以色聲香味觸法爲幻塵。謂幻塵滅則幻根滅，幻根滅則幻心亦滅，遂欲盡去根塵，使心源如枯木死灰。夫此心虚靈洞徹，萬理具備，如何絶滅得？故程子曰：「没有此理，要有此理，除是死也。」釋氏又畏死，又不知原始反終死生之説，反以此身爲幻假而厭惡之，別尋一箇真身真性，不生不滅。此皆自私自利之妄見也。釋氏本是愛身。」然不窮理，不知所以愛身之道。故程子以負販之蟲越多越重爲喻，又以抱石投河爲喻。人若識得萬物一體之理，氣聚則生，氣散則死，克去有我之私，則此心澄然無事矣，何根塵之足累我乎？

又有語導氣者，問先生曰：君亦有術乎？曰：吾嘗夏葛而冬裘，饑食而渴飲，節嗜欲，定心氣，如斯而已矣。

此言儒者養生，以順理窒慾爲切要，而不用導氣之術也。養生家有導氣之術，欲求長生不死，乃竊造化之機，逆天理以偷生，君子不貴也。故或以此問先生，而先生答之，皆順天理、遏人欲之事。人能如此，則心氣和順，身體康寧，何必爲導氣之巧術乎！

佛氏不識陰陽、晝夜、死生、古今，安得謂形而上者與聖人同乎？

葉平巖曰：「形而上者，性命也。陰陽、晝夜、死生、古今，乃天命之流行，二氣之屈伸。釋氏指爲輪迴，爲幻妄，則其所談性命，亦異乎聖人矣。」愚謂首卷詳解太極圖説，則所謂形而上者，太極也。人能明得太極動而生陽、静而生陰之説，則陰陽、晝夜、死生、古今之理俱了然矣。佛氏一切不識，安得謂形而上者與聖人同乎？甚矣，佛説之妄誕也！

釋氏之説，若欲窮其説而去取之，則其説未能窮，固已化而爲佛矣。只且於跡上考之，其設教如是，則其心果如何？固難爲取其心不取其迹，有是心則有是迹。王通言「心迹之判」，便是亂説，故不若且於迹上斷定不與聖人合。其言有合處，則吾道固已有，有不合者，固所不取。如是立定，却省易。

此言佛學只且於迹上考之，此實辨異端之要領也。近世於佛學，皆是取其心，取其道，而不取其迹，分爲兩截。若折衷於程子，只於迹上斷定，則甚省易。此乃伊川先生之言也。按明道先生亦有是説。禪客論傳燈録，曰：「此迹也，何不論其心？」明道先生曰：「心迹一也，豈有迹非而心是者也。正如兩脚方行，指其心曰：『我本不欲行，他兩脚自行。』豈有此理？」或人見明道先生不好佛語，謂先生曰：「佛之道是也，其迹非也。」先生曰：「所謂迹者，果不出於道乎？然吾所攻者，其迹耳。其道則吾不知也。使其道不合於先王，固不願學也。如其合於先王，則求之六經可矣，奚必佛？」由是觀之，二程先生以迹斷定，真辨異端之要領也。

問：神僊之説有諸？曰：若説白日飛昇之類則無，若言居山林間，保形鍊氣，以延年益壽，則有之。譬如一鑪火，置之風中則易過，置之密室則難過，有此理也。又問：揚子言「聖人不師僊，厥術異也」，聖人能爲此等事否？曰：此是天地間一賊，若非竊造化之機，安能延年？使聖人肯爲，周、孔爲之矣。

此言神僊之術雖能延年，聖賢弗爲也。胡敬齋曰：「萬物始終，乃陰陽造化，自然之理。神僊者，必欲超出陰陽造化之理以常存，必無此理。」今程子謂保形煉氣，以求延年，如火置之密室難過，亦有此理。然非盜竊造化之機，安能延年？愚謂雖盜竊造化之機以延年，亦未有久而不散者。不然，自古以仙得名者多矣，何千百年不見一人在世耶？羅整菴曰：「神僊之説，自昔聰明之士，鮮不慕之。以愚之愚，早亦嘗究心焉，後方識破。天地間果有不死之物，是爲無造化矣。誠知此理，更不必枉用其心也。」

謝顯道歷舉佛説與吾儒同處，問伊川先生。先生曰：恁地同處雖多，只是本領不是，一齊差却。外書。

此言佛説似是而非，本領不是，一齊差也。朱子答吴斗南書云：「佛學之與吾儒，雖有略相似處，然正所謂貌同心異，似是而非者，不可不審。明道先生所謂『句句同，事事合，然而不同』者，真是有味。非是見得親切，如何敢如此判斷耶？」或問：佛氏與吾儒相似處，其詳可得聞乎？陳清瀾先生曰：嘗聞之矣，釋氏行住坐卧，無不在道，與吾儒「道不可須臾離」相似也。「不解即心是佛，真是騎驢覓驢」，與吾儒聖賢無心外之學相似也。「赤肉團上有一無位真人」，與吾儒天然自有之中相似也。「不思善，不思惡，認本來面目」，與吾儒喜怒哀樂未發之中相似也。「青青翠竹，莫匪真如；種種黄花，無非般若」，與吾儒「鳶飛魚躍」相似也。「一月普現一切水，一切水月一月攝」，與吾儒「月映萬川」之喻相似也。「有物先天地，無形本寂寥」，與吾儒「無極而太極」相似也。「千般言，萬般解，只要教君長不昧」，與吾儒「明明德」相似也。「主人翁惺惺」，與吾儒「求放心」相似也。「棄却甜桃樹，沿山摘醋梨」，與吾儒「舍梧檟而養樲棘」相似也。「一棒一條痕，一摑一掌血」，與吾儒切實工夫相似也。「時時勤拂拭，莫遣有塵埃」，與吾儒「日新」工夫相似也。佛氏説得甚相似如此，非至明，誰不惑之？嗚呼！伊川所答謝顯道之言，朱子所述明道之語，學者誠不可不熟察而深省矣。

橫渠先生曰：釋氏妄意天性，而不知範圍天一作「之」。用，反以「六根」之微，因緣天地，明不能盡，則誣天地日月爲幻妄，蔽其用於一身之小，溺其志於虚空之大。此所以語大語小，流遁失中。其過於大也，塵芥六合；其蔽於小也，夢幻人世。謂之窮理可乎？不知窮理而謂之盡性可乎？謂之無不知可乎？塵芥六合，謂天地爲有窮也；夢幻人世，明不能究其所從也。

此言釋氏不知天命而極言其失也。高景逸曰：「釋氏之失，一言以蔽之，曰不能窮理而已。」聖人窮理盡性，故能範圍天地之化。範圍，猶裁成也。天用，即化育也。釋氏於天性，妄意之而已，故不能範圍天用。六根，眼、耳、鼻、舌、身、意也。因緣天地，以區區之見窺測也。誣天地日月爲幻妄，謂一切皆空也。蔽其用於一身之小，謂一身之間，其用尚有所蔽而不能充也。溺其志於虚空之大，徒用心於六合之外也。六合，上下四方也。謂天地爲有窮，視之如塵芥，此語大而流遁失中也。不知人世所從來，視之如夢幻，此語小而流遁失中也。蓋六合人世，皆天理之當然，即天性也。釋氏不知而塵芥焉，夢幻焉，豈非妄意天性者乎？其不能範圍天用宜矣！

大易不言有無。言有無，諸子之陋也。

此言異端以有者爲幻妄，以無者爲玄妙，析有無而二之，陋見也。高景逸曰：「形而上者謂之道，形而下者謂之器。」南軒張氏曰：「易之論道器，特以一形上下言之也。然道雖非器，而道必託於器。如禮樂刑賞，是治天下之道也。禮雖非玉帛，而禮不可以虛拘。樂雖非鍾鼓，而樂不可以徒作。刑本遏惡也，必託於甲兵，寓於鞭朴。賞本揚善也，必表之以旂常，銘之以鍾鼎。故形而上者之道託於形而后行，形而下者之器得其道而無弊。故聖人悟易於心，覺易於性，在道不溺於無，在器不墮於有。」是大易不言有無明矣。言有無，如有生於無，則分而爲二矣。又如自無而有，自有而無，皆老、莊諸子之陋也。

浮圖明鬼，謂有識之死，受生循環，遂厭苦求免，可謂知鬼乎？以人生爲妄見，可謂知人乎？天人一物，輒生取舍，可謂知天乎？孔孟所謂天，彼所謂道。惑者指「游魂爲變」爲輪迴，未之思也。大學當先知天德，知天德則知聖人，知鬼神。今浮圖劇論要歸，必謂死生流轉，非得道不免，謂之悟道可乎？本註云：悟則有義有命，均死生，一天人，推知晝夜、通陰陽，體之無二。○當生而生，當死而死，是則有義有命，生死均安，何所厭苦？天人一致，何所取舍？知晝夜，通陰陽，則知死生之說，何所謂輪迴？自其說熾，傳中國，儒者未容窺聖學門牆，已爲引取，淪胥其間，指爲大道。乃其俗達之天下，致善惡知愚、男女臧獲，人人著信。使英才間氣，生則溺耳目恬習之事，長則師世儒崇尚之言，遂冥然被驅，因謂聖人可不脩而至，大道可不學而知。故未識聖人心，已謂不必求其迹；未見君子志，已謂不必事其文。此人倫所以不察，庶物所以不明，治所以忽，德所以亂。異言滿耳，上無禮以防其僞，下無學以稽其弊，自古詖淫邪遁之辭，翕然並興，一出於佛氏之門者千五百年。自非獨立不懼，精一自信，有大過人之才，何以正立其間，與之較是非、計得失哉？

此言浮圖一切不知，由於未嘗格物窮理，故其言誕妄也。高景逸曰：「有識之死，謂人死而識神復循環受生也。天人取舍者，棄人事以求天性也。孔孟所謂天，彼則謂之道，易所謂「游魂爲變」，彼則謂之輪迴，似是而實非，皆以不知天德。不知天德，則以未嘗格物窮理，而徒欲得道，以脱生死輪轉。即此發本要歸，尚可謂之悟道乎？求其迹，考其行也。事其文，讀其書也。」趙伯循曰：「此條學者當日誦一遍，庶幾知崇正學而可與明道。」○徐德夫曰：「氣有聚散，氣散爲鬼，非既散之氣復爲方伸之氣也。佛氏以覺爲性，謂人雖死而覺性不散爲鬼，重復受生，輪迴循環，遂指爲苦海求免，是不知鬼也。氣聚爲人，日用事物，莫非實理。佛氏指四大爲假合，是不知人也。天性之在人，猶水性之在冰，凝釋雖異，爲物一也。佛氏舍人取天，是不知天也。所以然者，蓋由太虛有天之名，由氣化有道之名。孔孟所謂天，本謂道之從出，而佛氏直認太虛爲道，謂萬象爲太虛中所見之物。是以一切人事，盡爲墮落，下學工夫，盡可遺棄。此其所以不知天與人也。易曰：『精氣爲物，游魂爲變。』朱子曰：『精，魄也，耳目之精爲魄。氣，魂也，口鼻之嘘吸爲魂。二者合而成物。精虛魄降，則氣散魂游，而無不之矣。』張子曰：『精氣者，自無而有。遊魂者，自有而無。自無而有，神之情也。自有而無，鬼之情也。自無而有，故顯而爲物，神之狀也。自有而無，故隱而爲變，鬼之狀也。』易所謂『變』，是有變爲無。今佛氏即以變爲輪迴，此所以不知鬼也。『孔孟所謂天，彼所謂道』二句，正佛氏受病根源處。天德者，誠也。陰陽晝夜之實理，通乎晝夜而知，知天德也。能知天德，則知聖人所以範圍天地之化，知鬼神不過屈伸之理，死生天人，處之一矣。今佛氏不知死生之故，直謂得道可免死生，謂之悟道可乎？蓋聖人以天爲道所從出，以道爲日用事物當然之理，故窮理盡性，然後可以至命，下學然後可以上達。佛氏謂大虛即道，故謂一切有爲皆是幻化，不假修爲，立地成佛，不立文字，教外别傳。其爲吾道之賊，豈可勝歎！」精者察於是非之故，一者守其本心之正。愚謂學者崇正闢邪，必如張子之獨立不懼，精一自信，方可與之較是非，計得失。有志於維持世教者，宜盡心焉。

晦菴先生曰：佛、老之學，不待深辨而明。只是廢三綱五常這一事，已是極大罪名，其他更不消説。

此朱子於迹上斷定，以見其罪大也。愚思三綱五常之所以廢，即從佛、老清淨，不爲夫婦起。易曰：「有天地然後有萬物，有萬物然後有男女，有男女然後有夫婦，有夫婦然後有父子，有父子然後有君臣，有君臣然後有上下，有上下然後禮義有所錯。」中庸曰：「君子之道，造端乎夫婦。及其至也，察乎天地。」而佛、老只是一箇不夫婦，把父子、君臣、天地、上下之理殄滅盡矣。區區慈悲不殺，清淨不擾，夫何補哉！曹月川曰：「聖人順天地之理，制夫婦之義，使生生而不窮也。自今而後，男皆如佛、老之清淨而不求其室，女皆如佛、老之清淨而不求其家，則百年之下，生民之類，有耶？無耶？不但吾族固無矣，彼佛、老之徒亦能自有耶？」此朱子所以説「只是廢三綱五常一事，已是極大罪名，其他更不消説」也。

釋氏謂人死爲鬼，鬼復爲人。如此，則天地間常是許多來來去去，更不由他造化生生，必無是理也。

人死則氣散，其生也，又是從大原裏面發出來。此造化生生之理也。安有死而復生爲人，生而復死爲鬼，往來不已，而爲輪迴哉！此朱子所以説「必無是理」也。

答李伯諫曰：來書云「形有死生，真性常在」。某謂性無僞冒，不必言真；未嘗不在，不必言在。蓋所謂性，即天地所以生物之理。所謂「維天之命，於穆不已」，「大哉乾元，萬物資始」者也，曷嘗不在，而豈有我之所能私乎？釋氏所云「真性」，不知其與此同乎否也。同乎此，則古人盡心以知性知天，其學固有所爲，非欲其死而常在也。苟異乎此，而欲空妄心，見真性，惟恐其死而失之，非自私自利而何？

此言釋氏要求真性常在，即是自私自利之心也。夫天命之性，乃萬物之所公共者，非有我之所能私。釋氏乃欲私爲己有，謂身雖死而真性不滅，則其所謂性者，非天命之性可知矣。故朱子斷其爲「自私自利」，洵不誣也。

答吴公濟曰：來書云「夫子專言人事生理，而佛氏則兼人鬼、生死而言之」。某謂不知生死、人鬼爲一乎？爲二乎？若以爲一，則專言人事生理者，於死與鬼神，固已兼之矣，不待兼之而後兼也。若須别作一頭項窮究，則是始終幽明，却有間隔也。

此言人鬼、生死，原無二理，不必言兼也。程子曰：「晝夜者，死生之道也。知生之道則知死之道，盡事人之道則盡事鬼之道。死生、人鬼，一而二，二而一者也。」何必言兼耶？朱子曰：「非誠敬足以事人，則必不能事神；非原始而知所以生，則必不能反終而知所以死。」此「夫子專言人事生理」之意也。

問：漢時如鄭康成注二禮，但云鬼神是氣。至佛入中國，人鬼始亂。曰：然。

此言不知陰陽往來屈伸之理，不知鬼神之情狀，妄言禍福，故妖誕譎詭之説競起，而人鬼始亂。錢啓新曰：佛氏不過西竺一神耳，而以駕之上古巢、燧之上，將自有生民以來聖神一筆勾下。又駕之天帝之上，而曰佛一出世，天主、人王俱遜而就弟子之列，以天帝爲弟子，以佛爲師，將天帝亦一筆勾下。學術中之詖淫邪遁，肆無忌憚，一至於此，安得不將人鬼亂道耶？

宋景文唐書贊説佛多是華人之譎誕者，攘莊周、列禦寇之説佐其高。此説甚好。

凡佛之言，其始來者，如四十二章、遺教、法華、金剛、光明之類。其所言者，不過清虚緣業之論，神通變現之術而已。及其中間，爲其學者，如惠遠、僧肇之流，乃始稍竊莊、列之言以相之，然尚未敢正以爲出於佛之口也。及其久而耻於假借，則遂顯然篡取其意而文以浮屠之言。如楞嚴所謂「自聞」，即莊子之意，而圓覺所謂「四大各離，今者妄身，當在何處」，即列子所謂「精神入其門，骨骸反其根，我尚何存」者。凡若此類，不可勝舉。然其説皆萃於書首，其後無以繼之，然後佛之本真乃見。如結壇誦呪、二十五輪之類，以至於大力金剛、吉盤荼鬼之屬，則其粗鄙俗惡之狀，較之首章重玄極妙之指，蓋水火之不相入矣。

至於禪者之言，則其始也，蓋亦出於晉、宋清談議論之餘習，而稍務反求靜養，以默證之，或能頗出神怪，以衒流俗而已。如一花五葉之讖，隻履西歸之説，雖未必實有是事，亦可見當時所尚者，止於如此也。其後傳之既久，聰明才智之士，或頗出於其間，而自覺其陋，於是更出己意，益求前人之所不及者，以陰佐之，而盡諱其怪幻鄙俚之談。於是其説一旦超然真若出乎道德性命之上，而惑之者遂以爲果非堯、舜、周、孔之所能及矣。然其虚夸詭譎之情，險巧儇浮之態，展轉相高，日以益甚，則又反不若其初清虚靜默之説猶爲彼善於此也。以是觀之，則凡釋氏之本末真僞可知。

佛書本皆梵語，譯而通之，則或以數字爲中國之一字，或以一字而爲中國之數字。而今其所謂偈者，句齊字偶，了無餘欠。至於所謂二十八祖傳法之所爲者，則又頗協中國音韻，或用唐書聲律。自其徒之稍黠如惠洪輩者，則已能知其謬，而强爲説以文之。顧服衣冠，通今古，號爲士大夫如楊大年、蘇子由者，反不悟而筆之書也。

此言佛書皆攘竊莊周、列禦寇之説以佐其高，捉著正贓，無容辨也。然識破其攘竊莊、列意思，不始于宋景文。唐太宗時，太史令傅奕已先言之矣。太宗嘗謂奕曰：「佛教至玄妙，卿何不悟其理？」奕對曰：「佛乃西方桀黠，誑耀彼土，用欺愚俗。中夏邪僻之人，用老、莊玄言傅益之，無益於民，有害於國。臣非不悟，鄙不學也。」奕八十五而卒。臨終，戒其子無得學佛書。其見卓矣。汪星溪曰：唐人取經進京，使僧人翻譯，又使文士潤色。如心經後註「玄奘譯，于志寧、許敬宗、薛元超、李義府等潤色〔一〕」是也。時潤色者群集寺中，某爲佛，某爲阿難，設爲問答，一改再改，取莊、列之言，更加幻杳而止。故傅公之言如此，時太宗深以爲然，曰：「朕所學者，惟周、孔之道耳。」蓋心知其妄，不意流害無窮也。陳清瀾曰：唐以前，中華文士攘竊莊、列以文其説，佐其高。至宋，則攘竊孔、孟以文其説，佐其高矣。嗚呼！竊莊、列以文佛釋，以異端而佐異端，猶可言也。竊孔、孟以文佛釋，以西戎之教而亂吾中夏聖賢之學，不可言也。孫北海曰：唐人初取金剛經至中國，適房融在廣州，嫌其俚淺，乃改竄之送内。今人奉爲佛言，曲爲解註，真是説夢。

學佛者嘗云「儒佛一同」。某言若果然是，又何必言同？只這靠傍的意思，便是不同。

學者往往多歸異教何故？曰：蓋爲自家這裏工夫有欠缺，奈何這心不下，見禅者之説有箇悟門，一朝得入，則前後際斷，恁地見成捷快，如何不隨他去？不知自家這裏有箇道理，不必外求，此心自然各止其所。

或問：今世士大夫何以晚年都被禅家引去？曰：是爾平生所讀許多書，許多記誦文章，所籍以爲取利禄聲名之計者，到這裏都靠不得了，所以被他降下。

今人容易爲異説引去者，只是無見識。聖人之書，非細心研究，不足以見。

某數日來閒思聖人所以説箇格物工夫盡在這裏，今人都無這工夫，所以見識皆低。

以上五條，皆爲自家格物窮理工夫欠缺，所以無見識。即有些見識亦低。平日讀書作文以取利禄者，到這裏都靠不得了，所以被他引去，被他降下，反説「儒佛一同，禪教快捷」。不知自家這裏道理，不必外求，只要細心研究聖人之書，自然見識超卓，事事順理而行，不爲異教所惑矣。

近年以來，乃有假佛釋之似，以亂孔、孟之實者。其法首以讀書窮理爲大禁，常欲學者注其心於茫昧不可知之地，以僥倖一旦恍然獨見，然後爲得，蓋亦有自謂得之者矣。而察其容貌詞氣之間，修己治人之際，乃與聖賢之學有大不相似者。

聖賢之學，全在讀書窮理，居敬持志，爲之不厭者也。今以讀書窮理爲大禁，而注其心於茫昧不可知之地，此成何等學問耶？所以空腹高心，妄自尊大，只此一節，大爲學者心術之害。又假佛釋之似，以亂孔、孟之實，若未曾看佛書，未有不爲所蔀者也。惟朱子識得佛學透徹，知其病根所在，故看破他底裏，與之深辨也。

世學不明，異端蠭起，大率皆便於私意人欲之實，而可以不失道義問學之名，以故學者翕然趨之。然諺有之：「是真難滅，是假易除。」但當力行吾道，使益光明，則彼之邪説，如雪見晛耳，故不必深與之辨。

力行吾道，使益光明，此自家端本之論。然必不以一毫私意自蔽，不以一毫私欲自累，方能使光明者益光明也。

異端之學，以性自私，固爲大病。然又不察氣質情欲之偏，率意妄行，便謂無非至理，此尤害事。近世儒者之論，亦有近似之者，不可不察也。

異學不知性即理也之説，而以性自私，又不察氣質之偏，情欲之蔽，安得不率意妄行耶！「近世儒者之論，亦有近似之者」，蓋指陸象山也。

問：釋氏有豁然頓悟之説，不知倚靠得否？曰：某也曾見叢林中有言頓悟者，後看這人只尋常。如陸子靜門人，初見時，常云有所悟，後來所爲却更顛倒錯亂。看來所謂「豁然頓悟」者，乃是當時略有所見，覺得果是潔浄快活，稍久則却漸漸淡去了，何嘗倚靠得？

禪學惟以頓悟爲主，終其所見，不過靈覺之光影而已，性命之理，實未嘗有見也，安能倚靠得耶？蓋性命之理，至精至微，細入於絲毫杪忽，無一非實，故有所見，終身可倚靠。若靈覺光影，乃見得虚空境界，如石火電光而已，何能倚靠得長久耶？

答江德功曰：近世學者，溺於佛學，本以聖賢之言爲卑近而不滿於其意，顧天理民彝有不容殄滅，則又不能盡叛吾説以歸於彼，兩者交戰於胸中而不知所定，於是因其近似之言以附會而説合之。凡吾教之以物言者，則挽而附之於己；以身言者，則引而納之於心。苟以幸其不異於彼，而便於出入兩是之私，至於聖賢之本意，則雖知其不然而有所不顧也。蓋其心自以吾之所見已高於聖賢，可以咄嗟指顧而左右之矣。又况推而高之，鑿而深之，使其精神氣象有加於前，則吾又爲有功於聖賢，何不可者？而不自知其所謂高且深者，是乃所以卑且陋也。此近世雜學之士心術隱微之大病，不但講説異同之間而已。

此辨雜學心術隱微之大病。朱子未出以前，蘇子瞻以佛旨解易，游定夫以佛旨解論語，王安石、張子韶以佛旨釋諸經，程門諸子以佛旨釋中庸，呂居仁以佛旨釋大學。自朱子出而後，其書皆廢。蓋朱子深知雜學心術隱微之大病，故辨之極力，而後雜學息也。

答陳衛道曰：嘗見龜山先生引龐居士説「神通妙用，運水搬柴」話，來證孟子「徐行後長」義，竊意其語未免有病，何也？蓋如釋氏説，但能搬柴運水，即是神通妙用，此即來喻所謂舉起處，其中更無是非。若儒者則須是「徐行後長」方是，若「疾行先長」即便不是。所以格物致知，便是要就此等處微細辨別，令日用間見得天理流行，而其中是非黑白，各有條理。是者便是順得此理，非者便是逆著此理，胸中洞然，無纖毫疑礙，所以才能格物致知，便能誠意正心，而天下國家可得而理，亦不是兩事也。凡古聖賢説性命，皆是就實事上説。如言「盡性」，便是盡得此君臣父子、三綱五常之道而無餘；言「養性」，便是養得此道而不害至微之理、至著之事。一以貫之，略無餘欠，非虛語也。

此言釋氏「神通妙用」，只是率意妄行，不論是非。而吾儒有格物致知工夫，則必辨別其是非也。釋氏云「作用是性」，故運水搬柴，便是神通妙用。蓋因不曾識得這理一節，只認知覺運動做性，只認那能視能聽能言能動底便是性，最怕人説這理字，都要除掉了。此正告子「生之謂性」之説也。若是研究得這理字透徹，則是者便是天理，非者便是人欲。那知覺運動底，是心而非性也。那能視聽言動底，是心而非性也。性即理也。凡日用間天理流行，皆在實事上説。盡得人倫事物當然之理，便是「盡性」；養得此道理而無所作爲以害之，便是「養性」。至微之理，至著之事，一以貫之，略無餘欠，所謂「體用一源，顯微無間」也。

又曰：佛氏差處，舉起便是不勝其多，寫不能窮，説不能盡。今左右既是於彼留心之久，境界熟了，雖説欲却歸此邊來，終是脱離未得。某向來亦曾如此，只是覺得大概不是了，且權時一齊放下了，只將自家文字道理，作小兒子初上學時模樣讀。後來漸見得一二分意思，便漸見得他一二分錯處。迤邐看透了後，直見得他無一星子是處，不用著力排擯，自然不入心來矣。今云「取其長處而會歸於正」，便是放不下，看不破也。

此言佛説差處，若看得破時，竟無一星子是處，如冰炭之不相合，如薰蕕之不可同器矣，自然一齊放下。惟恐人陷溺其中，而極力明辨之、嚴距之也。陳清瀾曰：由來闢佛，如傅太史武德一疏得其皮，韓文公原道一篇得其肉，至二程子而後得其骨，至朱子而後得其髓。是故，闢佛至朱子而始盡。使非朱子得其髓，亦安能見得他無一星子是處乎？

薛敬軒先生曰：老子言道德而外仁義，果可謂之道德乎？韓子謂其「去仁與義而言道德」，亦可謂深知老子之失矣。○老子曰：「大道廢，有仁義。」夫仁義即大道也，大道既廢，又豈有仁義乎？至分道、德、仁、義、禮爲五，皆理不明也。○老氏雖翻騰道理，愚弄一世，奇詭萬變，不可摸擬，卒歸於自私，與釋氏同。○「將欲翕之，必固張之；將欲弱之，必固强之；將欲廢之，必固興之；將欲奪之，必固與之」，是皆竊春夏之闢而爲秋冬之闔，程子所謂「老子竊弄闔闢」者以此。○道無往而不在，釋氏乃謂「出家求道」，則是在家無道，家外有道，而道爲有方所之物矣。其失可一笑而揮也。○天者萬物之祖，生物而不生於物者也。釋氏亦人耳，其四肢百骸，固亦天之所生也。豈有天所生者而能擅造化之柄耶？若如其説，則天不在天而在釋氏矣。○萬物始終，莫非陰陽合散之所爲。釋氏乃有輪迴之説，則萬物始終，不在造化而在釋氏矣。○金剛經只欲説形而上之道，以形而下者爲幻迹。此所以偏於空虛也。聖人則道器合言，所以皆實。○聖人之心，廓然大公，與化無累。異端必求一超出陰陽之外不生不滅之説，有是理乎！○釋子塵芥六合，然六合無窮，安得塵芥之？夢幻人世，然人世皆實理，安得夢幻之？○程子曰：「釋氏不識陰陽、晝夜、死生、古今。」愚謂惟其如此，故其言妄誕。釋氏聚散，亦人耳，安能以已散者爲禍福耶？舉前古爲其所惑，理之不明甚矣！○釋氏出世法，天地、陰陽、古今皆世也，而可出乎？○程子曰：「謂之變，則堅者腐，存者亡。」輪迴之説，何其誕耶！○滿眼皆實理而人不之信，釋氏持一偏空説，舉前古之人皆爲所惑，何耶？○荀子以人性爲惡，則是誣天下萬世之人皆爲惡也。其昧於理如是之甚！○陳仲子無親戚、君臣、上下，其廉爲小節。釋氏滅天理人倫以潔其身，果何道哉！○釋子以罪福誘人，豈是公道？○釋氏不問賢愚善惡，只順己者便是。○聖人之心如天，物有違忤者，終無私怒也。釋氏極言其神妙無方，慈悲忍辱，至於一有毀謗其書，不尊其教者，即報之以種種之罪，又何量之小而心之忮耶！○聲香色味觸，佛書所謂「五欲」，世人之所貪，彼欲滅絶者也。及其論聲香色味之盛，又極人世之所無者而誇耀之，何耶？○釋氏本是自潔其身，紛紛之言，皆其徒附會也。○中夜忽思天下無性外之物而性無不在，君臣、父子、夫婦、長幼、朋友皆物也，而其人倫之理即性也。佛氏之學，有曰「明心見性」者，彼既舉人倫而外之矣，安在其能明心見性乎？若果明心見性，則必知天下無性外之物而性無不在，必不舉人倫而外之也。今既如此，則偏於空寂而不能真知心性體用之全審矣。程子謂「其言爲無不周遍，實則外於倫理」，不其信與！○道無有不到處，亦無有間斷處。釋氏出家修行，是有不到處；專務上達而無下學，是有間斷處，又焉得爲道乎？○聖人雖澤及四海，功被萬世，而無一毫自滿之意。釋氏動輒言其功德無量，何耶？○釋氏極論道妙，而以金玉珍寶奇怪之物侈言之，何耶？○學者得如周、程、張、朱之爲人，亦可矣。四子不好佛，而學者乃好之，則是爲人不求如四子之賢，而好佛乃求過於四子也。惑之甚矣。○周、程、張、朱，真儒也。四子辨佛、老之非至矣，學者讀四子之書而乃匍匐佛、老之奴隸，是豈真知四子而能讀其書者哉！

胡敬齋先生曰：老氏既説「無」，又説「杳杳冥冥，其中有精，混混沌沌，其中有物」，則是所謂「無」者，不能無矣。釋氏既曰「空」，又説「有箇真性在天地間，不生不滅，超脱輪迴」，則是所謂「空」者，不能空矣。此老、釋之學所以顛倒錯謬，説空説虚，説無説有，皆不可信。若吾儒説有則真有，説無則真無，説實則真實，説虚則真虚。蓋其見道明白精切，無許多邪遁之辭。老氏指氣之虚者爲道，釋氏指氣之靈者爲性，故言多邪遁。○學一差便入異教，其誤認聖賢之意者甚多。此言無爲，是無私意造作，彼遂以爲真虚淨無爲矣；此言心虚者，是心有主而外邪不入，故無昏塞，彼遂以爲真空無物矣；此言無思，是寂然不動之中，萬理咸備，彼遂以爲真無思矣；此言無適而非道，是道理無處無之，所當操存省察，不可造次顛沛之離，彼遂以爲凡其所適，無非是道，故任其猖狂自恣而不顧也。○儒者養得一箇道理，釋、老只養得一箇精神。儒者養得一身之正氣，故與天地無間。釋、老養得一身之私氣，故逆天悖理。○老氏雖背聖人之道，未敢侮聖人，莊子則侮聖人矣。莊子雖侮聖人，未敢侮天地，釋氏則侮天地矣。○氣則有聚散，有虚實，有生死，以有無言之，猶可也。

理則不可以有無言，心不可以有無言。老氏以萬物生於虚，是有生於無也，故以虚爲道，以無爲宗。佛氏實者亦言虚，有者亦言無，背亂顛倒尤甚。老氏要長生不死，佛氏生也不要，死也不要，要尋一箇真身真性，不生不滅，超脱輪迴。陳公甫言「物有盡而我無盡」，即此意也。○老氏以有生於無，是不識前一截。佛氏曰空，前一截、後一截俱不識。故佛氏悖逆顛倒，甚於老氏。○或問：今之儒者多入異教，何也？曰：今之儒者多喜伭妙，愛虚靜，貪快樂，不曾做博文約禮工夫，如何不入去！○聖賢一循乎天理，故無繫累。今山林隱士，欲脱去塵俗世利，以求無累。異端欲屏去人事思慮，以求無累。山林隱士雖自遂一偏之高，不足以盡天下之理，然未至甚害理，其清高之風，猶足以激污俗。異端則天理滅絶，顛倒尤甚。高士一變，則爲異端矣。○荀子只「性惡」一句，諸事壞了，是源頭已錯，末流無一是處。孟子言「性善」，在本原上見得是，故百事皆是。荀子在本原上見錯，故百事皆錯。○世之愚者，莫愚於是老、佛。至愚之人也曉得箇天地、父母、妻子，也曉得有箇己身。今禪家以天地爲幻妄，己身爲幻身，離父母，棄妻子，雖天地六合之大，也曉不得，故言「一粒粟中藏世界」。陳獻章又要塵微六合，豈非愚蠢之甚乎！○莊周所謂「自然」，非循乎理之自然，乃一切棄而不管，任其自然，所以曠蕩不法，禮樂政刑皆無所用。反謂「聖人不死，大盗不息」，欲「剖斗折衡，使民不争」。○老莊之説最妄。如説堯欲讓位於巢由，皆假設以誇其高。必得舜之聖，方能紹堯之治。堯豈無眼睛而欲讓位於巢由乎？○莊子動輒説箇「自然」，説箇「無爲」。夫道理固是自然，不用安排，不須造作。然在人便當窮究玩索，以求其所以然。操存省察，使實有諸己；發揮推廣，以及於人。但不可以私意助長以鑿之。若一任沖漠自在，更不簡束，則道理與我不相管攝，其所謂自然，乃一切棄去此理而不爲，非聖人真實懇到出乎本心之自然，循乎天理之自然也。此莊子所以畔乎道也。其曰天地自然無爲，聖人亦自然無爲。其説似是而非，實不知天地聖人。夫天地之道，至誠無息，春以生之，夏以長之，秋以遂之，冬以成之。鼓之以雷霆，潤之以風雨，明之以日月，肅之以霜雪，謂之無爲可乎？但一出於真實之理，人莫測其所爲也。聖人之道，純亦不已，仁以爲愛，義以爲制，禮以爲秩，智以爲鑒，感之以德化，導之以政教，肅之以刑禁，謂之無爲可乎？但一出於至誠之心，至實之理，行其所無事，非有所勉强私意造作，謂之自然，謂之無爲可也。非如莊子之棄滅禮法，付之自然，沖漠虚靜，以爲無爲也。○莠之亂苗，紫之亂朱，皆以其相似而難辨。與儒道相似，莫如禪學。此最害道者，後之學者，做存心工夫不得其真者，多流於禪。所謂高者入於空虚，蓋天資高邁者，多厭世事之汩冗而樂於靜虚，又好奇妙而忽卑近，又力去做靜中工夫，掃除物欲，屏絶思慮，是在内裹先做空了，不覺流於禪學。只緣在小學、四書、近思録不曾實體驗，而於窮理工夫不到，故如此。○釋氏見道，只如漢武帝見李夫人，非真見者也。釋氏只想像這道理，故勞而無功。儒者便即事物上去窮究。○禪伯是懷一箇道理形像在心，不肯放下，故忙得無了時。聖人則退藏於密，遇事時便應。學者則須閑邪存誠，邪既閑，誠自存，亦泰然無事。○視鼻端白以之調息去疾則可，以之存心則全不是，久必入異教。蓋取在身至近一物以繫其心，如反觀内視亦是此法，佛家用數珠亦是此法，羈制其心，不使妄動。嗚呼！心之神靈，足以具衆理，應萬事，不能敬以存之，乃羈於一物之小，置之無用之所，哀哉！○禪學人易陷溺者，是他做主敬涵養之功不至，無以存其心，不如索性尋箇閑靜，庶不爲物誘。見聖賢有箇存心工夫，遂捉住此心安放在腔子裏。及久也，常若見此心光爍爍在此，自以爲真能存心，及其遇事，所存之心已靠不得。應得事來，心又失了；存得心來，事又背了。故其顛倒錯亂，猖狂自恣，蓋緣心與事兩不相照，是其所存之心，不足以具衆理，又滅衆理，不足以應萬事，又害萬事，故禪學之陋如此。殊不知心本在内之物，其體足以具衆理，其用足以應萬事。或爲舊習所繞、物欲所誘而放也。惟戒謹恐懼，齋莊恭敬，若履淵冰，若接賓祭，則固已湛然在内。天下之理已涵具於其中，豈假拘縛捕捉然後入，照看繫制而後存哉！事物之來，此湛然在内之心隨而酬酢之，必能精察詳盡，各得其理，又豈有紛擾錯亂之患哉！易所謂「敬以直内，義以方外」，中庸所謂「大本」、「達道」，此之謂也。然則彼所存之心非心與，抑是心與？謂之不是心亦不可，但被他做差了工夫，將此心來作弄照看，如玩好之物相似，所以如此。○今人有過去思慮以爲心不放者，有常拘制看住心在這裡以爲存者，皆非聖賢存心之法，所以流於異學。聖賢只説戒謹恐懼則心自存，何嘗看住此心不許他走？只整齊嚴肅則心便一，何嘗過絶思慮以求不雜？主一只是常要整肅，非是尋得箇物事來照管不失。堯曰「欽明」，只欽則本心自明，亦不是要見得此心光明如一物在此。儒、釋之分，正在此處，宜深察明辨也。○佛學捷徑，儒學周徧。所謂捷徑者，只專守此心，便會悟道。若悟得萬事皆畢了，不用下學，自能上達。以爲道無不在，凡所動作，無不是道，所以身不用檢，事不用察，任其自恣。儒者則存心以敬，又事事精察無遺，所以窮理力行之功，盡人倫，周事物，其效則三綱正，萬事治。○禪家存心，雖與孟子「求放心，操則存」相似，而實不同。孟子只是不敢放縱其心，所謂操者，只約束收歛，使内有主而已，豈如釋氏常看着一箇心光光明明如一物在此？夫既收歛有主，則心體昭然，遇事時監察必精。若守著一箇光明底心，則只與此心打攪，内自相持既熟，剗舍不去，人倫世事都不管，又以爲道都不在，隨其所之，只要不失此光明之心，不拘中節不中節，皆是道也。○釋氏之存心有二。一是習爲虚静，絶滅思慮，使之無雜擾。一是常照住此心，不令走作。殊不知聖賢教人，自灑掃應對周旋，禮樂孝悌恭敬，皆是存心之法，如九容、九思，亦是存養之法，故心存理得而事治。釋氏之存心，適以壞其心之體，絶其心之用，其害莫大焉。○禪家害道最甚，是他做工夫與儒家最相似。他坐禪入定工夫，與儒家存心工夫相似。他門心空，與儒家虚心相似。他門静坐，與儒家主静相似。他門快樂，與儒家悦樂相似。他性周法界，與儒家萬物一體相似。他光明寂照，與儒家虚靈知覺相似。儒家説從身心上做工夫，他亦專要身心上做工夫。儒家説誠意，他便發誠心做。似是而非，莫過於禪家，所以害道尤甚。愚謂儒、釋工夫，在源頭已不同矣。儒者工夫，自小學灑掃應對，周旋進退，詩、書、禮、樂，愛親敬長，必恭必敬，無非存心養性之法。非僻之心在這裏已無及長，則主敬窮理，並進交養，戒謹恐懼，誠恐一事有差，則心無不存，理無不在。禪家只是默坐澄心，絶滅思慮，直求空寂。空寂之久，心能靈通。殊不知空寂之中，萬理滅絶。那些靈通，只是自己精神意見，全不是道理。故他之心，已與理二矣。既與理二，則凡所動作，任意爲之。以爲此即是神通妙用，不用檢察，自然廣大無邊，又專一守此，以爲至玄極妙。其空豁快樂以此，性周法界者以此，光明寂照者以此，猖狂自恣者以此，背天逆地者以此。若儒家存心愈熟，則察理愈精，久則心與理一，動静語默，酬酢舉措，無非天理發現流行。所以家齊、國治、天下平，天地位，萬物育，是其功效自然之妙，豈禪家顛倒錯亂所能比哉？且禪家以作用是性，是認氣爲理，以形而下者作形而上者，故滅絶天道，亦不自知矣。程子言其「以管窺天，直見北斗處」；朱子言「於天理大本處，見得些分數」者。蓋人之生，都自「乾道變化，各正性命」處來，人之神識，是「保合太和」裏面底事。他在此處窺見些子，遂守定此物，不令亡失，則可以脱輪迴，再去奪胎出世，遂言他别有一箇真身，父母所生者，只是幻身，故不孝父母。殊不知「乾道變化」已在父母身上，故氣盛則生子，氣衰則子繼，生生不窮，故此身此理，皆是父母所傳。若由你這箇真身再去出世，則「乾道變化」箇甚？○天下古今，只著一箇「利」字害了天理。秀才讀著書，便要求中科；釋子誦著經，便要求一箇福。禪子坐著禪，便要求自己一箇快樂。那裏尚有天理。○陸子静天資高，力量大，用力甚切。但其見理過於高大，存心過於簡易，故入於禪。其自幼與伊川不合者，伊川收斂謹密，其言平實精確。象山必有淩虚駕空之意，故聞伊川之言，似有傷其心。其晚年，身在此處，能知民間事，又預知死期，則異學無疑。其門人楊簡以問答之間，忽省此心之清明，忽省此心之無始末，忽省此心之無所不通。此非儒者之傳授。其行狀言「四時之變化，先生之變化也；天地之廣大，先生之廣大也；鬼神之不可測，先生之不可測也」，亦過高之言矣。○陳公甫説「不由積累而至者，不可以言傳」，則四書、六經不足以載道矣。○陳公甫云「静中養出端倪」，又云「藏而後發」，是將此道理安排作弄，都不是順其自然。○陳公甫亦窺見些道理來安排作弄，都不是順其自然。○陳公甫亦窺見些道理本原，因下面無循序工夫，故遂成空見。○陳公甫言「才覺便覺我大而物小，物有盡而我無盡」，是物我有二理矣。

羅整菴先生曰：吾儒之闢佛氏有三。有真知其説之非而痛闢之者，兩程子、張子、朱子是也。有未能深知其説而常喜闢之者，篤信程、張數子者也。有陰實尊用其説而陽闢之者，蓋用禪家訶佛罵祖之機者也。夫佛氏似是之非，固爲難辨，至於訶佛罵祖之機作，則其辨之也愈難。吁，可畏哉！〇今之道家，蓋源於古之巫祝，與老子殊不相干。老子誠亦異端，然其爲道，主於深根固蔕、長生久視而已。道德五千言具在，於凡祈禳、禜禱、經咒、符籙等事，初未有一言及之。而道家立教，乃推尊老子，置之三清之列，以爲其教之所從出，不亦妄乎。古者用巫祝以事神，建其官，正其名，辨其物，蓋誠有以通乎幽明之故，故專其職掌，俾常一其心志，以導迎二氣之和，其義精矣。去古既遠，精義浸失，而淫邪妖誕之説起。所謂經咒、符籙，大抵皆秦漢間方士所爲，其泯滅而不傳者，計亦多矣，而終莫之能絶也。今之所傳，分明遠祖張道陵，近宗林靈素輩，雖其爲用不出乎祈禳禜禱，然既已失其精義，則所以交神明者，率非其道，徒滋益人心之惑而重爲世道之害爾，望其消災而致福，不亦遠乎？蓋老子之善成其私，固聖門所不取，道陵輩之譸張僞幻，又老子之所不屑爲也。欲攻老氏者，須分爲二端，而各明辨其失，則吾之説爲有據，而彼雖桀黠，亦無所措其辭矣。

最可怪者，佛本一身，詭爲法身、報身、本身三身。道家亦效其所爲，尊老子爲三清，曰元始天尊、太上道君、太上老君，總一老子也。莊子書明曰「老聃死」，亦人鬼耳，乃妄加稱謂悖誕如此。文公先生言道家有老、莊書，却不知看，盡爲佛家竊而用之，却去傚傚佛家經教之屬。譬自家寶被人盜去，却收拾他人家破甕破釜。此輩自愚愚人，真世之妖祟也。

整菴先生又曰：老子外仁義禮而言道德，徒言道德而不及性，與聖門絶不相似，自不足以亂真，所謂「彌近理而大亂真」，惟佛氏爾。○異端之説，自古有之。考其爲害，莫過於佛氏者矣。佛法初入中國，惟以生死輪迴之説動人。人之情，莫不貪生而惡死，苟可以免輪迴、出生死，安得不惟其言之聽？既有求於彼，則彼之遺君親、滅種類，凡得罪於名教者，勢不得不姑置之。然吾儒之信之者猶鮮也。其後有達摩者至，直指人心，見性成佛，以爲一聞千悟，神通自在，不可思議，則其説之幻妙，迥非前日比矣。於是高明者亦往往惑焉。惑及於高明，則其害有不可勝救者矣。取自古帝王「精一執中」之傳，孔門一貫忠恕之旨、克己爲仁之訓，大學致知格物之教，中庸性道中和之義，孟子知言、養氣、盡心、知性之説，一切皆以其説亂之。故内之無以立大中至正之本，外之無以達經世宰物之用，教衰而俗敗，不但可爲長太息而已。○釋氏之明心見性，與吾儒之盡心知性相似而實不同。蓋虚靈知覺，心之妙也。精微純一，性之真也。釋氏之學，大抵有見於心，無見於性，故其爲教，始則欲人盡離諸相，而求其所謂空，空即虚也。既則欲其即相即空而契其所謂覺，即知覺也。覺性既得，則空相洞徹，神用無方，神即靈也。凡釋氏之言性，窮其本末，要不出此三者。然此三者皆心之妙，而豈性之謂哉？使其據所見之及，復能向上尋之，帝降之衷，亦庶乎其可識矣。

程子曰「聖學本天，佛學本心」，二語盡之。蓋佛學原不知心性，誤以心爲性。而學佛者欲借之明心見性，有如磨磚作鏡，止自欺耳。

夫斯道之弗明於天下，凡以禪學混之也。其初不過毫釐之差，其究奚啻千萬里之遠。然爲禪學者既安於其陋，了不知吾道之爲何物。爲道學者或未嘗通乎禪學之本末，亦無由真知其所以異於吾道者果何在也。嘗考兩程子、張子、朱子，早歲皆嘗學禪，亦皆能究其底蘊，及於吾道有得，始大悟禪學之非而盡棄之。非徒棄之而已，力排痛闢，閔閔焉惟恐人之陷溺於其中也。故朱子曰象山爲禪學，蓋其見之審矣。愚自受學以來，知有聖賢之訓而已，初不知所謂禪者何也。及官京師，偶逢一老僧，漫問何由成佛，渠亦漫舉禪語爲答，云「佛在庭前栢樹子」。既而得禪家證道歌一編，讀之如合符節，自以爲至奇至妙之理矣。後官南雍，則聖賢之書未嘗一日去手，潛玩久之，漸覺就實，始知前所見者，乃此心虚靈之妙，而非性之理也。自此研磨體認，日復一日，積數十年，用心甚苦。年垂六十，始了然有見乎心性之真，而確乎有以自信。朱、陸之学，于是乎僅能辨之，良亦鈍矣。蓋嘗徧閲象山之書，大抵皆明心之説。其自謂所學，因讀孟子而自得之。時有議之者云，除了「先立乎其大者」一句，全無技倆，其亦以爲誠然。然愚觀孟子之言與象山之學自别，於此而不能辨，非惟不識象山，亦不識孟子矣。孟子「耳目之官」一段言語，甚是分明。所貴乎「先立其大者」何？以其能思也。能思者心，所思而得者，性之理也。是則孟子喫緊爲人處，不出乎思之一言，故他日又云「仁義禮智，非由外鑠我也，我固有之也，弗思耳矣」。而象山之教學者，顧以爲「此心但存，則此理自明」，「當惻隱處自惻隱，當羞惡處自羞惡，當辭遜處自辭遜，是非在前，自能辨之」。又云「當寬裕温柔自寬裕温柔，當發强剛毅自發强剛毅」。若然，則無所用乎思矣，非孟子「先立乎其大者」之本旨也。夫不思而得，乃聖人分上事，所謂「生而知之者」，而豈學者之所及哉？苟學而不思，此理終無由而得。凡其當如此自如此者，雖或有出於靈覺之妙，而輕重長短，類皆無所取中，非過焉，斯不及矣。遂乃執靈覺以爲至道，謂非禪學而何。蓋心性至爲難明，象山之誤，正在於此。故其發明心要，動輒數十百言，亹亹不倦，而言及於性者絶少。間因學者有問，不得已而言之，止是枝梧籠罩過，並無實落，良由所見不的，是以不得於言也。嘗考其言有云「心即理也」，然則性果何物耶？又云「在人者爲心」，然則性果不在人耶？既不知性之爲性，舍靈覺即無以爲道矣，謂之禪學，夫復何疑。然或者見象山所與王順伯書，未必不以爲禪學非其所取，殊不知象山陽避其名，而陰用其實也。何以明之？蓋書中但言兩家之教所從起者不同，初未嘗顯言其道之有異，豈非以儒佛無二道，惟其主於經世，則遂爲公爲義爲儒者之學乎？所謂「陰用其實」者此也。或者又見象山亦嘗言致思，亦嘗言格物，亦嘗言窮理，未必不以爲無背於聖人之訓，殊不知言雖是而所指則非。如云「格物致知者，格此物，致此知也。窮理者，窮此理也。思則得之，得此者也。先立乎其大者，立此者也」。固皆本之經傳。然以「立此者也」一語證之，則凡所謂「此」者，皆指心而言也。聖經之所謂格物窮理，果指心乎？故其廣引博證，無非以曲成其明心之説，求之聖賢本旨，竟乖戾而不合也。或猶不以爲然，請復實之以事。有楊簡者，象山之高第弟子也，嘗發本心之問，遂於象山言下忽省此心之清明，忽省此心之無始末，忽省此心之無所不通。有詹阜民者，從遊象山，安坐瞑目，用力操存如此者半月，一日下樓，忽覺此心已復澄瑩，象山目逆而視之，曰「此理已顯也」。蓋惟禪家有此機軸。試觀孔、曾、思、孟之相授受，曾有一言似此否乎？其證佐之分明，脉路之端的，雖有善辨，殆不能爲之出脱矣。○近世道學之倡，陳白沙不爲無力，而學術之誤，亦恐自白沙始。章楓山嘗爲余言其爲學本末，因以禪學目之。胡敬齋攻之尤力，其言皆有所據。公論之在天下，有不可得而誣者矣。○白沙詩教開卷第一章，乃其病革時所作以示湛甘泉者也。所舉經書曾不過一二語，而遂及於禪家之杖喝，何耶？殆熟處難忘也。所云「莫杖莫喝，只是掀翻説」，蓋一悟之後，則萬法皆空。「有學無學，有覺無覺」，其妙旨固如此。「金針」之譬，亦出佛氏，以喻心法也。「誰掇」云者，殆以領悟者之鮮其人，而深屬意於甘泉耳。觀乎「莫道金針不傳與，江門風月釣臺深」之句，其意可見。註乃謂「深明正學，以闢釋氏之非」，豈其然乎？「溥博淵泉，而時出之」，道理自然，語意亦自然。曰「藏而後發」，便有作弄之意，未可同年而語也。四端在我，無時無處而不發見，知皆擴而充之，即是實地上工夫。今乃欲於靜中養出端倪，既一味靜坐，事物不交，善端何由發見？遏伏之久，或者忽然有見，不過虛靈之光景耳。朝聞夕死之訓，吾夫子所以示人當汲汲於謀道，庶幾無負此生。故程子申其義云：「聞道，知所以爲人也。夕死可矣，是不虛生也。」今顧以此言爲「處老處病處死之道」，不幾於侮聖言者乎？道乃天地萬物公共之理，非有我之所得私。聖賢經書，明若日星，何嘗有以道爲吾爲我？惟佛氏妄誕，乃曰「天上地下，惟我獨尊」。今其詩有云「無窮吾亦在」，又云「玉臺形我我何形」，「吾」也、「我」也，註皆指爲「道也」，是果安所本耶？然則所謂「纔覺便我大而物小，物有盡而我無盡」，正是「惟我獨尊」之説，姑自成一家可矣，必欲强合於吾聖人之道，難矣哉！○答湛甘泉書云：某以白沙爲禪學，誠有據也。蓋白沙之言，有曰「夫道，至無而動，至近而神」，又曰「致虛所以立本也」。執事從而發明之，曰「至無，無欲也；至近，近思也；神者，天之理也」。凡此數言，亦既大書而深刻之，固將垂諸百世，以昭示江門之教，玆非可據之實乎？易大傳曰「一陰一陽之謂道」，又曰「陰陽不測之謂神」。聖賢之訓，深切著明如此。今乃認不測之神以爲天理，則所謂道者果何物耶？其於大傳與明程明道先生曰：『「上天之載，無聲無臭」，其體則謂之易，其理則謂之道，其用則謂之神。」聖道之言殊不合矣。中庸曰「中也者，天下之大本也」，又曰「致中和」。明道先生曰：「中者，天下之大本，天地間亭亭當當直上直下之正理，出則不是，惟敬而無失最盡。」是則致中乃所以立本也，敬而無失乃所以致中也。今謂致虛乃所以立本，其於中庸與明道之言又不合矣。「中」字「虛」字，義甚相遠，潛心體認，亦自分明。虛無津涯中有定止，譬之於秤中，其定盤星也。分斤分兩，皆原於是，是之謂本。把捉得定，萬無一失，是之謂立。若乃無星之秤，雖勞心把捉，將何據以權物之輕重乎？此理殆不難見也。夫隨處體認，天理一言，孰云非是？顧其所認以爲天理者，未見其爲真切也，僕安得而不疑乎？禪學始於西僧達磨，其言曰：「淨智妙圓，體自空寂。」千般作弄，不出此八字而已。「妙圓」之義，非神而何？「空寂」之義，非虛而何？「全虛圓不測之神」，又非白沙之所常道者乎？執事以爲非禪，吾恐天下後世之人未必信也。○王陽明學術具在傳習録中。觀其與蕭惠及陸原靜答問數章，可謂「吾無隱乎爾」。録中千言萬語，無非是物而變動不居，故驟而讀之者，或未必能知其著落也。○陽明答蕭惠曰：「所謂汝心，却是那能視聽言動的，這箇便是性，便是天理。」又答陸原靜書有云：「佛氏本來面目，即吾聖門所謂良知。」渠初未嘗諱禪，爲其徒者必欲爲之諱之，何也？○與王陽明論古本大學云：切詳古本大學之復，蓋以人之爲學，但當求之於內，而程朱格物之說，不免求之於外。聖人之意，殆不其然。於是遂去朱子之分章而削其所補之傳，直以支離目之，曾無所用。夫當仁之讓，可謂勇矣。竊惟聖門設教，文行兼資，博學於文，厥有明訓。顏淵稱夫子之善誘，亦曰「博我以文」，文果内耶，外耶？是固無難辨者。凡程朱之所爲説，有戾於此者乎？如必以學不資於外求，但當反觀内省以爲務，則「正心誠意」四字亦何不盡之有，何必於入門之際，便困以格物一段工夫也？顧經既有此文，理當尊信，又不容不有以處之，則從而爲之訓曰：「物者，意之用也。格者，正也。正其不正，以歸於正也。」其爲訓如此，要使之内而不外，以會歸一處。亦嘗就以此訓推之，如曰「意用於事親，即事親之事而格之，正其事親之事之不正者以歸於正，而必盡夫天理」。蓋猶未及「知」字，已見其繳繞迂曲而難明矣。審如所訓，兹惟大學之始，苟能即事即物，正其不正以歸於正，而皆盡夫天理，則心亦既正矣，意亦既誠矣，繼此誠意正心之目，無乃重復堆疊而無用乎[二]！「大哉乾元，萬物資生」，凡吾之有此身，與夫萬物之爲萬物，孰非出於乾坤？其理固皆乾坤之理也。自我而觀物，固物也。以理觀之，我亦物也。渾然一致而已，夫何分於內外乎？所貴乎格物者，正欲即其分之殊，而有見乎理之一，無彼無此，無欠無餘，而實有所統會。夫然後謂之「知至」，亦即所謂「知止」，而大本於是乎可立，達道於是乎可行。自誠正以至於治平，庶乎可以一以貫之而無遺矣。然學者之資禀不齊，工夫不等，其能格與否，或淺或深，或遲或速，詎容以一言盡哉！惟是聖門大學之教，其道則無以易此。學者所當循之以入，不可誣也。外此或誇多而鬭靡，則溺於外而遺其内；或厭繁而喜徑，則局於内而遺其外。溺於外而遺其内，俗學是已；局於内而遺其外，禪學是已。凡爲禪學之至者，必自以爲明心見性，然於天人、物我未有不二之者，是可謂之有真見乎？使其見之果真，則極天下之至賾而不可惡，一毛一髮皆吾體也，又安肯叛君父、捐妻子，以自陷於禽獸之域哉？今欲援俗學之溺，而未有以深杜禪學之萌，使夫有志於學聖賢者，將或昧於所從，恐不可不過爲之慮也。○又辨晚年定論云：詳朱子定論之編，蓋以其早歲以前〔三〕，所見未真，爰及晚年，始克有悟。乃於其論學書，摘此三十餘條，其意皆主於向裏者。以爲得於既悟之餘，而斷其爲定論。斯其所擇，宜亦精矣。第不知所謂晚年者，斷以何年爲定？偶考得何叔京氏卒於淳熙乙未，時朱子年方四十六，爾後二年丁酉，而論孟集註、或問始成。今有取於答何書者四通，以爲晚年定論，至於集註、或問，則以爲中年未定之説。竊恐考之欠詳而立論之太果也。又所取答黃直卿一書，監本止云「此是向來差誤」，别無「定本」二字。

今所編增此二字，當別有據。而序中又變「定」字爲「舊」字，却未詳「本」字同所指否。朱有答呂東萊一書〔四〕，嘗及定本之説，然非指集註、或問也。○又駁其論學曰：執事答人書有云：「吾心之良知，即所謂天理也。致吾心良知之天理於事事物物，則事事物物皆得其理矣，格物也。」審如所言，則大學當云「格物在致知」，不當云「致知在格物」，當云「知至而後物格」，不當云「物格而後知至」矣。且既言「精察此心之天理，以致其本然之良知」，又言「正惟致其良知，以精察此心之天理」，然則天理也，良知也，果一乎，果非一乎？察也，致也，果孰先乎？孰後乎？○湛甘泉嘗輯遵道録一編，而自爲之序云：「遵道者何？遵明道也。明道兄弟之學，孔孟之正脉也。」夫既曰兄弟矣，而所遵者獨明道，何耶？「上天之載，無聲無臭，其體則謂之易，其理則謂之道，其用則謂之神，其命於人則謂之性」，此明道之言也。「物所受爲性，天所賦爲命」，此伊川之言也。中庸測於「天命之謂性」旁註云「命脉之命」，雍語又加一語曰「命門之云」，雍語又曰「於穆不已，是天之命根」。凡此爲遵明道耶，遵伊川耶？余不能無惑也。定性書有云：「聖人之喜，以物之當喜；聖人之怒，以物之當怒。」是聖人之喜怒不繫於心，而繫於物也。雍語乃云：「天理只是吾心本體，豈可於事物上尋討？」然則明道之言，其又何足遵耶？名爲遵道，而實則相戾，不知後學將安所取信也。

高景逸先生曰：顧涇陽先生教致思周元公不闢佛之故，某竊以元公之書，字字與佛相反，即謂之字字闢佛可也。元公謂「聖人之道，仁義中正而已矣」。會得此語，可謂深於闢者矣。○又思程朱所以闢佛之故，凡斯道大明之日，即是異端附會之時。聖賢因時有作，循其自然之勢而已。夫子没，而七十子各以其所得者爲學，及其弊，異端並起，而孟子不得不好辨。千四百年間，儒者不過爲修身謹行、訓詁誦習之學，與二氏判不相入。及周元公開揭藴奥，而天下始知求之性命之微，異端因之假合，程朱不得不辨者，勢也。故觀魯論而見元公之道，觀孟子而可以知程朱之心。○佛氏最忌分别是非，如何紀綱得世界。紀綱世界，只「是非」二字。聖人因物之是而是之，因物之非而非之，我不與也。此所以開物成務。○佛氏所謂善，念中善事也，與聖人言善，絶不相干。韓子曰：「彼以煦煦爲仁，孑孑爲義。」其小之也固宜，如佛氏所謂善其無之也亦宜，乃欲將來混攪聖學，漸滅義理，真大亂之道也。○明道先生真亞聖也。余觀彼透體於二氏中過來者，至如言語文字之間，並不惹着些子。若他人未免有惹著處。參夫曰：「朱子嘗言龜山近禪，何如？」先生曰：朱子立教，清本澄源，防微杜漸，所以教人多指用處説。龜山常於體上指點。龜山論道不可離，是在體上説。朱子便在用上分别，是亦防微杜漸意也。且程門上蔡與游、楊三先生，皆從禪裏打過來，獨龜山言佛蔽處最精。○萬曆二十年，先生初仕爲行人，見四川僉事張世則一本，自謂讀大學古本而有悟，極詆程朱之誤人。先生上崇正學闢異説疏，略曰：太祖高皇帝即位之初，首立太學，拜許存仁爲祭酒。存仁爲先儒許謙之孫。謙，承朱熹正學者也。成祖文皇帝命儒臣輯五經四書大全，而傳註一以濂、洛、關、閩爲主，自漢儒以下，取其同而删其異類，爲性理全書，頒布天下。於是真儒如薛瑄、胡居仁諸人，彬彬盛矣。不意今日世，則肆然而斥程朱爲誤人，爲不誠。夫程朱之學，未易形容，大要不出「涵養用敬，進學在致知」二語。此非程朱之教也，孔子之教也。窮理，即「博文」之謂也。居敬，即「約禮」之謂也。非孔子之教也，堯、舜之教也。博文，即「惟精」之謂也；約禮，即「惟一」之謂也。大學，程子所揭爲入德之門，而章句之作，朱子一生竭盡精力之筆，後學豈容輕議！况古書皆有錯簡，古本安可盡信？孔子之道，至程朱而闡明殆盡；孔子之學，必由程朱，如入室而必由户。世之學者，誠能虚心涵泳，切己體察而力行之，何必自私用智，欲伸其一己之説爲也？世則又以「宋之不振，歸咎於學」。夫人主不能用其道，雖以孔子之聖，不能救魯之衰。宋之亡也，前壞於新法，後壞於和議。今不咎王安石、吕惠卿、蔡京、章惇、黄潛善、汪伯彦〔五〕、秦檜、韓侂胄之徒，而咎諸儒之學，何心哉？夫所謂議論多而成功少者，非言者之罪，而用言者之罪也。自古芻蕘工瞽，豈厭其多？上之人善於用中，則盈廷可廢，而天下見事功之實。上之人漫無可否，則邪正雜陳，而徒滋耳目之煩。豈以人人緘默而後爲盛世乎？世則又謂「本朝持衡，無決斷之勇，庶職有模稜之風，庠序無真才實學之士，朝廷鮮實心任事之臣」。

此信有之，正不學之故也，奈何反以咎程朱耶？抑臣有深憂，世廟以前，雖習於訓詁辭章，而天下多實學。穆廟以來，脱落規矩繩墨，而弊不知所終。今日對病之藥，正在扶植程朱，深防二氏，而後孔孟之學明。尤必聖主之精神奮，而後天下之人心貞一，教化大同，人才政治之所由出，非細故也。○五經、四書、四子，是天地之定局也。「升東嶽而知衆山之峛崺也，況介丘乎！浮滄海而知江河之洿池也，況枯澤乎」！舍五經、四書、四子而求道，猶之乎指介丘、枯澤以爲山水也，謂之無目也亦宜。今之學者，多惑於異端。非異端之能惑人也，彼未嘗入宗廟之中，擊金拊石，吹竹彈絲，而漫聽瓦缶砰鍧，以爲足以悦耳。嗚呼！於今之時，有能示人以聖人之正道，其亦可謂大仁也夫！○先生於二泉之上會諸友，與管東溟辨無善無惡之旨，衆爲聳聽。管每言三教一家，斥之尤力，謂「佛之惑人，昔猶立於吾道之外，以似是而亂真。今之惑人也，據於吾道之中，以真非而滅是」。又謂「斯言不出於外裔而出於中夏，不出於佛氏之徒而出於聖人之徒，是可忍也，孰不可忍也」！

以上總輯「辨異端」之論，極明切，極詳盡，惟恐人惑於異説而不知反正也，故辨之弗明弗措。學者當遵程子之訓：「如淫聲美色以遠之，不爾則駸駸然入於其中矣。」愚思程子云「佛氏不識陰陽、晝夜、死生、古今」，張子云「釋氏妄意天性而不知範圍天用」。學者苟明乎周子太極圖説之藴奥，則知陰陽、晝夜之理，原始反終之道，亦必不爲佛説所惑矣。蓋好異端者，總因未曾格物窮理，故天資高則淪於空虛，氣稟下則惑於罪福。即程子所謂「昔之惑人也乘其迷暗，今之惑人也因其高明」是也。但在程子當日，只見佛、老之害甚於楊、墨，猶未有陽儒陰釋之害也。故只於迹上判决其非，天下豈有無人倫、滅天理而可謂之悟道者乎？雖佛説多與吾儒相同，然本領不是，一齊差却。朱子曰：「佛、老之學，不待深辨而明，只是廢三綱五常，已是極大罪名，其他更不消説也。」孰料斯道大明之日，即是異端附會之時。復有假佛釋之似以亂孔、孟之實者，於是改頭换面，陽儒陰釋之萌蘖矣。幸而朱子生同其時，深察其弊，而終身力排之，其言昭如也。迨至有明中葉，而陽儒陰釋之學復盛，其害更有甚於老、佛者。蓋佛釋之惑人，昔猶立於吾道之外，以似是而亂真；今之惑人也，據於吾道之中，以真非而滅是。又幸有薛、胡、羅、高四先生相繼而起，深察其弊而力排之，然後天下有志於學者，亦真見得陽儒陰釋之學害人心，亂世道，不容不與之辨也。雖其初只差毫釐，其終奚啻千萬里之遠？然而禪門統會，一大宗指，不過「無善無惡」一語。即陽儒陰釋之徒，自立宗指，亦不過「無善無惡」一語。吾儒曰「繼善」，曰「明善」，曰「性善」，曰「止於至善」，而釋氏必曰「無善」，豈非與吾儒大相反哉！統而言之，吾儒只是説有，釋氏只是説無；吾儒只是説實，釋氏只是説虛。而陽儒陰釋之害，更有甚於釋氏者。在釋氏，自立空宗；在吾儒，陰壞實教也。故不得不與之深辨。學者覽此而精察之，亦可以不爲異端所惑矣。

校勘記

〔一〕如心經後註玄奘譯于志寧許敬宗薛元超李義府等潤色　「奘」，原作「裝」，「于」，原作「於」，據新唐书卷一〇四、舊唐書卷七八于志寧傳改。

〔二〕無乃重復堆疊而無用乎　「堆」，原作「推」，據困知記附録與王陽明書改。

〔三〕蓋以其早歲以前　「早」，困知記附録與王陽明書作「中」。

〔四〕朱有答吕東萊一書　「朱」下，困知記附録有「子」字。

〔五〕汪伯彦　「伯」，原作「邦」，據中華書局點校本宋史卷四七三汪伯彦傳、高子遺書卷七改。

五子近思録發明卷十四

總論聖賢

平巖葉氏曰：「此卷論聖賢相傳之統，而諸子附焉。斷自唐、虞，堯、舜、禹、湯、文、武、周公，道統相傳，至於孔子。孔子傳之顔、曾，曾子傳之子思，子思傳之孟子，遂無傳焉。楚有荀卿，漢有毛萇、董仲舒、楊雄、諸葛亮，隋有王通，唐有韓愈，雖未能傳斯道之統，然其立言立事，有補於世教，皆所當攷也。迨於本朝，人文再闢，則周子倡之，二程子、張子推廣之，而聖學復明，道統復續，故備著之。」愚按：首卷論道體，要人先識箇大頭腦，則爲學庶幾乎其不差。末卷論聖賢，要人識箇大模範，則爲學有所持循，卓然成立真人品。故自堯、舜以至朱子，集周、程之大成，聖賢之淵源，支派具在焉。蓋聖人即天地也。楊子云：「觀乎天地，則見聖人。」程子曰：「不然。觀乎聖人，則見天地。」誠以聖人之心，如天地造化，生養萬物，而不尸其功，故聖人之德，無所不盛。古之稱聖人者，自其尤盛者而言之。尤盛者，見於所遇也。其次則是賢人。學者必識聖賢之體，聖人猶化工也，賢人猶巧工也。聖人愈自卑而道自高，賢人不高則道不尊，此聖賢之分也。熊潭川先生曰：全體渾成，無一毫虧欠，大用流行，無一息間斷者，聖人也；全體立而微有虧欠，大用行而微有間斷者，大賢也；體具而多虧欠，用著而多間斷者，賢者也。若衆人，則無所爲用之發，而並不知所爲體之存矣。蓋聖人之身，天地萬物之身；聖人之心，天地萬物之心。故欲爲聖賢之學者，必於身心上用功。且天下道理只在身心，身心之外無第二物，反求之外無第二事，何其約也！總之，聖賢之心，正大光明，洞然四達，故能春生秋殺，過化存神而莫知者。學者須識得此氣象而求之，庶無差失矣。

明道先生曰：堯與舜更無優劣，及至湯、武便別。孟子言「性之」、「反之」，自古無人如此說，只孟子分別出來，便知得堯舜是生而知之，湯武是學而能之。文王之德則似堯舜，禹之德則似湯武，要之皆是聖人。

此把堯、舜、禹、湯、文、武做箇聖人樣子。朱子曰：「性者，得全於天，無所污壞，不假修爲，聖之至也。反之者，修爲以復其性，而至於聖人也。」呂氏曰：「無意而安行，性之者也。有意利行而至於無意，復性者也。堯、舜不失其性，湯、武善反其性，及其成功，則一也。」詩曰「於呼不顯，文王之德之純」，蓋亦性之者也，故曰「文王之德則似堯、舜」。若禹之明德遠矣，孔子以爲「無間」，然顧其得「精一執中」之傳於舜，則亦「學而能之」之聖人也。要之，皆是聖人，但有安勉之分耳，其能尽性，則一也。

仲尼元氣也，顔子春生也，孟子并秋殺盡見。仲尼無所不包。顔子示「不違如愚」之學於後世，有自然之和氣，不言而化者也。孟子則露其才，蓋亦時然而已。仲尼天地也，顔子和風慶雲也，孟子泰山巖巖之氣象也。觀其言，皆可見之矣。仲尼無迹，顔子微有迹，孟子其迹著。孔子儘是明快人，顔子儘豈弟，孟子儘雄辯。

平巖葉氏曰：「此段反覆形容大聖大賢氣象，各臻其妙，古今之言聖賢，未有若斯者也。蓋夫子大聖之資，猶元氣周流，混淪溥博，無有涯涘，罔見間隙。顔子亞聖之才，如春陽盎然，發生萬物，四時之首，衆善之長也。孟子亦亞聖之才，剛烈明辨，整齊嚴肅，故并秋殺盡見。夫子道全德備，故無所不包。顔子『不違如愚』，與聖人合德，後世可想其自然和氣，默而成之，不言而信者也。孟子英才發越，蓋亦戰國之時，世道益衰，異端益熾，又無夫子主盟於其上，故其衛道之嚴，辯論之明，不得不然也。天地者，高明而博厚也；和風慶雲者，協氣祥光也；泰山巖巖者，峻極不可踰越也。夫子渾然天成，故無迹。顔子不違如愚，本無迹，然爲仁之問、喟然之歎，猶可窺測其微。至於孟子，則發明底藴，故其迹彰彰。夫子『清明在躬』，猶青天白日，故極其明快。顔子『有若無，實若虚，犯而不校』，故極其愷悌。孟子『息邪説，距詖行，放淫辭』，故極其雄辨。」如此反覆形容，宛然畫出大聖大賢模樣與人看。學聖賢者，不徒深仰止之思，宜潛心體認其所以至此者，反求諸己而學之也。

曾子傳聖人學，其德後來不可測，安知其不至聖人？如言「吾得正而斃」，且休理會文字，只看他氣象極好，被他所見處大。後人雖有好言語，只被氣象卑，終不類道。

此言曾子氣象極好，只是一箇「正」字。平日是箇剛毅有力量，壁立千仞底人，故守得夫子規矩定，又極誠篤守約，故動必求諸身，所以能傳聖人之道。程子又曰：「曾子易簀之際，志於正而已矣。與『行一不義，殺一不辜，而得天下，不爲』者同心。」蓋易簀之意，心是理，理是心，聲爲律，身爲度。得聖人「七十而從心所欲，不踰矩」之學則也。然非一生「戰戰兢兢，如臨深淵，如履薄氷」，亦不能到此地位。故臨終而呼門人，啓手足以示之。非躋於聖人之域者，能如是乎？

傳經爲難。如聖人之後纔百年，傳之已差。聖人之學，若非子思、孟子，則幾乎息矣。道何嘗息，只是人不由之。「道非亡也，幽、厲不由也」。

孔子删詩書，定禮樂，贊周易，修春秋，皆所以載道而教，萬世之人由之也。何以聖人没未百年，便有傳之差者？蓋因不得聖人之學脉也。聖人之學，惟曾子之傳得其宗，故有大學之書。曾子傳之子思，故有中庸之作。子思傳之孟子，故有孟子七篇。皆聖人論語心法之嫡傳，所以維持六經之大道也。道在天地之間未嘗息，只是人不由之。須知人不由之，故不得六經之傳也。故欲得六經之傳者，先要知聖人之學。欲知聖人之學者，必要熟讀學、庸、論、孟，而虚心涵泳，切己體察也。果能如此，不但遵道而行，六經可不治而明矣。

荀卿才高，其過多；楊雄才短，其過少。

此評論荀、楊二子之優劣也。荀子名况，字卿，爲楚蘭陵令。楊子名雄，字子雲，爲漢光禄卿。荀卿才高學陋，以性爲恶，以禮爲僞，悖聖人者也，故其過多。楊雄才短，其學似出於老子，如反離騷並老子道德之言可見，作太伭倣周易，作法言擬論語，故其過少。然説人之性之善恶混，是不識性也。不識性，更説甚道？

荀子極偏駁，只一句「性惡」，大本已失。楊子雖少過，然已自不識性，更説甚道？

此言荀子、楊子皆不識本然之性也。薛敬軒曰：「荀子以人性爲惡，則是誣天下萬世之人皆爲惡也。其昧於理如是之甚，故程子曰：『荀子只一句性惡，大本已失。』」蓋性者，大本也。言「性惡」，則大本已失矣。胡敬齋曰：「荀子只『性惡』一句，諸事壞了。是源頭已錯，末流無一是處。」故其以禮義教化爲聖人所造作僞爲，以矯人之性而化人之惡。殊不知天高地下，萬物散殊，而禮制行矣。此皆吾性中所具之理，聖人因而品節制作之。禮義教化既成，又足以正其情，養其性，節其欲，成其德，此足見禮樂教化自吾性中出。聖人因而成之，則性善無疑矣。孟子言「性善」，在本原上見得是，故百事皆是。荀子在本原上見錯，故百事皆錯。朱子曰：「楊子『善惡混』之説，所見僅足以比告子。他見孟子既説性善，荀子又説性惡，他無可得説，只得説箇『善惡混』」。是楊子不識性也，更説甚道？蓋道者，率性之謂，既不識性，何以語道？故楊子之言沉晦，又僭擬聖經，不知妄作，是見道不明，無自得者也。

董仲舒曰：「正其義，不謀其利；明其道，不計其功。」此董子所以度越諸子。

此言董子之學醇正，非諸儒所可及也。葉平巖曰：「自春秋以來，舉世皆趨功利，仲舒此言最爲醇正。朱子曰：『仲舒所立甚高，後世所以不如古人者，以道義功利關不透耳。』」熊澴川曰：「所謂『正誼不謀利，明道不計功』，即孔子先事後得，先難後獲之義也。此非真有得於聖人之指，爲能言之親切而允當乎？故程子以爲『度越諸子』。」

漢儒如毛萇、董仲舒，最得聖賢之意，然見道不甚分明。下此卽至揚雄，規模又窄狹矣。

毛萇之學，自謂子夏所傳，爲河間獻王博士，每説詩，獻王悦之，因復取詩傳加「毛」字，以别齊、魯、韓三詩也。漢武帝卽位，舉賢良文學之士前後百數，仲舒褎然爲舉首。帝親策問以古今治道，至於再三，仲舒並疏策以對，説得甚親切。二子論治，皆以修身齊家爲本，先德教而後功利，最得聖賢之意。揚雄外示淡静而中懷躁競，若老氏將取固與之術，卒爲莽大夫。其規模甚窄狹也。○或問：伊川謂仲舒「見道不分明」。朱子曰：如云「性者生之質」，性非教化不成，似不識本然之性。又問：何所主而取毛公？曰：考之詩傳，緊要有數處，如關雎所謂「夫婦有别則父子親，父子親則君臣敬，君臣敬則朝廷正，朝廷正則王化成」。要之亦不多見，只是氣象大概好，故取之也。

林希謂楊雄爲禄隱。楊雄，後人只爲見他著書，便須要做他是，怎生做得是？

葉氏曰：「禄隱謂浮沉下位，依禄而隱，即禄仕之意也。雄失身事莽，以是禄隱，何辭而可？」故朱子謂：「楊子雲出處非是。當時善去，亦何不可？」愚謂楊子所著之書，皆是不知而作，又以艱深之詞文淺易之説，心勞日拙，真切骨之論矣。

孔明有王佐之心，道則未盡。王者如天地之無私心焉，行一不義而得天下不爲。孔明必求有成而取劉璋，聖人寧無成耳，此不可爲也。若劉表子琮將爲曹公所并，取而興劉氏，可也。

此言孔明有王佐之心，以其氣象弘大，操心公平也。但所學不盡純正，故亦不能盡善。然其志在復漢討賊，義理見得極真，程子所以贊其「有王佐之心」。至於王道，則有所未盡者，蓋以王者之道，如天之無私覆，地之無私載，行一不義，雖可以得天下而不爲。孔明志於有成，則行一不義而不暇顧，如辅先主取劉璋一事，聖人豈爲之乎？聖人寧可事無成，不忍爲此也。若劉表之子劉琮迎降曹操，則荆州之地爲曹氏所并矣。孔明輔先主取荆州，以興漢室可也，乃於此不忍取，而於劉璋則取之。此程子所以惜其未盡道也。

諸葛武侯有儒者氣象。

此言孔明有儒者氣象，以其出處正，而有大臣格君之業也。當天下雲擾之時，孔明獨卧隆中，必待昭烈三顧其廬而後起從之〔一〕，與伊尹待湯三聘而而後幡然之事同。所謂「儒有席上之珍以待聘」，諸葛武侯有焉。如此出處，非有大過人之識者不能也。至於治國，立綱陳紀而不爲近圖，其用兵，正義明律而不爲詭計。凡其所爲，悉本大公至誠，曾無纖毫姑息之意。讀其將没自表之辭，則知天下物欲舉不足以動之。此程子所以稱其「有儒者氣象」也。

孔明庶幾禮樂。

文中子曰：「使孔明而無死，禮樂其有興乎？」或舉此以問程子，曰：「禮樂則未敢望他，只是諸葛亮已近王佐。」其治國政刑修治，而人心豫附，名正言順，禮樂其庶幾乎？

文中子本是一隱君子，世人往往得其議論，附會成書，其間極有格言，荀、楊道不到處。

文中子王氏，名通，隋末不仕，教授於河汾，其弟王凝、子福畤等，收其議論，增益爲書，名曰中説。朱子曰：其書多爲人添入，真僞難見，然好處甚多，就中論世變因革處説得極好。薛敬軒曰：文中子論治道固多條暢，只是碎細。若聖人論治道，則自源徂流，本末兼舉，不若是之碎細也。羅整菴曰：文中子議論，先儒蓋多取之，至於大本大原，殊未有見。觀其稱佛爲「西方之聖人」，可以知其學術矣。

韓愈亦近世豪傑之士，如原道中言語雖有病，然自孟子而後，能將許大見識尋求者，才見此人。至如斷曰：「孟子醇乎醇。」又曰：「荀與楊，擇焉而不精，語焉而不詳。」若不是他見得，豈千餘年後便能斷得如此分明？

薛敬軒曰：唐之韓子，乃孟子以後絶無僅有之大儒。原道、原性篇雖「博愛」、「三品」之語有未瑩者，然大體明白純正，程子所深許，朱子又爲考正其書，誠非淺末者，可得而窺也。又曰：當韓子之時，異端顯行，百家並倡，孰知堯、舜、禹、湯、文、武、周公、孔、孟爲相傳之正統，又孰知孟軻没而不得其傳，又孰知仁義道德合而言之，又孰知人性有五而情有七，又孰知孟子之功不在禹下，又孰敢排斥釋氏瀕於死而不顧？若此之類，大綱大節，皆韓子得之遺經，發之身心，見諸事業，而伊、洛諸儒之所稱許而推重者也。又曰：性理之學，經周、程、張、朱諸君子，發揮如此明白，當時親炙者尚失其意，而韓子生於道術壞爛之餘，當無所從遊質正，乃能卓然有見，排斥異端，扶翼正道，遂有立於天下後世，真可謂豪傑之才矣！至於論孟子之與荀、楊，尤其卓然之見，秦、漢以來未有及之者。此程子所以深嘉而樂與也。

學本是修德，有德然後有言。退之却倒學了，因學文日求所未至，遂有所得。如曰：「軻之死，不得其傳。」似此言語，非是蹈襲前人，又非鑿空撰得出，必有所見。若無所見，不知言所傳者何事。

此言韓子因文以見道也。因文見道，雖未有窮理盡性之功可與濂、洛諸君子並，然其志大才高，約六經之旨而爲文，卓然窺見聖人之用，遂有所得。故程子曰：「古之君子，惟務修德而已。德成而言，則不期於文而自文矣。今韓子因學爲文章，力求其所未至，以至於有得。」是倒學了。但其説「軻之死，不得其傳」，已是見得大意分明，只是不曾向裏面省察，不曾就身上細密做工夫，故程子又曰：「不知言所傳者何事。」薛敬軒曰：「聖人之心，天理渾然，得其心，斯得其傳矣。」

周茂叔胸中灑落，如光風霽月。其爲政精密嚴恕，務盡道理。

此善形容有道氣象也。豫章黄山谷嘗曰：「茂叔人品甚高，胸懷灑落，如光風霽月。」

李延平每誦此言，以爲善形容有道者氣象。朱子曰：山谷謂周子灑落者，只是形容一箇不疑所行清明高遠之意。若有一毫私吝心，何處更有此等氣象耶？及觀其爲政，精密嚴恕，務盡道理，氣象愈可想矣。然當時之人，見其政事精絶，則以爲宦業過人；見其有山林之志，則以爲襟懷灑落，有仙風道氣。無有知其學者，惟程大中知之。宜其生兩程先生以大明斯道之傳也。

伊川先生撰明道先生行狀曰：先生資禀既異，而充養有道。純粹如精金，温潤如良玉。寬而有制，和而不流，忠誠貫於金石，孝悌通於神明。視其色，其接物也，如春陽之温；聽其言，其入人也，如時雨之潤。胸懷洞然，徹視無間。測其藴，則浩乎若滄溟之無際；極其德，美言蓋不足以形容。以上一節，言資禀之粹，充養之厚也。先生行己，内主於敬，而行之以恕，見善若出諸己，不欲弗施於人，居廣居而行大道，言有物而行有常。以上一節，言行己之本末也。先生爲學，自十五六時，聞汝南周茂叔論道，遂厭科舉之業，慨然有求道之志。未知其要，泛濫於諸家，出入於老、釋者幾十年，返求諸六經，而後得之。明於庶物，察於人倫，知盡性至命，必本於孝弟，窮神知化，由通於禮樂。辨異端似是之非，開百代未明之惑，秦漢而下，未有臻斯理也。謂孟子没而聖學不傳，以興起斯文爲己任。其言曰：「道之不明，異端害之也。昔之害近而易知，今之害深而難辨。昔之惑人也，乘其迷暗；今之入人也，因其高明。自謂之窮神知化，而不足以開物成務；言爲無不周徧，實則外於倫理；窮深極微，而不可以入堯舜之道。天下之學，非淺陋固滯，則必入於此。自道之不明也，邪誕妖異之説競起，塗生民之耳目，溺天下於汙濁。雖高才明智，膠於見聞，醉生夢死，不自覺也。是皆正路之蓁蕪、聖門之蔽塞，闢之而後可以入道。」先生進將覺斯人，退將明之書，不幸早世，皆未及也。其辨析精微，稍見於世者，學者之所傳耳。以上一節，言學道之本末與其闢異端，正人心之大略也。先生之門，學者多矣。先生之言，平易易知，賢愚皆獲其益，如群飲於河，各充其量。先生教人，自致知至於知止，誠意至於平天下，灑掃應對至於窮理盡性，循循有序。病世之學者，捨近而趨遠，處下而窺高，所以輕自大而卒無得也。此一節，言教人之道，本末備具，而循序漸進，惟恐學者厭卑近而務高遠，輕自肆而無實得也。先生接物，辨而不間，感而能通。教人而人易從，怒人而人不怨，賢愚善惡，咸得其心。狡僞者獻其誠，暴慢者致其恭，聞風者誠服，覿德者心醉。雖小人以趨向之異，顧於利害，時見排斥，退而省其私，未有不以先生爲君子也。以上一節，言接物之道。先生爲政，治惡以寬，處煩而裕。當法令繁密之際，未嘗從衆爲應文逃責之事。人皆病於拘礙，而先生處之綽然；衆憂以爲甚難，而先生爲之沛然。雖當倉卒，不動聲色。方監司競爲嚴急之時，其待先生率皆寛厚，設施之際，有所賴焉。先生所爲綱條法度，人可效而爲也。至其道之而從，動之而和，不求物而物應，未施信而民信，則人不可及也。以上一節，言爲政之道。

此善形容明道先生之德行也。胡敬齋曰：明道先生天資高，本領純，察理精，涵養熟，故不動聲色而天下之事自治，涵育薰陶而天下之心自化，孔子以下第一人也。故伊川先生所撰明道行狀，形容明道廣大詳密，渾化純全，非工夫積累久，地位高者解會不得也。今分六節，虚心熟讀而精思之，宛然如見明道先生矣。其曰：「狡僞者獻其誠，暴慢者致其恭，聞風者誠服，覿德者心醉。其爲政也，道之而從，動之而和，不求物而物應，未施信而民信。」此聖人境界上事，聲色之於以化民，末也。非伊川先生，安能形容明道先生之德行如是乎？故伊川謂張繹曰：「我昔狀明道先生之行，我之道，蓋與明道同。異日欲知我者，求之於此文可也。」

明道先生曰：周茂叔窻前草不除去，問之，云「與自家意思一般」。本注云：子厚觀驢鳴，亦謂如此。○遺書。下同。

此言观物之生意，与自家之生意相贯通也。葉氏曰：「天地生意，流行發育，惟仁者生生之意充滿胸中，故觀之有會於其心。」周子所以云「與自家意思一般」也。明道書窻前有草茂覆砌，或勸之芟，明道曰「不可，欲常見造物生意」。正與周子窻前草不除之意同一活潑潑地也。

張子厚聞生皇子，喜甚；見餓莩者，食便不美。

此即西銘之意也。張子以天地之心爲心，胸中渾然與物同體，生生之意充滿無間，故隨所感遇而喜與不喜，皆中節也。

伯淳嘗與子厚在興國寺講論終日，而曰：不知舊日曾有甚人於此處講此事？

此言同志合併一處講學之少也。自有興國寺以來，只是念佛談禪，安得有同志講學之事？且自孟子以後，聖學失傳，至周、程、張子而始續。今程子與張子在此講論終日，而猶作此疑語曰：「不知舊日曾有甚人於此處講此事？」不但決其必無，亦甚幸其有此一日之樂也。

謝顯道曰：明道先生坐如泥塑人，接人則渾是一團和氣。外書。下同。

此言明道先生「望之儼然，即之也温」之氣象也。然「坐如泥塑人」，即存養未發之中。「接人渾是一團和氣」，即發而中節之和。謝上蔡嘗做主敬工夫，故能形容明道先生一靜一動如此。

侯師聖云：朱公掞見明道於汝，歸謂人曰：「光庭在春風中坐了一箇月。」游、楊初見伊川，伊川瞑目而坐，二子侍立。既覺，顧謂曰：「賢輩尚在此乎？日既晚，且休矣。」及出門，門外之雪深一尺。

此言二程先生之師範也。侯仲良字師聖，朱光庭字公掞，游酢字定夫，楊時字中立，皆程子門人也。明道接人，混是一團和氣，故在其門者，如坐春風中。伊川師道尊嚴，故侍立之久，門外雪深一尺。然皆二程先生盛德所形。明道德性和粹，規模廣闊，伊川氣質剛方，持身整肅，故其道雖同，而造德各異。明道似顔子，伊川似曾子，及其成功，則一也。

劉安禮云：明道先生德性充完，粹和之氣，盎於面背，樂易多恕，終日怡悦。立之從先生三十年，未嘗見其忿厲之容。

此言明道先生有中和之氣也。蓋明道天資高，本領純粹，其學自大本上流出，於細微處又精盡，故其自然發見，從容愷弟如此。百世之下聞之者，鄙夫寬，薄夫敦，而况於親炙之者乎？最難者，三十年未嘗見其忿厲之容，真是藹然一團太和元氣也。

呂與叔撰明道先生哀詞云：先生負特立之才，知大學之要，博文强識，躬行力究，察倫明物，極其所止，涣然心釋，洞見道體。其造於約也，雖事變之感不一，知應以是心而不窮；雖天下之理至衆，知反之吾身而自足。其致於一也，異端並立而不能移，聖人復起而不與易。其養之成也，和氣充浹，見於聲容，然望之崇深，不可慢也；遇事優爲，從容不迫，然誠心懇惻，弗之措也。其自任之重也，寧學聖人而未至，不欲以一善成名；寧以一物不被澤爲己病，不欲以一時之利爲己功。其自信之篤也，吾志可行，不苟潔其去就；吾義所安，雖小官有所不屑。

此言明道先生卓然特立，用功得其要領，知行並進，直徹本原，故約之身心，而應變不窮，真所謂「廓然而大公，物來而順應」也。又辨異端似是之非，百世以俟聖人而不惑，養成中和之氣，涵蓄崇深，從容不迫，故自任重而自信篤。「龍德正中」，優入聖域而無迹也。

呂與叔撰橫渠先生行狀云：康定用兵之時，先生年十八，慨然以功名自許，上書謁范文正公。公知其遠器，欲成就之，乃責之曰：「儒者自有名教，何事於兵？」因勸讀中庸。先生讀其書，雖愛之，猶以爲未足，於是又訪諸釋、老之書，累年盡究其說，知無所得，反而求之六經。嘉祐初，見程伯淳、正叔於京師，共語道學之要。先生渙然自信曰：「吾道自足，何事旁求！」於是盡棄異學，淳如也。尹彦明云：橫渠昔在京師，坐虎皮說周易，聽從甚衆。一夕，二程先生至，論易。次日，橫渠撤去虎皮，曰：「吾平日爲諸公說者皆亂道。有二程近到，深明易道，吾所弗及，汝輩可師之。」晚自崇文移疾西歸，橫渠終日危坐一室，左右簡編，俯而讀，仰而思，有得則識之。或中夜起坐，取燭以書。其志道精思，未始須臾息，亦未嘗須臾忘也。學者有問，多告以知禮成性、變化氣質之道，學必如聖人而後已，聞者莫不動心有進。嘗謂門人曰：「吾學既得於心，則修其辭；命辭無差，然後斷事；斷事無失，吾乃沛然。『精義入神』者，豫而已矣。」先生氣質剛毅，德盛貌嚴，然與人居，久而日親。其治家接物，大要正己以感人。人未之信，反躬自治，不以語人，雖有未諭，安行而無悔。故識與不識，聞風而畏。非其義也，不敢以一毫及之。

此言張子爲學之始末也。張子少年好談兵，范文正公勸之讀中庸，又泛濫於老、釋，知爲異端邪說而棄之，乃反而求之六經。一見二程論易，即撤去虎皮，由此精思力踐，妙契疾書，真可謂天下之大勇矣。故教學者以知禮成性，變化氣質，學必如聖人而後已。關中士人所以推尊之爲宗師也。至其與門人論「修辭」、「斷事」數語，亦可以見其苦探力索之勞，化爲温和寬裕之樂矣。總之，橫渠氣質剛毅，持身謹嚴，故以正道感人，而聞其風者，莫不敬畏也。

橫渠先生曰：二程從十四五時，便鋭然欲學聖人。

此言二程立志學聖人之早也。二程十四五歲同受業於春陵周茂叔先生，每令尋仲尼、顔子樂處，所樂何事。及再見周茂叔，吟風弄月以歸，有「吾與點也」之意，遂發憤學爲聖人。志學甚早，故其聞道亦甚早。明道定性書是二十二三時作，伊川顔子所好何學論是十八九時作。雖其天資高，又得周子爲師，然從十四五時，便鋭然欲學聖人，則是二程自家立志之早也。

問：顔子所樂何事？晦菴先生曰：人之所以不樂者，有欲耳。無欲便樂。

此章指出顔子所樂之事也。顔子十五歲問仁，孔子曰：「克己復禮爲仁。」程子曰：「人能克己，則心廣體胖，其樂可知。」故朱子曰：「無欲便樂。」人之所以有千愁萬恨者，只爲私欲多耳。果能無欲，焉得不樂？且人能無欲，則仰不愧於天，俯不怍於人，心中純乎天理，樂莫大焉。

曾子之學，大抵力行之意多。

此言曾子從踐履入道也。曾子親受大學、孝經於孔子。故其學以脩身爲本；其孝以守身爲要。每日三省其身，得聞一貫之道。生平戰戰兢兢，臨深履薄，直至死而後已。非篤實踐履者而能如是乎？故朱子曰「曾子之學，大抵力行之意多」也。

子思別無所考，只孟子所稱，如「摽使者，出諸大門之外，北面稽首再拜而不受」，如云「『事之云乎』，豈曰友之云乎」之類，這是甚麽様剛毅。

此言子思以道自重，不爲勢利所屈撓也。蓋天下最貴重者道德，若非剛毅有力量底人，亦承當不起。況當世衰道微，人欲横流之時，尤要硬着脊梁，方不爲勢利所屈撓。如子思「摽使者」之事，與答魯繆公之語，真是壁立千仞，俯視一切。何曾把當日諸侯放在目中？如此剛毅，方能立得定爾。

孟子説滕文公便道性善，他欲人先知得一箇本原，則爲善必力，去惡必勇。

人之所以不肯爲善去惡者，總由不知本然之性善也。性善者，大本大原也。知得大本原，則人人可以爲聖賢，必能立於爲善，勇於去惡矣。故孟子説滕文公便道性善，使文公知得仁義不消外求，聖人可學而至，即發憤力行以復其性也。此孟子教人得大頭腦也。

明道渾然天成，不犯人力；伊川工夫造極，可奪天巧。

明道之言，發明理致，通透灑落，善開發人。伊川之言，即事明理，質慤精深，尤耐咀嚼。然明道之言一見便好，久看愈好，所以賢愚皆獲其益。伊川之言乍見未好，久看方好，故非久於玩索者不能識其味。

明道鄰於生知，難學。善學之則日進於高明，不善學之則恐流於空蕩。不如學伊川之工夫，造極可奪天巧也。至於兩先生之言，朱子曰：「明道説話超邁，不如伊川説得的確又親切。」然兩先生皆百世師範，在人善學也。

明道德性寬大，規模廣闊，伊川氣質剛方，文理密察。其道雖同，而造德各異。故明道嘗爲條例司官，不以爲浼，而伊川所作行狀，乃獨不載其事。明道猶謂青苗可且放過，而伊川乃於西監一狀較計如此。此可謂不同矣。然明道之放過，乃孔子之獵較爲兆，而伊川之一一理會，乃孟子不見諸侯也。此亦何害其爲同耶？但明道所處是大賢以上事，學者未至而輕議之，恐失所守。伊川所處雖高，然實中人可以跂及，學者只當以此爲法，則庶乎其寡過矣。

此言明道難學，而伊川猶可跂及也。但德性寬大者，亦要文理密察；而氣質剛方者，亦要規模廣闊耳。學明道不如學伊川，須知學伊川正是學明道。只恐學者畏難而趨便，舍平實而騖高遠，則難乎其寡過也。

伊川拈出「敬」字，直是學問始終日用親切之妙。

程先生有功於後學者，最是「敬」之一字有力。

胡静齋曰：「聖賢工夫雖多端，莫切要如『敬』字，故聖學就此做根本。凡事皆靠此做去，存養省察皆由此。」即自堯、舜以來，聖賢相傳，不越一「敬」。敬者，徹上徹下，成始成終之道也。二程先生拈出「敬」字以接千聖之傳，庶幾學者有所持守，以爲超凡入聖之地。故朱子謂「程先生之有功於後學，最是『敬』之一字有力」也。

「性即理也」，直自孔子後，惟伊川説得盡。這一句便是千萬世説性之根基。

此言程子「性即理也」一語，真是精切，攧撲不破，發明孟子「性善」最盡。朱子又曰：「性者，人生所禀之天理。」性即天理，那得有惡耶？故熊濩川曰：「性即理也，千古之論性者，蔑以加矣。」然則「這一句便是千萬世説性之根基」，聖人復起，不易斯言矣。

横渠用功，最親切可畏，學者用功須是如此。

此言張子用功之可畏也。張子居横渠至僻陋之地，人莫能堪。張子處之，恬如終日。危坐一室，左右簡編，俯而讀，仰而思，有得則識之。或中夜起坐，取燭以書。其做正蒙時，或夜裏默坐徹曉。他直是恁底勇方做得。横渠之學，全是苦心得之，故朱子云「學者用功須是如此」，言當以横渠爲法也。

氣質之説，始於張、程，極有功於聖門，有補於後學。前此未曾有人説到。

此言張、程之功，在説出「氣質」二字也。夫子曰：「性相近也，習相遠也，惟上智與下愚不移。」此正是説氣質之性。子思所謂「三知」、「三行」及所謂「雖愚必明，雖柔必强」，亦是説氣質之性，但未明指出「氣質」字爲言耳。到二程始分明指認説出，甚詳備。横渠因之又立爲定論，曰：「形而後有氣質之性，善反之，則天地之性存焉。」故氣質之性，君子有弗性者焉。此自孔子、曾子、子思、孟子理會得，後都無人説這道理。故朱子以爲「極有功於聖門，有補於後學」，讀之使人深有所感也。

游、楊、謝三君子，初皆學禪，後來餘習在，故學之者多流於禪。游先生大是禪學。

游定夫、楊中立、謝顯道三人，皆程門高弟。初皆學禪，自從程先生得其微言，已棄其學而學焉。然後來餘習尚在者，朱子謂是程先生當初説得高了，他們只晫見上一截，少下面著實工夫，故流弊至此。游定夫更穎悟，故入禪學比楊、謝更深也。伊川自涪歸，見學者凋落，多從佛學，獨有楊、謝二君不變，因歎曰：「學者皆流於佛矣，惟有楊、謝二君長進。」

張無垢始學龜山之門，而逃儒以歸於釋。其所論著，皆陽儒而陰釋。

此言張無垢之學陽儒而陰釋也。朱子曰：張無垢逃儒以歸於釋，既自以爲有得矣。而其釋之師名宗杲者，語無垢曰：「左右既得欛柄入手，開導之際，當改頭換面，隨宜説法，使殊塗同歸，則入世出世間兩無遺恨矣。」用此之故，凡張氏所論者，皆陽儒而陰釋。

其離合出入之際，務在愚一世之耳目，而使之恬不覺悟，以入乎釋氏之門，雖欲復出，而不可得。陳清瀾曰：後世學術，陽儒陰釋之禍，實起於宗杲教張公之一語矣。上而千古聖賢，學術爲所汩亂；下而天下萬世，人心爲所蔀惑。不知其禍何時而已也。

龜山先生倡道東南，士之游其門者甚衆，然語其潛思力行，任重詣極，羅公一人而已。延平先生從之學，講誦之餘，危坐終日，以驗夫喜怒哀樂未發之前氣象爲何如，而求所謂中。若是久之，而知天下之大本，真有在於是。楊龜山名時，字中立。羅豫章名從彦，字仲素。李延平名侗，字愿中。

此言楊龜山之學傳之羅豫章，羅豫章傳之李延平，皆二程先生之嫡傳，而以静坐爲善學者也。龜山弟子千餘人，而潛思力行，任重詣極者，僅羅豫章一人，則可與言道者甚少也。因此，見潛思力行者爲難得，而終日危坐，以驗夫喜怒哀樂未發之前氣象爲何如，而求所謂中者，更難得也。然非終日危坐之久，亦不能知天下之大本真有在於是。學者當於存養卷帙中細心玩味此段工夫，而潛思篤行之也。

延平先生資禀勁特，氣節豪邁，而充養完粹，無復圭角，精粹之氣達於面目，色温言厲，神定氣和，語默動静，端詳閒泰，自然之中，若有成法。平居恂恂，於事若無甚可否，及其酬酢事變，斷以義理，則有截然不可犯者。

此言延平先生涵養之足法也。延平少年是極豪邁人，圭角稜稜。後來琢磨得神定氣和，語默動静，端詳閒泰，無復有一些圭角，可謂十分細膩矣。真是一箇善涵養氣質的樣子。但延平教人，又非專在静處做其意，只要學者静中存養，有箇主宰，而於日用間着實做工夫，謂此道理全在日用間熟，若説静處有而動處無則非矣。所以物來順應，循理精義，有截然不可犯者。

敬夫識見純粹，踐行篤實，使人望而畏之。張栻字敬夫，號南軒。

此言敬夫之品行可敬也。學莫先於嚴義利之辨，而敬夫申明其説，曰：「無所爲而爲之，謂之天理；有所爲而爲之，謂之人欲。」從來言義利公私之辨，未有若此之深切著明者也。故朱子稱其「識見純粹，踐行篤實」。人能如是，安得不使人望而敬之乎？

南軒疾革，定叟求教，南軒曰：「朝廷官爵莫愛他的。」一朋友在左右扶掖求教，南軒曰：「蟬蜕人欲之私，春融天理之妙。」語訖而逝。

此言南軒之學，至死猶以天理爲妙也。愛官爵即是人欲之私，朝廷官爵莫愛他的，即能蟬蜕人欲之私矣。人欲蜕盡，天理流行，自然有春融之妙。南軒臨殁，以此教人，足見平日天理爛熟於胸中也。

吕伯恭舊時性極褊，因病中讀論語，至「躬自厚而薄責於人」有省，遂如此好。吕祖謙字伯恭，號東萊。

此言伯恭之能變化氣質也。凡人性褊者，無容人之量，稍不遂意，則責人必苛，而於病中更甚。今伯恭有省於聖人「躬自厚而薄責於人」之言，遂如此好。這便是一箇善變化氣質的樣子也。

五峰云「學欲博不欲雜，守欲約不欲陋」。此天下之至言也。胡宏字仁仲，號五峰，胡文定公之季子也。

此言五峰之學，親切而確當也。學不博則無以窮天下事物之理，雜則泛濫而支離矣；守不約則無以收攝其身心，陋則偏狹而固滯矣。故五峰此語，朱子以爲至言。愚謂格物窮理以致其知，則博而不失之雜；克己復禮以踐其實，則約而不失之陋。然雜似博，陋似約，學者不可不察。五峰之言，誠至言也。

子壽兄弟氣象甚好，其病却是盡廢講學而專務踐履，却於踐履之中要人提撕省察，悟得本心，此爲病之大者。要其操持謹質，表裏不二，實有以過人者。惜乎其自信太過，規模窄狹，不復取人之善，將流於異學而不自知耳。

孫北海曰：此是鵝湖會後之定論。以子靜過人之質，能致力問學，自是任道之器，乃誤以即心是道，糟粕六經。甚至曰「某不識一字，亦還我堂堂作箇人」，流爲異端之歸。此朱子所深惜，非樂與之辨也。

子靜説一箇心本來是好底，上面着不得一字，人只被私欲遮了，若識得一箇心，萬法流出都無許多事。他是實見得恁地，所以不怕天，不怕地，一向胡叫胡喊。他説得動人，使人都快活，便會使人都恁地放顛放狂。某也曾恁地説，使人便快活，只是不敢，怕壞了人。若有這箇直截道理，聖人那裏教人恁地步步做上去？

子静之學，只管説一箇心，胡叫胡喊，他學者亦然。朱子曰：「金谿之徒，不事講學，只將箇心來作弄，胡撞亂撞，便是天上地下，惟我獨尊。」安得不至顛倒錯亂，不似儒者氣象？

某向與子靜説話，子靜以爲意見。某曰邪意見不可有，正意見不可無。只理會除意見，安知除意見之心又非意見乎？

「除意見」三字大誤天下學者。朱子痛加誚責，謂聖賢之學，如一條大路，次第分明，緣有除意見横在心裏，便更不去做。如日間所行之事，想見只是不得已去做，纔做便要忘了，生怕有意見。所以目視霄壤，悠悠過日，下梢只成得箇狂妄耳。

問：象山説克己不但克去利欲之私，只有一念，要做聖賢便不可。曰：聖門何嘗有這般説話？然則堯、舜「兢兢業業」，周公「思兼三王」，孔子「好古敏求」，顏子有爲若是，孟子願學孔子之念，皆當克去矣，他只是禪。誌公云「不起纖毫修學心，無相光中常自在」。他只要如此。然豈有此理？

此辨象山説克己之非也。他云「别自有箇克處」，又却不肯説破。朱子嘗代之下語云：「不過是要言語道斷，心思路絶耳。此是陷溺人之深坑，學者切不可不戒。」愚謂陸子静説「克己不但克去利欲之私，只有一念，要做聖賢便不可」，即平日以「惡能害心，善亦能害心」之説也，錯謬極矣。

直卿志堅思苦，與之處甚有益。此道不是小事，須喫些苦力方望。黄榦字直卿，號勉齋，朱子門人也。

此言黄勉齋可以任斯道之託也。勉齋初見朱子，夜不設榻，不解帶，少倦則危坐一椅，或至達曙。故朱子語人曰：「直卿志堅思苦，與之處甚有益。」又云：「此道不是小事，須喫些苦方可望。」後來勉齋得朱子之正傳，造詣精深，而見於講説者，簡易明白，的當痛快，讀之使人興起，皆自耐煩喫苦中所得也。

季通有精詣之識，卓絶之才，不可屈之志，不可窮之辨。蔡元定字季通，學者尊之曰西山先生，朱子門人也。

造化微妙，惟深於理者識之。吾與季通言，而未嘗厭也。

此朱子所謂「老友不當在弟子列」也。季通於書無不讀，於事無不究。凡奇奥古書，一過且輒解。朱子嘗曰：「人讀易書難，季通讀難書易。」凡所著書，皆與參訂，啓蒙一書，則屬其稾，故曰：「造化微妙之理，吾與季通言，而未嘗厭也。」及卒，朱子誄之曰「精詣之識」云云，以惜其不可復得而見也。

陳淳書來甚進，異日未可量也。

正思任道勇而用力專。又云小學字訓甚佳，言語雖不多，却是一部大爾雅也。

吴伯豐明敏過人，儘能思索，從事州縣，隨事有以及民，而自守勁正，不爲時勢所屈，甚不易得。

聞周舜弼遊屏山，曰：園雖佳，而人之志則荒矣。

漢卿身在都城俗學聲利場中，而能閉門自守，味衆人之所不味，同門之士，亦鮮見其比。

此皆朱子門人也。朱子不輕許可人，今稱陳淳「書來甚進，異日未可量」，稱程正思「任道勇而用力專」，稱吴伯豐「自守勁正，不爲時勢所屈，甚不易得」，稱輔漢卿「閉門自守，不爲聲利所動，同門之士，鮮見其比」。諸君後來果然成就得大，不負朱子之所期許。惟周舜弼遊屏山，則恐其志荒。甚矣！爲學之貴專一寧静，不可爲外物之摇奪也。

孟子後，荀、楊淺不濟事，只有王通、韓愈好，不全。

漢儒惟董仲舒純粹，其學甚正，非諸人比。

孟子歿後，聖人之學失傳。荀況、楊雄俱不識性，無所得者也。故云「淺不濟事」。王通雖好，大本領處不曾理會。漢四百年，識正學者，惟一董仲舒；唐三百年，識正學者，惟一韓愈。但董之學純粹，韓子雖好，仍不全，不能直接孟子之傳也。

諸葛武侯嘗言「治世以大德，不以小惠」。而其治蜀也，官府次舍，橋梁道路，莫不繕理，而民不告勞，亦庶乎先王之政矣。

問：陸宣公比諸葛武侯如何？曰：武侯氣象較大，恐宣公不及。

孔明有王佐之才，有儒者氣象，故言「治世以大德，不以小惠」，氣象大，非陸宣公所能及。然讀宣公奏議，論天下事亦甚詳悉，有經濟之才，但其氣象不及武侯之大。如「武侯治蜀，官府次舍，橋梁道路，莫不繕理」，恐宣公爲政，亦不及武侯之密也。

韓退之却有些本領，非歐陽公比。原道，其言雖不精，然皆實，大綱是。

退之説性，只仁義禮智信來説，便是識見高處。

原道一篇，自孟子後，無人似他説性只將仁義禮智信來説，故朱子贊他見識高，大綱是，有些本領，非歐陽公之可比也。

問本朝人物。曰：韓、富規模大又麤；温公差細密，又小；范文正傑出之才，又云振作士大夫之功爲多。陳忠肅公剛方正直之操，得之天資，而其燭理之精，陳義之切，則學之功，有不可誣者。李忠定公雖以讒間竄斥，濱九死，而愛君憂國之志，終不可得而奪，亦可謂一世之偉人矣。

以上皆宋名臣，朱子論之極確當，然求其表裏初終一致，全體大用完全，方算真人品，亦甚難得也。

朱子曰：平生自知無用，只欲修葺小文字以待後世，庶有小補於天地之間。繙動册子便覺前人闊略病敗，欲以告人，而無可告者，又不免輒起著述之念。一生辛苦讀書，微細揣摩，零碎刮剔，及此暮年，略見從上聖賢所以垂世立教之意，枝枝相對，葉葉相當，無一字無下落處。

不用某許多工夫，亦看某底不出。不用聖賢許多工夫，亦看聖賢的不出。

某當初講學也，豈意到這裏？幸而天假之年，得見道理在這裏。今年便覺勝似去年，去年便覺勝似前年。

以上五條，乃朱子自言其著述之苦心。雖曰「修葺小文字，以待後世，庶有小補於天地之間」，其實朱子所著四書集註、詩傳、易本義等書，天下文章莫大乎是，大有補於萬世。「但不用某許多工夫，亦看某底不出」，學者當依朱子熟讀精思，循序漸進之法，潛心體認而力行之，自有所得，亦不負朱子一生著述之苦心也。

周子贊曰：道喪千載，聖遠言湮。不有先覺，孰開我人？書不盡言，圖不盡意。風月無邊，庭草交翠。

程伯子贊曰：揚休山立，玉色金聲。元氣之會，渾然天成。瑞日祥雲，和風甘雨。龍德正中，厥施斯普。

程叔子贊曰：規圓矩方，繩直準平。允矣君子，展也大成。布帛之文，菽粟之味。知德者希，孰識其貴？

張子贊曰：蚤悅孫吳，晚逃佛老。勇撤皐比，一變至道。精思力踐，妙契疾書。訂頑之訓，示我廣居。

朱子自贊曰：從容乎禮法之場，沉潛乎仁義之府。是予蓋將有意焉，而力莫能與也。佩先師之格言，奉前烈之餘矩。惟闇然而自修，或庶幾乎斯語。

以上五贊，畫出周、程、張、朱五先生模樣以示人，而其深心大力，各有一箇體段，移易不得。使人讀之，無不仰慕而興起者，學者其潛心體認焉。

李正叔曰：先生集小學書，使學者得以先正其操履；集近思録，使學者得以先識其門庭。

所謂「操履」，乃聖賢之操履，即做人的樣子也。學者讀小學書，則趨向正而根基定矣。所謂「門庭」，乃聖賢之門庭，即窮理正心、修己治人之規模也。學者讀近思録，則得其門而入，可以升堂而入室矣。

劉夢吉曰：邵，至大也。周，至精也。程，至正也。朱子則極其大，盡其精，而貫之以正也。

朱子合邵、周、程而爲一身，集諸儒之大成，故「極其大，盡其精，而貫之以正」，然必如朱子之擴開心胸，洞徹萬理，而後能至此域也。

熊去非曰：周東遷而夫子出，宋南渡而朱子生。

周之東遷，宋之南渡，天道之一變也。當東遷，而天若不生孔子，萬古如長夜矣。當南渡，而天若不生朱子，萬古皆豐蔀矣。蓋自孔子至朱子，凡一千六百三十三年。其間世事如浮雲，變幻萬狀，得朱子善學孔子，而文運一開，聖學大明於世，即謂朱子爲宋之孔子可也。

黄勉齋曰：道之正統，待人而後傳。由孔子而後，曾子、子思繼其微，至孟子而始著。由孟子而後，周、程、張子繼其絶，至先生而始著。又曰：繼往聖將微之緒，啓前賢未發之幾，辨諸儒之得失，闢異端之訛謬，明天理，正人心，事業之大，又孰有加於此者？嗚呼！是殆天所以相斯文焉，篤生哲人，以大斯道之傳也。

此言朱子得道統之正傳，而事業之大，無有加於此者。韓文公曰「孟子之功不在禹下」，薛文清曰「朱子之功不在孟子下」。蓋朱子一生釋群經以明聖道，辨異學以息邪説，二者皆有大功於世。是天生斯人，以大斯道之傳，即所以爲萬世也。

李果齋曰：先生總裁大典，勒成一家之言，仰包粹古之載籍，下採近世之獻文，集其大成，以定萬世之法。然後斯道大明，如日中天，有目者皆可睹也。夫子之經，得先生而正；夫子之道，得先生而明。起斯文於將墜，覺來裔於無窮，雖與天壤俱弊可也。

孔子之經，得朱子而正。孔子之道，得朱子而明。斯道之明也，如日之在中天，萬方之所共睹。故朱子之功，不在一時，而在萬世，即與天壤同不朽也。讀朱子之書者，其可不盡心乎？

薛敬軒先生曰：史臣首叙堯舜禹之事，有乾坤之道焉。堯曰「欽明」，舜曰「重華」，禹曰「祇承」，則堯舜爲乾，禹爲坤。可見帝降而王，殆以此歟。○堯之「克明峻德」以至「黎民於變時雍」，舜之「愼徽五典」以至「烈風雷雨弗迷」，與孔子之「立之斯立，道之斯行，綏之斯來，動之斯和」，皆聖人作用，神速功效。○舜處父子兄弟之變，湯武處君臣之變，周公處兄弟之變，聖人處人倫之變，而不失其正者，亦惟盡乎天理之當然而已。○讀咸有一德之書，則知伊尹之學極其精密，成湯以「元聖」稱之，有以也夫。○鄉黨一篇，皆聖人之時中。○夫子之心，萬世如見。○聖人未嘗有自聖之心，後世儒者未有所至，即高自品置，如楊雄之法言、王通之續經，皆以孔子自擬也。二子非特不知聖人，亦不自知其爲何如人矣。○孟子曰：「天下之生久矣，一治一亂。」知易者莫若孟子。○孟子之言，光明俊偉，如答景春「大丈夫」章，讀之再三，獨使人有壁立萬仞氣象。○孔子微罪去魯之心，非孟子莫能知。○孟子七篇，乃洙泗之正傳，經千餘載，世儒例以子書視之，而無知之者。獨唐之韓子，謂「孟氏醇乎醇者也」。又曰軻之死，不得其傳焉。又曰求觀聖人之道，必自孟子始。又曰「孟子之功，不在禹下」。是則千載之聞，知孟子者，韓子一人而已。宋之大儒，有德業聞望重於一世者，猶擠孟子於法言之後，尚何望於他人耶？惟河南程夫子倡明絶學，始表章其書，發揮其旨，而一時及門之士遂相與翕然服膺其說，天下始曉然知其爲洙泗之正傳。至朱子，又取程氏及群賢之説，會萃折衷，以釋其義，與論語、大學、中庸列爲四書，由是洙泗之正傳，益以明備，千古入道之門，造道之閫，無越於此矣。有志者尚篤所力哉！○漢四百年，識正學者董子；唐三百年，識正學者韓子。○自孟子後，皆不識性。荀子謂「性惡」，楊子謂「善惡混」，先儒固已辨其非矣。唐韓子原性篇以仁義禮智論性，以喜怒哀樂懼愛惡欲論情，獨於性情爲有見而不差。「三品」之說，即孔子「唯上智與下愚不移」之意，兼氣質而言也。是雖不曾明指出一「氣」字，而已在其中矣。竊謂自孟子後，論性惟韓子爲精粹。○宋道學諸君子有功於天下萬世，不可勝言。如「性」之一字，自孟子以後，至於程子「性即理也」之言出，然後知性本善而無惡。張子「氣質」之論明，然後知性有不善者乃氣質之性，非本然之性也。由是，「性」之一字，大明於世，其功大矣。○嘗觀周子、二程子、張子、邵子，皆與斯道之傳者也。而朱子作大學、中庸序，惟以二程子繼孟子之統，而不及三子，何耶？蓋三子各自爲書，二程則表章學、庸、語、孟，述孔子教人之法，使皆由此而進，循循有序，人得而依據。此朱子以二程子上繼孔孟之統，而不及三子與。然朱子於太極圖、通書則尊周子，於西銘、正蒙則述張子，於易則主邵子，又豈不以進修之序，當謹守二程之法，博學之功，又當兼考三子之書耶？及朱子又集小學之書以爲大學之基本，註釋四書以發聖賢之淵微，是則繼二程之統者，朱子也。至許魯齋，專以小學、四書爲修己教人之法，不尚文詞，務敦實行，是則繼朱子之統者，魯齋也。○使堯、舜、禹、湯、文、武、周、孔、顔、曾、思、孟、周、程、張子之道，昭然明於萬世，而異端之説莫能雜者，朱子之功也。韓子謂「孟子之功不在禹下」，予亦謂朱子之功不在孟子之下。○真知力行，元有許魯齋。○魯齋出處，合乎聖人之道。○朱子之後，大儒真西山大學衍義有補於治道。劉敬修，高士也，百世之下，聞其風者，莫不興起。○元人詩曰「不宗朱子元非學」，美哉言乎！歐陽公本論由韓公明，先生之道，以道之一語立意。○朱子門人陳北溪論理切實。

胡敬齋先生曰：天地生人物，賴聖人爲綜理，然後能遂其性，得其所。聖人理人物，又必賴禮樂政教之施，然後風化美，治功成。然則成天地之功者，聖人也。成聖人之功者，禮樂政教也。或曰：聖人不得位，禮樂政教不可行，如何？曰：此聖人之功所以難成也。不得已，傳述先王之典而修明之，以垂教於後世，使後世之欲修己而治人者，從此而學焉。故聖人代天而理物，禮樂政教代聖人而行事，經籍代聖人而傳道，事雖不同，其功一也。故曰孔子賢於堯舜，孟子之功不在禹下。○觀堯典，見得聖人作事，只是公天下之心，無一毫私意。○「闢四門，明四目，達四聰」，此舜爲治手段，後世所當法也。然搜揚賢才而用之，則四門闢矣。得賢明忠直之士而寄以耳目，廣詢博訪以來直言極諫，則四聰達、四目明矣。○今人有小可才能，也幹些事。聖賢道理充足，如何不做出事來？達而在上如堯、舜、文、武，窮而在下如孔子，得時行道如伊、傅、周、召，不得時如顔、孟、程、朱，其德業事功，侔乎天地，以此知黄憲之流，只是一箇善夫也。○顔子克己，便是王者事。王者無私。○顔子最好處，是得一善則拳拳服膺而弗失。孟子最好處，是善端之發，便能擴充，以至其極。張横渠十五年做恭而安不成，是横渠持身謹嚴，少寬裕温柔之氣，亦可見其工夫親切，但未至自然，終是些病痛。○曾子一貫工夫皆有，但未悟耳，故夫子呼而告之。一貫即體用也。蓋人之一心，萬理咸備，體也；隨事而應，無不周徧，用也。曾子平日戰兢臨履，忠信篤實，則其心之本體已立，隨事精察，無不詳盡，則心之大用已周，所謂一貫者〔二〕，固在其中矣。故夫子一唤即悟，不然則應之必不如此之速也。其後子思發明中和，以爲「中也者，天下之大本也，和也者，天下之達道」，程子序易曰「體用一源，顯微無間」，皆此道也。○孟子集義養氣，故其才則大發越。○朱子體段大，似孟子。但孟子氣英邁，朱子氣豪放；孟子工夫直截，朱子工夫周遍。○孟子、程子，不曾枉做了工夫。如孟子擴充四端，程子「主一無適」，直在心境上做。○自孟子後千四百年，無人見得此道分明。董子見其大意，孔明有天資暗合處，韓退之揣見彷彿，至程子方見得盡。自朱子後，無人理會得透徹，真西山庶幾。○程子天資高，其於聖賢經義，優游涵泳以得之。朱子天資大，直索窮究到底，不肯放過。○周子不出師傳，默契道體，是他天資高。然開示下學工夫，使聖學門庭曉然可入，二程全之。○程子本原義理，固受於周子。然下學階次，精微周折，而全體聖人，多所自得者。故義理血脈，固在於周子，而承襲孔、孟以繼堯、舜、文、武之緒，直以程子當之。○程子在「主一無適」上做工夫，所以其心純熟精明，以造夫聖也。○程子曰：「凝然不動，便是聖人。」理定也。○程子有篤恭而天下平氣象。○朱子行狀學問道理，本末精粗詳盡，吾每令初學讀之。明道行狀形容明道廣大詳密，然渾化純全，非工夫積累久、地位高者領會不得。吾每欲學者先讀朱子行狀，有規模格局，方好讀明道行狀。○行在知之後，故子路之强勇，司馬君實之篤行，皆有差。使致知之工夫至，則二賢何可及也？故程子以爲「若達，便是堯舜氣象」。○范文正公作事，必要盡其方，曰：「爲之在我者，當如是。其成與否，則有不在我者，雖聖賢不能必，吾豈苟哉！」此范公有脗合聖賢處，故其進退出處，超然無累，行藏卷舒，過於他人。○許魯齋天資純正，所行自不苟，惜乎未能深造。吴草廬甚聰明，早年甚英鋭，惜乎力行未能終其學。○程朱發明道理如此明切，開示爲學工夫如此真切，今人又做差了，道之興喪，不係於天乎！

羅整菴先生曰：六經之中，言心自帝舜始，言性自成湯始。舜之四言未嘗及性，性固在其中矣。至湯始明言之，曰：「惟皇上帝，降衷於下民，若有恒性，克綏厥猷惟后。」孔子言之加詳，曰：「一陰一陽之謂道。繼之者善也，成之者性也。仁者見之謂之仁，知者見之謂之智。百姓日用而不知，故君子之道鮮矣。」又曰「性相近」。子思述之，則曰「天命之謂性，率性之謂道」。孟子祖之，則曰「性善」。凡古聖賢之言性，不過如此。自告子而下，初無灼然之間，類皆想像以爲言。其言益多，期合於聖賢者殊不寡，卒未有能定於一者。及宋程、張、朱子出，始别白而言之，孰爲天命之性，孰爲氣質之性。參之孔、孟，驗之人情，其説於是乎大備矣。○邵子因學數推見至理，其見處甚超，殆與二程無異。而二程不甚許之者，蓋以其發本要歸，不離於數而已。其作用既别，未免與理爲二也。故其出處語默，揆之大中至正之道，時或過之。程伯子嘗語學者云：「賢看某如此，某煞用工夫。」蓋必反身而誠，斯爲聖門一貫之學爾。○朱子年十五六，即有志於道，求之釋氏者幾十年。及年二十有四，始得延平李先生而師事之，於是大悟禪學之非而盡棄其舊習。延平既卒，又得南軒張子而定交焉，誠有麗澤之益者也。延平嘗與其友羅博文書云：「元晦初從謙開善處下工夫來，故皆就裏面體認。今既論難，見儒者路脈，極能指其差誤之處。自見羅先生來，未見有如此者。」又云：「此子别無他事，一味潛心於此，今漸能融釋，於日用處一意下工夫。若於此漸熟，則體用合矣。」觀乎此書，可以見朱子入道端的。其與南軒往復論辨，書尺不勝其多。觀其論中和最後一書，發明心學之妙，殆無餘藴，又可見其所造之深也。誠明兩進，著述亦富，當時從游之士，後世私淑之徒，累百千人，未必皆在今人之下，然莫不心悦而誠服之，是豈可以聲音笑貌爲哉！今之學者，概未嘗深考其本末，但粗讀陸象山遺書數過，輒隨聲逐響，横加詆訾，徒自見其陋也已矣，於朱子乎何傷〔三〕？○程叔子易傳已成，學者莫得傳授，或以爲請，則曰：「自量精力未衰，尚冀有少進爾〔四〕。」朱子年垂七十，有於上面猶隔一膜之歎，蓋誠有見乎義理之無窮，於心容有所爲未慊者，非謙辭也。○元之大儒，稱許魯齋、吴草廬二人。魯齋始終尊信朱子，其學行皆平正篤實，遭逢世祖，致位通顯，雖未得盡行其志，然當其時而儒者之學不廢，虞伯生謂「魯齋實啓之」，可謂有功於斯文矣。草廬初年篤信朱子，其進甚鋭。晚年所見，乃與陸象山合。其出處一節，自難例之魯齋。若夫一生惓惓焉羽翼聖經，終老不倦，其志亦可尚矣。○劉静修之譏許魯齋，頗傷於刻。苟能無失其正，雖進退無恒，未爲過也。竊謂魯齋似曾子，静修似子路，其氣象既别，所見容有不同。○讀書録有云：「韓魏公、范文正諸公，皆一片忠誠爲國之心，故其事業顯著，而名望孚動於天下。後世之人，以私意小智自持其身，而欲事業名譽比擬前賢，難矣哉！」其言甚當。薛文清蓋有此心，非徒能爲此言而已。大抵能主忠信以爲學，則必有忠誠以事君。事君之忠，當素定於爲學之日。○蔡介夫中庸蒙引論鬼神數段極精。其一生做窮理工夫，且能力行所學，蓋儒林中之傑出者。○邵國賢簡端録，近始見之，於文義多所發明。性命之理，視近時道學諸君子較有説得親切處。春秋論斷，其辭尤確，獨未知盡合聖人之意否也。然其博而不雜如此，可敬也夫！○邵二泉先生言：「願爲真士夫，不願爲假道學。」其言尤可敬也。

高景逸先生作朱子贊曰：删述六經者，孔子也。傳註六經者，朱子也。「子以四教，文行忠信。」子所雅言，詩、書執禮」。孔子之學，惟朱子爲得其宗，傳之萬世而無弊。孔子集群聖之大成，朱子集諸儒之大成。聖人復起，不易斯言。○周、程、張、朱，是爲天地幹蠱之人。白沙、康節，是享現成家當者。若其間最苦心竭力者，又莫過於朱夫子，於世上事，無一不理會過。○泰伯廟碑記曰：夫文明者，非文詞藻繡之工已也。記堯者曰「文明」，記舜者曰「文明」，則文明可思也。堯之文明曰「親九族」，舜之文明曰「徽五典」。至德之聖，以天下讓者，在父子兄弟之間，則文明可思也。嗟乎！古之聖人以父子兄弟之間讓天下而不顧，世之人乃不免簞食豆羹爭於父子兄弟之間而不耻，若是者，尚可稱錫之士而過梅里之墟、皇山之野乎！〇昔延陵季子之聘於上國也，所至輒盡得其一時之名賢。故於晉則叔向，於鄭則子産，於齊則平仲，於衛則史魚、伯玉，皆覿面孚心，結終世之歡，何其神也！〇管寧，高士也，未透士之曾子。〇武侯胸中無事，閒居抱膝長吟。在軍中雖終日戰鬬，都如無事一般。胸中長安静，故思慮細密而神化不測。〇許魯齋有用夏變裔之才，與「子見南子」意思同。有魯齋之志，有魯齋之德則可，不然，只學金華四先生爲安穩。〇薛文清、呂涇野二先生語録中無甚透悟語，後人或淺視之，豈知其大正在此。他自幼未嘗一毫有染，只平平常常脚踏實地做去，徹始徹終無一差錯。既不迷，何必言悟？所謂悟者，乃爲迷者言也。文公先生自七八歲時與群兒遊，端坐畫八卦、看孝經，便書八字曰「人不如此，便不成人」，是何氣象！〇我朝曹月川先生是理學之宗，看他文集，不過是依了聖賢實落行去，將古人言語，略闡發幾句，並無新奇異説，他便成了大儒。故學問不貴空談而貴實行也。〇先生在毘陵謁錢啓新先生，先生謂：「孔門學脉，凡事只求天知。」歎其語確。又往姑蘇謁王少湖先生，先生謂：「士君子處不足善其身，達不足善天下，焉能爲有無？須是立得大節，居鄉勿爲鄉愿，居官勿爲鄙夫，方有可説。」此語惕然深省。

以上總論聖賢，乃道統學脉之所關係，非尚論古今人物而已也。愚思孔子德配天地，道冠古今，上接堯、舜、禹、湯、文、武、周公之道統，集列聖之大成，而爲萬世宗師者也。故觀此卷者，當以孔子爲主。程子謂孔子如太和元氣，無所不包，深化無迹，而變通莫測，可謂至聖矣。自生民以來未有之一人也。若顔、曾、思、孟以及周、程、張、朱五先生，皆躬行心得，無一毫夾雜，無一息間斷，道無不全，德無不備，直接孔子真傳，乃孔門之大宗子也。至於董江都、韓昌黎與程朱門人，以及薛、胡、羅、高諸先生，皆能羽翼經傳，闡明絶學，辨百家之支離，闢二氏之謬妄，則又孔門之大功臣也。願學孔子者，立必爲聖人之志，由薛、胡、羅、高以上遡周、程、張、朱，由周、程、張、朱以上遡顔、曾、思、孟，再由顔、曾、思、孟以上遡孔子，則堯、舜、禹、湯、文、武、周公之道，皆可一以貫之而無疑矣。此中階級無窮，境界無窮，滋味無窮。學者果發一大憤，如孔子之忘食忘憂忘老，不厭不倦做去，則超凡入聖，莫之能禦也。第患學者不肯立必爲聖人之志，懈意一生，半塗而廢耳。其他如卷中所引荀況、楊雄、王通、孔明諸賢，或學術雜而不純，或品詣淺而不備，然其器識規模，非常人之所可及，皆可節取之以輔吾仁，亦尚友千古者之所當辨晰也。故並論之，俾學者知所嚮往焉。

校勘記

〔一〕必待昭烈三顧其廬而後起從之　「昭」，原作「照」，據聚錦堂本、雲南書局本改。

〔二〕所謂一貫者　「一」字原脱，據聚錦堂本、雲南書局本補。

〔三〕於朱子乎何傷　「何」，原作「可」，據困知記卷上改。

〔四〕自量精力未衰尚冀有少進爾　「自」，原作「目」，「冀」，原作「現」，據二程遺書卷二一上改。